INTRODUÇÃO À ADMINISTRAÇÃO

Grupo
Editorial
Nacional

O GEN | Grupo Editorial Nacional, a maior plataforma editorial no segmento CTP (científico, técnico e profissional), publica nas áreas de saúde, ciências exatas, jurídicas, sociais aplicadas, humanas e de concursos, além de prover serviços direcionados a educação, capacitação médica continuada e preparação para concursos. Conheça nosso catálogo, composto por mais de cinco mil obras e três mil e-books, em www.grupogen.com.br.

As editoras que integram o GEN, respeitadas no mercado editorial, construíram catálogos inigualáveis, com obras decisivas na formação acadêmica e no aperfeiçoamento de várias gerações de profissionais e de estudantes de Administração, Direito, Engenharia, Enfermagem, Fisioterapia, Medicina, Odontologia, Educação Física e muitas outras ciências, tendo se tornado sinônimo de seriedade e respeito.

Nossa missão é prover o melhor conteúdo científico e distribuí-lo de maneira flexível e conveniente, a preços justos, gerando benefícios e servindo a autores, docentes, livreiros, funcionários, colaboradores e acionistas.

Nosso comportamento ético incondicional e nossa responsabilidade social e ambiental são reforçados pela natureza educacional de nossa atividade, sem comprometer o crescimento contínuo e a rentabilidade do grupo.

JOSÉ EUZÉBIO DE OLIVEIRA SOUZA ARAGÃO
EDMUNDO ESCRIVÃO FILHO
(Organizadores)

INTRODUÇÃO À ADMINISTRAÇÃO

Desenvolvimento histórico, educação e perspectivas profissionais

Antonio Mário Donato
Arnaldo José de Lima
Augusto Hauber Gameiro
Camila Brasil Gonçalves Campos
Carlos Alberto Xavier do Nascimento
Carlos Eduardo Gatti Petroni
Carlos Marshal França
Daniela Rosim
Edmundo Escrivão Filho
Eduard Prancic
Fabiana Scatolin

Fábio Müller Guerrini
Geraldo Gonçalves Junior
Giovana Escrivão
Isabela Regina Fornari Müller
Jair de Oliveira
José Alberto de Camargo
José Euzébio de Oliveira Souza Aragão
Júlio César Donadone
Luís Fernando Soares Zuin
Maria Aparecida Bovério

Nério Amboni
Paulo Antonio da Graça Lima Zuccolotto
Paulo Sérgio Miranda Mendonça
Pedro Henrique de Oliveira
Perla Calil Pongeluppe Wadhy Rebehy
Poliana Bruno Zuin
Rui Otávio Bernardes de Andrade
Sérgio Perussi Filho
Stella Ribeiro Alves Corrêa

Direitos exclusivos para a língua portuguesa
Copyright © 2016 by
Editora Atlas S.A.
Uma editora integrante do GEN | Grupo Editorial Nacional

O selo editorial Empreende é voltado a publicações nas áreas universitária e de negócios, sendo uma parceria entre o GEN/Atlas e a Empreende.

Rua Conselheiro Nébias, 1384
Campos Elísios, São Paulo, SP – CEP 01203-904
Tels.: 21-3543-0770/11-5080-0770
editorialcsa@grupogen.com.br
www.grupogen.com.br

Designer de capa: Leônidas Leite

Projeto Gráfico e Editoração Eletrônica: Lino Jato Editoração e Bureau

CIP-BRASIL. CATALOGAÇÃO NA PUBLICAÇÃO
SINDICATO NACIONAL DOS EDITORES DE LIVROS, RJ

I48
1. ed.

Introdução à administração: desenvolvimento histórico, educação e perspectivas profissionais / Antonio Mário Donato... [et al.]; organização José Euzébio de Oliveira Souza Aragão, Edmundo Escrivão Filho - 1. ed. - São Paulo : Atlas, 2016.

Inclui bibliografia
ISBN 978-85-970-0400-7

1. Administração. I. Aragão, José Euzébio de Oliveira Souza. II. Escrivão Filho, Edmundo. III. Donato, Antonio Mário.

16-30405

CDD: 658
CDU: 658

Sumário

Sobre os Autores

ANTONIO MÁRIO DONATO. Graduado em Engenharia de Materiais pela Universidade Federal de São Carlos (UFSCar), mestre em Ciência e Engenharia de Materiais pela UFSCar, com MBA em Administração de Organizações pela FEA (USP/RP) e especialização em Engenharia de Produção pela UFSCar. Experiência em empresas de autopeças como engenheiro e gerente de produção e professor de graduação na área de Administração.

ARNALDO JOSÉ DE LIMA. Graduado em Biblioteconomia pela Universidade Federal de Santa Catarina (UFSC) e doutor em Gestão pelo Programa de Pós-Graduação em Engenharia de Produção da UFSC. Como servidor público da Universidade do Estado de Santa Catarina (Udesc), atua como professor vinculado ao Departamento de Administração Pública. Possui experiência na área de Administração Universitária e é membro do grupo de pesquisa Ensino da Administração com o desenvolvimento de estudos nas áreas de Planejamento, Planejamento Estratégico, Gestão e Avaliação Universitária e Metodologia da Pesquisa.

AUGUSTO HAUBER GAMEIRO. Doutor e mestre em Economia Aplicada pela Escola Superior de Agricultura Luiz de Queiroz, da Universidade de São Paulo (Esalq/USP). Engenheiro agrônomo pela Universidade Federal de Pelotas (UFPel). Professor doutor da Faculdade de Medicina Veterinária e Zootecnia da Universidade de São Paulo (FMVZ-USP). Coordenador do Laboratório de Análises Socioeconômicas e Ciência Animal (LAE-FMVZ). Pesquisador convidado do Grupo de Pesquisa e Extensão em Logística Agroindustrial (Esalq-LOG/USP). Professor convidado dos cursos de Especialização (MBA) em Gestão Estratégica do Agronegócio da Fundação Getulio Vargas (FGV).

CAMILA BRASIL GONÇALVES CAMPOS. Formada em Publicidade e Propaganda pela Pontifícia Universidade Católica de Campinas (PUC-Campinas), com MBA em Gestão de Negócios pela Escola Superior de Propaganda e Marketing (ESPM), mestre em Administração pelo Centro Universitário Salesiano de São Paulo (Unisal) e doutoranda na Faculdade de Educação da Universidade Estadual de Campinas (Unicamp). Professora da Faculdade de Administração da PUC-Campinas, atuou como orientadora pedagógica do Centro de Economia e Administração da PUC-Campinas. Além de ministrar as disciplinas de Marketing, atualmente é diretora adjunta da Faculdade de Administração, responsável pela linha de formação em Comércio Exterior.

CARLOS ALBERTO XAVIER DO NASCIMENTO. Graduado em Administração de Empresas com ênfase em Análise de Sistemas pelas Faculdades Integradas Rui Barbosa (Firb). Mestre em Agronegócios pela Universidade Federal de Mato Grosso do Sul/Universidade de Brasília/Universidade Federal de Goiás (UFMS/UnB/UFG). Com experiência na área de Administração, é consultor em Administração (Serviços, Planos de Negócios, Pesquisas em Comportamento de Consumidor). Atualmente, professor e coordenador do Curso de Administração da Universidade Federal de Goiás (UFG) – *campus* Cidade de Goiás.

CARLOS EDUARDO GATTI PETRONI. Psicólogo, advogado, mestre em Educação pela Universidade Federal de São Carlos (UFSCar). Iniciou sua carreira como estagiário na Philips do Brasil, passando por expressivas empresas nacionais e multinacionais. Atua na área de Gestão com Pessoas, elaborando e conduzindo projetos, com ênfase no desenvolvimento profissional e organizacional. É professor universitário em cursos de graduação e pós-graduação *lato sensu*.

CARLOS MARSHAL FRANÇA. Graduado em Psicologia pela Universidade Estadual Paulista Júlio de Mesquita Filho (Unesp), mestre em Educação e doutorando em Educação pela Pontifícia Universidade Católica de Campinas (PUC-Campinas). Atualmente, é docente da Faculdade de Administração da PUC-Campinas. Foi diretor de diversas instituições de ensino superior privadas e atuou como consultor independente, oferecendo assessoria para o credenciamento de instituições de ensino superior e para a autorização e reconhecimento de cursos de graduação.

DANIELA ROSIM. Graduada em Administração Pública pela Universidade Estadual Paulista Júlio de Mesquita Filho (Unesp), com parte da graduação cursada na Universidade de Santiago de Compostela na Espanha. Mestre pela Escola de Engenharia de São Carlos (EESC/USP) e também doutora (2015). É professora da Universidade Federal de Goiás (UFG). Tem experiência na área de Administração Pública com ênfase em políticas públicas de desenvolvimento econômico e gerenciamento de pequenas empresas. Tem experiência acadêmica nos seguintes temas: revisão sistemática, pequenas empresas, dirigente da pequena empresa, desempenho organizacional, estilos de aprendizagem e trabalho do administrador.

EDMUNDO ESCRIVÃO FILHO. Bacharel em Administração, bacharel em Ciências Contábeis e engenheiro de produção. Mestre em Administração. Doutor em Engenharia de Produção. É professor associado (livre-docente) da USP no curso de graduação e no Programa de Pós-Graduação em Engenharia de Produção da Escola de Engenharia de São Carlos (USP). Coautor dos livros *Teorias de administração: introdução ao estudo do trabalho do administrador* (Saraiva, 2010) e *Modelagem da organização* (Bookman, 2014). É coordenador do Geope – Grupo de Estudos Organizacionais da Pequena Empresa (www.geope.prod.eesc.usp.br).

EDUARD PRANCIC. Graduado em Tecnologia em Mecânica de Precisão e Administração, especialista em Qualidade e Produtividade, possui mestrado e doutorado em Engenharia de Produção. Tem experiência na área de Administração, com ênfase em operações e qualidade, atuando principalmente nos seguintes temas: gestão da qualidade, certificação, operações de serviços e administração da produção. Atualmente é professor e exerce o cargo de diretor no Centro de Administração e Economia (CEA) da Pontifícia Universidade Católica de Campinas (PUC-Campinas).

FABIANA SCATOLIN. Graduada em Administração pela Pontifícia Universidade Católica de Campinas (PUC-Campinas). Realizou intercâmbio acadêmico na Universidade de Coimbra (Portugal). É aluna de mestrado do Curso de Engenharia de Produção da Escola de Engenharia de São Carlos (EESC/USP). Tem experiência na área de Gestão de Contratos e conhecimento principalmente nos seguintes temas: arranjo produtivo local da região do polo têxtil e energia elétrica.

FÁBIO MÜLLER GUERRINI. Professor Associado do Departamento de Engenharia de Produção da Escola de Engenharia de São Carlos da Universidade de São Paulo (USP). Desenvolve pesquisas sobre modelagem de redes de empresas dinâmicas e ministra disciplinas relacionadas a modelagem de empresas e formação do pensamento administrativo.

GERALDO GONÇALVES JUNIOR. Mestre em Administração de Empresas pela Pontifícia Universidade Católica do Rio de Janeiro (PUC-Rio), Graduação em Administração de Empresas pelas Faculdades Reunidas Nuno Lisboa e Graduação em Formação de Oficial do Exército pela Academia Militar das Agulhas Negras. Professor de graduação e pós-graduação em diversas IES, ministrando disciplinas nas áreas de Gestão Estratégica, Evolução do Pensamento Administrativo e Gerenciamento de Projetos. Atualmente, é professor da Pontifícia Universidade Católica de Campinas (PUC-Campinas) e sócio da EDigital Consultoria e Treinamento.

GIOVANA ESCRIVÃO. Graduada em Administração pela Universidade Estadual Paulista (Unesp). Mestre em Engenharia de Produção pela Escola de Engenharia de São Carlos da Universidade de São Paulo (USP). Doutora em Engenharia de Produção pela Universidade Federal de São Carlos (UFSCar), com período sanduíche pela Salem State University (SSU), Massachusetts, Estados Unidos. Professora do curso Técnico em Administração na Etec Paulino Botelho (Centro Paula Souza). Professora substituta da área de Teoria das Organizações do Departamento de Engenharia de Produção da Universidade Federal de São Carlos (UFSCar). Temas de interesse de pesquisa: inovação, gestão do conhecimento, aprendizagem organizacional, teorias de administração, teoria das organizações.

ISABELA REGINA FORNARI MÜLLER. Graduada em Administração pela Universidade Federal de Santa Catarina (UFSC) e mestre em Administração pela UFSC, doutora em Engenharia e Gestão do Conhecimento na UFSC. Docente da Esag/Universidade do Desenvolvimento de Santa Catarina. Atua nos cursos de graduação em Administração Empresarial/Pública e especialização/MBA nas áreas de Gestão Hospitalar, Gestão de Pessoas, Gestão Estratégica, Gestão Pública, entre outras. Membro do Grupo de Pesquisa (CNPq) Ensino de administração e aprendizagem organizacional.

JAIR DE OLIVEIRA. Doutor em Engenharia de Produção, mestre em Administração, especialista em Desenvolvimento Gerencial e Marketing e graduado em Administração de Empresas. Professor da Universidade Tecnológica Federal do Paraná (UTFPR), *campus* Cornélio Procópio. Atualmente é professor do Programa de Mestrado Profissional em Ensino de Ciências Humanas, Sociais e da Natureza (PPGEN) da UTFPR, *campus* Londrina.

JOSÉ ALBERTO DE CAMARGO. Graduado em Economia pela Universidade de São Paulo (USP), mestre em Economia pela Universidade Estadual Paulista Júlio de Mesquita Filho (Unesp) e doutor em Administração pela Universidade de São Paulo (USP). Atualmente, é professor da Faculdade Reges (Rede Gonzaga de Ensino Superior), atuando na área de Finanças e Responsabilidade Social. Consultor nas áreas de Finanças, Responsabilidade Social e Marketing.

JOSÉ EUZÉBIO DE OLIVEIRA SOUZA ARAGÃO. Doutor e mestre em Educação pela Universidade Federal de São Carlos (UFSCar), especialista em Administração pela Universidade São Judas Tadeu (USJT), bacharel em Administração pelo Centro Universitário Central Paulista (Unicep) e em Ciências Sociais pela Universidade Federal de São Carlos (UFSCar). Professor do Departamento de Educação e do Programa de Pós-Graduação em Educação do Instituto de Biociências da Universidade Estadual Paulista Júlio de Mesquita Filho (Unesp), *campus* Rio Claro (SP). É pesquisador do Grupo de Estudos e Pesquisas Linguagens Experiência e Formação e do Grupo de Estudos e Pesquisas em Educação, Participação Democrática e Direitos Humanos.

JÚLIO CÉSAR DONADONE. Professor associado da Universidade Federal de São Carlos (UFSCar), foi pesquisador visitante no Sociology Department (University of California) e pós-doutor pela École des Hautes Études en Sciences Sociales (Paris), coordenador do Núcleo de Sociologia Econômica e das Finanças (NESEFI/UFSCar). Tem experiência na área de Sociologia, com ênfase em Sociologia Econômica, atuando principalmente nos seguintes temas: concepção de empresas, dinâmica dos campos organizacionais, consultoria e conceitos gerenciais.

LUÍS FERNANDO SOARES ZUIN. Bolsista Produtividade em Desenvolvimento Tecnológico e Extensão Inovadora do CNPq. Docente do Departamento de Biossistemas da Faculdade de Zootecnia e Engenharia de Alimentos da Universidade de São Paulo (FZEA-USP), pertencente à área das Ciências Sociais Aplicadas. Graduado em Zootecnia pela Universidade Estadual Paulista Júlio de Mesquita Filho (Unesp), *campus* Jaboticabal. Mestre em Medicina Veterinária pela Universidade Federal de Minas Gerais (UFMG) e doutor em Engenharia de Produção pela Universidade Federal de São Carlos (UFSCAR). Possui projetos relacionados ao desenvolvimento de metodologias de comunicação dialógica voltadas para a capacitação rural e aos processos de tomada de decisão, auxiliando os processos de desenvolvimento de novas tecnologias e processos nos territórios rurais.

MARIA APARECIDA BOVÉRIO. Mestre e doutora em Educação Escolar, linha de pesquisa Política e Gestão Educacional, pela Universidade Estadual Paulista Júlio de Mesquita Filho (Unesp), *campus* de Araraquara/SP. Pós-doutoranda em Educação, linha de pesquisa: políticas, gestão e o sujeito contemporâneo, pela Universidade Estadual Paulista Júlio de Mesquita Filho (Unesp), *campus* de Rio Claro/SP.

NÉRIO AMBONI. Graduado em Administração pela Universidade Federal de Santa Catarina (UFSC), mestre em Administração pela UFSC e doutorado em Engenharia de Produção pela UFSC. É professor associado da Universidade do Estado de Santa Catarina, Udesc/Esag. Atua nos cursos de graduação em Administração Empresarial, especialização e no mestrado profissional em Administração. Líder do Grupo de Pesquisa (CNPq): ensino de administração e aprendizagem organizacional. É autor de *Teoria geral da administração, Estratégias de gestão: processos e funções do administrador, O professor e o ensino das teorias da administração, Fundamentos de administração para cursos de gestão* (Elsevier/Campus). É consultor de empresas públicas e privadas.

PAULO ANTONIO DA GRAÇA LIMA ZUCCOLOTTO. Graduado em Administração pela Pontifícia Universidade Católica de Campinas (PUC-Campinas) e mestre em Engenharia de Produção pela Universidade Federal de São Carlos (UFSCar). Atualmente é professor assistente da PUC-Campinas e integrador acadêmico do curso de Administração. Tem experiência na área de Administração, atuando principalmente nos seguintes temas: administração, administração em serviços, ensino da administração, energia e meio ambiente.

PAULO SÉRGIO MIRANDA MENDONÇA. Graduado, mestre e doutor em Administração pela Universidade Federal de Mato Grosso do Sul (UFMS), Universidade Federal de Santa Catarina (UFSC) e Universidade de São Paulo (USP), respectivamente. Atualmente é professor doutor da Faculdade de Economia, Administração e Contabilidade de Ribeirão Preto, da Universidade de São Paulo (FEA-RP/USP), atuando na área de Marketing. Complementarmente atua como consultor *ad hoc* do Ministério da Educação para autorização, reconhecimento e renovação de reconhecimento de instituições, cursos presenciais, sedes e polos de ensino a distância. Pesquisador CNPq e consultor nas áreas de Marketing e Vendas.

PEDRO HENRIQUE DE OLIVEIRA. Graduado em Administração Pública pela Faculdade de Ciências e Letras (FCLAr) da Universidade Estadual Paulista Júlio de Mesquita Filho (Unesp), *campus* Araraquara. Atualmente é mestrando em Engenharia de Produção pela Escola de Engenharia de São Carlos da Universidade de São Paulo (EESC/USP). Também faz parte, como pesquisador, do Geope (Grupo de Estudos Organizacionais da Pequena Empresa). Tem interesse nos temas: gestão de pequenas empresas, gestão estratégica, *Balanced Scorecard*.

PERLA CALIL PONGELUPPE WADHY REBEHY. Graduada e doutora em Administração pela Faculdade de Economia, Administração e Contabilidade de Ribeirão Preto (Fearp-USP), mestre em Engenharia de Produção pela Universidade Federal de São Carlos (UFSCar). Experiência em grandes empresas como Texaco, Procon, Drogacenter Distribuidora de Medicamentos Ltda., Usina da Pedra S.A. e nas consultorias Austin Risk e ABM Consulting. Docente da Fearp-USP na área de Finanças com linha de pesquisa concentrada em avaliação de impacto, empreendedorismo e finanças sociais.

POLIANA BRUNO ZUIN. Doutora e mestre em Educação pela Universidade Federal de São Carlos (UFSCar), área de concentração em Metodologia de Ensino. Possui graduação em Pedagogia também por essa instituição (UFSCar). É pesquisadora dos grupos de estudos Linguagem e interação: o ensino à distância e Linguagem: teorias e práticas do Departamento de Metodologia da UFSCar. É professora doutora da Unidade de Atendimento à Criança da UFSCar. Possui experiência na área de Educação, com ênfase em processos de ensino-aprendizagem, atuando principalmente nos seguintes temas: processos de ensino-aprendizagem, formação de professores nas modalidades presencial e a distância, alfabetização, letramento, formação de extensionistas rurais e linguagem.

RUI OTÁVIO BERNARDES DE ANDRADE. Doutor em Engenharia de Produção pela Universidade Federal de Santa Catarina (UFSC). Graduado em Administração de Empresas pela Faculdade Mackenzie-Rio, e em Direito pelo Centro Universitário Bennett. *Master of Business Administration* pela University of Wisconsin. Mestre em Administração Pública e Governo pela Escola Brasileira de Administração Pública e de Empresas (Ebap-FGV), livre-docente pela Universidade Gama Filho (UGF). Professor titular da Universidade do Grande Rio (Unigranrio). Coordenador do Programa de Pós-Graduação (PPGA) da Unigranrio. Ex-presidente do Conselho Federal de Administração (CFA). Presidente do Conselho Consultivo da Associação Nacional dos Cursos de Graduação em Administração (Angrad). Consultor *ad hoc* do MEC para avaliações institucionais. Autor de diversos livros sobre gestão. Pesquisador com projetos na Faperj e Capes.

SÉRGIO PERUSSI FILHO. Doutor e mestre em Engenharia de Produção pela Escola de Engenharia de São Carlos da Universidade de São Paulo (EESC-USP), MBA pela University of Pittsburgh, bacharel em Química pelo Instituto de Física e Química de São Carlos da Universidade de São Paulo (IFQSC-USP), engenheiro de produção pelo Departamento de Engenharia de Produção da Universidade Federal de São Carlos (DEP-UFSCar). Professor do Centro Universitário Central Paulista (Unicep). Colaborador para Difusão da Inovação do Centro de Pesquisa em Óptica e Fotônica (Cepof-Inof) e da Agência USP de Inovação. Pesquisador associado ao Grupo de Estudos Organizacionais da Pequena Empresa (Geope).

STELLA RIBEIRO ALVES CORRÊA. Graduada e mestre em Administração pelas Universidades Uniseb (COC) e Universidade de São Paulo (USP), respectivamente. Atualmente é professora e coordenadora da Faculdade Anhanguera de Ribeirão Preto, atuando nas áreas de Marketing e Administração Estratégica.

Prefácio

Quando falamos de Administração, podemos discorrer por enfoques variados que vão da criação de novos negócios à gestão de empresas já estabelecidas, do entendimento de organizações sociais ao negócio estatal, à gestão pública, entre outros.

Não é à toa que uma variedade de publicações existentes no mercado se dedica a explicar o que é e como se desenvolveu a Administração ao longo do tempo, bem como propor modelos, métodos e formas de administrar.

Justamente por se tratar de algo abrangente e que possibilita diferentes abordagens, o grande desafio de escrever sobre o tema é sintetizar, em uma obra, a essência da Administração, sem carecer de rigor teórico, mas trazendo os desenvolvimentos contemporâneos de maneira equilibrada com o que se praticou e escreveu sobre o assunto ao longo dos últimos anos.

A proposta desta obra vem, então, suprir uma lacuna ainda existente no mercado de livros de Administração, ao oferecer uma visão mais ampla sobre o tema, indo além de uma descrição cronológica acerca das teorias administrativas ou das descrições de áreas funcionais da Administração.

Um livro de tal monta só poderia ser escrito e organizado por experientes conhecedores da área, estudiosos reconhecidos e que disseminam esse conhecimento em suas pesquisas, aulas e na prática, como administradores.

Os professores doutores José Euzébio de Oliveira Souza Aragão e Edmundo Escrivão Filho, organizadores desta obra, estão de parabéns por conseguirem cumprir este objetivo de maneira clara e didática e, ainda, reunir demais coautores especialistas em suas áreas para discorrerem sobre questões que não poderiam deixar de estar presentes em uma obra completa de Administração, estruturada em grandes tópicos: conhecimento, ensino, profissão e áreas de trabalho.

Essa forma de estruturação é justamente o que diferencia a obra das publicações tradicionais, que focam, em sua maioria, o entendimento do processo administrativo, uma abordagem histórica, que, apesar de bastante conhecida, é muito abstrata e, muitas vezes, de difícil compreensão pelos estudantes e interessados em conhecer mais a respeito do tema.

Por isso, o livro se torna obra essencial para os iniciantes que queiram não só conhecer mais sobre Administração, como também colocar em prática o conhecimento adquirido, seja em cursos de graduação e pós-graduação que tradicionalmente tratam do assunto (Administração, Economia, Ciências Contábeis), seja em áreas nas quais, cada vez mais, a Administração tem sido essencial para o futuro dos profissionais ora em formação, sejam quais forem suas escolhas de carreira: Engenharia, Computação, Enfermagem, entre outras.

Prof. Dr. José Dornelas
*Autor de diversos livros de empreendedorismo que se tornaram referência na área
e presidente da Empreende*

Apresentação

O mercado editorial da área de administração vem tendo um crescimento vertiginoso nas últimas décadas. Isso demonstra a importância dessa área de conhecimento, que é uma das mais dinâmicas da sociedade.

A cada dia, autores nacionais e internacionais têm se debruçado sobre a complexa tarefa de repensar continuamente sobre a administração das organizações, gerando uma produção heterogênea que inclui manuais, autoajuda, modismos e também reflexões acadêmicas fundamentadas que permitem um olhar crítico e apurado sobre o objeto de estudo da Administração, que são as organizações. É nesta última categoria que se insere o livro que apresentamos aos estudantes de graduação e de pós-graduação, aos administradores em exercício nas mais ricas denominações e nos diversos níveis organizacionais: diretores, gerentes, gestores, coordenadores, supervisores, líderes de equipe etc. Além, é claro, àqueles que dão os primeiros passos na selva de teorias, de modelos, de técnicas e práticas dessa área de conhecimento.

Nesse sentido, esta publicação – escrita a tantas mãos por professores, pesquisadores, gestores educacionais e profissionais da área de administração, atuantes em diversas universidades, empresas e consultorias – também se presta aos estudantes de graduação de outras áreas de conhecimento como Engenharia, Economia, Ciências Contábeis, Turismo, Pedagogia, além de outras.

Diferentemente de alguns manuais de Introdução à Administração ou de Teoria Geral da Administração, esta obra vai muito além de uma breve história da administração, da descrição de suas funções e das teorias administrativas, geralmente delineadas em um espectro temporal a-histórico, pouco contextualizado e sem encadeamentos. Os textos de *Introdução à Administração: desenvolvimento histórico, educação e perspectivas profissionais* aprofundam essas questões e avançam em aspectos pouco explorados em outras obras.

O livro é dividido em seis partes que se complementam. Na primeira parte (**Histórico da Administração**), discutem-se as origens dos estudos sobre os problemas que a Administração enfrentou ao longo do tempo, e ainda enfrenta, e as informações necessárias para pensar nas soluções adequadas para resolvê-las, bem como a história da construção social das ideias e da realidade administrativa, reconhecendo a influência do contexto histórico no desenvolvimento do pensamento administrativo e adotando períodos denominados de Movimentos do Pensamento Administrativo.

Na segunda parte (**O Conhecimento sobre a Administração**), os autores se debruçam sobre o "movimento da interdisciplinaridade" como alternativa de incentivo à integração e à contextualização dos conteúdos, em particular na área do conhecimento da Administração, o outro capítulo discorre sobre a "modelagem organizacional", que permite representar os processos de negócio de forma que se compreendam os objetivos organizacionais, os atores e recursos, as regras de negócio e as possibilidades de captura de requisitos organizacionais para o desenvolvimento de sistemas de informação, e o último desta parte, "O Modismo na Administração", como resultado das articulações sociais que produzem a internacionalização e suas formas de naturalização dos conteúdos gerenciais, em especial as consultorias em gestão e a imprensa de negócios no Brasil.

O Ensino de Administração – seu histórico e as condições objetivas que tornaram a administração uma das áreas mais importantes do ensino superior no Brasil e no mundo, as estruturas e componentes curriculares, o trabalho de conclusão de curso e a avaliação do ensino superior, com ênfase no papel do coordenador de curso de graduação – é tratado na Parte III. Trata-se de questões imprescindíveis para coordenadores, docentes e estudantes universitários da área.

A Parte IV, que trata da **Profissão do Administrador**, inicia-se com um texto que visa polemizar e provocar reflexões construtivas sobre profissão e sobre o administrador, a partir de uma perspectiva sociológica. Traz outro capítulo que também polemiza sobre a profissão do administrador ao afirmar que, "apesar da longa trajetória de pesquisa e discussão, o trabalho do administrador ainda é pouco reconhecido e entendido, pois o entendimento do trabalho do administrador é complexo e diferente das demais profissões, por isso, os administradores conhecem pouco sobre a essência do seu trabalho". O terceiro capítulo dessa parte, complementando as contribuições dos outros dois capítulos, e "remando contra a corrente", defende a ideia de que os profissionais da administração e de outras áreas devam escolher a pequena empresa como o seu *locus* de trabalho, e também o empreendedorismo, outra opção de carreira para os profissionais de administração, ou seja, o trabalho de criar e, além disso, lançar e administrar um pequeno empreendimento, juntando, aspectos do processo empreendedorial ao de administração, numa ampliação do escopo de trabalho do profissional de administração.

As Áreas Funcionais da Administração, que também apontam para espaços de atuação ao alcance dos profissionais de administração, nas áreas de Produção, Materiais, Logística, Marketing, Finanças e Gestão de Pessoas, são tratadas na Parte V deste livro, com uma visão sistêmica, atualizada e sem pretensões prescritivas. Assunto muito recorrente nos livros de administração desde o famoso livro *Administração industrial e geral*, obra clássica de Henri Fayol, editado em 1916, quando descreve as seis funções essenciais ao funcionamento de uma organização.

A Parte VI, e última, do livro trata de algumas **Tendências** na prática e teoria da administração como o papel da comunicação na complexidade e relações de consumo por valores mútuos e prestação de serviços. O primeiro capítulo desta parte critica a visão racional da decisão para inserir a incerteza e a complexidade na atuação do administrador. Nesta situação, a comunicação dialógica, baseada no diálogo, torna-se uma alternativa eficaz ao administrador. O segundo capítulo da sexta parte do livro também amplia a visão tradicional da administração para mostrar como as organizações estão se relacionando com seus clientes e com as partes interessadas de maneira muito mais abrangente, ao se preocuparem com a percepção de valor e relacionamento comercial de longo prazo. Nesta perspectiva pode-se falar em marketing social.

Dentre as muitas pretensões daqueles que produzem uma obra bibliográfica está o desejo de ser lido, comentado e principalmente criticado. E essas são nossas expectativas. Somente a partir de pesquisas e críticas, acreditamos, essa área de conhecimento pode avançar e contribuir para que pessoas e organizações possam coexistir de forma humanizada. Romper com posições consolidadas, fomentar reflexões sobre verdades estabelecidas deve ser o papel de todos que trabalham com formação humana.

Os Organizadores

Agradecimentos

Em primeiro lugar agradecemos às nossas famílias por compartilharem os momentos de realização deste livro.

Aos nossos alunos, que, durante todos esses anos, estimularam nossa busca pelo conhecimento e nossa luta por uma educação crítica, fundamentada e que leve à autonomia.

Aos nossos colegas coautores, que aceitaram o desafio de escrever coletivamente uma obra, fruto das inquietações de professores que lutam por uma formação verdadeiramente transformadora.

Um agradecimento especial à Professora Doutora Maria Aparecida Bovério, uma das coautoras deste livro, cuja contribuição foi muito mais que colaborar com seu capítulo. Ajudou a revisar os capítulos, dando sugestões e organizando-os de acordo com o padrão editorial.

Ao professor, consultor e autor de inúmeros livros sobre empreendedorismo, José Carlos Assis Dornelas, pelas palavras encorajadoras do Prefácio.

À equipe do GEN – Grupo Editorial Nacional, Ricardo Redisch, Christina Louise Noren, Carla Aparecida Caldas de Almeida Nery, Munich Araújo de Abreu e demais colaboradores.

PARTE I

Histórico da Administração

Primórdios da Administração

1

Geraldo Gonçalves Junior

O que pretendemos com este capítulo?

Ainda que haja propósitos definidos formalmente tanto para o livro quanto para cada um dos seus capítulos, desejamos iniciar com estas questões: enfim, qual o nosso objeto de estudo? Como pretendemos dissecar a administração, dentro do mais puro processo cartesiano, para compreender suas partes e depois reconstruí-la como um todo? Como saber se não nos desviamos dos caminhos e objetivos inicialmente estabelecidos?

Tentando responder rapidamente a cada uma delas, podemos dizer o seguinte:

Qual o objeto de estudo?

Pretende-se estudar os processos e as práticas administrativas, aquilo que no Brasil costumamos chamar de administração, através da análise do conjunto de conhecimentos e habilidades necessárias para que pessoas e organizações (grupos de pessoas orientadas por objetivos comuns) possam atingir um elevado nível de efetividade em seus resultados. São tantos os conceitos nessa afirmação que seria necessário muito tempo e estudo para aprofundar adequadamente cada um deles. E, ainda nesse contexto, deve-se criar uma distinção entre dois termos que comumente são apresentados como sinônimos, mas que podem ter significados bem diferentes, tanto no Brasil quanto em diversos países: *administração* e *gestão*.

No Brasil, *administração* é mais frequentemente definida como o conjunto de processos e técnicas utilizados para a alocação de recursos (todos e de qualquer tipo) para a consecução de objetivos individuais ou coletivos (as organizações, no caso). Enquanto conjunto de técnicas, pertence ao ser humano, podendo ser ensinada ou aprendida ao longo de sua vida. É possível perceber que, desde remotos tempos, os homens buscaram otimizar o emprego de seus recursos para obtenção dos resultados esperados, tivessem ou não se dado conta de que estavam administrando (penso, por exemplo, no caçador pré-histórico preparando suas lanças e preocupado em como empregá-las da melhor maneira para não se transformar em caça).

O termo *gestão*, por sua vez, costuma ser associado à função de chefia/liderança inerente ao desempenho dos cargos nas estruturas sociais humanas. Assim como um pai exerce a gestão da sua família, um diretor de empresa é o gestor de sua área. Por apenas se manifestar no contexto social, a gestão envolve um amplo conjunto de pressupostos para a sua ocorrência (o mais básico é o da submissão do gerido, sem o que não haveria um gestor). Nesse caso, o exercício da gestão dependerá de que algumas condições estejam presentes e o seu ensino ou aprendizagem dependerá de ações complexas como, por exemplo, os desafios que as organizações atuais ainda enfrentam para o preparo de seus líderes.

Mas não acredite que esse entendimento expresse um consenso generalizado. Na Europa, o termo *administração* foi, e ainda é, empregado para se referir ao exercício da Gestão Pública, enquanto o termo *gestão* é mais utilizado nas empresas privadas. Já nos Estados Unidos o termo *administração* é empregado com a acepção de Governo em uma visão de Estado quando falamos da administração Obama, por exemplo.

No nosso caso, basta que se perceba que a opção por uma nomenclatura em si pouco importa. Divergências conceituais à parte, o relevante é que a técnica e os processos podem ser mais facilmente aprendidos, melhorados e ensinados. É, enfim, o próprio objetivo desta obra.

Como se pretende dissecar a administração para sua melhor compreensão?

Deve ficar claro para o leitor que qualquer divisão de um todo em partes é aleatória e orientada por interesses nem sempre tão claros quanto parecem.

Ao afirmar[6] que paradigmas são "as realizações científicas universalmente reconhecidas que, durante algum tempo, fornecem problemas e soluções modelares para uma comunidade de praticantes de uma ciência", Kuhn pretende legitimar o fato de que diferentes comunidades terão "verdades" distintas sobre determinados fenômenos estudados e ensinados.

Mas isso não quer dizer, necessariamente, que exista um amplo conjunto de paradigmas aplicados à administração. O que se pode perceber, com maior facilidade, é que há vários recortes de um mesmo paradigma, que tem como seu propósito fornecer problemas e soluções para a eficiência, a eficácia e a efetividade das organizações humanas. Em qualquer recorte que se faça, basta identificar um limite de estudo que o outro estará imediatamente definido, com pressupostos diametralmente opostos, estabelecendo um *continuum* de possibilidades. Vejamos alguns exemplos bem simples. A visão que estuda a organização de forma orgânica estabelece o seu contraponto no funcionalismo. Já o limite centrado na natureza humana encontra seu anteparo no mecanicismo. E o holismo se contrapõe ao reducionismo cartesiano. Ou seja, um mesmo paradigma permitirá um conjunto de possibilidades de estudo, que se confundem com muita facilidade em função dos *continuuns* que forem estabelecidos. Isso nos ajuda a pensar a cada vez que ouvimos a expressão *um novo paradigma*. Pode ser apenas um novo recorte no "velho paradigma".

Como saber que não nos desviamos de nossos objetivos iniciais neste capítulo?

Bom, se formos capazes de encontrar nele as origens dos estudos sobre os problemas que a administração enfrentou, e ainda enfrenta, e as informações necessárias para pensar nas soluções adequadas para resolvê-los, é porque conseguimos atingir nossos objetivos.

A administração no princípio ou o princípio da administração

Por razões óbvias, mesmo acreditando que a administração, como técnica e processo, tenha surgido praticamente ao mesmo tempo em que a civilização humana, iremos iniciar nossos estudos a partir do que se costuma designar como o período Histórico. Entretanto, sem registros confiáveis é muito difícil, senão impossível, saber o que o ser humano usou para resolver seus problemas administrativos iniciais.

Mas, por favor, que fique claro que não devemos adotar uma data como a definitiva para o "início da administração". São apenas referências adotadas em função dos registros que chegaram até os nossos dias. É possível imaginar que mesmo nos mais primitivos agrupamentos humanos já existia algum tipo de divisão de trabalho e de administração dos recursos disponíveis para a comunidade.

Para ilustrar essa evolução serão apresentadas algumas das contribuições de culturas, regiões ou períodos que tiveram impacto no desenvolvimento da administração. Novamente, quero deixar claro que são informações bastante limitadas em sua extensão, com o único propósito de fortalecer o argumento geral de que lidamos com a administração há muito mais tempo do que se imagina.

Sobre um tema tão extenso, ou se escrevem cinco linhas ou cinco volumes. Caso contrário, ficaremos com a impressão de que deixamos algo importante de fora.

Oriente Médio

Tido como o berço da civilização, geograficamente o Oriente Médio ocupa uma posição privilegiada na ponte entre a cultura oriental e a cultura ocidental. E não é à toa que a maior parte dos estudos sobre a evolução do pensamento administrativo começa por lá.

Existe um conjunto considerável de registros históricos disponíveis sobre o comércio entre a Suméria, a Babilônia, as cidades fenícias, o Egito e seus vizinhos, cobrindo um extenso período iniciado em 3.000 a.C. Graças a esses registros, sabemos muito sobre como os negócios eram realizados e organizados nessas regiões e é possível conceber como exerciam a administração. Essas regiões não possuíam meras economias de subsistência, uma vez que, aparentemente, já mantinham comércio internacional desde o início de suas civilizações. Os fenícios, por exemplo, navegavam em todo o Mediterrâneo e, provavelmente, até as Ilhas Britânicas; o faraó egípcio Nekko enviou uma expedição para tentar circunavegar a África, e é sabido que as relações comerciais entre o Oriente Médio, Índia e China foram estabelecidas muito cedo, provavelmente no século X a.C. No Egito, por exemplo, a economia foi centralmente planejada e controlada pelos faraós e seus oficiais. São conhecidas as práticas de registro e controle das safras e do acompanhamento dos níveis do Rio Nilo como forma de previsão e planejamento.[14]

Nas cidades-estados fenícias, os governantes teocráticos exerciam um alto grau de controle e estavam diretamente envolvidos em comércio e finanças. Moore e Lewis[9] afirmam que, nas cidades fenícias, os líderes de guerra, chefes da administração civil, sumos sacerdotes dos templos e os comerciantes e banqueiros seniores eram, muito frequentemente, as mesmas pessoas. Na Babilônia, entretanto, os registros mostram maior separação entre os diversos atores que exerciam a administração.

Citadas como exemplos de competências tecnológicas, as grandes obras públicas e sacras conduzidas pelos egípcios são uma demonstração cabal da excelência dos processos e das técnicas administrativas já disponíveis na época. Elaboração dos projetos, captação e administração de recursos financeiros, seleção e treinamento de especialistas em diversas áreas de trabalho, logística de transporte dos materiais necessários à construção e muitas outras eram funções exercidas com maestria e que ainda recebem estudos para uma melhor compreensão de como foi possível fazer tanto com tecnologias e recursos tão limitados.

Índia

Enquanto no Oriente Médio as práticas administrativas surgem como necessidade do Estado, no Meio Leste os primeiros registros que podem ser considerados como relatos de práticas da administração aparecem em textos teológicos e filosóficos, reflexo das características das civilizações surgidas naquela região.

Textos indianos clássicos, como o *Rig Veda*, o *Mahabharata* e *Upanishads*, uma coleção de textos teológicos e filosóficos, exerceram desde cedo significativa influência sobre o pensamento indiano na política e na sociedade. Na verdade, eles continuam a fazê-lo. Mahatma Gandhi, quando traçou o futuro de uma Índia independente nas décadas de 1920 e de 1930, muitas vezes extraiu lições e paralelos com os dias de hoje a partir desses antigos textos. Hoje, textos como o *Mahabharata* e o *BhagavadGita* permanecem influenciando.[14]

Ainda segundo Witzel,[14] o principal texto sobre a administração a emergir do período clássico na Índia é o *Arthashastra*, composto por volta de 300 a.C. Esse trabalho consiste em 15 livros, subdivididos em 150 capítulos de vários tamanhos. Seu autor, Kautilya, era um alto funcionário e, de acordo com alguns relatos, ocupou um cargo equivalente ao de primeiro-ministro no reino Mauryan, com sede no norte da Índia. Criado após a retirada de Alexandre da Índia, o reino Mauryan manteve uma notável estabilidade e desenvolvimento por cerca de 150 anos, segundo alguns autores, em razão da eficiente burocracia e do controle estabelecido como resultado da aplicação do *Arthashastra* desde o início de sua constituição.

Chama a atenção o fato de que, bem precocemente, houve uma busca pela sistematização e formalização das técnicas e práticas consideradas mais eficientes e eficazes para a administração, o que perdura até os nossos dias.

China

Quando pensamos em origens, é difícil imaginar que a China não tenha tido algum tipo de contribuição significativa para a administração. Segundo Wren e Bedeian,[15] essa civilização produziu não um, mas três importantes sistemas de pensamento, e todos incluíam passagens válidas tanto para a administração quanto para a gestão. Confúcio procurou criar um sistema social ordenado capaz de suportar todas as atividades humanas. Além de abordar as funções da administração civil, o filósofo comentou diretamente sobre o papel a ser desempenhado por pessoas de negócio em seu modelo de sociedade. Laozi (Lao-tzu) por sua vez defendeu um sistema social com o mínimo controle, onde as pessoas são livres para fazer escolhas, e apoiou o conceito de direito natural. O terceiro escritor, HanFei, era um pragmático cruel que estabeleceu uma filosofia detalhada de burocracia.

Deve-se deixar claro que, quando esses autores surgiram, a China já possuía um significativo desenvolvimento social e é bem capaz que eles tenham sido, em boa parte, sistematizadores de pensamentos e práticas já estabelecidas tanto no governo quanto nas atividades comerciais e produtivas das diversas e sucessivas dinastias anteriores.

Mas nenhuma referência sobre antigos escritos chineses envolvendo a administração seria completa sem mencionar Sunzi (Sun Tzu). Como acontece com outros autores, há um debate considerável a respeito de quem era Sunzi ou mesmo se ele existiu. Às vezes é identificado como Sun Wen, ministro-chefe do reino de Wu no século VI a.C., mas a maioria das autoridades concorda que o livro conhecido como *SunziBingfa* (literalmente os métodos militares de Mestre Sun, mais conhecido como *A Arte da Guerra*) foi escrito por volta do século IV a.C. Nesse caso, ou um diferente Sun estava envolvido, ou o livro é uma compilação de relatos orais transmitidos por diversas gerações anteriores. No século II d.C. o trabalho foi revisto pelo general CaoCao, que o usou como um manual de instruções para seus oficiais. É esta a versão que tem sido conhecida ao longo dos séculos, e continua a ser amplamente lida em todo o Extremo Oriente. Desde a sua primeira tradução para o inglês no início do século XX, tornou-se popular também entre líderes empresariais e políticos do Ocidente também.

Grécia

Pela proximidade geográfica, cultural, social e linguística, temos mais conhecimento sobre as práticas administrativas adotadas pelos Gregos e Romanos do que as vistas anteriormente no Oriente Médio e Ásia.

Podemos estabelecer como referência inicial os trabalhos do poeta grego Hesíodo, que viveu no século VIII a.C. Sua obra marca o começo da transição entre o período heroico, personificado em Homero, e uma fase onde os autores começam a se preocupar com a sociedade, buscando maneiras de fazê-la trabalhar melhor. O que chama a atenção são as descrições de Hesíodo da economia rural, e por isso ele foi chamado o "primeiro economista".

Os primeiros filósofos, conhecidos como os pré-socráticos, não consideram a gestão e administração, mas eles apresentaram conceitos que influenciaram o pensamento da administração nos anos posteriores. São tantos os pensadores que poderiam ser citados que a escolha se torna um conflito inquietante. Merece destaque o biólogo e cosmólogo siciliano Empédocles, do século V a.C., cujas observações o levaram a concluir que o mundo, incluindo toda a natureza e as próprias pessoas, estava envolvido em um ciclo incessante de mudança e fluxo. Esse conceito foi complementado por Heráclito, um filósofo da cidade de Éfeso, na Turquia moderna, que argumentou que o ciclo de fluxo incluía duas forças iguais, mas em sentidos opostos, dentro de um modelo de compensação dialética. Ambos tiveram alguma influência sobre as teorias modernas de gestão de mudança, e em seu livro *Imagens da organização*, publicado em 1986, Gareth Morgan se referia especificamente a Heráclito como inspiração para suas próprias ideias sobre a mudança organizacional e fluxo social.

Igualmente merecem ser citados Sócrates e seu mais brilhante discípulo, Platão, através do qual os pensamentos foram perenizados. Platão, que viveu entre 427 e 347 a.C. e escreveu sobre muitos assuntos, é reconhecido como um dos mais influentes filósofos na tradição ocidental. Dentre seus trabalhos, podemos citar *A República*, escrito provavelmente entre 380 e 370 a.C., como aquele que considera a administração em todas as suas dimensões. Sócrates e seus companheiros tentam definir a forma perfeita de governança para uma cidade.

Cidades, e por extensão nações e qualquer outra grande organização, são criadas quando as pessoas percebem que precisam trabalhar juntas. "A cidade passa a existir porque cada um de nós não é autossuficiente, mas precisa de muitas coisas."[12] É natural em uma cidade que as pessoas assumam postos de trabalho especializados: alguns serão trabalhadores, outros serão lojistas ou comerciantes, outros serão artesãos. Os mercados servem como meio natural de troca, de modo que cada especialista pode vender seu próprio produto e comprar o que ele precisa dos outros.[12]

Esse conceito aparentemente simples é na verdade a afirmação direta primeiramente conhecida da divisão do trabalho. Outro autor que podemos citar é Aristóteles, um discípulo de Platão, que viveu entre 384 e 322 a.C. Em sua obra denominada *Política*, ele amplia o pensamento do seu mestre em diversas áreas:[15]

Na especialização do trabalho: "Cada trabalho é feito melhor por um único, e não quando é dividido entre trabalhadores."[15]

Em departamentalização: "Cada área deve ter uma função especial [e uma pergunta é] as áreas devem ser divididas de acordo com os temas com os quais elas lidam, ou de acordo com as pessoas que nelas trabalham?"[15]

Na centralização, descentralização e delegação de autoridade: "Nós também devemos saber sobre como devem ser a jurisdição dos vários tribunais locais, e [aqueles] em quem a autoridade deve ser centralizada; por exemplo, uma pessoa deve manter a ordem no mercado e outra em algum outro lugar, ou se a mesma pessoa deve ser responsável em todos os lugares?"[15]

Em sinergia: "O todo é naturalmente superior à parte. 'Na liderança': Aquele que nunca aprendeu a obedecer pode não ser um bom comandante."[15]

Roma

Dentre outros fatores, o declínio moral, bélico e social da Grécia permitiu o surgimento de Roma, que acabou por conquistar a civilização helênica em decomposição. Os romanos foram dos primeiros a desenvolver um sistema semi-industrial amplo para fabricar armamentos para as legiões, para os fabricantes de cerâmica que produziram para um mercado mundial e, mais tarde, para a produção de têxteis que seriam exportados. O sistema romano de estradas foi construído para acelerar a distribuição de bens e o movimento de tropas para colônias dissidentes. Os romanos herdaram o desdém grego pelo comércio, e as atividades de negócio foram deixadas nas mãos dos gregos e asiáticos. Um comércio externo crescente tornou necessária a padronização comercial e o Estado desenvolveu um sistema de garantia de medidas, pesos e moedas. A primeira semelhança com uma organização empresarial apareceu sob a forma de sociedades por ações, que vendiam ações ao público para realizar contratos com o governo e fornecer os produtos e materiais necessários para o esforço de guerra. Havia uma força de trabalho altamente especializada que, com poucas exceções, trabalhava em pequenas lojas. Trabalhadores livres formavam corporações (guildas ou *collegia*), estabelecidas mais para a obtenção de benefícios mútuos, tais como custear os funerais, do que estabelecer padrões de salários, horas de trabalho ou condições de emprego. O Estado regulava todos os aspectos da vida econômica romana: cobrava tarifas para o comércio, fixava multas, regulava as alianças e usava suas receitas para custear as guerras. Organizações de grande porte não poderiam existir com outra finalidade que não fosse a execução de contratos com o próprio Governo.[15]

Dado esse vasto e rico complexo de negócios e relacionamentos, parece notável que escritores romanos não tenham produzido muito sobre a administração pública ou privada.

Há várias razões possíveis para isso. Em primeiro lugar, no que diz respeito aos negócios, em particular, a Lei Claudiana de 218 a.C. proibia as classes mais altas, os senadores, de se envolverem no comércio (foi escrita por Quintus Claudius e perdurou por mais de 100 anos). Daí em diante, qualquer senador que desejasse se envolver no comércio teve que fazê-lo através de um intermediário. Nobres e mulheres, portanto, não tinham motivo para ler livros sobre comércio. Em segundo lugar, os poucos escritores que se aventuraram a realizar comentário sobre questões políticas, tais como Sêneca o Moço (4 a.C. – 65 d.C.), encontraram-se frequentemente no lado errado do poder; morte ou o exílio era o resultado mais provável. Os escritores romanos tendiam a ficar com temas mais seguros, tais como História, Direito, manuais militares e sobre o mundo natural, que eram menos controversos e menos mortais para eles. Em terceiro lugar, houve a influência de uma outra figura política poderosa que também chegou a um fim prematuro graças a sua oposição a Júlio César, Marco Túlio Cícero (106 – 43 a.C.). Seus escritos sobre a lei, a ética e virtude eram influentes, especialmente entre as classes superiores, cujos membros continuaram a considerá-lo como um modelo para os séculos vindouros. Para Cícero, virtude e integridade eram tudo; nada mais importava.[14]

No geral, os autores romanos se inspiravam nos gregos, mas não iam muito além das ideias por eles já elaboradas. Houve escritos sobre prática de gestão das propriedades agrícolas baseados na obra de Hesíodo e algumas poucas orientações sobre a necessidade de serem contratados profissionais experientes para que os resultados fossem os melhores possíveis. Não foi à toa que com a queda do Império Romano o mundo mergulhou em um longo período de estagnação.

As contribuições à administração na Idade Média

Para que possamos avaliar as contribuições à administração nesse período é necessário, primeiramente, identificar como ele pode ser dividido. No geral, chamamos de Idade Média o período da história da Europa entre os séculos V e XV. Inicia-se com a queda do Império Romano do Ocidente e termina durante a transição para a Idade Moderna, também chamada de Renascimento. Logo nos primeiros séculos verifica-se a continuidade dos processos de despovoamento, regressão urbana e invasões bárbaras. Lá pelo século VII, o Norte da África e o

Médio Oriente tornam-se territórios islâmicos depois da sua conquista pelos sucessores de Maomé. No Ocidente, embora tenha havido alterações significativas nas estruturas políticas e sociais, a ruptura com a Antiguidade não foi completa e a maior parte dos novos reinos incorporou as instituições romanas preexistentes. O Cristianismo disseminou-se pela Europa ocidental e assistiu-se a um surto de edificação de novos espaços religiosos. Após o século X, verificam-se um crescimento demográfico muito acentuado e um renascimento do comércio, à medida que inovações técnicas e agrícolas permitiram maior produtividade de solos, propiciando as colheitas necessárias para atender o aumento da demanda nas cidades. O mesmo fenômeno pode ser observado junto às corporações de artesãos.

O Islamismo

A expansão do Islã fora da Península Arábica no século VII e a criação do primeiro Estado Islâmico são objetivo de pesquisas de muitos autores. Mas foi o ritmo e a escala de expansão que colocaram desafios aos novos líderes desse Estado. Muitos deles vieram de grupos de mercadores. A própria tribo do Profeta Maomé (em português os Coraixitas e em árabe os *Quraysh*) continha muitos mercadores e comerciantes notáveis. O próprio Maomé teria se envolvido com o comércio, e os primeiros quatro califas que o sucederam após a sua morte também tinham grupos de comércio, embora tivessem pouca experiência da administração civil.

Com a expansão territorial, os governantes muçulmanos passaram a usar cada vez mais burocratas gregos e egípcios em seu próprio sistema, mas há fortes indícios de que eles já recorressem a essa prática há muito tempo. Witzel[14] apresenta como isso é evidente nos documentos chamados de Nahjal-Balagha (Pico da Eloquência), um conjunto de cartas, sermões e outros escritos de Ali ibn Abi Talib, o quarto califa do Islã. Inclui-se nessa coleção, compilada após sua morte, em 660 d.C., o chamado "Documento de Instrução", escrito para o governador do Egito.

Uma das cartas, de Ali a seu filho, consiste em uma série de máximas sobre como um líder deveria se conduzir. Ali nunca deixava de lembrar ao seu herdeiro que, assim como as pessoas são responsáveis perante ele, ele por sua vez é responsável perante Deus. O líder deve estar preparado em todos os momentos para prestar contas de si mesmo e enfrentar a justiça de Deus. Ali também defende um conceito que mais tarde se tornaria conhecido como o "líder-servidor", difundido por James Hunter em livros com o título de *O Monge e o Executivo*.

O bom líder, o líder que irá ganhar mérito aos olhos de Deus, é o único que se coloca a serviço do povo.

Outra prática era a existência de manuais de costumes descrevendo práticas sobre a maior parte da vida social, comercial e administrativa do mundo islâmico, conhecidos por *Adab*. Exemplo é o *Matifahal-ulum*, traduzido como *Chaves para a ciência*, que foi escrito no final do século X e sobrevive até nossos dias. É destinado a secretários e administradores e descreve as funções de cada um desses cargos. Nele, é dada especial atenção à manutenção de registros de transações financeiras e de pessoal. Em outra obra, o *Kitaba*, "A arte do secretário", começa com uma discussão sobre contabilidade e procedimentos contábeis, a compilação e apresentação de registos e relatórios, bem como uma descrição do sistema de tributação. Em seguida, passa a descrever contabilidade e sistemas de informação utilizados para os sistemas postais, o departamento de terras, o exército e o departamento de vias navegáveis. Há também uma seção destinada a como organizar a correspondência e manutenção de registos, de modo que em todas as vezes haveria um registo ordenado do que tivesse sido feito. Vale dizer que este continua sendo um dos pilares de qualquer sistema administrativo atual.

A Igreja Católica

A criação de comunidades religiosas onde pessoas poderiam viver sua dedicação à fé tem suas origens na Índia, provavelmente no Budismo. É possível que a ideia tenha sido absorvida no início do Cristianismo através do comércio e outros contatos entre o Oriente Médio e Índia. Os primeiros mosteiros cristãos foram estabelecidos no Egito no início do século IV. Nesse mesmo período é estabelecida a chamada Regra de São Basílio, a primeira regra monástica cristã, promulgada na Capadócia (parte da atual Turquia). A regra previa a tomada de votos de pobreza, castidade e obediência, mas ofereceu pouco na forma de conselhos sobre a administração dos mosteiros propriamente dita.

A ela seguiu-se a Regra de São Bento, como hoje é conhecida. Esse documento simples, porém extremamente eficaz, serviu como uma combinação de declaração de missão, mapa organizacional e descrição do trabalho para todos os membros da comunidade religiosa. Seus 73 preceitos começam com a declaração de missão, que é bastante simples: os monges estão a dedicar o seu trabalho para a glória de Deus. De uma forma ou de outra, esses preceitos influenciaram não só as demais ordens religiosas, como todas as demais organizações, notadamente as corporações de artífices, que se estruturavam da mesma forma que as instituições religiosas. Essas semelhanças com a instituição religiosa não foram acidentais. Sendo a Igreja a forma mais avançada de organização na sociedade da época, ela naturalmente servia de modelo para as demais.

À medida que os mosteiros e ordens religiosas se configuravam como o repositório da cultura na Europa, tornou-se natural que reis e príncipes empregassem bispos, padres e monges como administradores em todos os níveis de governo. De fato, até o século XIV é raro encontrar um administrador sênior que não seja um religioso. As práticas administrativas desenvolvidas nas igrejas e mosteiros logo tornaram-se o coração da administração real em praticamente todos os países na Europa cristã. Técnicas como formulários de notificação e controle, a especialização da função pública em diferentes departamentos e auditoria regular de contas, todas desenvolvidas em instituições religiosas, tornaram-se peças padrão da prática do serviço público. Não podemos esquecer que o Método das Partidas Dobradas, base da contabilidade até hoje praticada, foi desenvolvido pelo monge franciscano Luca Pacioli, e descrito em sua obra *Summa de Arithmetica, Geometria, Proportioni et Proportionalità*, em 1494.

Com o desenvolvimento a partir do século XIII, percebe-se que as ideias sobre negócios e administração começam a ser expressas por advogados, professores, teólogos, pregadores, príncipes, funcionários públicos, matemáticos e até mesmo algumas pessoas de negócios. A maioria continuou a concentrar-se em três elementos essenciais: a estratégia, a organização e a liderança, mas outros temas começaram a surgir. Uma lição que podemos tirar é que grande parte do nosso entendimento inicial de gestão vinha do palácio, da igreja e do acampamento militar, em vez de vir do mercado. Como tal prática foi sendo deixada de lado, a outra lição que pode ser aprendida é que precisamos retornar a elas e novamente enriquecer o campo de pesquisa da administração com contribuições das várias áreas do conhecimento humano.

As contribuições à administração no Renascimento

A partir do século XV a humanidade passa a viver um período de desenvolvimento sem precedentes, como decorrência de um conjunto de forças que estabeleceu as fundações culturais de uma nova era industrial, trazendo novos arranjos econômicos para a alocação de recursos, bem como influenciando as relações sociais e as instituições políticas. A redescoberta dos clássicos e a Reforma Protestante, e a ética protestante subsequente, renovaram o interesse pela razão e pela ciência, ampliando perspectivas até então acanhadas. O resultado desse renascimento cultural foi a criação de um novo ambiente que levaria à necessidade de um estudo formal das técnicas e processos administrativos.

Tantas e tão distintas foram as contribuições que a administração recebeu nesse período que se torna um desafio identificar quais seriam as principais. Para reduzir as omissões, as injustificadas ausências e as falhas de julgamento, trataremos o tema em três grandes vertentes genéricas, sem dar atenção às contribuições individuais ou à citação de obras. São elas: a Reforma Protestante, o papel dos economistas e a Revolução Industrial.

A Reforma Protestante

Durante a Idade Média, a Igreja Católica dominava a vida e pregava a esperança de recompensas após a morte como o único consolo para as privações terrenas. Com a Igreja atuando como super-Estado, as recriminações da doutrina católica contra o uso dos juros, contra o desejar de qualquer coisa deste mundo que não fosse para a subsistência, contra o comércio materialista e os lucros, havia-se perpetuado a visão de que os negócios eram apenas um mal necessário. De acordo com a Igreja, o interesse pelo comércio desviava o pensamento das pessoas de Deus para a obtenção de ganhos, no lugar da obediência e da humildade.

O afrouxamento dos vínculos religiosos pelas Cruzadas e a propagação da prosperidade geral através do ressurgimento do comércio acabaram conduzindo, mais cedo ou mais tarde, a uma revolta contra a Igreja. E ela chegou como a Reforma Protestante, um movimento reformista cristão culminado no início do século XVI por Martinho Lutero, quando através da publicação de suas 95 teses, em 31 de outubro de 1517, na porta da Igreja do Castelo de Wittenberg, protestou contra diversos pontos da doutrina católica, propondo uma reforma no catolicismo romano.

Lutero foi apoiado por vários religiosos e governantes europeus, provocando uma revolução religiosa, iniciada na Alemanha, e que se estendeu pela Suíça, França, Países Baixos, Reino Unido, Escandinávia e algumas partes do Leste europeu, principalmente os Países Bálticos e a Hungria. O resultado da Reforma Protestante foi a divisão da chamada Igreja do Ocidente entre os católicos romanos e os reformados ou protestantes, originando o Protestantismo.

João Calvino foi inspirado pelas propostas da Reforma de Lutero, e, como aquele, seguiu o credo da predestinação. Para ele todas as pessoas deviam acreditar que eram os eleitos de Deus e, com base nesta eleição divina, teriam a coragem de enfrentar as atribulações deste mundo cruel.

Houve algumas razões simples que podem justificar a adoção do Protestantismo tão rapidamente. Em primeiro lugar é fácil perceber que práticas como a usura, associadas à busca do lucro, eram condenadas pela ética católica; assim a burguesia capitalista sentia-se mais "confortável" se pudesse seguir uma nova ética religiosa, adequada ao espírito capitalista. Outra razão de origem econômica foi o desejo da nobreza e dos príncipes de se apossarem das riquezas da Igreja romana e de se verem livres da tributação papal.

Anos mais tarde, Max Weber afirmaria que coube ao Protestantismo ter criado o espírito do capitalismo. Ouso dizer que também se criou o sentido que damos hoje ao empreendedorismo, pois os donos do capital passaram a ver como justificados seus esforços de obter sucesso no mundo dos negócios.

Os economistas

Até praticamente o final do século XIV não havia muitas práticas de negócios que merecessem a atenção dos estudiosos da época. Com as alterações surgidas no início do Renascimento, aqueles que queriam compreender a dinâmica e as leis que regiam os mercados ganharam valor e adeptos. Os eruditos de toda espécie se viam perante um novo campo de pesquisa, as relações de negócio em todas as suas esferas, e elegeram a Economia como uma nova ciência. A partir do século XVII começam a surgir tratados que, de início, se preocupam em descrever as práticas mercantilistas defendidas pelos ingleses, mas que, aos poucos, vão derivando para a compreensão do mundo dos negócios de forma mais ampla.

No século XVIII, surgiu a escola fisiocrática do pensamento econômico em desafio ao mercantilismo inglês. François Quesnay (1694-1774), seu fundador, sustentou que a riqueza não se media em ouro e prata, mas era decorrente da produção agrícola. Ele defendeu um capitalismo sem a interferência do Estado para regular os mecanismos de mercado.

Por sua vez, Adam Smith[16] estabeleceu a escola clássica e tornou-se o fundador da economia liberal. Smith defendeu que as políticas tarifárias do mercantilismo eram destrutivas e que, em vez de proteger a indústria, acabavam penalizando a eficiência. Smith propôs que apenas o mercado e a concorrência devessem ser os reguladores da atividade econômica. O conceito da "mão invisível" do mercado deveria garantir que os recursos fluiriam para o seu melhor consumo e sua recompensa mais eficiente, e o autointeresse econômico de cada pessoa e da nação, atuando em um mercado totalmente competitivo, traria a maior prosperidade em tudo. Em sua obra, Smith já se preocupa com a eficiência nas indústrias como forma de obtenção de um melhor resultado econômico. Para o autor, o conceito de especialização do trabalho era um pilar desse mecanismo de mercado. Ele citou o exemplo dos fabricantes de alfinetes: quando a produção é dividida em 10 tarefas distintas e cada trabalhador realiza apenas uma operação limitada, juntos poderão produzir 48 mil alfinetes por dia, enquanto que um trabalhador realizando todas as operações irá produzir não mais de 20 alfinetes no mesmo tempo. Ele admitiu que este era um exemplo trivial, cujos princípios de divisão do trabalho foram encontrados operando com sucesso em muitas indústrias.[16]

Jean-Baptiste Say (1767-1832) é outro economista que pode ser citado. Viveu na França durante o período Napoleônico, quando foi capaz de acompanhar de perto as mudanças sociais mais radicais ocorridas na Europa daquele período. Foi atraído para o pensamento de Adam Smith e produziu uma extensa obra, notadamente sobre as questões da demanda e oferta. Talvez por realizar a gestão de uma empresa têxtil, ou pela influência de Smith, em sua obra *Economia política* existe a preocupação com as práticas administrativas capazes de gerar o melhor desempenho das empresas. No século XIX o crescimento da indústria, a questão do trabalho e a relação com o capital começam a ser tratados com mais interesse e o Marxismo passa a ser um contraponto na visão econômica dominante.[13]

E neste ponto paramos! Já temos base o suficiente para concluir que os economistas a partir do Renascimento foram os responsáveis pela formulação de alguns dos conceitos que farão parte das obras produzidas sobre e para a administração no início do século XX. Sem tirar o mérito destes últimos, não podemos reduzir o valor daqueles que primeiramente se preocuparam com a eficiência no mundo industrial.

Revolução Industrial

Dada como iniciada a partir da invenção da máquina a vapor em 1750, a Revolução Industrial foi o palco onde a administração passou a ser necessária mais do que estudada. A premência por novas práticas e técnicas para gerir os empreendimentos surgidos com a indústria torna-se impositiva e um novo conjunto de profissionais passa a ser exigido: o Administrador.

Podemos ressaltar dois pontos neste momento. O primeiro se refere às necessidades de mudanças que o mundo experimentava. Até esse período, o atendimento às demandas pessoais era, em sua grande parte, uma obrigação individual. As pessoas eram os artífices da maior parte dos produtos e serviços por elas mesmas consumidos. Os poucos serviços profissionais especializados eram supridos pelas corporações, as quais tinham uma capacidade limitada de atender ao crescimento das demandas da população, principalmente pelo longo e complexo processo de formação do artesão. O segundo é o crescimento da população urbana, gerando uma nova classe social, a burguesia, com recursos financeiros e desejosa de adquirir produtos e serviços, gerando um potencial de consumo até então inexistente, impulsionando a produção industrial.

As empresas de então tinham que lidar com problemas extremamente complexos: mão de obra desqualificada e analfabeta na sua maioria; falta de processos e técnicas produtivas adequadas; falta de uma supervisão eficiente; indefinição de cargos e tarefas; sistemas de controle inexistentes etc. E, neste contexto, a administração se apresenta como sendo a forma de resolvê-los.

A partir daqui já estamos a um passo do nosso objetivo. Neste caso, a distância não é medida em anos, mas em conceitos. E os que surgem a partir do meio do século XIX serão os que comporão as primeiras obras do início do século XX, objeto dos próximos capítulos.

Um pouco sobre o início da administração no Brasil

Mesmo antes de 1500, a administração pública portuguesa já era presente tanto na metrópole quanto nas colônias, como podemos ver na obra de Henrique Gama, *História da administração pública em Portugal nos séculos XII a XV*, publicada em 1885. Aqui não foi diferente e desde o descobrimento até a vinda da Família Real, o Brasil se sujeitou a ser fiel cumpridor dos preceitos administrativos definidos por Portugal.

Com a transferência da sede do Reino para o Rio de Janeiro, em 1808, o que antes era conduzido a distância passou a ser vivenciado no país. Como nem Portugal nem o Brasil possuíam uma indústria estabelecida, as práticas administrativas se restringiam ao Estado, cabendo ao mercado as práticas mercantis. O comércio local era restrito e dependente de produtos importados, enquanto o internacional era dominado e praticado quase que exclusivamente com e pelos ingleses. Com a independência do Brasil nada foi significativamente alterado nesse contexto, até o surgimento dos primeiros empreendimentos industriais de peso, notadamente os capitaneados por Irineu Evangelista de Sousa, o Barão de Mauá.

A despeito do que possa parecer, os portugueses também desenvolveram ao longo do tempo progressos significativos em sua gestão pública e produziram obras de interesse e vigor. Como exemplo, cito o livro *Estudos de administração*, publicado por Joaquim Thomaz Lobo D'Avila em 1874, então Ministro de Estado Honorário e Deputado às Cortes. Diz D'Avila (1874), em sua primeira frase do livro, mantendo a ortografia da época: "Há muitos annos que nos preocupa a questão administrativa, convencido de que o desenvolvimento do paiz, e seu melhor governo e a consolidação do seu regimen político dependem, em grande parte, d'uma racional organização da administração pública."[4]

No tocante à administração praticada nos empreendimentos privados no século XIX e início do século XX, não há referência melhor que as pesquisas realizadas pelo Prof. Jacques Marcovitch, consolidadas em seu Projeto "Pioneiros&Empreendedores". Como não pretendemos resumir conteúdo tão vasto, vamos destacar alguns pontos que devem merecer atenção por aqueles que pretendem estudar a evolução do pensamento administrativo no Brasil.

O primeiro, e principal deles, é que, muito antes do surgimento das obras clássicas da administração no início do século XX, já se praticava administração em locais afastados dos grandes centros, como o Brasil. Os problemas já relatados em itens anteriores eram os mesmos e precisavam ser resolvidos de uma forma ou de outra. É possível que o Barão de Mauá tivesse realizado seus planejamentos, estruturado seus empreendimentos, possuído uma forte liderança e também controlado e coordenado suas operações em diferentes áreas e locais. Isso tudo muito tempo antes de Fayol citar tais funções como as inerentes aos cargos dos gestores.

O segundo é que, no Brasil, os empresários sempre foram imediatistas e isentos de uma visão de futuro. Quando estudamos a vida e a obra de Luiz Vicente de Souza Queiroz (1849-1898), mais conhecido como Luiz de Queiroz, podemos perceber como ele foi um empreendedor visionário. Responsável por idealizar e iniciar a Escola de Agricultura de Piracicaba, atual ESALQ (Escola Superior de Agronomia Luiz de Queiroz), ele visualizava-a como um polo de estudo, pesquisa e ensino, capaz de tornar o Brasil uma potência agrícola. O alcance dessa visão sabemos bem hoje em dia, quando o Brasil tem na agricultura sua principal área de exportação.

Por fim, é preciso desmistificar que o estudo da administração demorou a ser difundido no Brasil. É interessante observar que desde o meio do século XIX já constavam do currículo das Escolas Normais Públicas do Estado de São Paulo as disciplinas de Escrituração Mercantil, Economia Política e Pedagogia e Direção de Escolas como uma forma de preparar os jovens para o mundo do trabalho, conforme consta do Relatório de Motta Junior (1895).[10] Outra iniciativa foi a criação do IDORT – Instituto de Organização Racional do Trabalho, fundado em 23 de junho de 1931 como resposta à crise econômica de 1929, por empresários como Roberto Simonsen e outros, que acreditavam na necessidade do aprimoramento das competências gerenciais como a melhor forma para enfrentar os desafios dos negócios.

Considerações finais

Resumir cerca de 10.000 anos de história em poucas páginas é um desafio que mesmo os mais ousados, e os menos sensatos, teriam certo receio de enfrentar. Tantos são os fatos a citar, os autores a referenciar e as práticas a destacar, que corremos o risco de ser taxados de superficiais e incompletos.

Esperamos, contudo, ter atingido dois objetivos: o primeiro é que, a partir dessa leitura, mesmo os menos interessados pelo tema tenham argumentos para contradizer aqueles que querem estabelecer uma data para o início da administração ou do seu estudo. O segundo, que sejam capazes de reconhecer que muito antes do início do século XX já existia, ainda que de forma limitada, o estudo sistemático e formal das práticas e processos administrativos. Sem querer esgotar o assunto, espero que tenhamos ampliado os limites que lhes permitirão compreender melhor os demais capítulos deste livro e aplicar os conhecimentos na construção das soluções para os problemas que a administração enfrenta nos dias atuais.

Referências

[1] AMATORI, F.; JONES, G. *Business history around the world at the turn of the twenty-first century*. New York: Cengage, 2003.

[2] ARISTÓTELES. *Política*. São Paulo: Martin Claret, 2001.

[3] BARROS, H. G. *História da administração pública em Portugal nos séculos XII a XV*. Lisboa: Imprensa Nacional, 1885-1934. v. 5.

[4] D'AVILA, J. T. L. *Estudos de administração*. Lisboa: Tipographia Universal, 1874.

[5] KEHRIG, R. T. *História da administração pública brasileira*. Porto Alegre: Unisul, 2008.

[6] KUHN, T. S. *A estrutura das revoluções científicas*. 2. ed. São Paulo: Perspectiva, 1987.

[7] LODI, J. B. *História da administração*. São Paulo: Pioneira, 1978.

[8] MARKOVITCH, J. *Pioneiros & empreendedores: a saga do desenvolvimento no Brasil*. São Paulo: Saraiva, 2009. 3 v.

[9] MOORE, K.; LEWIS, D. C. *The origins of globalization*. Abigdon: Routledge, 2009.

[10] MOTTA JUNIOR, C. *Annexos ao VI a XVI ao Relatório apresentado ao Sr. Dr. Presidente do Estado de São Paulo pelo Dr. Cesário Motta Junior Secretário d'Estado dos Negócios do Interior em 31 de março de 1895*. São Paulo: Diário Oficial, 1895.

[11] OLIVEIRA, D. P. R. *História da administração*. São Paulo: Atlas, 2012.

[12] PLATÃO. *A República*. São Paulo: Martin Claret, 2007.

[13] SAY, J. B. *Tratado de economia política*. São Paulo: Abril Cultural, 1983.

[14] WITZEL, M. *A history of management thought*. Abigdon: Routledge, 2012.

[15] WREN, D. A.; BEDEIAN, A. G. *The evolution of management thought*. 6. ed. New Jersey: John Wiley, 2009.

[16] SMITH, A. *Investigação sobre a natureza e as causas da riqueza das nações*. São Paulo: Abril Cultural, 1974.

O Desenvolvimento das Modernas Teorias de Administração

Edmundo Escrivão Filho
Pedro Henrique de Oliveira
Fabiana Scatolin
Giovana Escrivão
Fábio Müller Guerrini

Introdução

A sociedade é constituída por organizações. Pessoas nascem, trabalham, se divertem e morrem dentro delas; consequentemente, a vida das pessoas depende da existência de determinadas organizações. Dessa forma, o estudo e o conhecimento da administração são essenciais para a existência e manutenção da sociedade.

Administração é a área de conhecimento que estuda e sistematiza o processo de gestão de uma organização. A definição amplamente divulgada diz que administrar é o processo de realizar coisas com e através de pessoas de forma eficiente e eficaz. A administração é realizada a partir da mobilização de pessoas, por meio da qual os planos são estabelecidos, os recursos gerenciados, as pessoas lideradas, as atividades controladas e as metas alcançadas.

O ato de administrar tem sido realizado de diferentes maneiras ao longo da história. Diversas explicações foram desenvolvidas sobre a forma de mobilizar pessoas, cada uma com uma abordagem específica. Todas essas explicações trazem alguma contribuição ao campo da administração. Elas possibilitam aprender com experiências passadas e entender como a administração chegou ao que ela é hoje. Aprender com a história da administração suporta a tomada de decisão dos gestores, proporciona a melhoria do processo de gestão e o aprimoramento da criação de valor aos clientes.

A "selva de teorias" de administração

Ao recorrer à literatura administrativa, nos deparamos não com uma "Teoria Geral da Administração", mas com emaranhado de teorias, modelos, abordagem e enfoques que dificultam o entendimento do assunto.

As classificações das ideias administrativas mais relevantes variam de acordo com critérios utilizados por cada autor, criando uma "Selva de Teorias"[17] de Administração, pois envolvem numerosas teorias, ampla interdependência entre elas, implicando consequentemente em grande complexidade e alto grau de dificuldade de compreensão conceitual e de aplicação prática.

Dada a relevância do conhecimento e da aplicação das teorias de administração, vários autores buscaram criar propostas de simplificações, muitas vezes incorrendo em um reducionismo com perda de conteúdo e, ainda mais grave, sem comunicar a mensagem central do desenvolvimento das teorias nesses 120 anos do moderno pensamento administrativo. O esforço de simplificação amplamente divulgado nos livros didáticos é o da apresentação das teorias de administração pelo critério cronológico, mas, ainda, com compreensão confusa da mensagem central do desenvolvimento do pensamento administrativo.

A proposta aqui é mostrar que a complexidade é artificial, argumentando que o número e a diferenciação das teorias têm uma descrição irreal do desenvolvimento das teorias. O critério de simplificação da complexidade não é cronológico, mas histórico, dando ao contexto político, social, econômico e tecnológico papel relevante na construção e explicação das ideias de administração. Passa-se, assim, da história dos grandes pensadores, embora sem deixar de reconhecer as contribuições seminais, para a história da construção social das ideias e da realidade administrativa.

Para a abordagem histórica, torna-se "imprescindível (e conveniente) recorrer aos recortes para refletir sobre a história", sendo um recorte possível o temporal.[5] Ao reconhecer a influência do contexto histórico no desenvolvimento do pensamento administrativo, serão adotados os recortes temporais (períodos) tanto dos eventos políticos, sociais, econômicos e tecnológicos, como dos conceitos centrais de administração. Tais períodos serão aqui denominados de Movimentos do Pensamento Administrativo.

Movimento (de ideias) pode ser conceituado como uma "corrente do pensamento que caracterize evolução artística, histórica, filosófica, social etc.; por exemplo, movimento romântico, movimento realista, movimento surrealista".[9] Dessa forma, Movimento "consiste num grande número de ideias e de trabalho intelectual em um determinado tempo e espaço",[25] implicando em "mudança no viver e pensar dos povos", ou, mais precisamente, referindo ao "comportamento coletivo à procura de uma nova maneira de viver; origina-se num período de inquietação social e se organiza pela adoção de um objetivo comum".[10] Portanto, um Movimento caracteriza-se por "uma situação na qual as pessoas mudam suas opiniões ou o modo que vivem ou trabalham, sendo a situação um conjunto de coisas que estão acontecendo e as condições que existem em um tempo e lugar particular".[3] Em consequência, "mais frequentemente as ideias definidoras de qualquer movimento são padrões sobre os quais pensadores individuais desenvolvem suas próprias ideias".[25]

Reconhecida a influência do contexto e suas transformações, dando origem aos períodos históricos e às ideias definidoras (Movimentos), há de se reconhecer o esforço de perpetuar ideias próprias que transpassam os períodos históricos. Essas ideias serão aqui denominadas de Escolas de Administração.

Escola refere-se a uma "doutrina ou sistema de ideias (filosófico, teológico, estético, artístico, científico, estilístico etc.) de um grande criador ou grupo de autores (escola de Nietzsche, escola de Viena) ou ao conjunto de pessoas que se filiam a um desses sistemas".[8] Ou, ainda, Escola de pensamento compreende-se como "um conjunto de ideias ou opiniões que um grupo de pessoas compartilha sobre determinado assunto".[3] Portanto, tanto se refere a um "sistema, doutrina ou tendência de pensamento de pessoa ou grupo de pessoas que se notabilizou em algum ramo do saber"[9] como a um "qualquer grupo de pensadores cujas teorias estão em sintonia e os quais juntam forças para promover suas doutrinas".[11]

O que outros livros apresentam como teorias, abordagens, enfoques, perspectivas, escolas, modelos, contribuições, resultando em intermináveis e infernais denominações estanques e concorrentes à compreensão do leitor, são denominações todas aqui reduzidas ao termo *Escola do Pensamento Administrativo*. Esta escolha elimina a complexidade de numerosas teorias e suas inter-relações, pois, na verdade, muitas das teorias (e variantes acima citadas) mais recentes são atualizações de teorias anteriores.

Portanto, para dominar a "Selva de Teorias", este capítulo irá abordar a construção das teorias administrativas a partir das ideias de Movimentos e Escolas, por meio de uma abordagem histórica.

O pensamento administrativo moderno pode ser dividido em cinco grandes movimentos, conforme a Figura 1 ilustra: 1 – Movimento da Racionalização do Trabalho, 2 – Movimento das Relações Humanas, 3 – Movimento Estruturalista Sistêmico, 4 – Movimento da Contingência e 5 – Movimento Contemporâneo.

Cada Movimento, por sua vez, é formado por Escolas representadas por um conjunto de autores que adotaram, dentro da mesma Escola, os mesmos pressupostos para diagnóstico e mesmos princípios para solução dos problemas administrativos. Embora as Escolas se delimitem no mesmo período, os pressupostos e os princípios ultrapassam as fronteiras dos Movimentos, unindo Escolas em diferentes Movimentos. Essa ligação de Escolas em diferentes Movimentos reflete os esforços de atualização de autores em diferentes épocas, mas de mesma linha de pensamento.

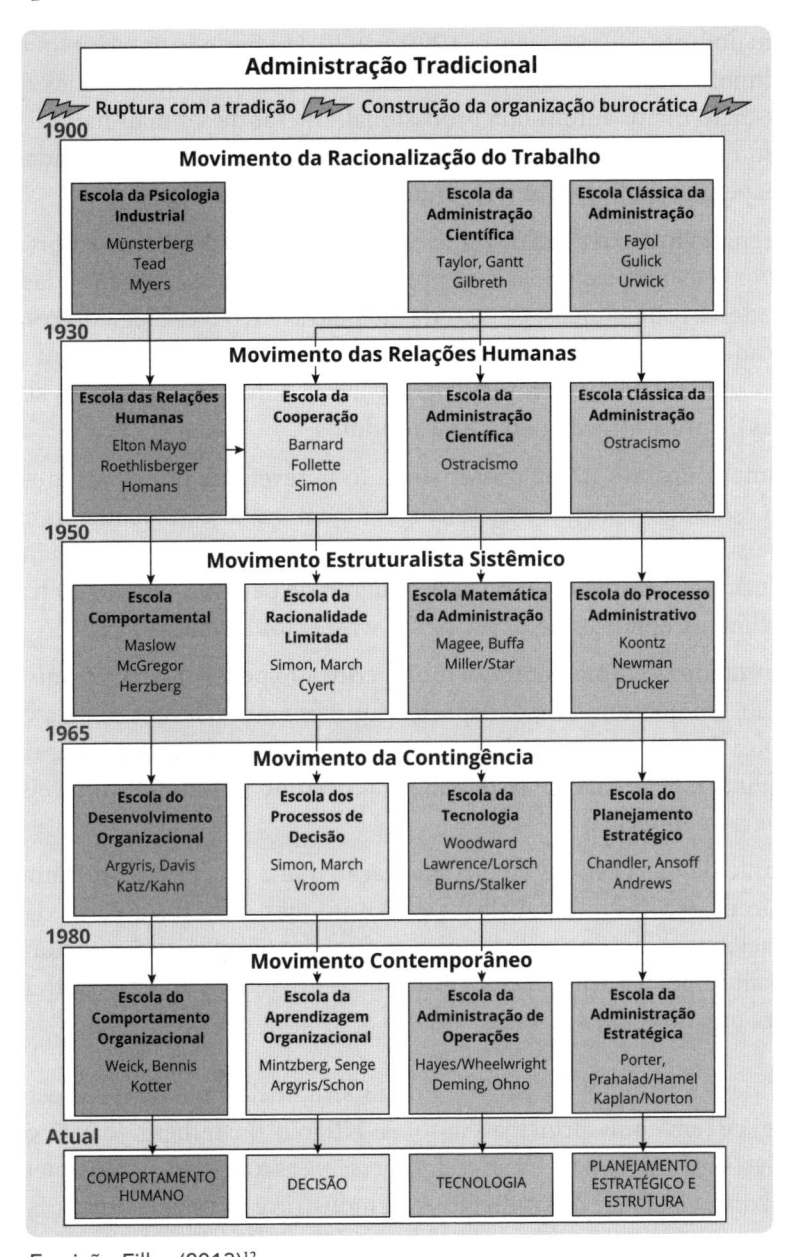

Fonte: Escrivão Filho (2013)[12]

Figura 1 Movimentos e escolas do pensamento administrativo

Movimento da Racionalização do Trabalho

O primeiro Movimento do Moderno Pensamento Administrativo pode ser denominado de Movimento da Racionalização do Trabalho, cujas ideias predominaram durante o período entre 1900 e 1930.[13] O período anterior foi marcado pela Administração Tradicional, de caráter artesanal, em que os mais qualificados possuíam maior autonomia profissional. Apesar de ser mais natural falar em ofício do que em qualificação, as técnicas eram simplesmente passadas de um oficial experimentado para seu aprendiz.[14]

O cenário industrial era de transição entre oficinas de pequeno porte, gerenciadas por seus proprietários, e empresas de grande escala, gerenciadas por administradores profissionais. Caracterizado pelo avanço tecnológico, crescimento de mercado, aumento da mão de obra e carência de conhecimentos em administração, o ambiente estava propício para a inserção de novos métodos, sistemas e maneiras de produzir e comercializar produtos.[26]

Como o próprio nome do Movimento já revela, as principais ideias desse período estão relacionadas à racionalização, em que o conhecimento científico passou a substituir os métodos empíricos, pois buscava a "melhor maneira" de se produzir dando origem ao estabelecimento de padrões, divisão do trabalho e principalmente enfatizando os processos e aspectos formais.[20]

No entanto, o Movimento foi muito criticado pela visão reducionista da organização, em que somente os aspectos formais eram relevantes; pela visão microscópica do homem, na qual o operário era considerado apenas mais uma peça da máquina; e pela visão de sistema fechado, como se todas as variáveis fossem previsíveis e conhecidas.[20]

Diante da ideia central de racionalização que o movimento dissemina, há a formação de escolas que trabalham com enfoques distintos a partir da mesma ideia: racionalização dos indivíduos que formam a organização, racionalização do trabalho operacional e racionalização das atividades do administrador e da estrutura organizacional.

Escola da Psicologia Industrial. Possui suas ideias voltadas aos estudos da psicologia e tem como principais autores: Hugo Münsterberg, Joan Scott, Morris Viteles, Ordway Tead e Charles S. Myers.[13] A escola tinha como objetivo buscar a máxima eficiência dos indivíduos na indústria e seu ajuste ótimo,[26] portanto defendia as ideias de recrutamento, seleção de pessoas, diagnóstico organizacional e orientação vocacional.[24]

Escola da Administração Científica. De grande importância para o período com foco na racionalização das atividades operacionais, sendo formada pelos seguintes autores: Frederick W. Taylor, Henry L. Gantt, Frank B. Gilbreth, Harrington Emerson e Henry Ford.[13] A Escola teve Taylor como seu principal mentor, o qual propôs os quatro princípios da Administração Científica: reunião de todo o conhecimento e sua transformação em normas de trabalho; padronização dos métodos de trabalho operacionais; seleção e treinamento científico do trabalhador nas tarefas; colaboração entre gerência e trabalhadores.[22]

Escola Clássica da Administração. Prega a racionalização das atividades do administrador e da estrutura da organização, tendo como precursores dessas ideias: J. Henri Fayol, James D. Mooney, Luther Gulick e Lyndall Urwick.[13] Os estudos do principal autor dessa escola, Fayol, enfatizam a concepção do moderno processo administrativo, pois até então não se tinham racionalizado as atividades gerenciais.[26] Fayol propôs "14 Princípios Gerais da Administração" e cinco "Funções do Administrador" (previsão, organização, comando, coordenação e controle).

Movimento das Relações Humanas

O Movimento das Relações Humanas surge de forma antagônica às ideias do movimento anterior. Tendo o período de 1930 a 1950 como o de maior repercussão, as ideias apareceram em um contexto histórico marcado pela crise de 1929 causada pela superprodução, na qual muitas verdades até então aceitas e não contestadas foram abaladas, além do fortalecimento dos sindicatos e da ampliação dos conflitos sociais devido às práticas da racionalização do trabalho. Essa situação abriu espaço para aplicação das ideias da Psicologia e da Sociologia aos problemas industriais.[20]

Mediante o cenário anterior, em que prevaleciam os ganhos de produtividade do Movimento da Racionalização, mas já transpareciam os custos dos embates sociais e sintomas de desconforto no trabalho dos funcionários concretizados no alto absenteísmo, alta rotatividade e uso de bebida alcoólica, surge o Movimento das Relações Humanas.

Esse Movimento desponta em forte oposição às ideias da racionalização, privilegiando principalmente as relações humanas e os aspectos informais da organização. São focalizados os aspectos espontâneos dos operários, as lideranças informais, a afetividade e as necessidades sociais,[2] dando maior ênfase às questões emocionais dos trabalhadores, mostrando que o dinheiro não era a única fonte de motivação dos funcionários.[13]

O Movimento das Relações Humanas foi criticado devido à oposição cerrada às ideias da racionalização, gerando uma concepção ingênua e romântica dos trabalhadores. A principal crítica ao Movimento é com relação à visão distorcida dos interesses entre operários e patrões, que manipulavam os trabalhadores em favor dos propósitos gerenciais, pois apesar de as teorias defenderem os direitos e melhorias dos operários, as ideias não foram aplicadas na prática.[20]

Escola das Relações Humanas. Seus principais pensadores, Elton Mayo, Fritz J. Roethlisberger e George C. Homans,[13] apoiam ideias relacionadas aos grupos e organizações informais, necessidades dos indivíduos, liderança e motivação. Suas ideias surgiram das "Experiências de Hawthorne" (1924), uma série de estudos sobre a produtividade dos trabalhadores na empresa Western Electric Company, que atribuiu o crescimento da produtividade dos operários ao melhor tratamento dado a eles por parte dos gerentes durante a pesquisa.[7]

Escola da Cooperação. Composta pelos autores Chester I. Barnard, Mary Parker Follette e Herbert A. Simon,[13] também ganhou visibilidade com ideias voltadas para as pessoas, defendendo a opinião de que as organizações são sistemas cooperativos, pois os indivíduos não podem realizar seus objetivos sozinhos, surgindo, então, a necessidade de se associarem para satisfazê-los.[20] Além das influências e das decisões do administrador, a Escola também defendia que somente a liderança profissional e moral aumentaria a eficácia das organizações e o bem-estar dos indivíduos.[27]

Escola da Administração Científica e Escola Clássica da Administração. Apesar de as ideias do Movimento da Racionalização do Trabalho serem execradas nesse período, estas duas Escolas mantêm as contribuições nesse período, a primeira com Dexter Kimball e George Filipetti[13] e a segunda com William H. Newman, Harold Koontz, Cyril O'Donnel, Enerst Dale, George R. Terry, Peter Drucker e George S. Odiorne.[13] Ambas as Escolas conservaram as mesmas ideias centrais das respectivas Escolas no período anterior.[1]

Movimento Estruturalista Sistêmico

O Movimento Estruturalista Sistêmico sucede o movimento anterior de Relações Humanas e suas ideias predominam no período entre 1950 e 1965 nos Estados Unidos. O Movimento da Racionalização do Trabalho estava preocupado com a ênfase nas tarefas e na estrutura organizacional, enquanto o Movimento de Relações Humanas tinha enfoque nas pessoas. Nota-se que os dois primeiros Movimentos têm ideias antagônicas. Nesse terceiro Movimento ocorre uma junção dos conceitos dos dois Movimentos anteriores, associação de aspectos formais e aspectos informais. Portanto, o foco do movimento atual é a análise das organizações.[1]

O contexto histórico de surgimento é a mudança na política estadunidense, mudança na organização industrial, com a diversificação industrial e geográfica, ocasionando mudanças no controle da empresa, com profissionalização da direção, nova filosofia dos conglomerados e o conceito de sinergismo.[12]

A primeira fase deste terceiro Movimento é a influência do estruturalismo, o qual não é entendido como uma teoria de administração, mas sim um método analítico-comparativo, com a preocupação nos conceitos de estrutura e de característica totalizante. O método estruturalista foi aplicado em diversas disciplinas científicas. Um segundo momento dentro desse Movimento é a influência da Teoria Geral dos Sistemas, com a popularização da abordagem totalizante, pensamento sistêmico, método sintético, apresentando foco no todo (as partes e suas interpelações) e a eficácia do todo; tais conceitos foram apresentados pelo biólogo Ludwig von Bertalanffy, que buscou entender certas características similares em todas as ciências.[27] Esses dois métodos, estruturalismo e sistemas, contribuíram com importante conceito: de ambiente externo; assim, o entendimento de sistema fechado (Movimentos da Racionalização e das Relações Humanas) dá lugar ao de sistema aberto em permanente relação com o ambiente.

De forma geral, algumas críticas gerais do Movimento Estruturalista Sistêmico são a formulação teórica abstrata da organização, pouca atenção às ciências do comportamento e o perigo do uso acrítico das analogias. Koontz critica o Movimento dizendo que na verdade não se trata de uma nova teoria aplicada à administração, mas um método de estudo.[17]

Os principais autores de influência estruturalista são Robert K. Merton, Philip Selznick, Alvin W. Gouldner, Michel Blau e Amitai Etzioni. Os autores sistêmicos na administração são Eric L. Trist, Rensis Likert, Robert L. Kahn, Daniel Katz, James E. Rosenzweig e Fremont E. Kast.

Escola Comportamental. Os autores dessa Escola são Abraham Maslow, Douglas McGregor e Frederick Herzberg. Essa Escola advém da Escola de Relações Humanas. Ela busca uma adaptação das necessidades e aspirações dos seres humanos junto às metas e exigências da organização.[27] Maslow apresenta a teoria da motivação humana com uma pirâmide dividida em uma hierarquia das necessidades humanas, constituindo-se em um grande marco comportamental. McGregor apresenta as teorias X e Y, que são um conjunto de pressupostos relativos à natureza humana.[27]

Escola da Racionalidade Limitada. Tem como autores Herbert Simon, James March e Richard Cyert. Simon apresenta a noção de racionalidade limitada, em que os indivíduos não têm um comportamento racional objetivo, tendo limites para desenvolver seus pensamentos. A partir do momento em que as limitações são removidas, a organização tende a ser mais eficiente. O autor aponta também que estímulos externos, como fatores interpessoais, podem influenciar o indivíduo e seu comportamento.[13] Essa Escola prega que o processo de tomada de decisão não inclui uma análise sistemática dos processos interpessoais e que as empresas buscam alcançar resultados satisfatórios ao invés de maximizar.[20]

Escola Matemática da Administração. Tem autores como John F. Magee, David W. Miller, Martin K. Star e Elwood S. Buffa. Deriva da Escola da Administração Científica. A utilização dessa Escola para a resolução de problemas administrativos é conhecida como Pesquisa Operacional (PO). Os temas mais tratados são operações, serviços, estratégia das operações, tecnologia, processo decisório, decisões programáveis e computador. A Escola Matemática da Administração é uma teoria da decisão aplicada. Sendo assim, utiliza a matemática e a lógica para resolução de problemas que acontecem quando o executivo procura uma solução lógica ou um raciocínio eficaz para tomar a sua decisão.[4]

Escola do Processo Administrativo. Tem autores como Harold Koontz, William H. Newman e Peter F. Drucker. Surge a partir dos pensamentos da Escola Clássica da Administração como crítica à Escola Matemática da Administração pelo fato de ser uma abordagem "matemática, objetiva, quantificativa e reducionista".[4] Koontz popularizou as funções gerenciais nesse período. Drucker também foi outro importante autor dessa escola com contribuições sobre a prática administrativa. Ele também foi responsável pelo conceito de Administração por Objetivos (APO), em que a organização deve ser guiada por objetivos de desempenho.[27]

Movimento da Contingência

O Movimento da Contingência tem ideias predominantes no período entre 1965 e 1980 nos Estados Unidos. A principal diferença com as ideias administrativas do Movimento anterior são que não existe apenas uma teoria organizacional que se aplique a qualquer tipo de organização social.[1]

O contexto histórico de surgimento é o acontecimento da 3ª Revolução Industrial (microeletrônica), que afetou a produção e a informação, mudança na estrutura de trabalho, como a rotação de funções da IBM e os grupos semiautônomos na Volvo, crises do petróleo em 1973 e 1979, que afetaram a indústria mundial, bons resultados da indústria japonesa, mudança na formação e expectativa da mão de obra e inúmeros protestos da década de 1960.[12]

O trabalho da pesquisadora britânica Joan Woodward é considerado o primeiro enfoque da Contingência.[13] A partir de seus estudos foi possível classificar as organizações pela complexidade da tecnologia utilizada na produção de bens e verificou~se como isso influenciava a estrutura organizacional. A sua classificação variava de menos complexa para mais avançada com: 1) sistema de produção unitária (em pequena quantidade com personalização); 2) produção em massa; e 3) produção de processo contínuo (indústria química). Como conclusão, Woodward chegou a dois tipos de definição sobre a autoridade. O primeiro grupo, que contempla os tipos de empresa 1 e 3, delega mais autoridade, coloca menos ênfase na descrição do trabalho, é mais flexível com a descrição do trabalho e tem equipes mais frouxamente organizadas. Assim apresenta mais flexibilidade organizacional. O segundo grupo, que contempla apenas o tipo 2 de empresa, tende a usar o tipo "chefia e assessoria", supervisão mais rigorosa do pessoal, técnicas de controle mais elaboradas e comunicação mais formal e padronizada.[27] Portanto, a autora afirma que não há uma melhor maneira de se administrar.

Os trabalhos de Burns e Stalker afirmaram que a escolha da estrutura organizacional depende da situação do ambiente. O ambiente varia dos extremos de estabilidade até turbulência, com a estrutura variando da forma mecânica até a forma orgânica. Assim, o ambiente estável favorece a estrutura mecânica (rígida) e o ambiente turbulento favorece a estrutura orgânica (flexível). O modelo mecânico apresenta uma divisão administrativa com desenho rígido da tarefa, uma hierarquia clara de controle, valorização da comunicação vertical e reforço dos controles burocráticos. Já o modelo orgânico apresenta um ajuste contínuo e redefinições de tarefas, ambiente voltado para inovações e criatividade, administração descentralizada com relações informais e possibilidade de interações e comunicações a qualquer nível.[12]

Lawrence e Lorsch demonstraram que as diferenças internas das empresas estavam relacionadas com diferenças nos ambientes. A estrutura dependia de fatores ambientais, tais como: mudança das condições ambientais, certeza da informação disponível e *feedback* dos resultados das decisões tomadas. Descobriram que as empresas mais bem-sucedidas se adaptavam ao ambiente imediato. As empresas utilizavam uma estrutura compatível com o ambiente em busca do sucesso.[27] Aparece a proposição *se-então*. Se o ambiente é turbulento, então a solução mais eficaz é uma estrutura flexível. E se o ambiente é estável, a solução mais eficaz é uma estrutura rígida.

Críticas ao movimento são que alguns autores levam ao extremo a influência do ambiente, com determinação ambiental nas práticas administrativas, ocasionando que não há escolha e o papel do administrador é passivo ao ambiente. Assim, obscureceu a constatação das relações interorganizacionais, ou seja, as influências que uma organização exerce sobre a outra.[12]

Escola do Desenvolvimento Organizacional. Tem como autores: Chris Argyris, Danel Katz, Robert L. Kahn e Keith Davis. É uma atualização dos pensamentos da Escola Comportamental. Essa escola, ao ser conceituada, trabalha com três eixos: 1) estratégia educacional, 2) mudança planejada e 3) comportamento baseado na experiência. Katz e Kahn abordam o conceito de equilíbrio dinâmico ao pensar em novos tipos de estabilidade que atendam à necessidade de mudança.[20]

Escola dos Processos de Decisão. Tem como autores Herbert Simon, James March e Victor Vroom. Essa escola aparece como atualização da Escola da Racionalidade Limitada. Assim, atualiza o pensamento sobre as condições organizacionais e sociais do processo decisório. Agora se entende que as pessoas se distanciam e têm autonomia com relação às atitudes, normas e valores pelas experiências já vividas, apesar de terem sido afetadas por fatores afetivos e inconscientes do processo de socialização.[20]

Escola do Sistema de Produção (Tecnologia). Tem como autores principais Joan Woodward, Paul Lawrence e Jay Lorsch e Tom Burns e George M. Stalker. Surge a partir dos pensamentos da Escola Matemática da Administração. Essa escola estuda as consequências para as estruturas organizacionais do uso de certa tecnologia. Além disso, a escola mostra que não há uma melhor maneira de se administrar. Assim, dependendo do tipo de objetivo e de ambiente, é feita a escolha de uma organização mais adequada. Outro ponto da Escola do Sistema de Produção é que existe mais de uma maneira de se atingir um objetivo proposto.[20]

Escola do Planejamento Estratégico. Os autores dessa corrente de pensamento são Alfred D. Chandler, Igor Ansoff e Keneth Andrews. Essa escola surge como atualização da Escola do Processo Administrativo. Sua característica é entender a estratégia como processo deliberado, realizado pela alta administração, que visa o posicionamento da organização. Chandler aborda como elementos-chave os objetivos de longo prazo e os cursos de ação. Ansoff disseca acerca de utilização de recursos empresariais, objetivos, cursos e programa de ação. Por fim, Andrews trabalha sobre padrões de decisões, metas, políticas e planos.[23]

Movimento Contemporâneo

As ideias desse movimento são predominantes no período entre 1980 e os dias de hoje nos Estados Unidos. As principais diferenças desse Movimento para o período anterior são de introduzir novos aspectos administrativos ao se pensar a administração com a qualidade, reestruturação e conhecimento.[18]

O contexto de surgimento desse movimento envolve o fim do mundo socialista liderado pela União Soviética, ideologia neoliberal do mundo capitalista de desregulamentação dos mercados, intensa e ampla aplicação da tecnologia com a microeletrônica e reestruturação dos mercados e das empresas. Também acontecem a globalização e a disseminação do uso da Internet.[12]

A primeira fase: qualidade total como filosofia administrativa. A qualidade total se iniciou com Kaoru Ishikawa, que percebeu que o controle de qualidade abrangia princípios de administração e tinha um forte elemento social e humano a ser considerado. Outros nomes importantes foram Deming, sobre técnicas de controle de qualidade, e Juran, sobre que o "controle de qualidade deveria ser uma ferramenta de administração e parte do processo produtivo" mais do que "simples questão de estatística e qualidade".[27] Juran também repensou a metodologia e a forma de utilizar a qualidade, bem como estratégias de difusão de conhecimento nas organizações.[27] A gestão da qualidade total é um comprometimento amplo da organização para infundir qualidade em toda atividade através do aperfeiçoamento contínuo. Dentre as técnicas utilizadas na gestão da qualidade total estão: círculos de qualidade; *benchmarking*; seis sigma; melhoria contínua.[7] Assim, a qualidade total aparece como uma filosofia de gestão de uma organização, centrada na qualidade, com participação de todos os seus membros, visando ao sucesso do cliente e beneficiando os membros da organização e a sociedade.

A segunda fase: reengenharia como filosofia administrativa. A reengenharia surge com os conceitos de Hammer e aparecem palavras-chave para seu entendimento: *fundamental,* ignorando o que existe e concentrando-se no que deveria existir (o que fazer); *radical,* desconsiderando todas as estruturas e procedimentos existentes e inventando formas completamente novas de realizar o trabalho (como fazer); *drástica,* realizando a destruição do antigo e a sua substituição por algo novo (quanto fazer); e *orientada* para processos e não para tarefas, serviços, pessoas ou estruturas (onde fazer).[12] A reengenharia segundo Hammer e Champy é repensar e redesenhar os processos empresariais para gerar melhorias no desempenho. O termo *processo* implica em uma visão horizontal do negócio, envolvendo toda a organização. Além disso, as três forças que estão mudando a empresa são: os clientes assumindo a empresa, a concorrência se acirrando e a mudança se tornando constante. Além disso, a reengenharia está preocupada com os processos organizacionais, a melhoria do desempenho, a quebra de tradições e o uso de novas tecnologias da informação.[15]

A terceira fase: gestão do conhecimento como filosofia administrativa. Surge uma nova filosofia de administração com a valorização do capital intelectual como um ativo intangível capaz de proporcionar vantagem competitiva. Nesse momento em que o capital intelectual tem maior influência sobre o desempenho organizacional do que o capital financeiro, surgem conceitos relacionados à gestão do conhecimento e à aprendizagem organizacional. Os processos de obtenção, transferência, criação e uso de conhecimento são sistematizados buscando vantagem competitiva e melhores resultados organizacionais. Com mesmo intuito, as técnicas de aprendizagem passam a ser estudadas e praticadas dentro das organizações.[18]

Os principais autores da fase qualidade são W. Edwards Deming, Joseph M. Juran, Kaoru Ishikawa, Armand V. Feienbaum e Genichi Taguchi. Da reengenharia, James Champy, Michael Hammer e Thomas H. Davenport. E da gestão do conhecimento são: Thomas Stewart, Peter Senge, Ikujiro Nonaka, Hirotaka Takeuchi.

Escola do Comportamento Organizacional. Tem como principais autores: Karl E. Weick, Warren Bennis e John Kotter. Atualiza o pensamento da Escola do Desenvolvimento Organizacional. Essa escola assume o lado humano da liderança. Kotter traz a ideia de que o líder não pode agir sozinho, identificando três atividades do processo de liderança: estabelecer uma direção, alinhar as pessoas e motivar e inspirar. Bennis trabalhou com o ponto de que a liderança é uma habilidade que pode ser aprendida e desenvolvida, chegando a quatro competências de que o gerente necessita: gerência da atenção, gerência do significado, gerência da confiança e gerência de si próprio.[4]

Escola da Aprendizagem Organizacional. Tem como autores Henry Mintzberg, Chris Argyris, Donald Schon e Peter Senge. Essa Escola é uma atualização da Escola dos Processos de Decisão. Estabelece o questionamento e a mudança dos padrões de ações e formas de comportamento nas organizações a fim de buscar a inovação. Argyris e Schon entendem que as pessoas agem de acordo com suas crenças e pressupostos, que podem ser modificados pela ação e pelo comportamento dessas pessoas, a partir da aprendizagem.[20]

Escola da Administração de Operações. Tem como autores Robert H. Hayes e Steven C. Wheelwright, W. Edwards Deming e Taiichi Ohno. Essa Escola atualiza a corrente de pensamento da Escola do Sistema de Produção (Tecnologia). A Escola da Administração de Operações se liga à administração científica, buscando eliminar erros do sistema. A corrente de pensamento tem grande influência também do modelo de recuperação econômica e industrial japonês no período pós-Segunda Guerra Mundial. A meta era a redução da variação por meio do aprimoramento contínuo (*Kaizen*), verificando o que escapava ao controle. Deming buscou eliminar erros do sistema com o interesse pela administração da qualidade. Aparece também o grande interesse pelo controle estatístico da qualidade.[27]

Escola da Administração Estratégica. Os principais autores são Robert S. Kaplan e David Norton, Michael Porter e C. K. Prahalad e Gary Hamel. Atualiza a Escola do Planejamento Estratégico. Essa corrente de pensamento entende a estratégia com ações formuladas para a estabilidade à organização com equilíbrio entre forças internas e externas. A estratégia também estaria presente em todos os níveis organizacionais.[23] Kaplan e Norton desenvolveram uma ferramenta para gestão estratégica, com quatro perspectivas (financeira, cliente, processos internos e inovação e aprendizado), denominada *Balanced Scorecard* (BSC).[16] Porter desenvolveu o modelo de cinco forças, considerado o mais influente modelo analítico de estratégia. As cinco forças seriam fornecedores, novos entrantes, compradores, substitutos e concorrentes.[21] Por fim, Prahalad e Hamel trabalham a ideia de objetivo estratégico, assumindo uma visão; ao assumir essa visão, a organização deve despender esforços para atingir o objetivo preestabelecido.[19]

Aprendendo com a história da administração

O desenvolvimento do pensamento administrativo discutido acima por meio dos Movimentos e das Escolas é essencial à formação do administrador. Mas isso não é tão consensual, até mesmo grandes nomes da difusão da literatura administrativa fazem pregação contra a utilidade da história da administração.

Cummings e Bridgman citam Stephen Robbins, o autor do manual de introdução à administração, possivelmente o mais vendido do nosso tempo, como exemplo de uma antipatia com a história na educação de administradores. Robbins tem afirmado que o estudante de administração possui um interesse mínimo na história da administração e que ele quer saber "como fazer", ao invés de estudar a história da administração. Cummings e Bridgman discordam de Robbins e defendem que os estudantes teriam, provavelmente, um impacto mais positivo em sua atuação futura como administradores se eles fossem mais bem preparados com a história e tradições da administração.[6]

Os autores deste capítulo entendem os dois lados, a história da administração é muito relevante na formação do administrador, mas, infelizmente, o ensino desse tema tem sido desestimulante, baseado na memorização de nomes e datas, e de pouca utilidade prática. Do ponto de vista a favor da importância do ensino da história da administração, Cummings e Bridgman sintetizaram argumentos de diversos autores: uma melhor compreensão da história da administração ajuda os estudantes a aprenderem as lições de erros passados; a estabelecerem uma conexão "com grandes mentes"; a unirem-se à "memória coletiva", gerarem uma identidade integradora para a profissão; a reconhecerem uma linha de referência para avaliar a extensão das mudanças da administração em um determinado período de tempo; a compreenderem melhor a real contribuição das práticas administrativas supostamente "novas".[6]

Do ponto de vista da crítica da utilidade do ensino da história da administração, este capítulo foi uma rápida apresentação de substituição da aprendizagem de decorar pela aprendizagem de desafiar os alunos a pensarem o contexto histórico da administração, aqui periodizados em Movimentos do Pensamento Administrativo. As contribuições específicas aparecem nas Escolas do Pensamento Administrativo. Em nossas aulas, temos usado o método de ensino e aprendizagem baseado em problemas (PBL – *Problem-Based Learning*), e os resultados de envolvimento, interesse e satisfação dos alunos com o método e o conteúdo são excepcionalmente surpreendentes. O método permite ao aluno trazer seus conhecimentos e experiências, fazer pesquisa com procedimento científico, trabalhar em equipe e discutir amplamente com seus colegas e o professor. A história da administração tem sido ensinada e aprendida, em nossas experiências, de forma prazerosa e com utilidade.

O esquema aqui construído simplifica a "Selva de Teorias", mostrando que muitas contribuições mais recentes, na verdade, são atualizações de contribuições de período anterior; e que, na linha do tempo, os autores dessas Escolas, anterior e posterior, estavam construindo um tema administrativo relevante. Dessa forma, tudo o que Cummings e Bridgman disseram faz sentido, basta olhar a Figura 1 e reler as palavras dos autores acima. Portanto, a utilidade da história da administração é, ao final das contas, revelar os temas administrativos relevantes.

E para que serve o conhecimento sobre os temas? Eles descrevem aspectos da ação administrativa e as consequências dessa ação, a construção da organização. A organização é a principal ferramenta prática à disposição do administrador para "mobilizar as pessoas em direção a um objetivo preestabelecido", sendo essa atividade a própria definição de administração.

Conclusões

A história da administração revela diversas maneiras de administrar as organizações que, diferentemente do que se pensava há algumas décadas, não são antagônicas, mas complementares. O conhecimento dessas várias abordagens funciona como aprendizado e ensina os administradores. No entanto, a história da administração é normalmente apresentada por meio de um emaranhado de teorias, tornando seu entendimento complexo e desestimulante.

Dada a importância do conhecimento da história da administração e a dificuldade de compreensão da mesma, apresenta-se aqui uma proposta de simplificação na tentativa de dominar a "Selva de Teorias" através de uma perspectiva de construção da história da administração a partir da ideia de Movimentos e Escolas, com uma abordagem histórica. Uma proposta que busca substituir a memorização pelo pensamento crítico, tornar o aprendizado mais interessante e orientar a prática do administrador por meio da contribuição do contexto histórico e da ideia de Temas Administrativos.

Referências

[1] ABREU, A. B. Novas reflexões sobre a evolução da teoria administrativa: os quatros momentos cruciais no desenvolvimento da teoria organizacional. *Revista de Administração Pública*, v. 16, nº 4, p. 39-52, 1982.

[2] BALCÃO, Y. F.; CORDEIRO, L. L. *O comportamento humano na empresa*. 4. ed. Rio de Janeiro: Fundação Getulio Vargas, 1979.

[3] CAMBRIDGE DICTIONARY. Disponível em: <http://dictionary.cambridge.org/dictionary/british/movement_3>. Acesso em: 15 ago. 2015.

[4] CHIAVENATO, I. *Introdução à teoria geral da administração*: uma visão abrangente da moderna administração das organizações. 7. ed. Rio de Janeiro: Elsevier, 2003.

[5] COSTA, A. S. M.; BARROS, D. F.; MARTINS, P. E. M. Perspectiva histórica em administração: novos objetos, novos problemas, novas abordagens. *RAE – Revista de Administração de Empresas*, v. 50, nº 3, p. 288-299, 2010.

[6] CUMMINGS, S.; BRIDGMAN, T. The relevant past: why the history of management should be critical for our future. *Academy of Management Learning & Education*, v. 10, nº 1, p. 77-93, 2011.

[7] DAFT, R. L. *Administração*. São Paulo: Cengage Learning, 2010.

[8] DICIONÁRIO AULETE. Disponível em: <http://aulete.uol.com.br/site.php?mdl=aulete_digital&op=loadVerbete&pesquisa=1&palavra=escola>. Acesso em: 15 ago. 2015.

[9] DICIONÁRIO HOUAISS. Disponível em: <http://houaiss.uol.com.br/busca?palavra=-movimento>. Acesso em: 15 ago. 2015.

[10] DICIONÁRIO MICHAELIS. Disponível em: <http://michaelis.uol.com.br/moderno/portugues/index.php?lingua=portugues-portugues&palavra=movimento>. Acesso em: 15 ago. 2015.

[11] DICTIONARY OF SOCIOLOGY. Editado por Henry Pratt Fairchild. New York: Philosophical Library, 1944.

[12] ESCRIVÃO FILHO, E. *Evolução do pensamento administrativo*. Notas de aula da disciplina do mestrado e doutorado em Engenharia de Produção, EESC-USP, 2013.

[13] ESCRIVÃO FILHO, E.; PERUSSI FILHO, S. (Org.). *Teorias de administração*: introdução ao estudo do trabalho do administrador. São Paulo: Saraiva, 2010.

[14] FRIEDMANN, G.; NAVILLE, P. *Tratado de sociologia do trabalho*. São Paulo: Cultrix/Edusp, 1978.

[15] HAMMER, M.; CHAMPY, J. *Reengineering the corporation*: manifesto for business revolution. Zondervan, 2009.

[16] KAPLAN, R. S.; NORTON, D. P. The balanced scorecard: measures that drive performance. *Harvard Business Review*, v. 70, nº 1, p. 71-79, 1992.

[17] KOONTZ, H. The management theory jungle revisited. *Academy of Management Review*, v. 5, n. 2, p. 175-187, 1980.

[18] LACOMBE, F.; HEILBORN, G. *Administração*: princípios e tendências. São Paulo: Saraiva, 2003.

[19] MINTZBERG, H.; LAMPEL, J.; QUINN, J. B.; GHOSHAL. Formulando a estratégia. In: _____. *O processo da estratégia*. 4. ed. Porto Alegre: Bookman, 2007.

[20] MOTTA, F. C. P.; VASCONCELOS, I. F. G. *Teoria geral da administração*. 3. ed. São Paulo: Pioneira Thomson Learning, 2006.

[21] PORTER, M. E. Como as forças competitivas moldam a estratégia. In: MINTZBERG, H.; LAMPEL, J.; QUINN, J. B.; GHOSHAL. *O processo da estratégia*. 4. ed. Porto Alegre: Bookman, 2007.

[22] TAYLOR, F. W. *Princípios de administração científica*. 8. ed. São Paulo: Atlas, 1995.

[23] TERENCE, A. C. F. *Planejamento estratégico como ferramenta de competitividade na pequena empresa* 2002. Tese (Doutorado) – Universidade de São Paulo. São Paulo.

[24] VINCHUR, A. J.; KOPPES, L. L. Early contributors to the science and practice of industrial psychology. In: KOPPES, L. L.(Ed.). *Historical perspectives in industrial and organizational psychology.* Mahwah, NJ: Erlbaum, 2007.

[25] WIKIPEDIA PORTUGAL. Disponível em: <http://pt.wikipedia.org/wiki/Movimento_filos%C3%B3fico.> Acesso em: 25 ago. 2015.

[26] WREN, D. A. *Ideias de administração:* o pensamento clássico. São Paulo: Ática, 2007.

[27] _____. *Ideias de administração:* o pensamento moderno. São Paulo: Ática, 2007.

PARTE II

O Conhecimento sobre a Administração

Interdisciplinaridade no Curso de Graduação em Administração

3

Nério Amboni
Rui Otávio Bernardes de Andrade
Arnaldo José de Lima
Isabela Regina Fornari Müller

Introdução

A interdisciplinaridade vem sendo discutida, nas últimas décadas, por autores de diversas áreas do conhecimento, tentando romper as fronteiras da disciplinaridade. Isso porque o processo de segmentação do conhecimento, com o tempo, foi-se acentuando ainda mais, muito em função da gama de informação e especialização que cada segmento requeria.[38] A fragmentação atingiu as Ciências e, por consequência, a Educação, dividindo o conhecimento em áreas, cursos e disciplinas.

Surge na Europa, na década de 1960, o movimento da interdisciplinaridade como alternativa de incentivo à integração e à contextualização dos conteúdos, em oposição a todo conhecimento que privilegiava o pensamento epistemológico baseado nos princípios de homogeneidade, unidimensionalidade, normatividade, sequencialidade, previsibilidade e disciplinaridade.[19] O docente atuava como um simples executor de programas, em que o aluno era visto como sendo um mero espectador passivo. A divisão do saber em compartimentos surgiu em decorrência da necessidade de especialização dos profissionais no contexto da industrialização da sociedade. Assim, para facilitar o aprendizado de grande parcela dos conhecimentos e a sua aplicação social, esses foram agrupados em disciplinas, que passaram a ser trabalhadas separadamente umas das outras.

A visão fragmentada do saber começa a ser questionada por ser insuficiente frente às situações de instabilidade, imprevisibilidade, incerteza, contradições, paradoxos, conflitos e desafios, levando ao reconhecimento da necessidade de uma visão complexa para incentivar a contextualização, a integração e a globalização dos saberes.[29,30,31,32]

Torna-se, assim, relevante a articulação do processo de ensino à realidade das necessidades de aprendizagem, por meio de metodologias que permitam o acesso às disciplinas em uma perspectiva de aplicação interdisciplinar para se compreender a realidade.[42] A interdisciplinaridade é uma forma de pensar e de alcançar a transdisciplinaridade.[35] O desafio está no incentivo do entendimento global da realidade, por meio de uma visão holística, transdisciplinar, visando não apenas à valorização do que é transmitido, mas, acima de tudo, em relação ao que é construído e reconstruído. O conhecimento deixa de ser percebido numa perspectiva estática e passa a ser enfocado como processo.

Paradigmas tradicional e da complexidade da ciência

Conceito de paradigma tradicional e paradigma da complexidade

O termo *paradigma* significa modelo ou padrão.[41] A partir desse modelo ou padrão, o ser humano tenta compreender a realidade que está a sua volta, no sentido do que é "certo" e "errado" ou do que é aceito ou não pela comunidade científica e pela população. Paradigma é um conjunto de crenças e valores compartilhados por uma determinada comunidade científica.[21] Nos períodos de ciência normal, os problemas e as soluções encontradas devem estar alinhados ao paradigma adotado. No momento em que os problemas e as soluções não se encaixam dentro do padrão ou modelo ocorrem anomalias,[21] gerando crise na ciência, proporcionando as revoluções científicas, como se pode constatar na discussão dos paradigmas tradicional (cartesiano) e emergente da ciência (complexidade).

O paradigma tradicional da ciência parte da premissa de que os fenômenos podem ser analisados e compreendidos quando reduzidos às partes que os constituem. Por meio do conhecimento de uma das partes o pesquisador procura compreender o funcionamento do sistema.[8,12,41] Trata-se de um paradigma conservador e reducionista, centrado em três âmbitos: da simplicidade, da estabilidade e da objetividade.[41] A crença na simplicidade é enfatizada, quando o homem procura subdividir o todo em partes, para, a partir da menor parte, entender o todo complexo, assim como nas situações em que o homem está interessado nas relações de causa e efeito. A crença na estabilidade ocorre no momento em que o homem considera a realidade invariável, determinada e reversível. A crença na objetividade busca atingir a visão única do conhecimento – o conhecimento que é comprovado.

A visão fragmentada do saber começa a ser questionada no momento em que não se consegue lidar com as incertezas, contradições, paradoxos, conflitos e desafios, levando ao reconhecimento da necessidade de uma visão mais sistêmica. Isso porque nem tudo pode ser compreendido dentro do modelo linear de causa-efeito.[12] Na visão sistêmica, as propriedades essenciais de um organismo ou sistema vivo são propriedades do todo, que nenhuma das partes possui. Elas surgem das interações e das relações entre as partes. As propriedades das partes não são propriedades intrínsecas e, desse modo, só podem ser entendidas dentro do contexto do todo mais amplo. Em consequência disso, o pensamento sistêmico concentra-se não em blocos de construção básicos, mas em princípios de organização básicos. O pensamento sistêmico é contextual, o que é o oposto do pensamento analítico. A análise significa isolar alguma coisa, a fim de entendê-la; o pensamento sistêmico significa colocá-la no contexto de um todo mais amplo.[12,27,31,32]

O paradigma da complexidade apoia-se inicialmente nas concepções teóricas dos sistemas, da organização, da informação e da cibernética, já que:[31] a) o conhecimento não se reduz à incerteza da informação; b) compreende incertezas, indeterminações e fenômenos aleatórios como o progresso do conhecimento (sistema aberto); c) a concepção do conhecimento está associada aos pressupostos da organização, da auto-organização e da desordem; d) o mundo é compreendido como horizonte de realidades mais vastas; e) a sociedade, o conhecimento e o ser humano são vistos como um sistema aberto; e f) o sujeito e o mundo interagem e se desenvolvem.

A complexidade de pensamento sistêmico é denominada novo-paradigmático ou paradigma emergente.[41] Esse pensamento está alicerçado em três pressupostos: da complexidade; da instabilidade; e da intersubjetividade. A complexidade busca a contextualização dos fenômenos e reconhece as causas recursivas, em especial, apresentadas pela impossibilidade de explicação dos fenômenos pelo processo da simplificação. O pensamento complexo é contextual, pois amplia o foco, observando as circunstâncias em que o fenômeno acontece, vendo sistemas dentro de sistemas, dando destaque para as inter-relações entre eles. A instabilidade refere-se ao fato de que um sistema aberto está em constante mudança e evolução, sendo auto-organizador e caracterizado por um processo em curso, por um "vir a ser". Contrapõe-se à determinação, previsibilidade e controlabilidade dos fenômenos como enfatizado no paradigma tradicional da ciência, aceitando a imprevisibilidade e a incontrolabilidade do processo. A intersubjetividade diz respeito à aceitação da impossibilidade de um conhecimento objetivo do mundo, em função das múltiplas versões da realidade e dos diferentes domínios do conhecimento. Pressupõe a ideia de complementaridade. No paradigma da complexidade todos os conceitos, todas as teorias e as descobertas têm um caráter limitado e são aproximados.[30] Isso mostra que não há certeza científica, e que o homem está sempre gerando novas teorias, a partir de novos *insights*, resultantes da maneira de como se observa o mundo.

Os reflexos dos paradigmas tradicional e da complexidade na educação

Os reflexos do paradigma tradicional nos currículos dos cursos de graduação são decorrentes do modelo epistemológico racional-positivista que se consolidou como hegemônico no pensamento ocidental, por meio de noções de homogeneidade, unidimensionalidade, normatividade, sequencialidade, previsibilidade e disciplinaridade.[5,6,7,28] Trata-se de um currículo centrado na valorização excessiva dos conteúdos curriculares cristalizados em disciplinas; tal concepção levou o professor a atuar como um simples executor de programas e o aluno, como um mero espectador passivo.[39]

Pode-se afirmar, ainda, que é uma visão que continua dividindo o conhecimento em assuntos, especialidades, subespecialidades, centrada no professor e na transmissão do conteúdo que, em nome da transmissão do conhecimento, continua vendo o indivíduo como uma tábula rasa, produzindo seres subservientes, obedientes, castrados em sua capacidade criativa, destituídos de outras formas de expressão e solidariedade. É uma educação "domesticadora", "bancária", segundo Paulo Freire, que "deposita" no aluno informações, dados e fatos, onde o professor é quem detém o saber, a autoridade, que dirige o processo e um modelo a ser seguido.[26]

Essa visão de currículo disciplinar começa a ser questionada, por ser insuficiente frente às situações de instabilidade, imprevisibilidade, incerteza, contradições, paradoxos, conflitos e desafios, levando ao reconhecimento da necessidade de uma visão complexa para incentivar a contextualização, a integração e a globalização dos saberes.[29,30,31,32] Trata-se de um currículo que reconhece os princípios da complexidade, ou seja, o processo dialógico, o princípio da recursão organizacional e o princípio hologramático, diferentemente de um currículo planejado sob o enfoque instrucional que vê o ensino como algo compartimentado e estanque, sem relacionamentos e diálogos e com conteúdos antecedentes e posteriores. O olhar interdisciplinar requer não o isolamento estanque defendido pelo paradigma tradicional da ciência, mas sim um olhar integrador e global enfatizado pelo paradigma da complexidade. O desenvolvimento da aptidão para contextualizar tende a situar todo conhecimento numa relação inseparável com seu meio ambiente cultural, social e político, incitando, ao mesmo tempo, a percepção de como este modifica o contexto e o explica.[31]

Paradigma Tradicional	Paradigma Emergente
disciplinas estanques	integração dos assuntos
sala de aula linha de montagem	domínio do processo
aprendizagem como produto	aprendizagem como processo
professor só ensina	professor ensina e aprende
conhecimentos certos	conhecimento mutável
autoritarismo	diálogo
ênfase nas partes	ênfase no todo
aluno como ser passivo	aluno como ser ativo

Fonte: Elaborada pelos autores.

Figura 1 Os reflexos dos paradigmas tradicional e da complexidade na educação

A visão de totalidade impõe às instituições educacionais o que segue: a) a tarefa de substituir compartimentalização por integração, desarticulação por articulação, descontinuidade por continuidade, tanto na parte teórica quanto na práxis da educação; b) o reconhecimento de que a matéria, às vezes, comporta-se mais como uma onda ou partícula, mas sempre como ambas. É um estado de "ser" e outro de "vir a ser". Em decorrência, nada no universo pode operar de modo linear, determinista e logicamente previsível; e c) o conceito de auto-organização evidenciada na capacidade de renovação e de criatividade permanente, fazendo do processo de aprendizagem não mais resultante de uma estrutura de causa e efeito.[27]

O docente no paradigma da complexidade não está preocupado com a busca de uma verdade absoluta, mas sim aproximativa, que pode ser modificada, corrigida e abandonada por outra mais adequada.[9] Considera que o aprender (como também o ensinar) significa construir novo conhecimento, descobrir nova forma para significar algo, baseado em experiências e conhecimentos existentes. Difere do paradigma tradicional porque estimula uma forma de pensar em que o aprendiz, ao invés de assimilar o conteúdo passivamente, reconstrói o conhecimento existente, dando um novo significado, um novo conhecimento.[26] O aprender a aprender se manifesta pela capacidade de refletir, analisar e tomar consciência do que se sabe, dispor-se a mudar os próprios conceitos, buscar novas informações, substituir velhas verdades por teorias transitórias, adquirir novos conhecimentos que vêm sendo requeridos pelas alterações existentes no mundo, resultantes da rápida evolução das tecnologias da informação.

A educação no paradigma da complexidade é um processo de construção e reconstrução, na medida em que contribui para transformar as relações econômicas, sociais e políticas em prol da formação de cidadãos conscientes de seu papel no meio.[3] Ou, ainda, o homem deve transformar a realidade para ser mais. O homem se identifica com a sua própria ação: objetiva o tempo, temporaliza-se, faz-se homem-história.[14]

A educação nesse paradigma se apresenta como uma ação entre sujeitos, isto é, como uma prática social. Toda ação social é uma interação e pode ser definida como solução de um problema coordenado entre os planos de ação de dois ou mais atores, de forma que as ações de um possam se unir às ações do outro.[17] Tais ações têm proporcionado a construção de projetos oriundos de diferentes campos do saber para consolidar a interdisciplinaridade e a transdisciplinaridade.

Interdisciplinaridade

O assunto *interdisciplinaridade* foi introduzido no Brasil por Japiassu, a partir de 1976, por meio das concepções sobre interdisciplinaridade resultantes do Congresso de Nice, na França, em 1969. Japiassu[19] e Fazenda[13] são considerados os responsáveis pela veiculação do tema no Brasil – o primeiro enfatiza o eixo temático epistemológico e o segundo, o eixo temático pedagógico. Todavia, ambos os autores têm como base a tese da filosofia do sujeito, diferente do paradigma tradicional de educação, que valorizava o currículo centrado em disciplinas estanques.

Uma disciplina é a maneira de organizar e delimitar um território de trabalho, de concentrar a pesquisa e as experiências dentro de um determinado ângulo de visão. Daí que cada disciplina nos oferece sua imagem particular da realidade, isto é, daquela parte que entra no ângulo de seu objetivo.[37]

Do ponto de vista pedagógico, as disciplinas adquirem sentido de conhecimentos a serem abordados por meio de matérias específicas.[15] A disciplina é um tipo de saber específico e possui um objeto determinado e reconhecido, bem como conhecimentos e saberes relativos a este objeto e métodos próprios.[23]

A disciplina preocupa-se, no máximo, com um mesmo e único nível da realidade.[33] O conceito de disciplina está relacionado ao de disciplinaridade, por haver um relacionamento entre as disciplinas.[19] Portanto, disciplinaridade significa exploração científica especializada de determinado domínio homogêneo de estudo, ou seja, do conjunto sistemático e organizado de conhecimentos que apresentam características próprias nos planos de ensino, da formação, dos métodos e das matérias.[19]

A necessidade de mais integração entre disciplinas, professores e alunos nos diferentes níveis de ensino é ressaltada por diferentes estudiosos.[7,13,31] A primeira discussão no Brasil aconteceu em 1976, com o lançamento do livro *Interdisciplinaridade e patologia do saber*, do filósofo Hilton Japiassu. Olhar a educação sob a ótica do paradigma da complexidade requer a mudança nos valores e na forma de pensar – um pensar mais abrangente, multidimensional, contextualizado e multidisciplinar.[31] Os pressupostos do paradigma da complexidade na educação são contrários à ideia da fragmentação da ciência e, consequentemente, do ensino baseado em disciplinas. No paradigma da complexidade, não se pode mais pensar em um ensino compartimentado por disciplinas estanques, sem diálogo umas com as outras, uma forma de pensar e agir na incerteza deve possuir plasticidade e indeterminação, nascidas do próprio processo interativo.[31,37] O paradigma da complexidade expressa uma percepção de mundo holística, a visão de contexto global, a compreensão sistêmica, enfatizando o todo em vez das partes. É uma visão ecológica que reconhece a interdependência fundamental de todos os fenômenos e o entrosamento dos indivíduos e das sociedades nos processos cíclicos da natureza.

A interdisciplinaridade, desta forma, está ligada ao tema pluralismo, pelo fato de este proporcionar a utilização de enfoques distintos, ou seja, o objeto de estudo é sempre o mesmo e as várias abordagens do mesmo objeto são, por isso, complementares.[16] A interdisciplinaridade surge, assim, da ideia de que, para compreender a complexa realidade, é necessário relacionar os diferentes conteúdos das disciplinas, ou seja, interagir diferentes áreas do conhecimento à procura de um entendimento mais global e não parcelado.[4] A interdisciplinaridade faz-se mister à intercomunicação entre as disciplinas, de modo que promova uma mudança entre elas, por meio do diálogo compreensível, já que a simples troca de informações entre organizações disciplinares não constitui um método interdisciplinar.[20]

Não basta mais o simples encontro ou justaposição das disciplinas. É imprescindível eliminar as fronteiras entre as problemáticas e os modos de expressão para que se instaure uma comunicação fecunda.[20]

Fazenda,[13] compartilhando boa parte das ideias de Japiassu,[19] também desenvolveu vários estudos sobre interdisciplinaridade na educação ao longo das últimas décadas. A interdisciplinaridade é conceituada por diferentes pesquisadores da área educacional.

A interdisciplinaridade é o processo que envolve a integração e o engajamento de educadores, num trabalho conjunto, de interação de disciplinas do currículo escolar entre si e com a realidade, de modo a superar a fragmentação do ensino, objetivando a formação integral dos alunos, a fim de que possam exercer criticamente a cidadania, mediante uma visão global de mundo, e ser capazes de enfrentar os problemas complexos, amplos e globais da realidade atual.[22]

Das classificações sobre possíveis níveis de interdisciplinaridade, talvez a mais conhecida e divulgada seja a distinção formulada por Erich Jantsch, no Seminário da OCDE de 1979.[13,15,37] A classificação é a seguinte:

a) **Multidisciplinaridade** – é caracterizada pela justaposição de várias disciplinas em torno de um mesmo tema ou problema, sem o estabelecimento de relações entre os professores de cada disciplina. As várias disciplinas são colocadas lado a lado, carecendo de iniciativas entre si e de organização institucional que estimule e garanta o trânsito entre elas;

b) **Pluridisciplinaridade** – é caracterizada pelo efetivo relacionamento de disciplinas entre si, havendo coordenação por parte de uma dentre as disciplinas ou pela organização. Neste caso, são estabelecidos objetivos comuns entre as disciplinas de um mesmo nível hierárquico, que deverão estabelecer estratégias de cooperação para atingi-los. Aqui prevalece a ideia de complementaridade sobre a noção de integração de teorias e métodos, ou seja, opera-se muito mais com a concepção de que uma área do saber deve preencher eventuais lacunas da outra. Não há nenhum tipo de coordenação proveniente de um nível superior;

c) **Interdisciplinaridade** – representa o grau mais avançado de relação entre disciplinas, se for considerado o critério de real entrosamento entre elas. Nesse caso, não ocorre a simples justaposição ou a complementaridade entre os elementos disciplinares, mas uma nova combinação de elementos internos e o estabelecimento de canais de trocas entre os campos, em torno de uma tarefa a ser desempenhada conjuntamente. Espera-se que surjam novos conhecimentos e posturas dos envolvidos no processo; e

d) **Transdisciplinaridade** – trata-se de um nível superior de interdisciplinaridade e de coordenação,[34] em que os limites entre as diversas disciplinas desaparecem e se constituem em um sistema total, que ultrapassa o plano das relações e interações entre essas disciplinas, gerando uma interpretação mais holística dos fatos e fenômenos.

Na perspectiva unidisciplinar, o objeto de estudo é observado por apenas um universo disciplinar, determinando uma única dimensão da realidade e um único domínio linguístico.[39] Como resultado desse modo de produção, tem-se um único texto. Na perspectiva multidisciplinar, o objeto de estudo é observado por vários universos disciplinares, determinando várias dimensões da realidade, cada uma com seus respectivos domínios linguísticos, justapostos pelo trabalho de revisão de um coordenador. Como resultado desse modo de produção, tem-se tantos textos quanto universos disciplinares. Neste modo não há cooperação entre as disciplinas, mas há coordenação. A perspectiva interdisciplinar, por sua vez, assemelha-se à situação multidisciplinar, só que agora com integração dos respectivos domínios linguísticos de cada disciplina. Essa integração é estimulada pela existência de uma temática comum a todas as disciplinas, segundo a qual deverão abordar o objeto.[39] Como resultado, tem-se tantos textos quanto universos disciplinares. Todavia, cada um desses reflete parte da realidade com o domínio linguístico das outras disciplinas, indicando ter havido cooperação e coordenação entre as disciplinas.

A perspectiva transdisciplinar é caracterizada por um único domínio linguístico, a partir da identificação de zonas de permeabilidade epistêmica entre as disciplinas e pelo foco comum no objeto. Como resultado, tem-se um único texto ou discurso, refletindo a multidimensionalidade da realidade.

A transdisciplinaridade com frequência apresenta relações de conhecimentos que ultrapassam o disciplinar com tal poder que pode deixá-lo em transe.[32] A transdisciplinaridade admite tanto a multidisciplinaridade como a interdisciplinaridade, desvelando interessantes conversas, não apenas entre as disciplinas das ciências naturais e humanas, mas também entre a literatura, a poesia, a música e a tradição cultural e espiritual.[40] Os temas transversais incluem os que tratam de processos intensamente vividos pela sociedade, pelas comunidades, pelas famílias, pelos alunos e educadores em seu cotidiano.[13] Interdisciplinaridade e transversalidade alimentam-se mutuamente, pois para trabalhar os temas transversais adequadamente não se pode ter uma perspectiva disciplinar rígida.

Um exemplo prático da interdisciplinaridade no Curso de Graduação em Administração

A observação da Lei de Diretrizes e Bases da Educação – LDB,[10] das Diretrizes Curriculares Nacionais (DCNs) para os Cursos de Graduação em Administração, somada à vivência adquirida pelos autores, enquanto gestores e professores de disciplinas em Curso de Graduação e de Pós-Graduação em Administração, ensejou, em conjunto com os fundamentos teóricos e práticos, a formulação, a implantação e a avaliação do Programa de integração vertical e horizontal de conteúdos programáticos, no Curso de Graduação em Administração, de uma Universidade Pública Estadual da Região Sul do Brasil.

A pesquisa é exploratória, descritiva e interpretativa. O método utilizado é o estudo de caso. Os dados e as informações foram coletados por meio da observação participante e dos registros efetuados quando da realização das reuniões pedagógicas, reuniões de socialização, *feedback* e de avaliação (Figura 2). A descrição das reuniões pôde ser verificada quando da discussão das bases e metodologia do programa. Os dados e as informações foram coletados por meio de pesquisa bibliográfica, observação participante e análise documental. Os mesmos foram organizados e sistematizados, a partir dos indicativos constantes nos planos de ensino (objetivos das disciplinas, conteúdos programáticos, metodologias de ensino-aprendizagem, sistema de avaliação e bibliografias). Os dados e as informações foram descritos e interpretados a partir da vivência dos autores junto ao curso de Administração, complementada pelos fundamentos teóricos e práticos discutidos pelos estudiosos da área.[42]

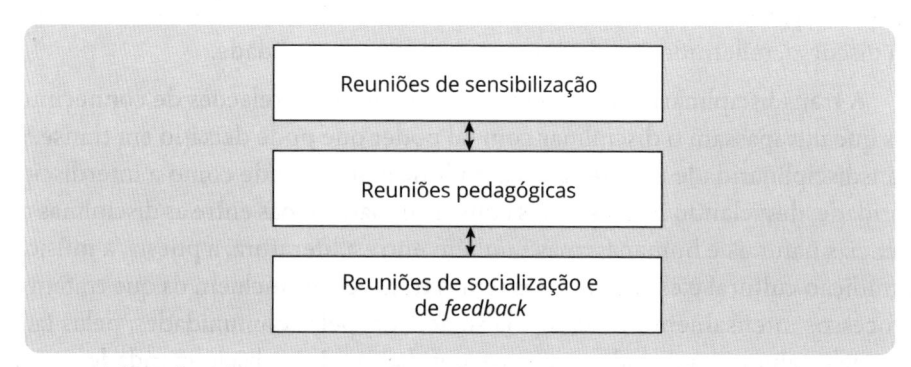

Fonte: Elaborada pelos autores.

Figura 2 Tipologia de reuniões

Campos de conhecimentos definidos pelas Diretrizes Curriculares Nacionais para o Curso de Graduação em Administração

A promulgação da Lei de Diretrizes e bases da Educação – LDB[10] foi um marco na sociedade brasileira. A LDB deu início a um processo de transformação no cenário da educação superior. A flexibilização curricular, permitida e incentivada pela LDB, liberou as instituições de ensino superior e os cursos para exercerem sua autonomia e criatividade na elaboração de propostas específicas, capazes de articular as demandas locais e regionais de formação profissional com os recursos humanos, físicos e materiais disponíveis.

Nessa linha de raciocínio, a Resolução CES/CNE nº 4[11] institui as Diretrizes Curriculares Nacionais do Curso de Graduação em Administração, Bacharelado, mencionando que:

> § 1º O Projeto Pedagógico do curso, além da clara concepção do curso de graduação em Administração, com suas peculiaridades, seu currículo pleno e sua operacionalização, abrangerá, sem prejuízo de outros, os seguintes elementos estruturais:
> [...]
> IV – formas de realização da interdisciplinaridade;
> V – modos de integração entre teoria e prática;
> VI – formas de avaliação do ensino e da aprendizagem;
> VII – modos de integração entre graduação e pós-graduação, quando houver. [...]
> Art. 5º Os cursos de graduação em Administração deverão contemplar, em seus projetos pedagógicos e em sua organização curricular, **conteúdos que revelem inter-relações com a realidade nacional e internacional, segundo uma perspectiva histórica e contextualizada** de sua aplicabilidade no âmbito das organizações e do meio através da utilização de tecnologias inovadoras e que atendam aos seguintes campos interligados de formação: I – **Conteúdos de Formação Básica**: relacionados com estudos antropológicos, sociológicos, filosóficos, psicológicos, ético-profissionais, políticos, comportamentais, econômicos e contábeis, bem como os relacionados com as tecnologias da comunicação e da informação e das ciências jurídicas; II – **Conteúdos de Formação Profissional**: relacionados com as áreas específicas, envolvendo teorias da administração e das organizações e a administração de recursos humanos, mercado e marketing, materiais, produção e logística, financeira e orçamentária, sistemas de informações, planejamento estratégico e serviços; III – **Conteúdos de Estudos Quantitativos e suas Tecnologias**: abrangendo pesquisa operacional, teoria dos jogos, modelos matemáticos e estatísticos e aplicação de tecnologias que contribuam para a definição e utilização de estratégias e procedimentos inerentes à administração; e IV – **Conteúdos de Formação Complementar**: estudos opcionais de caráter transversal e interdisciplinar para o enriquecimento do perfil do formando.

A síntese de sua metodologia, neste sentido, deve implicar uma integração dos conhecimentos que se complementam, em um todo orgânico e lógico, para dar origem a um novo conhecimento ou novas formas de ação.

Bases e metodologia do Programa

O Programa de integração vertical e horizontal de conteúdos programáticos como estratégia de interdisciplinaridade no Curso de Graduação em Administração, frente ao paradigma da complexidade, é um processo e uma prática social contextualizada e não representa uma ação isolada ou uma ilha dentro do projeto pedagógico. O Programa deve representar a vontade dos segmentos envolvidos no processo e fazer parte do Planejamento Estratégico, do Plano de Desenvolvimento Institucional (PDI), de modo articulado com o Plano Pedagógico Institucional (PPI) e com o Projeto Pedagógico dos Cursos (PPC).

Envolve, ainda, o compartilhamento dos sujeitos e dos saberes docentes, por meio da articulação dos saberes, oriundo das experiências docentes com os saberes disciplinares, curriculares e pedagógicos, em um processo de construção e reconstrução, mediadas pela reflexão e pela prática social, contribuindo para a formação do professor reflexivo de modo contextualizado e transformador do espaço onde atua. Pressupõe-se que a atitude reflexiva do docente constitua-se em uma ação política, capaz de se voltar sobre a própria prática, transformando-a, tendo um significado no horizonte educativo.

O Programa tem por objetivo geral fomentar a discussão, a avaliação e a socialização de referenciais teóricos, experiências de ensino-aprendizagem, sistema de avaliação e bibliografias, visando incentivar o diálogo entre disciplinas, docentes, alunos e gestores do curso e a constituição de comunidades de prática. A metodologia de operacionalização do Programa se processa por meio da integração sistêmica e complementar, envolvendo diferentes momentos de reuniões de sensibilização, de reuniões pedagógicas e de reuniões de socialização e de *feedback*.

Aplicação da metodologia e discussão dos resultados do Programa no Curso de Graduação em Administração

O Programa de integração vertical e horizontal de conteúdos programáticos como estratégia de interdisciplinaridade, frente ao paradigma da complexidade, foi implantado no Curso de Graduação em Administração de uma Universidade Pública da Região Sul do Brasil. Tinha por objetivo fomentar a discussão, a avaliação e a socialização de referenciais teóricos, experiências de ensino-aprendizagem, sistema de avaliação e bibliografias, visando incentivar o diálogo entre disciplinas, professores, alunos e gestores do curso e a constituição de comunidades de prática.

A Comissão designada por Portaria emitida pela Direção Geral foi integrada por professores representantes das áreas estratégicas do curso, representantes discentes e Coordenador do Curso, para coordenar e operacionalizar o Programa de integração vertical e horizontal dos conteúdos programáticos. Para facilitar as reuniões pedagógicas, a Comissão responsável pela operacionalização do Programa organizou documento com informações sobre Programa, projeto pedagógico, disciplinas, planos de ensino, entre outras informações. De posse desse material, a Comissão estabeleceu cronograma, visando ao desenvolvimento das reuniões de sensibilização, reuniões pedagógicas, reuniões de socialização e de *feedback*, além de reunião de avaliação do Programa. O cronograma dos trabalhos foi encaminhado via meio eletrônico e por carta registrada, via correio, para todos os professores envolvidos.

Na reunião de sensibilização ocorreu o lançamento do Programa como evento marcante para o Curso de Graduação em Administração, visando à socialização e à sensibilização dos participantes quanto aos objetivos, metodologia e resultados esperados, tanto em termos de desenvolvimento pessoal e profissional, quanto no que tange aos benefícios para o ensino, a pesquisa, a extensão e a administração.

O comprometimento e o envolvimento do gestor da IES e do Curso de Graduação em Administração, na articulação dos diferentes segmentos da comunidade, na liderança do processo de inserção do Programa junto ao curso em seus âmbitos administrativo e pedagógico e, ainda, na criação de condições para a formação continuada e em serviço dos seus profissionais, têm um papel significativo para os processos de transformação do Curso em espaço articulador e produtor de conhecimentos compartilhados, como verificado nas reuniões pedagógicas.[2]

As reuniões pedagógicas envolveram os docentes dos troncos comuns de conhecimentos, dos semestres e dos blocos de disciplinas, em diferentes momentos, buscando a discussão e avaliação dos indicativos do plano de ensino, além de outros aspectos relacionados ao assunto, tais como perfil e comportamento discente e postura docente.

O docente coordenador, em conjunto com o representante discente, registrou em ata os principais argumentos, posicionamentos, direcionamentos e conclusões, visando à socialização e à discussão, quando da realização de reuniões com os docentes e representantes discentes, sob a coordenação da Comissão, Coordenador do Curso e Direção.

As reuniões de socialização e de *feedback* ocorreram em momentos diferentes, ou seja, quando do término de cada modalidade de reunião pedagógica. As reuniões tinham por objetivo a demonstração e discussão dos resultados mencionados, a seguir, oriundos das reuniões pedagógicas por troncos comuns de conhecimentos, por semestres e por blocos de disciplinas. O gestor do Curso de Graduação em Administração, em conjunto com os segmentos envolvidos no processo, realizavam a identificação e análise dos aspectos críticos e das melhores práticas, visando à escolha das estratégias para incrementar o diálogo entre disciplinas, docentes e alunos no âmbito do Curso.

As reuniões pedagógicas por troncos comuns de conhecimentos envolveram os docentes dos respectivos troncos. Um tronco comum de conhecimento contempla os conteúdos de disciplinas pertinentes às áreas estratégicas do Curso, definidas nos campos de conhecimentos estabelecidos pelas Diretrizes Curriculares Nacionais para o Curso de Graduação em Administração, bacharelado.

O Tronco 1, Teorias da Administração e das Organizações, por exemplo, envolveu os docentes que ministravam conteúdos das disciplinas de Teorias da Administração e das Organizações, Administração de Recursos Humanos, Estratégias Organizacionais e Administração de Serviços distribuídas, desde o 1º até o último semestre e conforme disposição na estrutura curricular do curso (Figura 3).

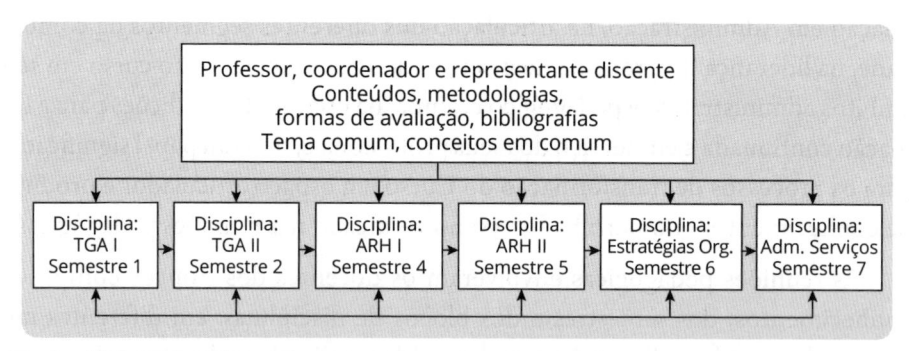

Fonte: Elaborada pelos autores.

Figura 3 Tronco de conhecimento 01: Teorias da Administração e das Organizações

Outros troncos comuns de conhecimentos, conforme exemplificado na Figura 3, foram constituídos, tais como: Tronco 2 – Administração de Marketing;

Tronco 3 – Administração Financeira e Orçamentária; Tronco 4 – Administração de Materiais, Logística, Produção e Serviços; Tronco 5 – Métodos Quantitativos e Tecnologias da Informação. Os conteúdos das disciplinas vinculadas aos campos de Formação Básica e Complementar foram distribuídos nos troncos comuns de conhecimentos, segundo as afinidades.

As reuniões por troncos comuns de conhecimentos, de forma geral, promoveram a reflexão, estimulando o desenvolvimento da consciência crítica e a identificação de alternativas de interdisciplinaridade, além da verificação das sobreposições e do encadeamento dos conteúdos ao longo do tronco comum de conhecimento, desde o primeiro até o último semestre do Curso, para os envolvidos no processo não terem uma visão estanque, e sim integradora, sistêmica e complementar.

Em relação às alternativas de interdisciplinaridade, por exemplo, foram identificados temas e conceitos em comum, trabalhados nos diferentes troncos de conhecimentos constituídos. No Tronco 1 – Teorias da Administração e das Organizações, por exemplo, o tema e conceito em comum identificado foi o de planejamento estratégico, trabalhado nas disciplinas de TGA, Administração de Recursos Humanos, Estratégias Organizacionais e Administração em Serviços. A partir da identificação desse tema, os docentes envolvidos decidiram reunir-se, em outra oportunidade, com o intuito de conhecer e discutir o entendimento conceitual de cada docente. A discussão favoreceu a adoção de uma postura docente com entendimento comum, no sentido de complementar para integrar e não para distorcer ou distanciar como se os docentes do curso estivessem praticando a filosofia do "cabo de guerra".

A identificação de temas e conceitos em comum não ficou limitada a um determinado tronco de conhecimento. O exemplo citado evidenciou a necessidade do conhecimento e da discussão do tema e de o conceito ser comum entre docentes de um mesmo tronco. Todavia, os docentes do Tronco 1 perceberam a relevância do tema e do conceito em comum, no caso, de o planejamento estratégico ser discutido por todos os docentes dos demais troncos comuns de conhecimentos, levando à constituição de reuniões pedagógicas por blocos de disciplinas, como se pode verificar na sequência deste texto.

No que tange às sobreposições e ao encadeamento dos conteúdos, ao longo dos troncos comuns de conhecimentos constituídos, pôde-se constatar, tanto por parte dos docentes quanto dos discentes, que, em alguns casos, os conteúdos estavam sendo repetitivos e de forma desconexa. O problema não estava nos ementários. Pôde-se perceber uma discrepância do que estava no ementário, em relação ao que era ministrado como conteúdo. As repetições de conteúdos foram evidenciadas, principalmente na relação entre os conteúdos das disciplinas do Tronco 4 e os conteúdos das disciplinas do Tronco 1. As sobreposições percebidas bem como as discrepâncias dos conteúdos são decorrentes de vários fatores, dentre os quais vale mencionar: desconhecimento do projeto pedagógico do curso, pouco comprometimento e afastamento de docentes titulares das disciplinas para ocupar cargos administrativos, motivado pela contratação de professores colaboradores.

As reuniões pedagógicas foram constituídas pelos docentes que ministravam aulas nos semestres em curso, sob a coordenação de um dos docentes e com a participação discente. Os docentes dos semestres promoveram, em nível horizontal, a discussão e a reflexão de alternativas de interdisciplinaridade, além da verificação dos conteúdos, metodologias, formas de avaliação e bibliografias trabalhadas no semestre. Estratégias comportamentais e atitudinais também foram discutidas, dentre outros temas considerados relevantes pelos participantes (Figura 4).

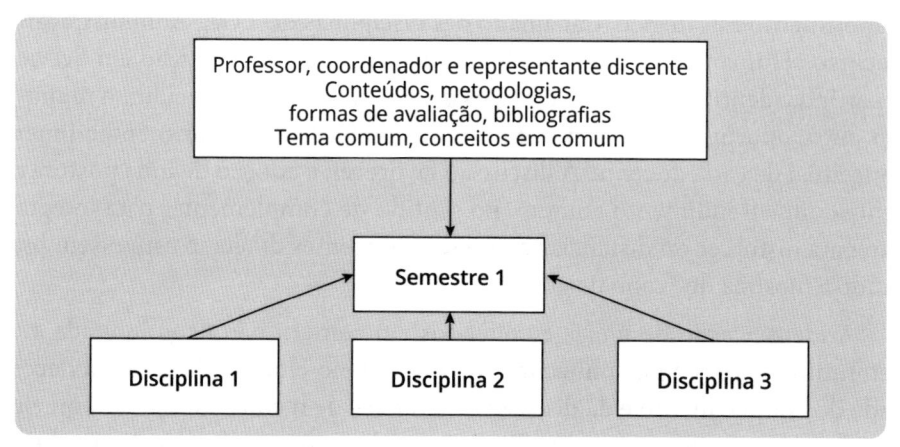

Fonte: Elaborada pelos autores.

Figura 4 Reuniões pedagógicas por semestres/fases do curso

Em relação aos temas e conceitos em comum, pôde-se perceber a relevância atribuída pelos docentes aos conceitos trabalhados no semestre, nas diferentes perspectivas dos professores. Por exemplo, o conceito de lucro era discutido no mesmo semestre pelos docentes das disciplinas de Economia, Contabilidade e Teoria Geral da Administração (TGA). A pergunta que ficava sem resposta era a seguinte: o conceito de lucro discutido pelo professor de TGA está ou não em sintonia com os conceitos discutidos pelos docentes de Economia e de Contabilidade? O entendimento comum, por parte dos docentes, não significa "padrão" e, sim, complemento de perspectivas diferenciadas para alunos e docentes terem uma visão plural e sólida e não fragmentada e desconexa.

O entendimento de temas e conceitos em comum favoreceu, também, o desenvolvimento dos trabalhos de campo solicitados pelos docentes. A partir da discussão, os docentes envolvidos no semestre decidiram elaborar uma estrutura de trabalho, com tópicos em comum, favorecendo, dessa forma, a organização e a ampliação do entendimento das organizações em diferentes perspectivas.

Além dos temas e conceitos em comum, os docentes enfatizaram a relevância dos métodos de ensino e aprendizagem e as estratégias de avaliação. De forma geral, os docentes decidiram utilizar métodos diversificados de ensino e aprendizagem, tais como: aulas expositivas; seminários; painel de discussão; e estudos de caso, complementados por trabalhos de campo. Já no que se refere ao sistema de avaliação, os docentes, de forma geral, além de cumprirem a legislação da IES/Curso, decidiram elaborar e aplicar avaliações que levassem o aluno a pensar e não a "decorar", visando fortalecer o perfil do egresso, pretendido pelo curso. Assim, os docentes discutiram as bibliografias, decidindo pela utilização de apostilas e livros-texto, além da leitura de artigos de periódicos.

As reuniões pedagógicas por semestres evidenciaram uma preocupação que estava "chateando" os docentes, ou seja, os padrões de conduta na condução do semestre. Os docentes, por exemplo, decidiram em conjunto não adotar mais a postura de docente "bonzinho", mas sim de um docente exigente e comprometido com o desenvolvimento de competências e de habilidades. Na verdade, os docentes dos semestres, a partir das reuniões realizadas por semestres, buscavam estratégias de conduta como mecanismo de proteção conjunta.

Por fim, as reuniões pedagógicas por blocos de disciplinas (Figura 4) foram constituídas pelos professores de disciplinas, independentemente do semestre do curso, e aconteceram para atender aos objetivos específicos, como sendo um dos resultados das duas reuniões anteriores. Por exemplo, o tema e o conceito em comum de planejamento estratégico discutidos pelos professores do Tronco 1 exigiram, além da compreensão e do entendimento por parte dos docentes do Tronco 1, uma discussão mais ampla com os docentes de outros troncos de conhecimentos. A discussão favoreceu o entendimento e a compreensão das diferentes perspectivas, no sentido de complementar e reunir.[25,29]

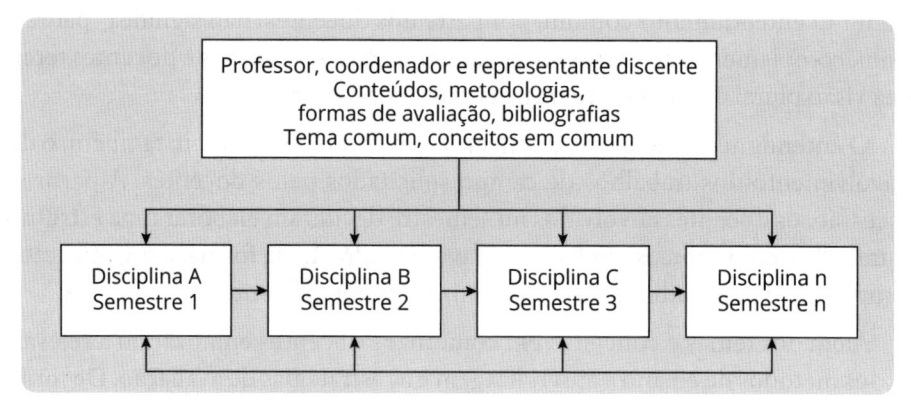

Fonte: Elaborada pelos autores.

Figura 5 Reuniões pedagógicas por blocos de disciplinas

A tipologia de reuniões pedagógicas implantada evidenciou, quando da realização da reunião de avaliação do Programa com os docentes, o que segue: a) a necessidade de desdobramento das reuniões para resolver questões identificadas nas reuniões pedagógicas, contempladas pelo Programa; b) realização de cursos de atualização docente em relação aos métodos e técnicas de ensino, estratégias de avaliação e de métodos de pesquisa de caso; e c) a definição de políticas que incentivassem os docentes a participar de congressos, seminários e outras atividades.

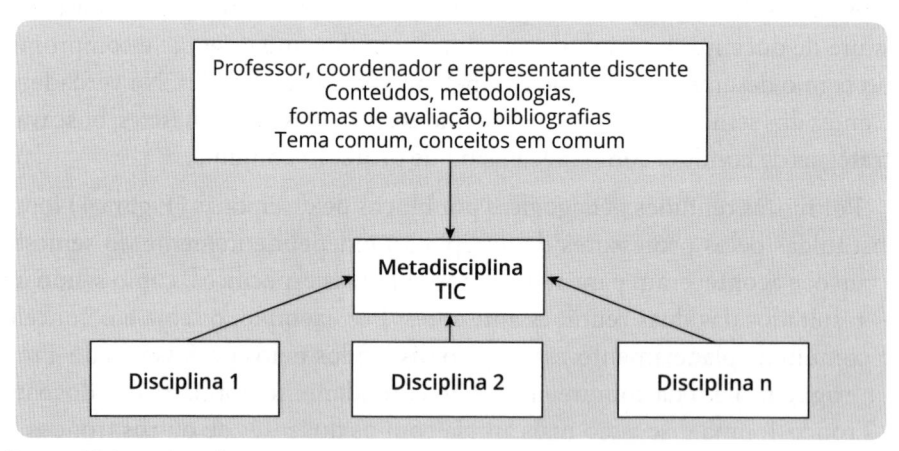

Fonte: Elaborada pelos autores.

Figura 6 Reuniões pedagógicas por metadisciplina

O exemplo citado mostra que diferentes modalidades de interdisciplinaridade podem ser incentivadas por meio da adoção do Programa. Os resultados evidenciaram, ainda, que o modelo proposto por Jantsch, revisado por Silva,[39] está congruente com a tipologia de reuniões pedagógicas estabelecidas na operacionalização do Programa, já que proporcionou o desenvolvimento de atividades na perspectiva multidisciplinar, interdisciplinar e transdisciplinar, como constatado nas reuniões pedagógicas por troncos comuns de conhecimentos, por semestres e por blocos de disciplinas, além da criação de metadisciplinas.

Discussão e encaminhamentos: a interdisciplinaridade em questão

Falar em interdisciplinaridade requer, como demonstraram os resultados do estudo, relembrar os fundamentos dos paradigmas tradicional e da complexidade, pelo fato de o primeiro valorizar a disciplinaridade e o segundo, a totalidade e a aglutinação dos saberes.

O paradigma cartesiano enfatiza um universo "maquininha", com peças fixas e movimentos previsíveis, num tempo e espaço absoluto.[24] Sua lógica de sustentação é oriunda da física e da matemática, prescrevendo o conhecimento em quantificações e medidas. Nesse paradigma, o conhecimento é mais científico e racional, no momento em que o pesquisador conseguir diferenciar as identidades dos sujeitos e dos objetos. O objeto existe fora do sujeito, forjando uma união que revele a "verdade objetiva". Compartimentalização, causalidade, linearidade e determinismo são alguns dos princípios que sustentam os conhecimentos ali construídos.

Esse tipo de formação e/ou de orientação na condução das atividades da docência em sala de aula tem como princípio a máxima de São Tomé: "ver para crer", reduzindo os conteúdos e as realidades que os cercam, que são múltiplos e complexos, em "pedacinhos", em "fragmentos", dificultando, sobremaneira, a montagem do quebra-cabeça e do estabelecimento de múltiplas relações e de diálogos, como defendido pelos estudiosos da interdisciplinaridade.

Percebe-se, ainda, a valorização da disciplinaridade e/ou dos "territórios" docentes, onde o professor passa a se considerar o "dono" da disciplina ou de determinada área de conhecimento, dificultando, ainda mais, o diálogo entre os professores e alunos. Não se quer aqui excluir nem desvalorizar a especialização do professor; pelo contrário, parte-se do pressuposto de que a área de especialização do professor possa conviver com outros entrelaçamentos, visando sempre complementar para enriquecer e desenvolver uma nova visão em relação ao todo.

A disciplina preocupa-se, no máximo, com um mesmo e único nível da realidade.[33] O conceito de disciplina está relacionado ao de disciplinaridade, que significa exploração científica especializada de determinado domínio homogêneo de estudo.[19]

A visão não complexa das ciências humanas, das ciências sociais, leva o docente a pensar de forma isolada que existe uma realidade econômica, por um lado, uma realidade psicológica, por outro, uma realidade demográfica, mais além, dentre outras.[24,31,41]Acredita-se que essas categorias criadas pelas universidades são realidades, esquecendo-se que, no econômico, por exemplo, estão as necessidades e os desejos humanos.

A necessidade do pensamento complexo surge quando o pensamento simplificador encontra seus limites, suas insuficiências, suas carências.[24] Vale ressaltar que a complexidade não elimina a simplicidade.[31,41] A complexidade aparece onde o pensamento simplificador falha, integrando tudo aquilo que põe ordem, claridade, distinção e precisão no conhecimento.[31]

Por estes e outros motivos, quando se fala em interdisciplinaridade, como evidenciado no estudo em pauta, o paradigma da complexidade incita a distinguir e fazer comunicar, em vez de isolar e disjuntar, dando conta dos caracteres multidimensionais de toda a realidade.[31] A consciência da complexidade leva o professor a compreender que a incerteza, a instabilidade, a imprevisibilidade e a intersubjetividade impulsionam a busca pelo saber total, onde "a totalidade é a não verdade".[31]

O exercício da docência, no paradigma da complexidade, faz emergir a necessidade de novas solidariedades, espontaneamente vividas e não impostas, levando o docente a incorporar as redes informais, as autonomias e as desordens.[24,25] O docente passa a reconhecer que há uma diferença básica entre as situações de interação caracteristicamente programadas (institucionalmente arquitetadas) e os contatos aleatórios, espontâneos, orientados para a surpresa e para a imprevisibilidade.

Por essa razão, fazer do conhecimento compartimentalizado um conhecimento globalizante é algo que requer integração e, acima de tudo, o envolvimento com a educação, envolvimento este que vai muito além do "cumprir todo o conteúdo". Desenvolver práticas pedagógicas interdisciplinares é, antes de tudo, ter a certeza de que não existe conhecimento acabado, pois é na angústia da incerteza em seu processo de crescimento intelectual e na descoberta por vezes decepcionante de que não existe porto seguro no domínio do conhecimento, que os docentes e discentes terão condições de deixarem-se possuir pela vida.[19]

A sala de aula se aproximaria muito mais de um espaço de esclarecimento e discussões sobre temas previamente programados e estudados, do que de um lugar no qual se dá uma linear transmissão de conhecimentos. Nesse espaço, dúvidas, inquietações e reflexões apresentadas pelos alunos seriam os elementos centrais em debate.[36]

O processo de construção do conhecimento não se efetiva sob a égide exclusiva de uma determinada racionalidade. Pelo contrário, o conhecer se estabelece com base em vários outros planos: das motivações mais profundas do docente; de seus desejos (inconscientes); de suas projeções pessoais; das suas identificações; e de sua trajetória pessoal, dentre outros. Pode-se dizer que a relação entre sujeito e objeto propicia tanto o "desvelamento" do objeto como o "desvelamento" do sujeito. O docente é um profissional da ação, cuja atividade implica um conjunto de atos que envolvem seres humanos.[1] Como tal, a racionalidade que impregna a sua ação é uma racionalidade dialógica, interativa e reflexiva na lógica.

A produção do conhecimento representa, no paradigma da complexidade, um processo de "negociação" entre as múltiplas referências evidenciadas na prática da interdisciplinaridade e da transdisciplinaridade, composta pelo conjunto das representações de cada docente envolvido no processo da docência, ou seja, o conhecimento é resultante da heterogeneidade implícita nas relações que podem se estabelecer no campo da docência, principalmente quando o docente exercita a interdisciplinaridade e a transdisciplinaridade, como constatado nesta pesquisa.

A prática interdisciplinar deve incentivar o estabelecimento de uma relação que questione as certezas individuais, estimulando a comunicação horizontal entre os docentes e discentes, permitindo uma diversidade de ações em prol do crescimento dos envolvidos no processo como constatado nos resultados encontrados pela pesquisa em pauta. Essa atitude interdisciplinar pressupõe um movimento dialético para transformar o velho em novo ou tornar o novo em velho. Para que isso se torne viável, é necessária uma atitude de humildade diante da limitação do próprio saber e uma atitude de perplexidade frente à possibilidade de desvendar novos saberes.[13]

Apostar na interdisciplinaridade significa defender um novo tipo de docente, mais aberto, mais flexível, solidário e democrático.[37] Os valores envolvidos no exercício interdisciplinar dificilmente são ensinados; são vivenciados e descobertos pela prática docente em uma constante, ou seja, na ampliação do olhar para o outro, em direção do outro e para dentro de si mesmo, visando à contínua integração e articulação dos diferentes saberes. Pressupõem, então, uma cooperação que possibilite uma mudança paradigmática, na tentativa de superar as lacunas e os questionamentos trazidos pela crise da modernidade.

A interdisciplinaridade tem como pressuposto o relacionamento ativo e crítico de docentes e discentes com o conhecimento. Exige dos envolvidos no processo (gestores, docentes e discentes) a redefinição de papéis e das relações que possam ser estabelecidas entre eles no espaço da sala de aula. Integrar conteúdos não é o suficiente.[13] É preciso ter uma atitude e postura interdisciplinar; uma atitude de busca, envolvimento, compromisso, reciprocidade diante do conhecimento. Pressupõe uma atitude de abertura, não preconceituosa, onde todo o conhecimento é igualmente importante, e onde o conhecimento individual anula-se frente ao saber universal.[37]

Considerações finais

O Programa de integração vertical e horizontal de conteúdos programáticos como estratégia de interdisciplinaridade, implantado no Curso de Graduação em Administração de uma Universidade Pública Estadual, frente ao paradigma da complexidade, oferece diversos elementos que podem ser úteis à busca de melhoria da qualidade do ensino, da pesquisa, da extensão praticada no âmbito do Curso de Graduação em Administração.

O Programa revelou que gestores, docentes e alunos precisam estar identificados e comprometidos para entender e perceber as consequências do paradigma cartesiano, assim como a relevância dos fundamentos do paradigma da complexidade,[25,27,29,30,41] na implantação de Programas voltados para a interdisciplinaridade. A complexidade deve ser compreendida como princípio articulador do pensamento, como um pensamento integrador, que une diferentes modos de pensar, permitindo a tessitura comum entre sujeito e objeto, ordem e desordem, estabilidade e movimento, professor e aluno e todos os que reagem aos acontecimentos, às ações e às interações que tecem a realidade da vida.

O Programa demonstrou que a interdisciplinaridade assume grande importância na medida em que identifica e nomeia uma mediação possível entre saberes e competências, garantindo a convivência criativa com as diferenças, como percebido na identificação e nos temas e conceitos em comum. Além disso, a tipologia de reuniões pedagógicas apresentada revelou a insuficiência dos diversos campos disciplinares, abrindo caminhos para legitimar o tráfego de sujeitos concretos e de conceitos e métodos entre as diferentes áreas estratégicas do Curso de Administração.

O Programa evidenciou que a prática interdisciplinar representa uma possibilidade pedagógica para instigar, indagar e intervir, como verificado nas reuniões pedagógicas, suscitando a "curiosidade epistemológica",[14] ou seja, a promoção da ingenuidade por uma consciência crítica. Nasce no momento em que o ser humano é lançado ao debate, ao exame de seus problemas e dos problemas comuns.

O Programa revelou o nível de conhecimento que os segmentos envolvidos no processo possuíam acerca do Projeto Pedagógico do Curso de Graduação em Administração, bacharelado, quando da realização das reuniões pedagógicas por troncos comuns de conhecimentos, por semestres/fases e por blocos de disciplinas. O Programa, além de contribuir no incremento dos níveis de interdisciplinaridade, também oportunizou aos docentes do curso, quer por meio do material organizado pela Comissão, quer pelas discussões promovidas nas reuniões pedagógicas, um maior conhecimento do PPC do curso e do curso como um todo.

As reuniões pedagógicas por troncos comuns de conhecimentos, por exemplo, demonstraram o conhecimento fragmentado que muitos docentes possuíam acerca do lugar e do significado do conteúdo que ministravam para as demais disciplinas que integravam a estrutura curricular. A partir dessa constatação foi decidido implantar outras ações, como por exemplo a discussão dos conteúdos anteriores e posteriores em relação aos conteúdos ministrados. A discussão dos conteúdos ministrados, num determinado momento, em relação aos conteúdos anteriores e posteriores, revelou conexões como desconexões, tanto em relação aos conteúdos anteriores que não foram ministrados, quanto à utilidade e à aplicabilidade dos conteúdos ministrados no momento para favorecer a compreensão de conteúdos a serem ministrados em semestres posteriores.

O que se buscava com as práticas interdisciplinares, por meio do Programa, não era um docente polivalente, que entendesse de todos os assuntos, mas sim uma colaboração integrada entre os docentes do curso que pudessem contribuir para o desenvolvimento da disciplina. Tudo isso foi e está sendo traduzido em trabalho coletivo, no sentido de uma disciplina complementar outra. É preciso que gestores, professores e alunos constituam a teia, para que dela possam emergir novas formas de abraço e de solidariedade.

Referências

[1] ALARCÃO, I. *Professores reflexivos em uma escola reflexiva*. São Paulo: Cortez, 2005.

[2] ALMEIDA, M.; MENEZES, L. *O papel do gestor escolar na incorporação das TIC na escola:* experiências em construção e redes colaborativas de aprendizagem. São Paulo: PUC-SP, 2004.

[3] ARANHA, M. L. A. *Filosofia da educação*. São Paulo: Moderna, 2002.

[4] BATISTA, I. L.; SALVI, R. F. Perspectiva pós-moderna e interdisciplinaridade educativa: pensamento complexo e reconciliação integrativa. *Ensaio*, Belo Horizonte, v. 8, nº 2, p. 147-159, 2006.

[5] BEHRENS, M. A. (Org.) *Docência universitária na sociedade do conhecimento*. Curitiba: Champagnat, 2003.

[6] _____. *Paradigma da complexidade*: metodologia de projetos, contratos didáticos e portfólios. Petrópolis, RJ: Vozes, 2006.

[7] BEHRENS, M. A. O paradigma da complexidade na formação e no desenvolvimento profissional de professores universitários. *Educação*, Porto Alegre: RS, ano XXX, v. 63, nº 3, p. 439-455, set./dez. 2007.

[8] _____; OLIARI, A. L. T. A evolução dos paradigmas na educação: do pensamento científico tradicional a complexidade. *Diálogo Educacional*, Curitiba, v. 7, nº 22, p. 53-66, set./dez. 2007.

[9] BOSTOCK, S. Constructivism in mass higher education: a case study. *British Journal of Educational Technology*, v. 29, nº 3, p. 225-240, 1998.

[10] BRASIL. LDB (1996). Lei n. 9.394 de 20 de dezembro de 1996. Estabelece as diretrizes e bases da educação nacional. *Diário Oficial da União*, Brasília, DF, v. 134, nº 248, 23 dez. 1996.

[11] _____. CONSELHO NACIONAL DE EDUCAÇÃO/CÂMARA DE EDUCAÇÃO SUPERIOR. Resolução n. 4, de 13 de julho de 2005. Institui as Diretrizes Curriculares Nacionais do curso de Graduação em Administração, bacharelado, e dá outras providências. *Diário Oficial da União*, Brasília, 19 jul. 2005, Seção 1.26, p. 27.

[12] CAPRA, F. *A teia da vida:* uma compreensão científica dos sistemas vivos. São Paulo: Cultrix, 2001.

[13] FAZENDA. I. C. A. (Org.). *Interdisciplinaridade na educação brasileira*: 20 anos. São Paulo: Criarp, 2006.

[14] FREIRE, P. *Educação e mudança*. Rio de Janeiro: Tempo Brasileiro, 2005.

[15] FURTADO, J. P. Equipes de referência: arranjo institucional para potencializar a colaboração entre disciplinas e profissões. *Interface – Comunic, Saúde, Educ.* Botucatu, v. 11, nº 22, p. 239-255, maio/ago. 2007.

[16] GUIMARAES, L. D.; PINTO, M. P. Análise quantitativa do termo interdisciplinaridade no período de 1970 a 2004. *Multiciência: Revista Interdisciplinar dos Centros e Núcleos da Unicamp*, São Paulo, out. 2005.

[17] HABERMAS, J. *Consciência moral e agir comunicativo*. Rio de Janeiro: Tempo Brasileiro, 2003.

[18] JANTSCH, A. P.; BIANCHETTI, L. (Org.). *Interdisciplinaridade*: para além da filosofia do sujeito. Petrópolis: Vozes, 2002.

[19] JAPIASSU, H. *Interdisciplinaridade e patologia do saber*. Rio de Janeiro: Imago, 1976.

[20] _____. O espírito interdisciplinar. *Cad. EBAPE.BR*, v. 4, nº 3, p. 1-8, 2006.

[21] KUHN, T. *A estrutura das revoluções científicas*. São Paulo: Perspectiva, 2005.

[22] LUCK, H. *Pedagogia interdisciplinar:* fundamentos teórico-metodológicos. Petrópolis: Vozes, 2001.

[23] MAHEU, C. D. *Interdisciplinaridade e mediação pedagógica*. Disponível em: <www.nuppead.unifacs.br/artigos/interdisciplinaridade.pdf>. Acesso em: 9 abr. 2011.

[24] MARTINS, J. B. Contribuições epistemológicas da abordagem multirreferencial para a compreensão dos fenômenos educacionais. *Revista Brasileira de Educação*, Rio de Janeiro, nº 26, p. 1-13, maio/jun./jul./ago. 2004.

[25] MATURANA, H. R. *Emoções e linguagem na educação e na política.* Belo Horizonte: UFMG, 2002.

[26] MORAES, M. C. O paradigma educacional emergente: implicações na formação do professor e nas práticas pedagógicas. *Em Aberto,* Brasília, ano 16, nº 70, p. 37-69, 1996.

[27] _____. *Pensamento eco-sistêmico:* educação, aprendizagem e cidadania no século XXI. Petrópolis: Vozes, 2004.

[28] MOREIRA, A. F. B. (Org.). *Currículo:* políticas e práticas. Campinas: Papirus, 2006.

[29] MORIN, E. *Educação e complexidade:* os sete saberes e outros ensaios. São Paulo: Cortez, 2002.

[30] _____. *Os sete saberes necessários à educação do futuro.* São Paulo: Cortez, Brasília: Unesco, 2005.

[31] _____. *Introdução ao pensamento complexo.* Lisboa: Instituto Piaget, 2007.

[32] _____. *A cabeça bem-feita:* repensar a reforma, reformar o pensamento. Rio de Janeiro: Bertrand Brasil, 2008.

[33] NICOLESCU, B. *The transdisciplinary evolution of learning.* Disponível em: <www.learndev.org/dl/nicolescu_f.pdf>. Acesso em: 20 mar. 2007.

[34] PIAGET, J. *Para onde vai a educação.* Rio de Janeiro: José Olympio, 1972.

[35] _____. *Psicologia e pedagogia.* Rio de Janeiro: Forense Universitária, 2003.

[36] SÁ, M. G. de; MOURA, G. L. A crítica discente e a reflexão docente. *Cad. EBAPE.BR,* v. 6, nº 4, p. 1-10, 2008.

[37] SANTOMÉ, J. T. *Globalização e interdisciplinaridade:* o currículo integrado. Petrópolis: Vozes, 2001.

[38] SCHWARTZMAN, S. *A redescoberta da cultura:* ensaios de cultura. São Paulo: Edusp, 1997.

[39] SILVA, D. J. da. *O paradigma transdisciplinar:* uma perspectiva metodológica para a pesquisa ambiental. In: WORKSHOP SOBRE INTERDISCIPLINARIDADE. São José dos Campos: INPE, 2001.

[40] SOMMERMAN, A. *Inter ou transdisciplinaridade?* São Paulo: Paulus, 2008.

[41] VASCONCELLOS, M. J. E. de. *Pensamento sistêmico:* o novo paradigma da ciência. Campinas: Papirus, 2005.

[42] VERGARA, S. C. *Projetos e relatórios de pesquisa em administração.* São Paulo: Atlas, 2009.

Organização, Modelagem Organizacional e Ação do Administrador

4

Fábio Müller Guerrini
Edmundo Escrivão Filho

Introdução

As transformações das relações organizacionais com o avanço das tecnologias de informação e comunicação romperam a necessidade de comunicação síncrona e confirmaram a hipótese de Woodward da influência da tecnologia sobre a estrutura organizacional.

O projeto de uma organização visa construir e modificar a estrutura de uma organização para alcançar o seu objetivo.[26]

Os níveis de uma estrutura organizacional existem para garantir a permeabilidade das decisões para todos os envolvidos na organização como elemento de comunicação. Entretanto, a tecnologia de informação permitiu a diminuição dos níveis hierárquicos da estrutura organizacional e a visão da organização por processos de negócio.

Embora princípios da burocracia baseados em profissionalismo, impessoalidade e supervisão permaneçam válidos, a estrutura funcional e a visão por processos de negócio apresentam questões conflitantes na definição da estratégia. Enquanto na abordagem funcionalista observam-se as necessidades da hierarquia para definir as ações, na abordagem dos processos de negócio depende-se de relações interorganizacionais, a partir de uma visão estratégica da cadeia de suprimentos. No entanto, de fato, não é possível prescindir da estrutura organizacional como elemento que define a hierarquia e a autoridade.

A modelagem organizacional pode ser uma possibilidade de contemplar as duas visões, pois permite representar os processos de negócio de forma que se compreendam os objetivos organizacionais, os atores e recursos, as regras de negócio e as possibilidades de captura de requisitos organizacionais para o desenvolvimento de sistemas de informação.

Na abordagem contingencial, o projeto da organização é fruto da compreensão de que as características e os problemas organizacionais são particulares a cada organização. A modelagem organizacional materializa o projeto da organização sem estar atrelada à visão funcionalista, permitindo o estudo de um determinado objeto analítico por diferentes domínios de conhecimento.

A partir das constatações acima, formula-se a seguinte questão: como a modelagem organizacional pode contribuir para o projeto da organização?

Para responder a essa questão, propõe-se identificar e analisar os pressupostos da teoria da organização sob a ótica da modelagem organizacional no paradigma da tecnologia de informação.

A seguir, apresenta-se a modelagem organizacional sob a ótica da teoria da organização, abordando-se os fundamentos da organização relativos aos princípios da burocracia e a evolução do pensamento administrativo. Em seguida, apresentam-se as diferentes vertentes da modelagem organizacional (teoria de sistemas, integração de empresas e gestão do conhecimento). E, por fim, uma análise crítica da contribuição da modelagem organizacional para o projeto da organização.

Fundamentos da organização

O conceito de organização ganhou contornos bem definidos a partir da definição da organização burocrática e evolui juntamente com a formação do pensamento administrativo.

A gênese da burocracia

Weber[36] conceituou burocracia através da enumeração de suas características, considerando a burocracia como um tipo de poder e o "tipo ideal" através de abstrações: as atividades se acham distribuídas sob a forma de deveres oficiais; a organização dos cargos obedece ao princípio hierárquico; a atividade está regulamentada por um sistema de regras abstratas; o funcionário cumpre tarefas baseado em formalidade impessoal; os cargos se classificam tecnicamente; a organização administrativa do tipo burocrático puro é capaz de proporcionar o mais alto grau de eficiência. Quanto maior é a organização de um sistema social, mais próxima ela está do modelo ideal de organização burocrática. Weber define dois tipos básicos de racionalidade:

Racionalidade formal instrumental como um processo que visa resultados e fins específicos, buscando adequar os meios aos fins, onde os fins são dados a princípio e a dinâmica do raciocínio se dirige à instrumentalização dos recursos para atingir esses fins.

Racionalidade valorativa substancial como um processo diverso de adequação do meio ao fim e voltado, de forma geral, à elaboração de referências que servem de base para expectativas de valores, ao menos em tese, independentes das expectativas de sucesso imediato, gerando ações que se orientam para as propriedades intrínsecas dos atos.

As duas racionalidades coexistem e se misturam no cotidiano das organizações.

Em um aprofundamento dessa tipologia, Weber identifica a racionalidade subjetiva e a objetiva. A racionalidade subjetiva está presente tanto na racionalidade formal instrumental quanto na racionalidade valorativa substancial, do ponto de vista do sujeito que aplica esses modos de racionalidade. A racionalidade objetiva, por sua vez, se dá no objeto do conhecimento, fora do sujeito. Segundo Weber, a burocracia se baseia na dominação legal em virtude do estatuto. A obediência é relativa às normas e não à pessoa tanto do subordinado quanto do superior hierárquico.[34]

Além da hierarquia, outra questão abordada por Weber é a autoridade. São três tipos de autoridade: racional-legal (baseada em normas legais racionalmente definidas, consistindo na própria burocracia), tradicional (baseada na crença de que a rotina determina a conduta, não possuindo base racional) e carismática (oriunda do carisma, sem base racional).[36]

Blau[2] critica o modelo weberiano dizendo que as organizações possuem uma tendência natural para o desenvolvimento ajustável. "A única permanência nas estruturas burocráticas é a ocorrência de modificação ao longo de padrões previsíveis e mesmo estes não são determinados de modo inalterável."

As consequências da dominação burocrática são:[23] a tendência ao nivelamento no interesse de uma base de recrutamento quanto à qualificação profissional; a tendência à plutocratização no interesse de uma formação profissional; a predominância de um espírito de impessoalidade formalista. Para Weber, "a razão decisiva que explica o desenvolvimento da organização burocrática foi sempre sua superioridade técnica sobre qualquer organização. Um mecanismo burocrático perfeitamente desenvolvido atua em relação às demais organizações da mesma forma que a máquina em relação aos métodos não mecânicos de fabricação. A precisão, rapidez, a univocidade, o caráter oficial, a continuidade, a discrição, a uniformidade, a rigorosa subordinação, a redução de fricções e de custos materiais e pessoais são infinitamente maiores em uma administração severamente burocrática". Todas essas vantagens resultam, de uma forma ou de outra, do formalismo, profissionalismo e impessoalidade que podem ser resumidos na previsibilidade de comportamento dos membros da organização. Sem a previsão não são possíveis nem o planejamento nem o controle de uma organização.[23]

Formação do pensamento administrativo

A teoria da organização constituiu-se para viabilizar e compreender a empresa industrial, tanto no contexto evolutivo do pensamento administrativo (clássico, relações humanas, estruturalismo-sistêmico e contingência) quanto na definição de temas organizacionais (estrutura, planejamento, comportamento, tecnologia e ambiente).

O paradigma da revolução industrial rompe com a organização tradicional baseada nas corporações de ofício, para as quais havia regras rígidas para a execução de processos de fabricação. A divisão do trabalho proposta por Adam Smith viabilizou a produção em larga escala e o advento da máquina a vapor permitiu que se constituíssem grandes galpões fabris.

No paradigma da produção fordista baseado na organização burocrática racional legal, desenvolveu-se a teoria da administração.

Entre os pensadores da administração é possível identificar uma linha divisória entre os analíticos e os sistêmicos. Na abordagem analítica há os pensadores do Movimento Clássico e do Movimento das Relações Humanas. Na abordagem sistêmica, há os pensadores do Movimento do Estruturalismo-Sistêmico e do Movimento da Contingência.

Na Administração Científica, Taylor[31] e Ford empregavam os princípios da divisão do trabalho propostos por Adam Smith, para melhorar a produtividade e conseguir produzir em grande escala. Estavam decompondo o problema em movimentos a partir dos quais os tempos podiam ser medidos para então estabelecerem-se os padrões de produtividade. A Escola Anatômica[8] estabeleceu os princípios da Organização hierárquica, onde o trabalho era dividido por especialidades como Produção, Finanças etc. Dentro do contexto que se apresentava na época, essas mudanças significaram um grande avanço em relação à mentalidade existente.

É interessante notar que todas as teorias administrativas desenvolvidas nos primórdios da administração foram generalizações feitas a partir de estudos de caso em empresas específicas.

No caso de Elton Mayo, que desenvolveu os seus estudos na *Western Electric*, foi a longa duração dos seus experimentos que deu o reconhecimento aos fenômenos por ele observados.[13] Assim como Taylor e Fayol, o método analítico foi utilizado por Mayo[21] para a compreensão do problema da produtividade do trabalhador. Ao querer verificar se a iluminação influenciava a produtividade no ambiente de trabalho, ele havia separado um aspecto bastante específico para tentar uma generalização. Mas, no transcorrer da pesquisa, ficou claro que o ser humano era muito mais complexo do que simples variáveis físicas.

Na perspectiva sistêmica, observa-se tanto no estruturalismo-sistêmico quanto na contingência a preocupação com a inserção do problema da organização em um contexto maior, para compreensão da natureza das variáveis do Ambiente Geral e do Ambiente de Tarefa. O projeto da organização tem sofrido uma influência contínua da tecnologia de informação. As estruturas organizacionais estão sofrendo achatamentos, para que os resultados sejam mais palpáveis. A orientação para uma estrutura baseada em equipes multifuncionais voltadas para os processos de negócio tem criado diferentes formas de organização do trabalho.

As técnicas gerenciais e conceitos são variáveis dependentes enquanto que o ambiente possui variáveis independentes.[19] O relacionamento contingencial pode ser concebido a partir de duas situações:[16] se há estabilidade no ambiente a estrutura organizacional mais burocratizada é mais adequada; se há instabilidade no ambiente, a estrutura organizacional menos burocratizada é mais adequada.

No paradigma da tecnologia de informação, as ações da organização burocrática racional competitiva buscam se legitimar pelo mercado, que impõe as suas necessidades competitivas à sociedade.

As mudanças do paradigma fordista para o paradigma das tecnologias da informação passam de intensivo em energia para intensivo em informação, padronização para customização, *mix* estável de produtos para rápidas mudanças no *mix* de produtos, produtos com serviços para serviços com produtos, firmas isoladas para redes de firmas, estruturas hierárquicas para estruturas horizontais, departamentais para integradas, centralização para inteligência distribuída, especialização para polivalência, planejamento para visão, controle governamental para papel do governo (informação, coordenação e regulação).[32]

Sennett[30] propõe uma releitura do modelo burocrático weberiano. Em meados do século XIX, o capitalismo ainda não havia adquirido uma dinâmica consistente, o que de fato ocorreu no período de 1860 a 1960, ao adotar o modelo de organização militar. A Administração Científica de Frederick Taylor aproxima as organizações industriais das organizações militares. A hierarquia de comando foi adotada pelas estruturas organizacionais e Weber previu que "a militarização do universo econômico *teria* reflexos no cotidiano social". A organização burocrática apresentou resultados mais eficientes do que o mercado.[30]

O aperfeiçoamento das tecnologias de comunicação e manufatura coloca em xeque as estruturas organizacionais militarizadas.[30] Há um descompasso entre a realidade imposta pelo paradigma da tecnologia de informação e as teorias para explicá-la.

> "A maior fragilidade das teorias da firma e de organização industrial existentes é sua incapacidade de atribuir a importância devida ao papel da mudança tecnológica na configuração da firma e dos mercados."[32]

Com o advento das tecnologias de informação e comunicação, surgiram metodologias e ferramentas de modelagem organizacional como uma alternativa para compreender e visualizar os processos de negócio e sistematizar e disponibilizar o conhecimento de uma organização.

Vertentes da modelagem organizacional

A modelagem organizacional é utilizada tanto para representar e entender a estrutura e comportamento das organizações, quanto para analisar processos de negócio, e em muitos casos como apoio técnico para reengenharia de processos de negócios. Os modelos são guias de referência que viabilizam o gerenciamento da complexidade dos sistemas produtivos, facilitando a compreensão do funcionamento organizacional, além de disponibilizar uma documentação para aumentar o autoconhecimento da mesma, possibilitando, consequentemente, o melhoramento contínuo de seus processos.[22]

Em vários aspectos a modelagem organizacional contribui com a teoria da organização na compreensão holística da mesma pelos seus indivíduos. Entretanto, há algumas lacunas conceituais que necessitam de um olhar mais atento. A estratégia da organização é definida a partir da constituição da organização burocrática racional legal, para a qual o poder se legitima por meio das normas. A visão por processos de negócio parte do pressuposto da definição de uma estratégia da cadeia. No entanto, as estratégias somente se viabilizam, pois há estrutura organizacional que define uma hierarquia de autoridade. É necessário, portanto, inserir a modelagem organizacional em um contexto teórico que permita a discussão formal.

Modelagem organizacional na teoria de sistemas

A modelagem organizacional pode ser entendida na teoria das organizações como uma evolução da teoria de sistemas, com o intuito de buscar meios de representar as relações entre processos, atores e recursos na organização.

Bertalanffy[1] explorou a contraposição dos conceitos de sistemas abertos e fechados. O seu argumento básico era que a ciência, como a Física convencional, por exemplo, obteve todo o seu desenvolvimento isolando determinados sistemas de seu ambiente. As leis da termodinâmica só têm aplicabilidade ao se considerarem os sistemas fechados. Mas na natureza isso não é possível.

Forrester[9] demonstrou o valor de modelos explícitos que associavam o processo de negócio com a estrutura organizacional. Ele propôs a primeira modelagem organizacional baseada no enfoque sistêmico. Durante os anos 1980, a proposta de Dinâmica de Sistemas[9] ficou de certa forma estagnada, sendo retomada no final dos anos 1990, com o avanço da informática. Basicamente, a Dinâmica de Sistemas é caracterizada pelos diagramas de enlace causal e de fluxo.

Churchman[5] utiliza o enfoque científico para eficiência. O cientista de sistema terá necessidade de dizer alguma coisa sobre o significado do objetivo do sistema antes que possamos apreciar seu enfoque para que o tempo não seja gasto com detalhes desnecessários. A filosofia do enfoque dos sistemas do ponto de vista da eficiência é baseada na ideia do "melhor modo". Em muitos casos o "melhor modo" não é conhecido, mas cada dirigente deve fazer o melhor que puder para aproximar-se dele. Mas a concentração sobre a eficiência pode ser um modo muito ineficiente de administrar um sistema, do ponto de vista global. O "melhor modo" pode não ser o modo ótimo para o sistema inteiro.

O raciocínio sistêmico integra as outras quatro disciplinas (Domínio pessoal, Modelos mentais, Objetivo comum e Aprendizado em grupo).[29] Reforçando cada uma delas, o raciocínio sistêmico está sempre mostrando que o todo pode ser maior que a soma das suas partes. A visão de um objetivo sem o raciocínio sistêmico acaba criando imagens do futuro sem que se saiba exatamente o que deve ser feito para que elas se tornem realidade. O raciocínio sistêmico torna compreensível como os indivíduos veem a si mesmos e ao mundo. No centro da organização de aprendizagem está a mudança de mentalidade, que implica em deixar o indivíduo de colocar-se separado do mundo para considerar-se parte integrante dele.

Checkland[4] desenvolveu a metodologia de sistemas *soft* para abordagem sistêmica de problemas de natureza administrativa, fazendo um paralelo entre o mundo real e o pensamento sistêmico. Uma metodologia que englobe os conceitos de sistemas deve ter quatro características: ser aplicável a problemas reais; não ser vaga, no sentido de fornecer mais base para a ação que uma filosofia; não deve ser precisa, como uma técnica, mas deve fornecer uma compreensão que a precisão não permite; deve permitir que novos desenvolvimentos da teoria de sistemas possam ser incluídos na metodologia. A metodologia de sistemas *soft* parte do pressuposto de que o problema de natureza administrativa é um problema desestruturado e que, para compreendê-lo, é necessário inseri-lo em contexto mais amplo. Nesse sentido, parte-se de uma situação observada no mundo real (um problema não estruturado), verifica-se o contexto para que ele se torne um problema estruturado. A partir do pensamento sistêmico identificam-se as definições relevantes, os modelos conceituais, e faz-se uma contraposição entre os modelos conceituais e o problema expresso para propor sistematizações e ações de melhoria relativas ao problema.

Modelagem organizacional para integração de empresas

Os modelos de empresas, com os seus respectivos submodelos, fornecem ao tomador de decisão uma representação mais integrada da empresa, favorecendo a compreensão da empresa e de seus negócios, de apoio para o desenvolvimento de novas áreas da empresa, contribuindo para o monitoramento e controle de suas operações. O termo *arquitetura* refere-se a um conjunto organizado de elementos com um claro relacionamento um com o outro, que juntos formam um arcabouço definido para sua finalidade.

As arquiteturas de referência mais representativas são a ARIS (Arquitetura para Sistemas de Informação Integrada) e o CIMOSA (Sistema Europeu de Arquitetura Aberta para Manufatura Integrada por Computador).

A ARIS possui três níveis de modelagem, que são: definição de requerimentos, para expressar as necessidades do negócio percebidas pelo usuário; especificação do *design,* para construir um modelo formal, conceitual e executável do sistema representativo da empresa (tempo é levado em conta); descrição da implementação, para documentar detalhes da implementação, recursos instalados, levando-se em conta sistemas não determinados. A ARIS utiliza quatro visões. A visão das funções define o modelo de função como uma hierarquia de funções. A visão dos dados define o modelo de dados semânticos e implementa-os em um sistema de banco de dados físicos. A visão organizacional define a estrutura da empresa resumida por um organograma. A visão controle relaciona a arquitetura às outras três visões, reunindo-se os processos de negócios, implementados como sucessões lógicas de programas de execução.[35]

CIMOSA fornece um *framework* arquitetural, tanto para a modelagem empresarial quanto para integração empresarial, o qual engloba:[35] uma definição geral do escopo e natureza do CIM; guia de implementação; descrição dos sistemas e subsistemas constituintes; um *framework* modular que obedece a padrões internacionais.[15] A meta do CIMOSA é ajudar as empresas a gerenciar mudanças e integrar seus meios e operações para alcançar a competitividade global, competindo em preço, qualidade e tempo de entrega. A base para alcançar esse ponto é o modelo de integração empresarial.[35]

Modelagem organizacional para a gestão de conhecimento

A gestão do conhecimento pode ser definida[6] como a coordenação deliberada e sistemática das pessoas, tecnologias, processos e estrutura de uma organização, com o objetivo de agregar valor, por meio da reutilização do conhecimento e da inovação.

A modelagem organizacional como gestão do conhecimento pode ser baseada na metodologia *Enterprise Knowledge Development* (EKD), que foi aplicada inicialmente e em consequência dos conhecimentos obtidos a partir do projeto ESPRIT ELKD.

A metodologia de modelagem EKD, segundo Bubenko Jr. et al.,[3] é um modelo que reflete uma coleção de percepções do mundo real, possibilitando, aos participantes, entrar em contato com questões referentes às suas respectivas funções no negócio, da mesma forma com que passam a visualizar o impacto de suas tomadas de decisões. É uma metodologia que proporciona aos envolvidos no projeto ter uma ótica mais analítica da organização e seus componentes como um todo, através da modelagem organizacional.

O EKD é composto de submodelos que examinam uma organização e suas exigências a partir de perspectivas inter-relacionadas que são abstrações do mundo físico. Para uma dada empresa, eles constituirão coletivamente o modelo da empresa, cada um representando um aspecto da organização. Os submodelos são: Modelo de Objetivos; Modelo de Atores e Recursos; Modelo de Regras do Negócio; Modelo de Conceitos; Modelo de Processos de Negócios; e Modelo de Requisitos e Componentes Técnicos.[3]

Através da utilização dessa metodologia de modelagem organizacional, pode-se: melhorar o negócio, facilitando a aprendizagem e comunicação organizacional; desenvolver uma descrição estruturada do negócio para que os analistas da organização possam discutir e determinar mais claramente os objetivos e requisitos dos sistemas; e produzir um documento (chamado repositório de conhecimento). Esse documento pode ser utilizado para raciocinar sobre o negócio, discutir mudanças e componentes do sistema de informação, traçar a cadeia de componentes e decisões que possibilitam diversas interpretações do sistema de informação. A Figura 1 apresenta a articulação entre os submodelos.

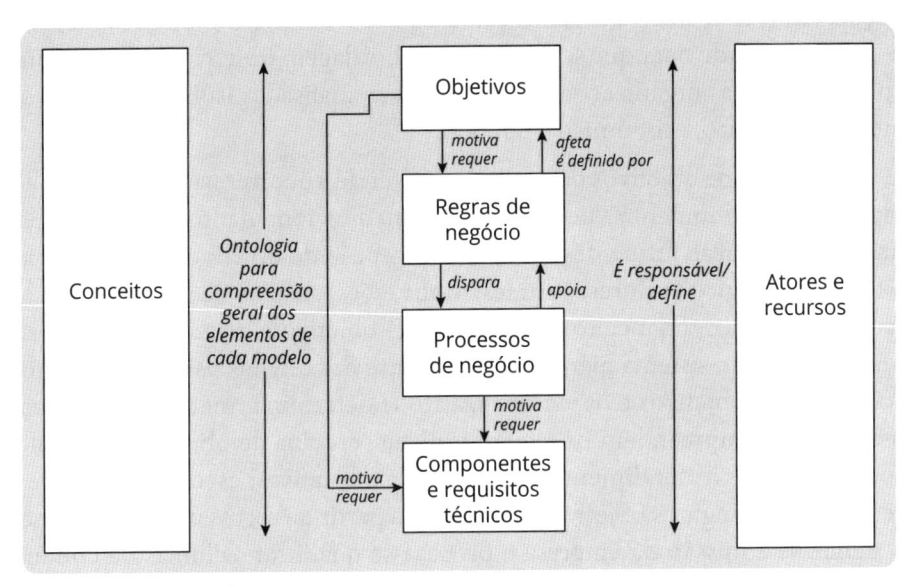

Fonte: Elaborada pelos autores.

Figura 1 **Modelos do EKD**

A seguir são apresentados os submodelos do EKD conforme Bubenko Jr. et al.,[3] apresentando uma descrição concisa sobre cada um dos submodelos e relacionando com a discussão dos temas organizacionais envolvidos.

Objetivos organizacionais

O conceito de objetivos organizacionais pode ser discutido sob as perspectivas racional, funcionalista, tecnológica, teoria do processo decisório e economia política, buscando identificar os seus fatores determinantes e o impacto que podem ter nas organizações e na sociedade.[20] Na perspectiva racional plena, como proposta por Frederick Taylor, a organização é tratada como se fosse uma entidade concreta, e ao mesmo tempo, como se fosse independente dos indivíduos e grupos que atuam em busca da satisfação de seus interesses reais, ficando estes "racionalmente" subordinados aos objetivos da organização. Na perspectiva tecnológica, proposta por Perrow, os objetivos são aspectos variáveis, dependentes da natureza do trabalho, da tecnologia e estrutura de autoridade. Na perspectiva do processo decisório, Simon considera os objetivos direcionadores do curso de ação a ser seguido, cabendo aos administradores a influenciação das interações entre os membros da organização em direção aos objetivos. Na perspectiva da economia política, proposta por Thompson e McEwen, busca-se determinar as relações desejadas entre a organização e a sociedade que, por sua vez, depende do que a sociedade quer que seja feito. Essa abordagem desenvolve-se pelo pressuposto de que as organizações não podem ser analisadas isoladamente do seu ambiente histórico, econômico e político.

A definição de objetivos organizacionais tende a ocorrer na medida em que a empresa cresce e aumenta a necessidade de um direcionamento estratégico, para atingir uma situação futura desejada.[25] A concepção do objetivo está relacionada ao fator psicológico (valores, atitudes, motivações, anseios de indivíduos) e aos recursos (técnicos, financeiros, humanos). O objetivo é a razão de ser da empresa. Propõe um sistema hierárquico que parte das origens psíquicas (ou motivacionais) dos objetivos e os racionaliza até se determinar metas quantificáveis. Essas etapas compreendem os seguintes níveis: escolha de objetivos e gratificação relacionados a atendimento de valores e expectativas; escolha do estilo empresarial para atingir os objetivos propostos: a partir de regras de comportamento, define-se a missão da empresa e procura-se qualificar as linhas de conduta; determinação de alvos operacionais identificando a disponibilidade de recursos e atribuição de tarefas a determinadas áreas funcionais da empresa; quantificação de objetivos, estabelecendo metas e datas às unidades organizacionais para atingir os objetivos.

Modelo de Objetivos do EKD

O Modelo de Objetivos visa descrever as metas, detalhando o que a organização e seus empregados querem atingir, ou evitar, e quando desejam que isso ocorra. As metas esclarecem questões como: onde a organização deveria mudar (melhorar); quais as respectivas prioridades a serem atingidas; e como essas metas relacionam-se umas com as outras. Similarmente há, também, as oportunidades, geralmente detectadas no ambiente externo à organização, podendo oferecer possibilidades de vantagens competitivas.

Em contrapartida, existem os problemas externos à organização que podem vir a se contrapor ao alcance dos objetivos. Há, também, os pontos fracos que, ao contrário dos problemas, constituem-se em situações detectadas internamente à organização que também se apresentam como barreiras ao alcance das metas.

As ligações existentes entre os componentes do Modelo de Objetivos distinguem-se em apoiar ou impedir a realização de uma meta. Inicialmente, há um alto nível de abstração, para que as metas possam ser decompostas ou refinadas em submetas. Há duas possibilidades de relacionamentos: "e" ou "ou". O primeiro é representado por um triângulo com o vértice voltado para cima e descreve relacionamentos onde a existência de um determinado objetivo depende de seus subobjetivos. Já o segundo é representado por um triângulo com o vértice voltado para baixo e descreve relacionamentos em que a existência de um determinado objetivo não depende diretamente de todos os seus subobjetivos.

A metodologia EKD propõe definições específicas para cada elemento a ser utilizado na formulação do modelo de objetivos, que interage com os modelos de atores e recursos, conceitos, processos de negócio e regras de negócio. Isso permite concluir que a modelagem organizacional proposta pelo EKD permite declarar objetivos para todo tipo de organização, mesmo em casos como o da pequena empresa, nos quais os objetivos são evidentes, dada a facilidade de comunicação entre seus membros.

Regras de negócio

As regras de negócio são componentes de um sistema de informação para a declaração dos requisitos organizacionais relevantes com vistas à execução do negócio e orientados para a mudança. Como declaração resumida, as regras de negócio podem ser implementadas de diferentes maneiras e procedimentos. As regras do negócio cobrem a integridade dos dados, as restrições da dinâmica organizacional e uma declaração de como o negócio é feito. Os benefícios são rapidez no desenvolvimento de *software*, melhor qualidade dos requisitos, facilidade de mudança, balanceamento entre flexibilidade e controle centralizado.[11]

A análise de sistemas baseada em regras de negócio depende da captura e sistematização das informações dos membros da organização relacionados com a aplicação do *software* no contexto em que será desenvolvido, operado e mantido.[18]

O desenvolvimento de sistemas de informação leva a descrições detalhadas e formalizadas de todos os fatos a serem implementados e executados automaticamente. Entretanto, há várias regras e exceções que, em processos informatizados, geralmente não podem ser executadas adequadamente sem a intervenção humana. Sugere-se a definição hierárquica do contexto no qual o *software* será desenvolvido, operado e mantido. Nesse sentido, devem-se coletar todos os fatos relevantes para os processos e especificá-los como regras de negócio. Os critérios para classificar as regras de negócio baseiam-se em derivar todos os modelos em regras de negócio (como tipos de entidades, tipos de relacionamentos e atributos), estruturá-los em um modelo conceitual de dados; e analisar o modelo de dados em relação às restrições de integridade e especificá-las como regras de negócio.[12]

Modelo de Regras de Negócio do EKD

O Modelo de Regras de Negócio do EKD define e explicita claramente as regras estipuladas no negócio, mostrando suas inter-relações com os objetivos. As regras do negócio podem ser vistas como a operacionalização ou a limitação das metas, bem como controlam a organização de tal forma que elas definem e limitam ações a serem tomadas. As regras formam uma hierarquia onde as regras de baixo nível definem a forma como as regras de alto nível devem ser implementadas.

O Modelo de Regras pode necessitar de um detalhamento das regras de forma que possam ser decompostas ou refinadas em sub-regras. Há duas possibilidades de relacionamentos: "e" ou "ou", de mesma notação descrita anteriormente para o Modelo de Objetivos. A existência de uma regra somente é plausível e justificável se ela fornecer apoio aos objetivos organizacionais e a outras regras, caso contrário o modelo deve ser analisado da mesma forma que a atitude organizacional deve ser alterada.

Processos de negócio

A utilização do conceito de processos fornece um nível de análise conveniente e uma visão melhor do comportamento gerencial, mais integrada e abrangente, indispensável para a análise adequada dos processos administrativos e gerenciais, tão importantes para o funcionamento dos processos essenciais da organização.[10]

Os processos de negócios representam o fluxo de controle do que ocorre na empresa, materializam políticas de gerenciamento, fluxos de documentação, processos operacionais, processos de manufatura, processos administrativos e regulamentações.[35] A integração interempresarial é a concomitante integração dos processos de negócios de uma dada empresa aos processos de negócios de outra, ou mesmo o compartilhamento de partes dos processos de negócios por diferentes cooperações empresariais. Infere-se que a modelagem e a integração empresarial são obtidas através da modelagem e integração dos processos de negócios.[35]

As tecnologias de informação e o reprojeto dos processos de negócio são os dois elementos capazes de revolucionar a organização.[7] Os processos têm duas características importantes: possuem clientes e atravessam os limites organizacionais. Os processos são geralmente dependentes de uma estrutura organizacional formal. Entretanto, muitos processos de negócio foram definidos antes da existência da tecnologia de informação. Nesse sentido, há a necessidade de reprojetar os processos de negócio.

Há cinco passos no reprojeto do processo: desenvolver uma visão de negócio e os objetivos do processo para haver a priorização de objetivos e uma lista clara de alvos a serem atingidos. Os objetivos mais perseguidos são de redução de custos, redução de prazo, qualidade como saída do processo, qualidade da força de trabalho (aprendizagem, atribuição de responsabilidades; identificar os processos que precisam ser reprojetados como processos críticos ou gargalos); compreender e medir os processos existentes, verificando os problemas correntes e definindo uma linha mestra; identificar alavancadores de tecnologia de informação: fazer um *brainstorm* de novas abordagens dos processos; projetar e construir um protótipo dos processos, com implementação organizacional e aspectos técnicos.[7]

Modelo de Processos de Negócio do EKD

O Modelo de Processos de Negócio do EKD analisa cada processo e fluxos da informação contida no negócio, e suas respectivas interações. Os processos podem ser decompostos em subprocessos e são inicialmente motivados pelas metas organizacionais do Modelo de Objetivos. O Modelo de Processos de Negócio descreve as atividades e funções organizacionais. No geral, é similar aos fluxogramas de processos e, dependendo das intenções da modelagem organizacional, pode, além de descrever os processos existentes, explicitar futuros processos a serem executados.

A notação utilizada no modelo caracteriza os processos como atividades organizacionais que consomem entradas e produzem saídas em termos de informação e/ou materiais. Além disso, são controlados por regras, definidas no Modelo de Regras, e interagem com o Modelo de Atores e Recursos no sentido de explicitar quem e/ou o que interage e/ou é responsável por um processo. Também fazem parte desse modelo processos e informações externas (localizados fora do escopo organizacional), que se relacionam com os processos internos.

Estrutura organizacional na perspectiva da hierarquia de competências

Uma estrutura organizacional é o resultado de um processo através do qual a autoridade é distribuída, as atividades são especificadas e um sistema de comunicação é delineado, permitindo que as pessoas realizem as atividades e exerçam a autoridade para atingir os objetivos organizacionais.[33]

Os três elementos da definição de estrutura organizacional são: as atividades, a autoridade e as comunicações. As organizações são entidades sociais artificiais, criadas para realizar objetivos específicos. Para alcançar esses objetivos, é essencial que atividades sejam desempenhadas. A preocupação com a eficiência leva à divisão das atividades em tarefas e, consequentemente, à necessidade de coordenar (comunicação) as "partes divididas" a fim de não perder de vista os objetivos. Esses objetivos não são democraticamente estabelecidos entre os participantes, mas impostos pelos dirigentes; daí a necessidade da autoridade.

O projeto estrutural é a especificação das atividades, da comunicação e da autoridade, levando em consideração os níveis de complexidade, de formalização e de centralização que devem ser ajustados para a escolha de um desenho adequado aos fatores como tecnologia, ambiente, tamanho da organização, dentre outros.

Javidan[14] representa a hierarquia de competências de uma organização. Os recursos são a base das competências. A capacidade se refere à habilidade de uma organização em explorar os recursos. Competência é a coordenação e a integração das capacidades. E no topo estão as competências essenciais, como resultado da interação entre diferentes competências.

Apesar de todas as tentativas de abolir a hierarquia nas organizações, o fato é que as organizações não podem prescindir da hierarquia.[17] A visão da administração de cima para baixo no exercício da autoridade permite que se identifiquem claramente os papéis da administração nos níveis mais altos, da gerência nos níveis intermediários. Há ainda um terceiro elemento (além da hierarquia e da autoridade) que pode ser mais bem explorado pela média gerência, a liderança. A liderança impele que as pessoas trabalhem para atingir os objetivos pretendidos sem a necessidade do exercício da autoridade.

Embora as hierarquias ainda sejam presentes na vida empresarial, as organizações fortemente hierarquizadas não são plenamente adequadas a todas as situações. As organizações hierárquicas fabricam produtos de baixa para média incerteza e complexidade no mercado.[37] As organizações modulares fabricam produtos de baixa para média incerteza no mercado, mas de média para alta complexidade de produtos. As redes de cooperações e redes estratégicas fabricam produtos de média para alta incerteza no mercado, mas de baixa para média complexidade de produtos. E, por fim, as organizações virtuais fabricam produtos de média para alta incerteza de mercado e complexidade de produtos.

Modelo de Atores e Recursos do EKD

O Modelo de Atores e Recursos do EKD define todos os tipos de atores e recursos envolvidos nas atividades organizacionais, de forma a descrever e indagar sobre como diferentes atores e recursos se relacionam entre si e também como estes se relacionam com os componentes do Modelo de Objetivos e do Modelo de Processos de Negócio.

Através da análise do Modelo de Atores e Recursos e seus relacionamentos com os outros modelos (de objetivos e de processos), pode-se notar como diferentes atores mostram sua interdependência, como, por exemplo, executar alguma tarefa ou processo.

Os componentes organizacionais que devem ser incluídos nesse modelo são os indivíduos (atores) essenciais, ou seja, possuidores de habilidades e papéis específicos, e que desempenhem importantes responsabilidades de forma a agregar valor. Da mesma maneira, as unidades organizacionais (departamentos, equipe técnica, projetos etc.) e recursos não humanos (maquinários e sistemas) que forem relevantes devem ser explicitados.

Há dois tipos de relacionamentos existentes no Modelo de Atores e Recursos: "é um" e "é parte de". O primeiro explicita uma generalização; por exemplo, um ator nomeado "cliente indesejável" é um "cliente", ou seja, além de ele desempenhar o papel de "cliente indesejável", também é um "cliente". O segundo relacionamento explicita hierarquias; por exemplo, uma "biblioteca eletrônica" é parte de uma "biblioteca".

Requisitos organizacionais no desenvolvimento de sistemas de informação

Os requisitos organizacionais não devem ser considerados como uma simples descrição da funcionalidade do sistema, pois tratam do domínio no qual o sistema está inserido e das restrições que podem existir no ambiente, no sistema e no desenvolvimento, diminuindo ambiguidades e incertezas.[24] Nesse contexto, a Modelagem Organizacional facilita a compreensão do ambiente empresarial e é reconhecida como uma atividade valiosa pela engenharia de requisitos. A aplicação de um projeto EKD[3] deve passar uma missão clara para todo o grupo de modelagem e alocar tempo e recursos suficientes para a atividade. A composição do grupo de modelagem deve ser baseada na ideia de que o grupo, coletivamente, tenha conhecimentos de estratégias de negócio, objetivos, computação, *software*, sistema de informação, gerenciamento, questões operacionais, entre outros. O grupo de modelagem deve ter autoridade para reprojetar a organização; designar responsabilidades considerando a documentação, uso e manutenção do Modelo Organizacional a ser desenvolvido; e planejar atividade de modelagem considerando as questões a serem discutidas, os participantes envolvidos, a alocação de tarefa, os participantes sendo alocados em tempo, as expectativas a serem completadas, o treinamento oferecido aos participantes no uso da Modelagem Organizacional, antes do início da sessão de modelagem, e a participação de um facilitador experiente. O gerente e os participantes do processo de modelagem devem entender completamente e concordar com todos os aspectos do projeto. O propósito, objetivos e escopo do projeto devem ser documentados. A alocação de recursos (pessoal, responsabilidade, tempo, dinheiro, recursos computacionais) deve ser determinada. A garantia de qualidade em termos de resultados e validação deve ser mantida e registrada.

Modelo de Requisitos e Componentes Técnicos do EKD

O Modelo de Requisitos e Componentes Técnicos determina quais devem ser as estruturas e propriedades do futuro sistema de informação para apoiar as atividades definidas no Modelo de Processo de Negócio e, consequentemente, atingir as metas e os propósitos dos Modelos de Objetivos e Regras respectivamente. Desse modo, o Modelo de Requisitos e Componentes Técnicos permite explicitar o potencial da tecnologia de informação para melhoria do processo e esclarecer os requisitos gerados pelos processos de negócio.

As regras de notação para modelagem são semelhantes às que foram definidas pelo Modelo de Objetivos. Os componentes presentes no modelo são:[3] objetivos do sistema de informação (expressam propriedades mensuráveis ou não, focos, visões, direções); problemas do sistema de informação (expressam fatos problemáticos sobre a situação corrente com relação ao sistema de informação a ser desenvolvido); requisitos do sistema de informação (expressam requisitos a serem designados para propriedades do sistema de informação, sendo divididos em duas partes: requisito funcional, que se refere a uma propriedade funcional do sistema de informação, e requisito não funcional, que pode ser de restrições de operações, restrições políticas, restrições econômicas etc.).

Uma análise crítica da contribuição da modelagem organizacional para o projeto da organização

As organizações são criadas para realizar objetivos. Alguns autores sugerem que a formulação seja feita de forma coletiva, a partir de uma reunião cujas ideias e sugestões de objetivos cheguem a um consenso para a sua formalização. Entretanto, isso pode ser controverso, pois uma organização deve definir o seu foco considerando o mercado no qual ela atua, a sua linha de produtos e o que ela pretende conquistar no mercado.

Mas ao abordar a organização em termos do mercado em que ela atua, na realidade, dois conceitos emergem: os conceitos de "empresa" e de "negócios", que passam a ter um direcionamento mais específico e uma visão mais pragmática da formulação de objetivos, relativa a objetivos empresariais.

A transparência das intenções organizacionais é importante, de tal forma que todos os membros da organização possuem a oportunidade de visualizar e compreender o que a organização pretende atingir, o que enseja o aspecto motivacional e evita desperdício de recursos. Caso haja a necessidade de mudança, a formalização do objetivo orienta o que foi feito e o que pode ser feito.

No modelo racional há a tendência de procurar-se fazer o que é melhor para a organização de forma que os valores pessoais não interfiram na declaração dos objetivos. É o modelo predominantemente utilizado e está alinhado com a utilização de sistemas de informação na organização. É importante ressaltar que isso não significa a adoção de um racionalismo puro a ponto de não considerar as pessoas, pois elas executam e influenciam os objetivos. Na visão institucional,[28] o esforço está em transformar a organização em uma instituição, dando um caráter permanente, baseado em valores da organização. A instituição é algo que é um fim em si mesmo, ela deixa de ser o meio para realizar alguma coisa.

Para compreender esse conceito é necessário separar a organização da empresa e do negócio. A empresa é um conceito jurídico e um fenômeno econômico. A empresa fabrica um produto que vai ser comercializado na sociedade. Mas o direito coloca como papel principal na empresa o empresário, como o "motor" da criação da empresa, produtor e responsável por ela. A lei que regula o direito empresarial concebe o "produto" e o "cliente". O fim último da empresa é o lucro. Outros objetivos podem ser declarados (responsabilidade social, ambiental etc.), mas, para a lógica do empresário, na relação "produto" e "cliente", o objetivo é o lucro e o próprio direito define tal conjunto como empresa.

A exploração da oportunidade depende das competências da organização. Mas essa ligação não é óbvia, pois há várias alternativas para alocar competências e atender a alguma oportunidade. Os recursos da organização e o ambiente externo não possuem uma ligação automática, mas sim a missão dos negócios que fará essa ligação, que pode ter várias alternativas. É possível surgir uma boa oportunidade, mas a empresa não ter as competências necessárias para viabilizá-la. É possível também a empresa dispor de competências para desenvolver um determinado negócio, mas não ter oportunidade. Portanto, é preciso compatibilizar as competências das empresas com as oportunidades para viabilizar um negócio. A organização faz o papel de meio de realização dos fins.

Na visão institucional, a organização passa a ser um fim em si mesma, ela nunca deixa de existir, na lógica racional competitiva, adaptando-se às mudanças e se mantendo no mercado. A maturidade da empresa é medida pelo seu grau de formalização. A função empresarial na organização preocupa-se não com os recursos empresariais, mas sim com os princípios de gestão, propondo a formalização da administração financeira, logística, de recursos humanos etc.

Considerações finais

A visão formal da organização se apoia na autoridade, ao definir uma estrutura hierárquica que atribui diferentes graus de autoridade aos indivíduos da organização. Durante mais de 100 anos, estrutura-planejamento-estratégia era um trinômio inseparável. Atualmente, há uma separação desses conceitos, porque os sistemas de informação estão fornecendo apoio a ponto de se identificarem "processos de negócio".

Portanto, se a visão de processos de negócio ainda possui um caráter mais conceitual do que prático, de certa forma ela apresenta possibilidades complementares à hierarquia da organização. Os níveis intermediários da hierarquia foram eliminados nesse processo, pois basicamente eles eram mediadores de informação entre o chão de fábrica e a alta gerência. A tecnologia de informação permite a permeabilidade do fluxo de informação de maneira mais rápida, precisa e segura. A TI é o grande substituto do planejamento e da estratégia da forma como ocorria até o século XX; nos dias atuais, em nova configuração, TI-planejamento-estratégia são aliados.

A estrutura é importante ainda, pois permite que os processos sejam modelados. Os processos informais continuam a existir, mas a gerência lida com processos diversos. O importante é verificar a eficácia e eficiência e complementar com outros aspectos, como a liderança, por exemplo. As visões da organização são formas de somar conhecimentos complementares.

Nesse contexto, a modelagem organizacional permite a identificação e organização dos elementos da organização, direcionada para objetivos organizacionais, que são delimitados por regras de negócio, que por sua vez disparam os processos de negócio, que necessitam de atores e recursos para geri-los e executá-los. A partir da captura dos requisitos organizacionais para o desenvolvimento de sistemas de informação, a organização passa a formalizar as suas ações administrativas intangíveis e a sistematizar a gestão de conhecimento. Há, portanto, visões de diferentes perspectivas de um mesmo objeto de análise. A modelagem necessita da participação dos indivíduos da organização para a elaboração do projeto organizacional enquanto complementa a visão funcionalista, a partir de um projeto organizacional que contempla tanto a visão funcionalista quanto a visão por processos de negócio.

Referências

[1] BERTALANFFY, L.V. *Teoria geral dos sistemas*. 3. ed. Petrópolis: Vozes, 1977.

[2] BLAU, P. *Introdução ao estudo da estrutura social*. Rio de Janeiro: Zahar, 1977.

[3] BUBENKO JR., J. A.; STIRNA, J.; BRASH, D. *EKD user guide*, Dep. of Computer and Systems Sciences. Stockholm, Royal Institute of Technology, Disponível em: <http://www.verbundplan.at/HyperKnowledge/pdf/D3_appb_final_version_2001_10_31.pdf, 2001>. Acesso em: 1º jul. 2003.

[4] CHECKLAND, P. B. *Systems thinking, systems practice*. New York: John Wiley, 1981.

[5] CHURCHMAN, C. W. *Introdução à teoria de sistemas*. Petrópolis: Vozes, 1977.

[6] DALKIR, K. *Knowledge management in theory and practice*. Burlington: Elsevier/Butterworth-Heinemann, 2005.

[7] DAVENPORT, T. H.; SHORT, J. The new industrial engineering: information technology and business process redesign. *Sloan Management Review*, 31, 4, Summer 1990.

[8] FAYOL, H. *Administração industrial e geral*. 9. ed. São Paulo: Atlas, 1975.

[9] FORRESTER, J. *Industrial dynamics*. Cambridge, Mass: MIT Press, 1961.

[10] GONÇALVES, J. E. L. As empresas são grandes coleções de processos. *Revista de Administração de Empresas*, São Paulo, v. 40, nº 1, p. 6-19, jan./mar. 2000.

[11] GOTTESDIENER, E. Business rules show power, promise. *Application Development Trends*, v. 4, nº 3, 1997.

[12] HERBST, H. Business rules in systems analysis: a meta-model and repository system. *Information Systems*, v. 21, nº 2, p. 147-166, 1996.

[13] HOMANS, G. C. As pesquisas na Western Electric. In: BALCÃO, Y. F.; CORDEIRO, L. L. (Ed.). *O comportamento humano na empresa*. 4. ed. Rio de Janeiro: FVG, 1979.

[14] JAVIDAN, M. Core competence: what does it mean in practice? *Long Range Planning*, v. 31, nº 1, p. 60-71, 1998.

[15] KOSANKE, K.; VERNADAT, F.; ZELM, M. Cimosa: enterprise engineering and integration. *Computers In Industry*, nº 40, p. 83- 97, 1999.

[16] LAWRENCE, P.; LORSCH, J. W. *As empresas e o ambiente*. Petrópolis: Vozes, 1973.

[17] LEAVITT, H. J. Hierarchies, authority, and leadership. *Executive Forum*, Summer 2005.

[18] LEITE, J. C. S. P.; LEONARDI, M. C. Business rules as organizational policies. In: International workshop on software specification & design, 1998, Japan, *Proceedings*, Los Almitos: IEE CSP, p. 68-76, Apr. 1998.

[19] LUTHANS, F. *Introduction to management:* a contingency approach. New York: McGraw-Hill, 1976. p. 28-55.

[20] MARINHO, M. S. C. A questão dos objetivos nas organizações. *Revista de Administração de Empresas,* 30(2), p. 5-22, abr./jun. 1990

[21] MAYO, E. *The human problems of an industrial civilization.* New York: McMillan, 1933.

[22] MERTINS, K.; JOCHEM, R. Architectures, methods and tool for enterprise engeneering. *International Journal of Production Economics,* 98, p. 179-188, 2005.

[23] MOTTA, F. P.; PEREIRA, L. C. B. P. *Introdução à organização burocrática.* São Paulo: Brasiliense, 1983.

[24] PÁDUA, S. I. D.; CAZARINI, E. W.; INAMASU, R. Y. Modelagem organizacional: captura dos requisitos organizacionais no desenvolvimento de sistemas de informação. *Gestão & Produção,* v. 11, nº 2, p. 197-209, maio/ago. 2004.

[25] RICHERS, R. Objetivos como razão de ser da empresa. *Revista de Administração de Empresas,* 34, 1, p. 50-62, jan./fev. 1994.

[26] ROBBINS, S. P. *Comportamento organizacional.* 8. ed. Rio de janeiro: LTC, 1999.

[27] ROLLAND, C.; NURCAN, S.; GROSZ, G. A decision making pattern for guiding the enterprise knowledge development process. *Information and Software,* 2000.

[28] SELZNICK, P. *A liderança na administração.* Rio de Janeiro: FGV, 1972.

[29] SENGE, P. *A quinta disciplina:* arte, teoria e prática das organizações de aprendizagem. São Paulo: Best Seller, 1990.

[30] SENNETT, R. *A cultura do novo capitalismo.* Rio de Janeiro: Record, 2006.

[31] TAYLOR, F. W. *Princípios da administração científica.* São Paulo: Atlas, 1979.

[32] TIGRE, P. B. Inovação e teorias da firma em três paradigmas. *Revista de Economia Contemporânea,* 3, p. 67-111, jan./jun. 1998.

[33] VASCONCELLOS, E.; HEMSLEY, J. *Estrutura das organizações:* estruturas tradicionais, estruturas para inovação, estrutura matricial. São Paulo: Pioneira Thomson Learning, 2003.

[34] VASCONCELOS, F. C. Racionalidade, autoridade e burocracia: as bases da definição de um tipo organizacional pós-burocrático. *RAP,* Rio de Janeiro, 38 (2), p. 199-220, mar./abr. 2004.

[35] VERNADAT, F. B. *Enterprise modeling and integration:* principles and applications. New York: London: Chapman & Hall, 1996.

[36] WEBER, M. *Teoria e sociedade.* Brasília: UnB, 1999.

[37] WIGANG, R.; PICOT, A.; REICHWALD, R. *Information, organization and management:* expanding marketsand corporate boundaries. Chichester: Wiley, 1997.

O Modismo na Administração

Júlio César Donadone

5

Introdução

Colocam-se como objetivo deste capítulo discutir e problematizar as articulações sociais que produzem a internacionalização e suas formas de naturalização dos conteúdos gerenciais, ou seja, pretendo investigar os atores que trazem, em especial neste trabalho, o espaço dos diversos agentes relacionados às consultorias em gestão e à imprensa de negócios para o Brasil, a nova internacionalização econômica e os cenários que eles constroem para realizá-la. Para chegar a esse objetivo, focalizo o processo de crescimento do mercado de consultorias. Nesta parte do capítulo, objetivo compreender como os consultores se relacionam com a imprensa de negócios e com os quadros gerenciais das empresas. Na segunda parte, enfoco as mudanças no espaço empresarial e gerencial no decorrer do período. O conjunto tem a função de ser uma forma de visualizar a atuação dos quadros gerenciais frente às novas configurações e demandas organizacionais, formadas a partir dos anos 90, e decorrentes da atuação de intermediários como a imprensa de negócios e as consultorias.

O mercado de consultoria internacional: a configuração nas últimas décadas

Se nos anos 80 ocorre uma série de posicionamentos e eventos que dão suporte a novos espaços para a atuação dos consultores, nos anos 90 o setor ganha em destaque e importância nos meios gerenciais e empresariais, destacando-se por suas taxas de crescimento na receita e no porte das empresas; e pela exposição na mídia. As receitas passaram de 22 bilhões de dólares em 1990 para mais de 100 bilhões dez anos depois, e, entre as dez maiores empresas, é comum encontrarmos um continente de empregados que superam 50.000 consultores e a receita de 5 bilhões de dólares. Vale lembrar que a Andersen, que nasceu como a maior empresa de consultoria do mundo em 1989, contava com 21.600 empregados e um faturamento de 1,6 bilhão de dólares.[6]

Um primeiro componente que traz contribuições para o entendimento da dinâmica do período é a questão dos processos de reengenharia presentes a partir do início dos anos 90. As mudanças organizacionais associadas aos redesenhos organizacionais, a partir do *Core Business* da empresa, contribuíram para ampliar espaço das consultorias nos meios gerenciais e empresariais.

Isso não ocorria apenas com um aumento nas possibilidades da atuação, mas principalmente pelas características intrínsecas e as consequências da implantação da reengenharia. O processo de construção e divulgação apresentava características que contemplavam aspectos da dinâmica do setor de consultoria no período. Dentre eles, podem-se destacar as questões relacionadas às formas de interação entre empresas de consultoria, imprensa de negócios e setores acadêmicos, estes últimos representados principalmente pelas *Business Schools*.

Ao focar este pano de fundo, cuja diversidade de atores, instituições e organizações relacionadas ao tema tende a aparentar um complexo cenário de bricolagem, também é possível destacar a relação entre o crescimento do espaço de consultoria organizacional e os processos de mudança organizacional pelos quais passam as empresas no decorrer do período. A partir dos anos 80, a multiplicação da difusão de "novas formas de gerenciamento" ganha impulso, primeiramente com a tentativa das organizações ocidentais de acompanhar e recontextualizar as formas de gestão japonesa;[3] e no início da década de 1990, com as reestruturações organizacionais, sendo emblemático o exemplo das ideias vinculadas ao processo de reengenharia.[i] Ganham destaque também no período os processos de fusões empresariais e de privatização. Em especial, quando se analisa o ocorrido no tecido organizacional brasileiro, com a privatização de setores importantes da base industrial brasileira como o siderúrgico, o de telecomunicações e elétrico e o crescente processo de fusões e aquisições no decorrer da década de 1990.[ii]

Um primeiro ponto a se destacar é a questão de "um homem, uma ideia, uma nova consultoria", explicitada nas discussões acerca de modismos e gurus gerenciais. Com a difusão do processo de redesenho organizacional, James Champy e Michael Hammer, considerados os pais da reengenharia, são guindados ao primeiro time dos gurus gerenciais internacionais. Suas ideias foram primeiramente expostas no artigo que Michael Hammer publicou, *Reengineering work: don't automate, obliterate* na *Harvard Business Review*,[iii] em 1990, e posteriormente, em

---

[i] Segundo Pascale, nos anos 80 há um forte incremento na velocidade de surgimento e difusão de novas formas de gestão empresarial. In: PASCALE, Richard Tanner. *Managing on the edge.* New York: Simon and Schuster, 1990.

[ii] Segundo a Conferência das Nações Unidas sobre Comércio e Desenvolvimento, o valor total de fusões e aquisições no Brasil no ano de 2000 foi de US$ 23,013 bilhões, mais do que o dobro do registrado em 1999, de US$ 9,357 bilhões. O Brasil foi também o responsável por mais de 50% de todas as fusões e aquisições internacionais registradas na América Latina a partir de 1995. In: AGÊNCIA ESTADO. *Estado on line,* quarta-feira, 27 jul. 2001.

[iii] HAMMER, Michael. Reengineering work: don't automate, obliterate. *Harvard Business Review,* July/Aug. 1990, p. 104-112.

1993, transformadas no livro *Re-engineering the corporation,*[iv] o qual alcançou a marca de 17 milhões de exemplares em todo o mundo, ou seja, a reengenharia tornou-se uma das mais influentes formas de gestão e, conjuntamente, modismo empresarial das últimas décadas.

Para compreender a relação entre gurus /modismos gerenciais e a dinâmica da consultoria, é preciso lembrar que, durante a década de 1980, são diversos os exemplos de agentes que se revezam na formulação e venda de "pacotes gerenciais": P. Crosby/*Quality is free,* M. Porter /*Competitive strategy* e R. Kanter/*The change masters.*[v] Assim, a difusão da reengenharia é ao mesmo tempo oriunda dessa forma de atuação no mercado de consultoria, como também forneceu respaldo a possíveis candidatos a esse tipo de consultoria.

A era dos "pacotes e gurus gerenciais"

Na década de 1980, a desregulação dos mercados financeiros e a incerteza de rumos econômicos levaram a uma mudança do perfil da imprensa de negócios americana. O jornalismo passa a enfocar notícias sobre o funcionamento de preços, serviços e variações nos mercados, deixando de lado as grandes teorias econômicas para focalizar a saúde econômica dos seus leitores e das empresas líderes. Por meio de cadernos de negócios e empresas, os jornais e revistas de negócios passaram a referenciar as experiências de "sucesso" que eram passadas como informações aos leitores, para que estes tomassem decisões na sua vida diária e as utilizassem como fonte de referência do andamento das empresas.

No decorrer dessa década, o mercado de notícias econômicas cresceu consideravelmente nos Estados Unidos. Com o incremento na divulgação das notícias econômicas surgiram diversos indivíduos que buscavam orientar os gerentes/ leitores sobre as mudanças na economia e suas influências nas empresas, os denominados "gurus". Estes, atuando em áreas específicas da empresa, passaram a divulgar um conjunto de ideias gerenciais, apresentando-as como a melhor forma de resolução para a crise que as empresas enfrentavam.

Segundo Micklethwait,[9] nos anos 80 a venda de interpretações sobre as notícias econômicas, principalmente através de "pacotes de gerenciamento", superou de longe o mercado de assuntos que tradicionalmente lideravam as vendas

---

[iv] HAMMER, Michael; CHAMPY, James. *Reengineering the corporation*: a manifesto for business revolution. Harper Collins, 1993.

[v] CROSBY, Philip. *Quality is free.* New York: McGraw-Hill, 1980.

PORTER, Michael. *Competitive strategy.* New York: Free Press, 1980.

KANTER, Rosabeth. *The change masters.* New York: Simon & Schuster, 1983.

de publicações, como sexo, dietas, notícias sobre artistas de cinema e televisão e esportes. Nomes e obras como A. Morita/*Made in Japan*, L. Iacocca/*Iacocca: an autobiography*, E. de Bono/*Tactics: the art and science of success*, E. Deming/*Out of the crises*, P. Crosby/*Quality is free*, entre outros, ganharam destaque no meio editorial americano, surgindo como *best-sellers*. Por exemplo, o livro de Iacocca vendeu 1.510.000 exemplares, tornando-se a publicação mais vendida em todo o mercado editorial americano no ano de 1985.

A divulgação centrada em artigos, em revistas de renome, sobre gerenciamento, na publicação de um livro, com a função de carro-chefe das ideias e, posteriormente, a transformação do autor em guru e *best-seller* tinham elementos que vinham de encontro à crescente atuação de professores, principalmente das *Business Schools* em consultorias especializadas e de pequeno porte, por exemplo. Para essas empresas, o sucesso do formato da reengenharia fornecia a possibilidade de alcançar o restrito mundo das consultorias representado pelas *Acconting Firms* e as empresas de estratégia.

Mas não era apenas na maneira pela qual eram difundidos que os processos de reengenharia forneciam novos elementos para o entendimento do espaço de consultoria nos anos 90. Uma das formulações mais centrais das ideias de reengenharia, o *downsizing*, também veio a contribuir com elementos para caracterização e difusão das consultorias, com as mudanças organizacionais nas empresas. Representado pelo achatamento da pirâmide de posições, cortes de funções, em alguns casos de departamentos inteiros, e processos de terceirizações, um contingente de gerentes que foi deslocado dos antigos empregos buscou nas consultorias uma maneira de reconversão, seja prestando serviços às antigas empresas, como consultores associados a alguma consultoria, ou formando novas empresas que buscavam fornecer orientação sobre assuntos específicos antes desenvolvidos no seu trabalho.

Novos formatos das empresas, crescimento das consultorias e mudanças dos conteúdos gerenciais

Ao analisar a dinâmica organizacional do período numa primeira abordagem, é possível estabelecer conexões que possibilitem o entendimento do crescimento do setor de consultorias. Os processos de reorganização associados às novas configurações do controle das empresas, representados emblematicamente pelas fusões, aquisições, e em especial no caso brasileiro com a privatização, abrem um grande espaço de atuação às empresas de consultoria.

Para auxiliar no entendimento de como se dá a relação entre consultores e as empresas, é preciso focalizar nas funções das consultorias. Como ponto de partida recorro a formulações teóricas de Coget,[2] segundo as quais a atuação dos consultores estaria concentrada em três categorias. A primeira estaria ligada a uso dos consultores na arbitragem de disputas internas e externas às empresas, fornecendo legitimidade às ações. A segunda função dos consultores estaria relacionada à sua capacidade de produzir e difundir conceitos acerca do mundo empresarial. Como última característica, aparece o seu uso na implementação de mudanças organizacionais.

Quanto à questão da arbitragem externa, os embates entre os novos "donos" das empresas fornecem um amplo campo para a utilização das consultorias como meio legítimo de análise do desempenho financeiro das empresas. Como exemplo, tem-se a forma como é estruturada a venda de empresas estatais, na qual duas consultorias avaliam as empresas, apontam seus problemas e sugerem compradores. Nas disputas internas, torna-se comum o uso das consultorias como uma arma na disputa pela validação do desempenho de determinada unidade ou departamento perante os demais setores da empresa, principalmente com a crescente focalização do *core process* e, por consequência, a venda ou desativação das áreas pouco rentáveis.

A questão da utilização do ideário oriundo das consultorias, bem como de consultores na implementação de mudanças organizacionais, vem no bojo das reestruturações. Os gerentes buscam aumentar o desempenho das suas unidades como uma tentativa de alcançar o desempenho econômico esperado. Dessa maneira, buscam soluções que possam auxiliá-los nesse objetivo. Cabe ressaltar que os processos de busca de legitimidade para as ações e a implementação das mudanças organizacionais estão intimamente relacionados, uma vez que a justificativa pela escolha em muitos casos dá suporte para sua implementação.[10,11]

Quadro 1 Formas de atuação dos consultores nos processos de mudanças organizacionais

Arbitragem externa	• Avaliar as empresas, apontar seus problemas e sugerir compradores nos processos de fusões e privatizações • Validar o desempenho de determinada unidade ou departamento
Difundir/gerar conceitos gerenciais	• Crescente literatura/gurus sobre como gerenciar as empresas • Busca pelos gerentes de legitimidade e referência perante as mudanças nas empresas
Atuação nas empresas	• Redesenho organizacional, a partir do *Core Business*: Reengenharia e *Downsizing*

Fonte: Elaborado pelos autores.

A questão da utilização do ideário oriundo das consultorias, bem como de consultores na implementação das mudanças organizacionais, vem no bojo das reestruturações. Os gerentes buscam aumentar o desempenho das suas unidades como uma tentativa de alcançar o desempenho econômico esperado. Dessa maneira, buscam soluções que possam auxiliá-los nesse objetivo. Cabe ressaltar que os processos de busca de legitimidade para as ações e a implementação das mudanças organizacionais estão intimamente relacionados, uma vez que a justificativa pela escolha em muitos casos dá suporte para sua implementação.

Para que se entenda como as notícias sobre "sucesso" empresarial e atuação das consultorias gerenciais influenciam a maneira como os gerentes e as organizações se comportam, será enfocado, primeiramente, o conteúdo do trabalho dos executivos e gerentes nas empresas. Com isso, procura-se visualizar como determinadas características do processo gerencial levam os ocupantes desses cargos a vislumbrar "novidades gerenciais" como referências para suas decisões frente à situação de incerteza e às mudanças nos ambientes onde atuam.

Para que esse objetivo seja alcançado, utilizam-se as ideias de Herbert A. Simon como principal fonte teórica. Para Simon,[13] o processo de decisão tem limitações de conhecimento e habilidade, ou seja, as metas são numerosas, incertas e muitas vezes contraditórias; o conhecimento sobre as alternativas é fragmentado, requer um elevado custo para sua aquisição e é raramente suficiente para predizer as consequências.

As decisões gerenciais, que usualmente têm seu entendimento envolvido por uma "aura" de profissionalismo e de escolhas irrefutáveis, ganham outra perspectiva com as ideias de Simon. As decisões passam a ser entendidas dentro de um contexto de racionalidade limitada. A aquisição e a utilização de informações, que são necessárias à sua execução, apresentam diferentes graus de dificuldades e custos para serem adquiridas, gerando limitações que restringem e direcionam o universo de escolhas possíveis. Frente a essas restrições na aquisição de informação, a busca por simplificações que possibilitem soluções "em tempo" dos problemas cotidianos faz com que as fontes, a partir das quais elas são adquiridas, ganhem importância, uma vez que elas influenciam no possível repertório de alternativas utilizadas no momento de decisão. Os gerentes utilizam-se dos exemplos de empresas de "sucesso" como referências para sua atuação, na tentativa de obter dados observáveis e metas operacionalizáveis e, principalmente, de garantir respaldo institucional para suas escolhas.

Como suporte teórico para entender como ocorre o processo pelo qual "histórias de sucesso" são apropriadas e reiteradas no dia a dia e fornecem legitimidade às decisões gerenciais, será utilizado o conceito de isomorfismo, que pode ser entendido como o processo que compele uma determinada unidade de população a espelhar-se em outra, na tentativa de obter referências para sua atuação.[8] Para Powell e Dimaggio,[12] existiriam três formas pelas quais os processos poderiam acontecer: a coerciva, onde o poder de influência direta de uma organização sobre a outra seria utilizado para a homogeneização de ideias; a normativa, onde esse processo se daria por forças de normas vigentes que forneceriam os contornos aceitos para determinada organização; e a mimética, em que o isomorfismo resultaria de respostas padronizadas para situações de incerteza. Entre os diversos tipos de isomorfismo, o mimético é o que está mais relacionado a este trabalho, uma vez que tal conceito é utilizado para se entender a apropriação pelos diversos meios empresariais e gerenciais de "novidades" organizacionais como instrumento de mudanças nas instituições às quais estes setores estão ligados.

No caso específico deste trabalho, é ressaltada a utilização desses mecanismos na divulgação das propostas e do uso das consultorias como algo legítimo através de: i) livros de origem acadêmica, principalmente pela forte associação entre *Business Schools*, gurus gerenciais e Consultorias, que servem de "modelos" para as pessoas e organizações; ii) cursos e seminários promovidos pelos meios acadêmicos, comumente as *Business Schools*, e as empresas de consultoria que introduzem, aos corpos gerenciais, as "novas" técnicas de gestão, que incluem as formas "atuais" de gerenciamento, legitimando-as e criando um circuito de relações pessoais, cujas normas são aceitas pelo meio gerencial. As consultorias nos anos 90, como fora na década de 1980, têm um papel importante como agentes de isomorfismo na difusão do "novo formato das empresas e dos conteúdos gerenciais", um conjunto significativo de obras que chamam a atenção para o processo de perda de poder dos gerentes e da transformação do seu relacionamento com a empresa em bases somente financeiras. Por exemplo, ao se analisarem os conteúdos dos trabalhos gerenciais divulgados pela imprensa de negócios, no decorrer da década, aparecem com destaque: i) a relação centrada em aspectos financeiros com empresas: *o executivo é o próprio negócio; seja seu próprio head hunter; e negociar em causa própria não é feio*; ii) as representações das novas estruturas organizacionais: *não se fazem mais pirâmides como antes; a hierarquia treme e somem cadeiras no Olimpo;* ou como síntese das duas temáticas: *prepare-se. Vem aí o executivo ocasional!*[5]

Como discutido por Useem,[14] com o crescimento da influência dos investidores institucionais há uma mudança nos conteúdos atribuídos aos gerentes dos diversos níveis da empresa. O formato de gerente que baseava sua atuação no cumprimento rigoroso das tarefas e visualizava a carreira como uma série de posições a serem ocupadas nos diversos níveis hierárquicos começa a ser questionado. A forma de poder resultante da hierarquização burocrática começa a sofrer sérios danos. Com a demissão de parcela considerável da gerência média, a necessidade de pensar a empresa em termos financeiros e no curto prazo começa a ruir o esquema de distribuição de poder formado ao longo das últimas décadas de revolução gerencial.

Na literatura gerencial do período aparece uma série de obras que chamam a atenção para o processo de perda de poder dos gerentes e da transformação do seu relacionamento com a empresa em bases somente financeiras. Exemplo: a corrosão do caráter: consequências pessoais do trabalho no novo capitalismo; *Le manager jetable*; e *L'entreprise barbare*.[vi] Ao visualizarmos esta questão a partir das formulações de Douglas,[7] é possível tecer considerações que vêm nos ajudar a entender as mudanças. Parece que é possível visualizar um processo de guerra cultural onde a visão financeira da empresa se encontra situada no quadrante do Individualismo ativo, onde seus representantes buscam maximização dos seus investimentos no curto prazo e por meio desta desenham o controle das organizações.

No outro polo se encontram os gerentes com suas expectativas desenvolvidas de acordo com um esquema cognitivo formado na burocracia, ou seja, de uma forte hierarquização. O formato do embate ganha importância para o esquema explicativo deste trabalho, uma vez que, ao entrevistarem-se os consultores, um ponto comum dos entendimentos era a sua distinção em relação ao mundo gerencial, apresentado quase sempre como burocrata ou "que criava barriga na mesma empresa". Cabe ressaltar que os processos de hierarquização e classificação próprios da estruturação do campo não apenas se davam em embates discursivos, mas também eram internalizados nas organizações, sendo representativo o formato matricial de trabalho das grandes consultorias, ou os "projetos" das consultorias acadêmicas, frente à sempre mencionada pirâmide organizacional das empresas.

Outra questão que merece destaque para entender o embate é a forma de ascensão na carreira de consultor nas grandes empresas de consultoria. Como central aparecem as ideias associadas ao *Up or Out*, ou seja, a combinação de um forte afunilamento nas possibilidades de promoção aliado a uma prática de demissão ou quase exclusão voluntária dos que passassem de um determinado período nas empresas, normalmente de três a cinco anos. Tal mecanismo e as for-

---

vi VILLETTE, Michel. *Le manager jetable*. Paris: La Découverte, 1996.

DURIEUX, Albert; JOURDAIN, Stéphène. *L'entreprise barbare*. Paris, 2000.

mas de socialização associadas a ele produziam um repertório de entendimentos sobre os possíveis arranjos organizacionais que vinha ao encontro de formas de promoção e carreira das empresas industriais, normalmente estruturadas a partir de diversos níveis gerenciais oriundos na forma de distribuição do poder por meio de forte hierarquização. O interessante é que a polarização se dava, ainda que com contornos e grau de sofisticação do argumento diferentes, também entre os consultores individuais, como por exemplo em construções do tipo: "agora não dependo de ninguém para subir" ou "as empresas deveriam dar trabalho, não emprego às pessoas".[6]

Dois aspectos merecem destaque. O primeiro relacionado ao formato dos embates entre consultores e gerentes, que era direcionado pelo posicionamento nos respectivos campos, ou seja, há uma mitigação na diferenciação entre consultores e gerentes em posições homólogas, como emblemático na relação entre as formulações dos consultores da Mckinsey e seus clientes, em número considerável, diretores e CEOs de grandes empresas e egressos das mesmas. O segundo remete ao processo de violência simbólica, como discutida por Bourdieu,[1] no qual os embates passam quase que a não ser mais mencionados e há uma naturalização da posição dominante, exemplificada no fato de os gerentes visualizarem na atuação dos consultores o modelo de conduta a ser seguido perante um *mundo que privilegia o curto prazo e a capacidade de se vender todo dia"*, reforçando a busca tanto na imprensa de negócios quanto nas consultorias por "narrativas, retóricas ou histórias de sucesso" que fornecessem armas retóricas e simbólicas no intuito de legitimar e possibilitar sua atuação gerencial.[6]

Referências

[1] BOURDIEU, Pierre. *Les structures sociales de l'économie*. Paris: Éditions du Seuil, 2000.

[2] COGET, Xavier. *Les cabinets de conseil en management:* origines et fonctions. 1999. 146 p. Tese (Doutorado) – EHESS, Paris.

[3] COLE, Robert. *Managing quality fads:* how American business learned to play the quality game. Oxford University Press, 1998.

[4] CHANDLER JR., A. D. The emergence of managerial capitalism. In: ZUKIN, A.; DIMAGGIO, P. J. *Structures of capital:* the social oganization of the economy. Cambridge University Press, 1990.

[5] DONADONE, J. C. As formas de atuação e configuração dos intermediários de conteúdos gerenciais: o espaço de consultoria e a imprensa de negócios brasileiros. In: DONADONE, Julio Cesar; CHAVES JARDIM, Maria Chaves (Org.). *As centralidades e as fronteiras das empresas do século 21*. Bauru: EDUSC, 2011.

[6] DONADONE, J. C. *In the world of intermediaries:* consulting firms, business press and the reorganization of the management activities. Saarbrücken: VDM Verlag Dr. Müller Aktiengesellschaft, 2010.

[7] DOUGLAS, Mary. *Thought styles:* critical essays on good taste. London: Sage, 1996.

[8] MARCH, James G.; OLSEN, Johan P. *Ambiguity and choice in organizations*. Bergen: Universitetsforlaget, 1976.

[9] MICKLETHWAIT, John; WOOLDRIDGE, Adrian. *The witch doctors:* making sense of the management gurus. New York: Times Books, 1996.

[10] MCKENNA, Cristopher D. The origins of modern management consulting. *Business and Economic History*, v. 24, nº 1, Fall 1995.

[11] O'SHEA, James E.; MANDIGAN, Charles. *Dangerous company:* the consulting powerhouse and the businesses they save and ruin. New York: Times Business, 1997.

[12] POWELL, Walter. W.; DIMAGGIO, Paul. J. The iron cage revisited: institutional isomorphism and collective rationality. In: POWELL, Walter. W.; DIMAGGIO, Paul. J. (Ed.). *Organizational fields:* the new-institucionalism in organizational analysis. University of Chicago Press, 1991.

[13] SIMON, Herbert. A. On the concept of organizational goal. *Administrative Science Quarterly*, p. 1-21, 1962.

[14] USEEM, Michael. *Executive defense:* shareholder power and corporate reorganization. Cambridge, Massachusetts: Harvard University Press.

PARTE III

O Ensino de Administração

O Ensino de Administração no Brasil

6

José Euzébio de Oliveira Souza Aragão

Introdução

A proposta deste capítulo é fomentar discussões acerca das origens do ensino de graduação em Administração, com ênfase na sua gênese e desenvolvimento na educação superior brasileira, especificamente os cursos presenciais,[i] procurando acentuar as condições objetivas que propiciaram seu desenvolvimento. Discutimos em um primeiro momento a origem do curso no mundo, passando para a origem no Brasil, remetendo-o ao desenvolvimento do espírito modernizante por que passava o país à época de sua criação. Apresentamos os ciclos pelos quais o curso passou, desde sua origem até as atuais diretrizes curriculares, enfatizando sua vocação original de formação de quadros para o aparato administrativo público, como para o mundo empresarial privado e suas perspectivas em um momento de massificação.

As origens do curso de Administração

Os cursos de Administração no Brasil têm uma história muito curta, principalmente se a compararmos com a dos Estados Unidos da América (EUA), onde os primeiros cursos datam de 1881, com a criação da *Wharton School*.[1] Em 1952, quando foi implantado o primeiro curso no Brasil, os Estados Unidos já tinham formado em torno de 50 mil bacharéis, 4 mil mestres e 100 doutores em Administração.

A França também reivindica o pioneirismo do curso de Administração, com sua École des Hautes Études Comerciales (HEC), mas, como universidade, o ensino de Administração se instalou em primeiro lugar nos EUA.[3]

Nos EUA, as *business schools* surgiram como desdobramento dos departamentos tradicionais de Economia ou como novas escolas no interior dos *campi*

---

[i] Os cursos de Administração também são oferecidos na modalidade Educação à Distância (EAD). Contudo, considerando-se que a temática "EAD" é ampla e específica, optou-se, neste capítulo, pela abordagem dos cursos presenciais.

universitários. Como diferencial, as universidades mais tradicionais e prestigiadas colocaram os programas de Administração de Empresas na *graduate school*, ou seja, como cursos de pós-graduação, conferindo-lhes a condição de mestrados profissionais, os chamados *Master of Business Administration* (MBA). Em seguida, houve uma expansão para cursos de graduação, em geral em quatro anos, e depois o MBA, em dois anos em regime integral. Passou-se a oferecer doutorados em Administração, *Doctor of Business Administration* (DBA), em algumas universidades, ou *Doctor of Commercial Sciences* (DCS), apenas em Harvard. Posteriormente, esses títulos foram abolidos e para o doutorado em Administração adotou-se o tradicional *Philosophy Doctor* (Ph.D.).[3]

Atualmente, nos Estados Unidos, as universidades de menor prestígio e produção científica, bem como os *juniors* e *community colleges*, oferecem cursos de graduação em Administração. As universidades de maior prestígio acabaram com seus cursos de graduação, fazendo da Administração apenas objeto da *graduate school*.[3]

O crescimento dos cursos de Administração nos Estados Unidos coincide com a importância crescente desse país no século XX, quando se consolida como superpotência. Hoje, dois terços da produção científica em Administração são de autores norte-americanos. Livros-texto e casos para o ensino de Administração produzido nos Estados Unidos são traduzidos em diversas línguas e mundialmente adotados, atingindo, inclusive, a cultura oriental, nos países de maior expressão no ensino de Administração como China, Índia, Paquistão, Japão, Coreia e Taiwan.[3]

As universidades europeias demoraram a engajar-se no ensino voltado para as necessidades empresariais. Algumas encaravam essa perspectiva com preconceito. Antes da Segunda Guerra Mundial a formação de dirigentes abrangia estudos centrados em contabilidade. Isso acontecia na Alemanha, na França e Grã-Bretanha. Somente a partir de 1946 uma sociedade multinacional instalou em Genebra um centro de aperfeiçoamento. Em seguida, criou-se o *Administrative Staff College*, em Henley, em 1948, considerado o protótipo para a instalação de centros de preparação para direção na Alemanha, na Holanda e nos países escandinavos.[1]

Gast Berger, diretor-geral do ensino superior da França, acreditava que o chefe de empresa deveria ser um filósofo em ação e, dessa maneira, sua formação deveria ser mais ampla, envolvendo a compreensão da evolução econômica, social e cultural do meio ambiente. A França criou institutos voltados para a formação de Administradores de Empresas. Esses institutos ofereciam aos diplomados por outras universidades um ano de estudos integradores para uma visão de administração de empresas e ciclos de aperfeiçoamento para dirigentes em exercício. A experiência francesa foi copiada por Grã-Bretanha, Suécia, Espanha e Bélgica.[1]

As dificuldades de implantação do ensino de Administração na Europa esbarraram na formação de professores. Embora as universidades tivessem bons economistas, sociólogos, psicólogos, juristas e matemáticos, não se podia formar um quadro de professores pesquisadores preparados para as tarefas que a realidade complexa das empresas impunha. Entre as décadas de 1950 e 1960, a Fundação Indústria Universidade, criada na Bélgica, aproximou o poder público, a indústria e a universidade para promover uma mudança nas universidades, garantindo o contínuo aperfeiçoamento do ensino e da pesquisa voltados à formação de quadros dirigentes na empresa.[1]

Seguindo a experiência belga, vários países conscientizaram-se da importância da formação de gestores para o desenvolvimento econômico.

Na Suécia, criaram-se a *Stockholm School of Economics* e o *Centro de Aperfeiçoamento de Ystaholm*; na Noruega, o *Norwegian Council for Management*; na Grã-Bretanha, criaram-se duas *business schools* inspiradas no modelo norte-americano, e na França, a *Fondation Nationale pour Enseignement de la Gestion des Entreprises*, todas as instituições fomentadoras do ensino e da pesquisa em Administração, preocupadas com material pedagógico, convênios, produção científica e edição de revistas periódicas.

Apesar de o Brasil ter implantado o primeiro curso de Administração em 1952, época em que os EUA já tinham mais de 50 mil bacharéis, conforme visto anteriormente, o Brasil é, curiosamente, um dos primeiros países, além dos EUA, a escolarizar a Administração, criando relativamente cedo escolas, cursos, departamentos e faculdades,[3] se comparado a outros países.

O estabelecimento de programas de Administração se dá após a Segunda Guerra Mundial, quando o mundo vivia momentos de otimismo com relação ao futuro. Os problemas da humanidade seriam resolvidos pelo desenvolvimento econômico e era premente a necessidade de modernizar tanto o aparato administrativo público como o mundo empresarial privado.

O ensino de Administração no Brasil

No Brasil, a criação de cursos de Administração remete diretamente a duas importantes instituições: a Fundação Getulio Vargas (FGV) e a Universidade de São Paulo (USP).

Essas duas instituições foram criadas em momentos distintos (a primeira na década de 1950 e a segunda na década de 1960), mas trouxeram consigo as mesmas motivações e objetivos, ou seja, formar pessoal especializado, uma vez que suas criações apresentam uma estreita vinculação com as transformações na economia brasileira ocorrida a partir da década de 1930.

A passagem da sociedade agrária para um modelo urbano-industrial, por volta da década de 1940, gera, entre outros aspectos, a necessidade de o sistema de ensino formar pessoal especializado para acompanhar as mudanças econômicas.

A necessidade de implantação dos cursos de Administração apresentou-se como uma faceta do desenvolvimento do espírito modernizante por que passava o Brasil à época.[4]

Essa demanda por pessoal qualificado para racionalizar o funcionamento das empresas estatais e privadas se intensifica a partir da década de 1950 com a implantação de grandes unidades produtivas nacionais e estrangeiras, e, posteriormente, com a expansão do Estado brasileiro, transformando-se em importante agente econômico.

Em 1945, Gustavo Capanema, então ministro da Educação e Saúde, propõe a criação de dois novos cursos universitários: o de Ciências Econômicas e o de Ciências Contábeis e Atuariais. A criação desses dois cursos preencheria uma lacuna na organização escolar, centrada, segundo o ministro, na formação de engenheiros, médicos e advogados.

O Departamento de Administração do Serviço Público (DASP) foi fundado em 1938 e tinha por função estabelecer um padrão de eficiência no serviço público federal e também democratizar o ingresso na administração pública, através de concursos de admissão. Foi dentro do próprio DASP que se disseminou a ideia de que a eficiência administrativa estaria relacionada ao pessoal qualificado. Desde então, esse órgão passou a concentrar-se também na formação de quadros para a administração pública. A argumentação do presidente do DASP, de que a nova organização do país exigia ensino sistemático dos problemas de administração, sensibilizou o então presidente Getúlio Vargas, que autorizou o DASP a promover a abertura de uma entidade que se dedicasse ao estudo e divulgação dos princípios e métodos da organização racional do trabalho, visando à preparação de pessoal qualificado para a administração pública e privada. Surge assim a Fundação Getulio Vargas (FGV), envolvendo figuras expressivas do poder político e do poder econômico.[5]

A Fundação Getulio Vargas foi articulada por indivíduos que ocupavam posições estratégicas no governo federal e por empresários e recebeu apoio financeiro da Organização das Nações Unidas (ONU) e da *United Nations Educational, Scientific and Cultural Organization* – Organização das Nações Unidas para a Educação, Ciência e Cultura (UNESCO) e, a partir desse apoio, firmou convênio, possibilitando a manutenção de professores estrangeiros na escola e bolsas de estudos para o aperfeiçoamento no exterior de futuros docentes da FGV.[5]

Na ocasião do surgimento da FGV, havia um forte fascínio, por parte de seus organizadores, pelo ensino universitário norte-americano. Em 1948, um representante da FGV visitou 25 universidades norte-americanas que mantinham cursos de Administração Pública.[5]

Nesse contexto é que surge, em 1952, a Escola Brasileira de Administração Pública (EBAP), situada na então Capital Federal, o Rio de Janeiro, onde funcionava boa parte da burocracia estatal e, em 1954, a Escola de Administração de Empresas de São Paulo (EAESP), em São Paulo.

A EBAP foi assessorada por um grupo de professores da Universidade do Sul da Califórnia, através de financiamento pela Agência para o Desenvolvimento Internacional do Governo dos Estados Unidos (USAID). Esses professores americanos, além de exercerem atividades de docência, elaboraram currículos, divulgaram métodos de ensino, escolheram material bibliográfico e selecionaram o pessoal docente para receber formação acadêmica nos Estados Unidos. Através desse convênio foram enviados 45 docentes àquele país, recrutados entre o pessoal da EBAP, da Universidade Federal do Rio Grande do Sul e da Universidade Federal da Bahia.

O currículo da EBAP incluía formação básica em Ciências Sociais (Sociologia, Ciência Política, Psicologia, Economia, Direito Público) e algumas matérias instrumentais (como Contabilidade, Matemática e Estatística) seguida de disciplinas funcionais de Administração. Posteriormente, a EBAP desenvolveu programas de pós-graduação e acabou por incorporar o ensino de Administração de Empresas, passando a ser denominada de Escola Brasileira de Administração Pública e de Empresas (EBAPE).[3]

Após a instalação da EBAP no Rio de Janeiro, a FGV iniciou um processo de criação de outra escola, destinada à formação de administradores de empresas. A cidade de São Paulo, por ser a capital econômica do país, apresentava-se como o local mais indicado para sediar a nova escola.

Tal como a EBAP, a EAESP firmou acordo de cooperação com os Estados Unidos, desta vez com a Universidade Estadual de Michigan, cuja missão perdurou por um período de nove anos.

Se a EBAP surgiu basicamente com a finalidade de formar administradores para negócios públicos, os documentos que visavam à criação da EAESP evidenciavam que ela assumia como principal objetivo a vinculação com o mundo empresarial, produzindo para empresas nacionais os especialistas em técnicas modernas de administração empresarial (p. 84).[5]

A EAESP começou com um programa de educação e passou, em seguida, a oferecer cursos de graduação, cuja primeira turma se graduou no início da década de 1960. Esta primeira turma, que viveu o espírito de cinco anos de desenvolvimentismo do governo Juscelino Kubitschek, impôs-se profissionalmente e começou a divulgação das novas técnicas de administração.[4]

Foi firmado um pacto, que estabelecia que ninguém aceitaria trabalhar por menos de 21 contos, considerando-se que um engenheiro ganhava à época entre 18 e 21 contos e o salário-mínimo de então era de 6 contos. A valorização do profissional de Administração nessa época, antes de imposições pessoais ou de pequenos grupos, advinha de imposições estruturais, como consequência do processo de desenvolvimento econômico e político que se tornou complexo exigindo esse tipo de profissional.[4]

O currículo da EAESP serviu de modelo para os cursos de Administração no país. O curso tinha quatro anos de duração, os dois primeiros eram dedicados a disciplinas propedêuticas e instrumentais, e os dois restantes a disciplinas funcionais de administração de negócios. Mas o interessante é que as disciplinas consideradas propedêuticas fossem predominantemente as Ciências Sociais.[3]

Por detrás da EAESP, existiam várias personalidades expressivas do empresariado nacional. A EAESP iria satisfazer uma necessidade real e reconhecida do empresariado que era suprir a falta de pessoal dirigente para atender ao crescimento do país.

A criação da EAESP se realizaria dentro das exigências da ideologia desenvolvimentista que, por sua vez, incorporou os traços básicos da nova ideologia burguesa, da ideologia neocapitalista.[4]

A EAESP se constituiria em um aparelho ideológico de Estado (AIE), que juntamente com outros realiza a reprodução das relações de produção. Os aparelhos ideológicos de Estado asseguram efetivamente as relações de produção, sob o escudo dos aparelhos repressivos de Estado. A escola, dentre os vários AIE, destaca-se no modo produção capitalista.[4]

Os dois primeiros anos do curso da EAESP-FGV forneciam o referencial para pautar a atuação futura do Administrador, com base em sociologia, ciência política, psicologia, direito constitucional, de contratos, tributário e trabalhista e economia; nos dois anos finais estudava finanças, marketing, contabilidade gerencial, administração de pessoal, vendas, produção etc.[3]

A Universidade de São Paulo (USP) foi fundada em 1934, mas somente em 1946 se criou a Faculdade de Economia e Administração (FEA-USP), após a institucionalização do ensino de Economia e Ciências Contábeis. Nessa ocasião, evocou-se que os mais altos interesses econômicos do Estado de São Paulo não mais poderiam ficar nas mãos de homens sem estudo especializado nas ciências econômicas. A criação da USP foi articulada por políticos, intelectuais e jornalistas vinculados ao jornal *O Estado de S. Paulo*, visando propiciar a formação das classes dirigentes do país e fornecer a institucionalização do ensino de Economia e Ciências Contábeis em nível universitário na sociedade brasileira.[5]

Inicialmente não existia o curso de Administração, mas os primeiros currículos de Economia e Contabilidade incluíam um conjunto de disciplinas que tratavam de questões administrativas. Na década de 1960, criou-se o Departamento de Administração e em 1963 abriu-se, definitivamente, o curso de Administração de Empresas na USP. Ao contrário da FGV (EBAP e EAESP), a FEA-USP compôs seu quadro com professores da própria USP, principalmente dos cursos de Filosofia, Direito e Engenharia. Desde a sua fundação, a FEA-USP tem mantido relações com a Federação das Indústrias, com a Associação Comercial e com a iniciativa privada.

A criação do Departamento de Administração da USP, hoje conhecida como Faculdade de Economia, Administração e Contabilidade (FEA), deve muito a dois professores que tinham raízes na Escola Politécnica da mesma universidade: Ruy Aguiar da Silva Leme e Sérgio Batista Zacarelli. O projeto não era muito diverso do projeto da EAESP, pois Ruy Leme estudou cuidadosamente o desenvolvimento da área em instituições norte-americanas. Essa duas escolas paulistas (EAESP e USP), portanto, acabaram por abeberar-se na mesma fonte norte-americana.[3]

As primeiras escolas de Administração no Brasil surgiram com incentivo de grupos dominantes nos campos político e econômico.[5]

Além disso, os grandes eixos para a formação de administradores nessas escolas pioneiras foram o embasamento nas Ciências Sociais e a ênfase na Administração como profissão modernizadora. Buscava-se, nas Ciências Sociais, uma nova maneira de entender o país e suas peculiaridades, e de indicar caminhos para sair do subdesenvolvimento. Outro aspecto a ser ressaltado é que essa formação evitaria que o curso de Administração se tornasse pura instrumentalidade, ou apenas um conjunto de técnicas vinculadas às diversas áreas funcionais, sem a devida consciência da importância da atividade e da profissão de administrador para o país.[3]

Embora pouco divulgada, a Escola Superior de Administração de Negócios (ESAN) reivindica para si o pioneirismo no ensino de Administração no Brasil.[ii] O curso durava dois anos, seguido de um terceiro de especialização. Podiam frequentá-lo alunos com ou sem curso secundário. O curso foi reconhecido em 1961 e, em 1965, foi implantada mais uma unidade da ESAN em São Bernardo do Campo (SP), em função do alto índice de industrialização na região que engloba as cidades de Santo André, São Bernardo do Campo e São Caetano (ABC).

A partir da década de 1960 observa-se um crescimento vertiginoso do ensino de Administração no Brasil. De dois cursos na década de 1950, passou-se para 31 na década de 1960, saltando para 247 cursos na década de 1970, 305 na década de 1980 e 823 na década de 1990.[2]

Entre as décadas de 1960 e 1990, os cursos de Administração proliferaram, tornando-se populares e de qualidade duvidosa, cursos que exigiam baixo investimento, que podiam funcionar no período noturno e amealhavam grande parte de estudantes-trabalhadores. Além disso, a falta de políticas de avaliação do ensino superior possibilitou a permanência nesses 30 anos de instituições e cursos com professores desqualificados, infraestrutura deficitária e ausência de um projeto de curso com coerência e organicidade.[iii]

Segundo o Censo da Educação Superior de 2008,[iv] publicado pelo INEP/MEC, cujos dados são referentes a 2006, havia 2.836 cursos de Administração, oferecidos por instituições de ensino superior, públicas e privadas, sendo que os cursos privados detinham 90,2% da oferta. Do total de 22.101 cursos de graduação no Brasil, 2.836 (12,8%) são de Administração, dos quais 279 (9,8%) são oferecidos por instituições públicas e 2.557 (90,2%) pelas instituições privadas (Tabelas 1 e 2).

Os dados atuais, da Sinopse da Educação Superior de 2013, atualizados em 7 de maio de 2015,[v] indicam que existem 30.791 cursos de graduação presenciais oferecidos por instituições de ensino superior, públicas e privadas, sendo que os cursos privados detêm 66,40% da oferta. Do total de 30.791 cursos de graduação no Brasil, 4.111 (13,35%) são de Administração, dos quais 538 (13,09%) são oferecidos por instituições públicas e 3.573 (86,91%) pelas instituições privadas (Tabelas 1 e 2).

[ii] A edição especial da revista *Aconteceu* (por ocasião do cinquentenário do ensino de Administração no Brasil, edição especial, setembro/1991) veiculou matéria em que demonstra que em 1941 um padre jesuíta, Roberto Sabóia de Medeiros, fundou a primeira escola de Administração no Brasil, baseado nos moldes da *Graduate School of Business*, da Universidade Harvard.

[iii] A tese de minha autoria, defendida em 2008, intitulada *Cursos de administração e políticas de avaliação do ensino superior no Estado de São Paulo* (1995-2006), trata dessa questão.

[iv] Disponíveis no endereço eletrônico <http://portal.inep.gov.br/web/censo-da-educacao-superior>.

[v] Disponíveis no endereço eletrônico <http://portal.inep.gov.br/superior-censosuperior-sinopse>; ícone 3.2.

Tabela 1 Totais de cursos superiores de graduação, na modalidade presencial, segundo a categoria administrativa

Ano	Total	Público	%	Privado	%
1995	6.252	2.782	44,4	3.470	55,6
2000	10.585	4.021	37,9	6.564	62,1
2006	22.101	6.549	29,6	15.552	70,4
2013	30.791	10.344	33,60	20.447	66,40

Fonte: Adaptada e organizada pelo próprio autor de acordo com os dados do Censo da Educação Superior (2008); Sinopse da Educação Superior (2013).

Tabela 2 Totais de cursos superiores de graduação, na modalidade presencial, nas áreas de Gerenciamento e Administração, segundo a categoria administrativa

Ano	Total	Público	%	Privado	%
2000	989	156	15,7	833	84,3
2006	2.836	279	9,8	2.557	90,2
2013	4.111	538	13,09	3.573	86,91

Fonte: Adaptada e organizada pelo próprio autor de acordo com os dados do Censo da Educação Superior (2008); Sinopse da Educação Superior (2013).

Ao contrário das primeiras escolas de Administração, que nasceram próximo aos campos do poder político e econômico, as novas instituições surgiram equidistantes às solicitações e às expectativas de grupos que ocupam posições dominantes naqueles campos. O surgimento delas partiu de empresários da educação, como consequência da abertura do ensino superior privado à iniciativa privada, realizada após 1964, visando atender a demanda de acesso ao ensino superior.[5]

Nesse sentido é bom ressaltar que, se de um lado as instituições pioneiras na formação de administradores produziram uma elite de administradores para atuação na esfera pública e privada, por outro lado os egressos dos cursos de administração, frutos da expansão do ensino superior privado na década de 1960, forneceram administradores para os níveis intermediários ou médios das organizações, melhor dizendo, pessoal para atuar na rotina administrativa, na implementação de decisões da alta administração.

Nenhuma área de ensino assumiu tamanha dimensão em nosso país como a de Administração em suas diversas opções de empresas pública e privada, que por sua vez acabam se desdobrando em especificidades funcionais e de setores, como marketing, finanças, hospitais, turismo, pequenas e médias empresas, e assim interminavelmente. "Está entre as que registram os maiores números de matrículas na graduação, e isso sem considerar a expansão da pós-graduação em mestrado e doutorado e da especialização, incluindo cursos *lato sensu* e, ainda, o imenso campo da educação executiva" (p. 1).[3]

Entretanto, a massificação de cursos de Administração não é típica de sistemas educacionais nem se coaduna com a natureza da profissão de administrador. O número de administradores é sempre relativamente reduzido, pela própria natureza do trabalho administrativo e pela estrutura das organizações que empregam administradores. Em nenhuma sociedade será possível empregar massas de administradores como as que se graduam em nossos programas de graduação em todo o país.[3]

A massificação dos cursos de administração ocorreu devido ao pouco investimento em ativo fixo. Só recentemente laboratórios de informática passaram a ser vistos como necessários e, além disso, podem ser oferecidos em meio período, o que permite sua expansão por meio de cursos noturnos.[3]

> "O encanto ou a atratividade da profissão para muitos jovens não só de classe alta e média alta, mas de classe média e média baixa, assegurou por muitos anos uma demanda não apenas constante, mas crescente. A maioria das vagas é oferecida pelas Instituições de Ensino Superior (IES) privadas com objetivos empresariais, em que os serviços educacionais são tratados primordialmente como negócios (p. 21)."[3]

Os cursos de Administração concentram o maior número de alunos no ensino superior brasileiro. As Tabelas 3 e 4 indicam que em 2006 havia 768.693 matrículas, o que corresponde a 16,43% do total de matrículas.

Os dados atuais, da Sinopse da Educação Superior de 2013, atualizados em 7 de maio de 2015,[vi] indicam que existem 6.152.405 matrículas nos cursos de graduação presenciais oferecidos por instituições de ensino superior, públicas e privadas, sendo que os cursos privados detêm 4.374.431 (71,10%). Do total de 6.152.405 matrículas, 921.395 (14,97%) são nas áreas de Gerenciamento e Administração, sendo que 803.940 (87,25%) delas estão nas instituições privadas (Tabelas 3 e 4).

[vi] Disponíveis no endereço eletrônico <http://portal.inep.gov.br/superior-censosuperior-sinopse>, ícone 5.2.

Tabela 3 Totais de matrículas em cursos de graduação, na modalidade presencial, segundo categoria administrativa

Ano	Total	Público	%	Privado	%
1980	1.377.286	492.232	35,7	885.054	64,3
1985	1.367.609	556.680	40,7	810.929	59,3
1990	1.540.080	578.625	37,5	961.455	62,5
1995	1.759.703	700.540	39,8	1.059.163	60,2
2000	2.694.245	887.026	32,9	1.807.219	67,1
2006	4.676.646	1.209.304	25,8	3.467.342	74,2
2013	6.152.405	1.777.974	28,90	4.374.431	71,10

Fonte: Adaptada e organizada pelo próprio autor de acordo com os dados do Censo da Educação Superior (2008); Sinopse da Educação Superior (2013).

Tabela 4 Totais de matrículas em cursos de graduação, na modalidade presencial, nas áreas de Gerenciamento e Administração, segundo categoria administrativa

Ano	Total	Público	%	Privado	%
1995	84.765	nd	nd	nd	nd
2000	338.789	51.398	15,1	287.391	84,9
2006	768.693	70.464	9,1	698.229	90,9
2013	921.395	117.455	12,75	803.940	87,25

Fonte: Adaptada e organizada pelo próprio autor de acordo com os dados do Censo da Educação Superior (2008); Sinopse da Educação Superior (2013).

Os quatro ciclos dos cursos de Administração

O curso de Administração no Brasil passou por quatro ciclos.[2] O primeiro ciclo refere-se ao surgimento do curso, situação já delineada anteriormente. Vale ressaltar que na década de 1960, em 9 de setembro de 1965, a profissão de administrador foi regulamentada e, um ano após a regulamentação, o Conselho Federal de Administração fixou o primeiro currículo mínimo, institucionalizando a profissão e a formação de técnicos em Administração. O currículo mínimo de 1966 agrupou matérias de cultura geral, materiais instrumentais e matérias de formação profissional. Cada escola determinaria a carga horária de cada disciplina de acordo com seus objetivos.

O segundo ciclo se deu com a Resolução nº 02/1993, que determinou novo currículo mínimo, dividindo as disciplinas em três categorias (formação básica e instrumental, formação profissional e disciplinas eletivas e complementares, além do estágio supervisionado). O currículo mínimo de 1993 fixou a carga horária mínima do curso em 3.000 horas, e a integralização do curso no mínimo em 4 anos e no máximo de 7 anos. Determinou uma porcentagem de carga horária para cada categoria de disciplina, conforme abaixo:

a) formação básica e instrumental: 720 h/a, ou seja, 24% do curso;

b) formação profissional: 1.020 h/a, ou seja, 34% do curso;

c) disciplinas eletivas e complementares: 960 h/a, ou seja, 32% do curso;

d) estágio supervisionado: 300 h/a, ou seja, 10% do curso.

Além disso, a Resolução 02/1993 possibilitou a criação de habilitações específicas, mediante a intensificação de estudos correspondentes às matérias nela fixadas. A partir daí, surgiram no Brasil cursos de Administração com habilitações distintas como hospitalar, hoteleira, marketing, recursos humanos, pública, de empresas, geral, esportiva etc., embora o grau conferido a todos fosse de Bacharel em Administração, sendo apostilada no anverso do diploma a habilitação escolhida.

O terceiro ciclo corresponde à criação do Exame Nacional de Cursos (ENC), em 1995, e sua implementação a partir de 1996. O ENC visava:

> "Complementar as avaliações mais abrangentes das instituições e cursos de nível superior que analisam os fatores determinantes da qualidade e a eficiência das atividades de ensino, pesquisa e extensão, obtendo dados informativos, que reflitam, da maneira possível, a realidade concreta do ensino (p. 18)."[2]

O quarto e último ciclo corresponde ao lançamento das diretrizes curriculares.[vii] As diretrizes acabam com o conceito de currículo mínimo, definindo, ao invés de categorias de disciplinas ou matérias, com carga horária preestabelecida, campos de estudos indicando áreas de conhecimento (conteúdos básicos, estudos humanos, comunicativos, simbólicos, artísticos, de investigação científica; estudos administrativos, gerenciais, organizacionais, estratégicos; estudos econômicos, financeiros, de mercado, de relações internacionais e estudos quantitativos) e deixam a determinação de carga horária a critério da institui-

---

[vii] As Diretrizes Curriculares Nacionais do Curso de Graduação em Administração foram instituídas pela Resolução CNE/CES nº 1, de 2 de fevereiro de 2004, alterada pela Resolução nº 4, de 13 de julho de 2005.

ção, respeitando-se a carga horária mínima total do curso. A orientação é que os cursos de Administração abandonem as características de meros instrumentos de transmissão de conhecimentos para se tornar formadores de competências, preparando os egressos para enfrentar os desafios das rápidas transformações sociais. Além dos estágios, criam a categoria de atividades complementares, ou seja, atividades extraclasse, que podem ser desenvolvidas na própria instituição ou externamente. Apoiam a flexibilidade curricular e a adaptação, melhor dizendo, a adequação às condições do ambiente em que os mesmos se inserem.

As grandes mudanças surgidas no mundo a partir da década de 1990, que podem ser resumidas na mundialização dos mercados, sua crescente integração, a deslocalização da produção, a multiplicidade e multiplicação de produtos e serviços, a tendência à conglomeração de empresas, alianças estratégicas, cooperação interindustrial, além de uma releitura com relação ao papel dos cursos de Administração, requerem um administrador polivalente, que deve ser um generalista e não um especialista. Esse administrador generalista/polivalente, que deveria ser um cidadão do mundo, pode ser desenvolvido e consolidado através da capacitação, incorporação e transferência de conhecimentos, trabalho em equipe, auto-organização e participação. O novo administrador deve aprender não só como fazer, mas por que fazer, conhecer as técnicas, suas origens e seus princípios científicos e éticos.[1]

O perfil da maioria dos cursos de Administração instalados no Brasil também não chega a ser fiel ao projeto inicial que aqui se apresentou sobre a profissão de administrador. A qualidade de grande parte desses cursos se distanciou do desejável, como foi atestado pelos provões a que se submeteram. Os provões formalizaram uma estratificação do ensino, dos cursos e das IES brasileiras e "os cursos de Administração", infelizmente, não se constituem no que há de melhor na educação universitária em nosso país (p. 22).[3]

A partir de 2004, o Exame Nacional de Cursos (ENC), conhecido por Provão, foi substituído pelo Exame Nacional de Desempenho de Estudantes (ENADE), dentro de uma política maior, o Sistema Nacional de Avaliação do Ensino Superior (SINAES).[viii]

Os cursos privados, geralmente ministrados em instituição isolada, detêm 79% da oferta, ficando o restante com o sistema público. Percebe-se uma concentração do ensino de Administração nas regiões Sudeste e Sul, detendo aproximadamente 81,5% de todo o ensino de Administração no país.

[viii] A esse respeito, vide Capítulo 9 desta obra.

O resultado da massificação é que os bacharéis que se formam no nosso país têm pouco a ver com o que em outros países se entende por uma carreira de administrador.[3]

A grande maioria jamais ocupará um cargo de gestor, mesmo que de primeira linha ou de supervisão simplesmente, porque lhe falta tanto o capital intelectual como o social para adentrar e ter uma carreira plena de gestor (p. 23).[3]

A massificação do ensino de Administração acabou por desvirtuar a formação desse grupo profissional, tornando-se um curso de educação geral, um bacharelismo pejorativo em uma nova versão e uma nova roupagem. As escolas que despontam nas primeiras posições no processo de estratificação das avaliações continuam formando os quadros administrativos do nível estratégico. A carreira de Engenharia desponta como importante fonte de gestores, pois os cursos de Engenharia ainda não se massificaram[ix] e os seus formandos acumularam um capital social e intelectual de que os bacharéis em Administração carecem.[3]

Contudo, há que se considerar que os engenheiros não têm formação para gestores, pois cursam somente algumas disciplinas afins. Prova disso é que quando precisam ocupar uma função gestora buscam por cursos de pós-graduação em Administração, principalmente os *Master of Business Administration* (MBA).

Considerações finais

É inegável a importância do curso de graduação em Administração no Brasil, seja pela sua representatividade, seja pela sua função de formação de profissionais para as organizações em geral, tanto as da iniciativa privada quanto públicas e, ainda, do terceiro setor. Também não podemos deixar de ressaltar que a sua massificação e instrumentalização na formação têm afastado cada vez mais os administradores daquela ideia de formação generalista e polivalente.

De cursos pioneiros que primavam pelo embasamento nas Ciências Sociais à ênfase na Administração como profissão modernizadora, hoje, apesar de uma legislação nacional que orienta a formação de administradores – as diretrizes curriculares –, grande parte dos cursos se fundamenta em técnicas, deixando em se-

---

[ix] Apesar de os cursos de Engenharia não terem se massificado, se comparados ao Curso de Administração, os dados da Sinopse da Educação Superior de 2013, atualizados em 7 de maio de 2015, disponíveis no endereço eletrônico <http://portal.inep.gov.br/superior-censosuperior-sinopse>, ícone 1.12, indicam que há na área geral denominada Engenharia, Produção e Construção, considerando-se os cursos presenciais e à distância: 830 instituições de educação superior que oferecem cursos nessa área, 4.052 cursos, 519.661 vagas, 2.195.976 candidatos inscritos, 402.978 ingressantes, 1.017.328 matrículas e 80.850 concluintes.

gundo plano ou mesmo negando uma formação conceitual, que permite a leitura do mundo, da sociedade e das organizações em cenários cada vez mais complexos.

Há, de fato, uma hierarquização dos cursos de Administração no Brasil, que vai muito além da questão do ensino público e privado. Há boas escolas públicas, predominantemente, mas há também instituições de ensino privadas que proporcionam uma ótima formação. As instituições mais renomadas garantem as melhores posições no mundo do trabalho, enquanto a grande massa de egressos ocupa a gestão intermediária das organizações, quando não ocupa cargos operacionais que prescindem da formação de administrador. Retomando, o número de administradores é sempre relativamente reduzido, pela própria natureza do trabalho administrativo e pela estrutura das organizações que empregam administradores. Em nenhuma sociedade será possível empregar massas de administradores como as que se graduam em nossos programas de graduação em todo o país.[3]

Por outro lado, com o pouco investimento na sua implantação e manutenção, os cursos de Administração tornaram-se uma mercadoria valiosa, acessível a boa parte da classe média, trabalhadora e batalhadora, que almeja mobilidade social e profissional.

Referências

[1] ANDRADE, Rui Otávio Bernardes de. História e perspectivas dos cursos de administração do Brasil. In: *Anais do II Seminário sobre qualidade e avaliação dos cursos de administração.* Vitória (ES), ago. 1997.

[2] _____; AMBONI, Nério. *Projeto pedagógico para cursos de administração.* São Paulo: Makron Books, 2002.

[3] BERTERO, Carlos Osmar. *Ensino e pesquisa em administração.* São Paulo: Thomson Learning, 2006.

[4] COVRE, Maria de Lourdes Manzini. *A formação e a ideologia do administrador de empresa.* São Paulo: Cortez, 1991.

[5] MARTINS, Carlos Benedito. Surgimento e expansão dos cursos de administração no Brasil. *Educação & Sociedade,* nº 34, dez. 1989.

Estruturas e Componentes Curriculares

7

Paulo Antonio da Graça Lima Zuccolotto

Camila Brasil Gonçalves Campos

Um dos maiores desafios para um coordenador de curso é compatibilizar a identidade filosófica do curso que dirige com a realidade dos recursos com os quais pode contar para atingir esse objetivo. Não é diferente de qualquer organização, uma vez que essa é uma dificuldade presente no cotidiano dos administradores. Entretanto, como a atividade está fortemente fundamentada nas pessoas, é sempre uma dificuldade adequar os princípios de gestão no cotidiano de uma instituição de ensino. Deve ser lembrado que uma escola não mede seu desempenho exclusivamente pelo seu lucro ou benefícios sociais ou pelo desempenho de seus alunos nos sistemas de avaliação, mas por uma série de indicadores que a posicionam entre aquilo que pode ser chamado de ideal. Quando se procura discutir a qualidade do ensino, diversas questões são levantadas, e muitas vezes em extremidades que parecem ser incompatíveis.

Qualidade do ensino, portanto, é:

> **Uma formação integral** – um valor substantivo da vivência escolar trazendo o aluno para uma ênfase de habilidades sociais, convivência e cidadania?

Ou

> **Um nível superior de aprendizagem** – adquirindo competências, habilidades e conhecimentos indispensáveis para se destacar entre os melhores?

Não é possível discutir educação sem terminarmos por enfrentar *mitos*, preconceitos e ideologias que acabam definindo a ação da escola. É necessário considerar ainda que as últimas gerações de universitários em nossos cursos apresentam diferenças comportamentais em relação às gerações anteriores cujo modelo *beneditino* de ensino era a única possibilidade. A geração que se tem é muito mais irrequieta, dispõe de muito mais informação e recursos de tecnologia em relação à do final do século XX. Isso faz com que a escola também tenha que se adaptar na forma de Ensinar e Aprender de seus alunos.

Desenvolver capacitações pessoais, habilidades para transformar o conhecimento em algo que possa induzir um legado positivo à sociedade, formar valores comuns, autonomia, responsabilidade, a tolerância como alicerce da sociedade democrática, são alguns dos desafios que estão presentes nos cursos (superiores) e universidades e que exigem enfrentamento articulado na forma de condução dos conteúdos ministrados e na formação que se pretende realizar.

Uma estrutura curricular, portanto, deve ser articulada de maneira que se possam alcançar os objetivos de desempenho dos conhecimentos e habilidades preconizadas pelas diretrizes curriculares do curso, atendendo a formação profissional, os de formação para a vida, cidadania etc., e capacitação que permita traduzir os conhecimentos e habilidades em atitudes e ações que determinem a qualificação integral do profissional que se quer formar. É muito importante não se preocupar exclusivamente com aquilo que se ensina, mas com o que se aprende em cada uma das disciplinas, componentes curriculares e na vivência e convivência em um ambiente escolar.

O arranjo do curso e a matriz curricular

As diretrizes curriculares dos cursos de Administração são instituídas pela Resolução CNE/CES nº 04/2005, de 13 de julho de 2005, que traz uma intenção implícita da flexibilidade e da construção coletiva, na elaboração do projeto pedagógico do curso. Passa a focalizar, portanto, a formação baseada em competências, reconhecendo o esgotamento do modelo de ensino focalizado no como fazer, exclusivamente, dando lugar à ação gerencial entendendo-a a partir do ambiente, recursos, saberes etc. que são vividos em contextos diferentes, particulares e específicos. Assim, as organizações devem ser administradas como únicas e não obedecendo a uma regra geral que cabe em qualquer tipo de situação. A formação deverá obedecer a uma série de habilidades conceituais, humanas e técnicas para que o egresso do curso além do *conhecimento* tenha *ação* e *atitude* em relação aos problemas, ao trabalho em grupo e à visão da dinâmica organizacional a partir da necessidade da inovação e da criatividade.

Nessa direção da formação do administrador, a Resolução não fala mais em currículo mínimo, que se distingue exatamente daquilo que será chamado por áreas temáticas, consideradas a partir do destaque sobre os conteúdos curriculares chamados de campos e conteúdos:

Campo 1 – Conteúdos de Formação Básica;
Campo 2 – Conteúdos de Formação Profissional;
Campo 3 – Conteúdos de Estudos Quantitativos e suas tecnologias; e
Campo 4 – Conteúdos de Formação Complementar.

Tradicionalmente, o que se vê são esses conteúdos distribuídos de uma forma organizada em disciplinas que procuram dar conta dos saberes e daí em diante uma sequência cujo resultado será o do egresso que "deva saber" as questões de conteúdos que lhe foram propostas. Nesse sentido, parece razoável pensar que nesse tipo de arranjo o que se consegue aferir é o quanto o aluno conhece sobre o tema estudado e poucas vezes se consegue aferir aquilo que se deseja quanto às demais competências preconizadas pela legislação. Com isso, fica a cargo das demais componentes curriculares a integralização das competências que não se consegue desenvolver em nível da disciplina, ou seja, completar o curso na busca da consolidação do perfil do egresso manifestado pela Resolução nº 4/2005.

A grande contribuição da Resolução que orienta a elaboração dos projetos pedagógicos dos cursos de Administração está exatamente na possibilidade de realizá-lo a partir da compreensão da realidade local, do diagnóstico estratégico, da historicidade da instituição e das possibilidades de implantar ou executar um Projeto Pedagógico que seja capaz de atingir os seus objetivos.

Inspirada na compreensão sobre o diagnóstico estratégico, a opção para elaboração de uma matriz e um arranjo curricular pode ser apresentada de algumas formas, como pode ser visto a seguir.

Na Universidade Federal do ABC, por exemplo, as disciplinas são oferecidas em regime trimestral. Nesse caso, compõem um elenco que, se concluído, confere certificações intermediárias na área de tecnologia e engenharias.

A experiência do currículo em Aprendizagem Baseada em Problemas – ABP (PBL – *Problem-Based Learning*) da Faculdade de Administração da PUC – Campinas traz um modelo com temas de conteúdo, ou seja, o semestre é ministrado em núcleos temáticos, divididos em sequências de seis semanas, e intervalos que se constituem em módulos. Ex.: Núcleo de Teoria Geral da Administração. Módulo TGA I, Módulo TGA II, Módulo TGA III. Núcleo de Economia. Módulo de Economia A, Economia B e Economia Brasileira e Setorial. Nesse caso, o encadeamento da lógica de formação do administrador está em formar um profissional capaz de compreender a organização como um todo e, ao final do curso, as disciplinas vão consolidando o currículo.

O habitual, entretanto, e o mais fácil de gerenciar, é o modelo tradicional. Disciplinas, distribuídas ao longo dos semestres ou anos, obedecendo a alguns critérios como pré e/ou correquisitos.

Não é possível afirmar categoricamente que este ou aquele modelo seja o melhor. É preciso pensar o curso a partir de seus objetivos e o público (alunado) alvo. Isso pode definir-se por uma ou outra proposta pedagógica.

No modelo tradicional de Matriz Curricular, em um curso ministrado em um período (matutino/noturno) obedecendo às três mil horas e quatro anos para a sua integralização, em média são ministradas cinco a seis disciplinas por semestre considerando que cada uma delas compõe duas a quatro horas de aula por semana. O modelo visto na UFABC parece adequado aos cursos de período integral, uma vez que exige atenção redobrada de estudos do aluno, já que o modelo de aprendizado é ativo e o aluno, nesse caso, é o protagonista de seu saber. Isso quer dizer em muitos casos uma readaptação na forma de estudar do aluno e de ensinar do professor. É uma mudança de paradigma por vezes incompreendida pelos envolvidos no processo.

No modelo modular da Faculdade de Administração da PUC – Campinas, praticamente todo o estudo do aluno está centrado nas dependências da Universidade. Além da sala de aula, os laboratórios de informática, bibliotecas e EVGs (Escritórios de Vivências Gerenciais) compõem recursos imprescindíveis no dia a dia do curso. Professores e alunos ocupam o *campus* numa ideia de utilização máxima do tempo dedicado ao curso.

A importância do estágio para a formação do administrador

A palavra *estágio*, segundo o *Dicionário Michaelis*, significa período, fase, etapa. Significa também tempo de prática ou tirocínio para o exercício de certa profissão e incorpora o termo *trabalho de estágio* definindo como: "exercícios escritos periódicos que se pedem a estudantes de escolas superiores".[10]

Como o estágio pode fazer parte de duas formas do currículo do curso, é bastante oportuno esse esclarecimento. A primeira forma seria como atividade, exercício que pode ter o nome também de Trabalho de Curso (TC) ou Prática Profissional, ou ainda outros nomes semelhantes definidos pela instituição. É importante, então, que fique claro aos estudantes que se trata de uma etapa para a integralização do curso, que pode ser oferecida na forma de disciplina e faz parte dos componentes obrigatórios. Esses trabalhos, em geral, seguem as normas de trabalhos científicos.

A segunda maneira seria na forma de trabalho remunerado em uma organização com o aval da instituição (segundo Lei de Estágio nº 11.788, de 25 de setembro de 2008). A referida lei diz que esse tipo de estágio pode ser obrigatório ou não, sendo que estágio obrigatório é aquele definido como tal no projeto do curso, cuja carga horária é requisito para aprovação e obtenção de diploma e estágio não obrigatório é aquele desenvolvido como atividade opcional, acrescida à carga horária regular e obrigatória. Nesse caso, o estudante pode optar por realizar o estágio ou não e isso não tem impacto para a integralização do curso.

As diretrizes curriculares de 2005 para o curso de Administração colocam o Estágio como opcional no currículo do curso, assim como o TC. Os dois componentes podem ser realizados de maneira complementar, ou seja, as atividades de estágio seriam registradas para formarem o TC, mas, caso sejam atividades obrigatórias às cargas horárias, devem ser definidas separadamente para que não sejam contadas individualmente na integralização do curso.

Independentemente de sua associação ou não com o TC, o Estágio Supervisionado é um componente direcionado à consolidação dos desempenhos profissionais desejados inerentes ao perfil do egresso. Cada instituição deve elaborar e aprovar seu próprio regulamento de Estágio. Conforme as diretrizes dos cursos de Administração nº 4, de 13 de julho de 2005, artigo 7, parágrafo 3:

> "Optando a instituição por incluir no currículo do Curso de Graduação em Administração o Estágio Supervisionado de que trata este artigo, deverá emitir regulamentação própria, aprovada pelo seu Conselho Superior Acadêmico, contendo, obrigatoriamente, critérios, procedimentos e mecanismos de avaliação, observado o disposto no parágrafo precedente."

Os responsáveis pelo Estágio devem orientar as atividades realizadas pelos estudantes de acordo com os resultados teórico-práticos gradualmente revelados pelos alunos, resguardando, como padrão de qualidade, os domínios indispensáveis ao exercício da profissão.

Segundo Andrade e Amboni,[2] o estágio deve consolidar, no mínimo, os seguintes objetivos: 1. Oportunizar aos estudantes o desenvolvimento de suas habilidades, analisar situações e propor mudanças no ambiente organizacional e societário. 2. Conscientização das deficiências individuais e incentivo à busca do aprimoramento pessoal e profissional. 3. Atenuar o impacto da passagem da vida de estudante para a vida profissional. 4. Facilitar o processo de atualização de conteúdos disciplinares. 5. Incentivar o desenvolvimento das potencialidades individuais. 6. Promover a integração do Curso – Empresa – Comunidade. 7. Atuar como instrumento de iniciação científica a pesquisa e ensino.

Acredita-se que esse seja um componente importante para os cursos que estão, de fato, preocupados com sua qualidade e pertinência social. Conforme mencionado no início deste capítulo, cada instituição deve verificar suas possibilidades e recursos para que os objetivos desse componente sejam plenamente cumpridos. A instituição deve prover as condições necessárias para que os estudantes tenham clareza e possibilidade de realizar o estágio da melhor forma possível. É por meio do estágio que o estudante inicia sua atuação profissional, tendo que lidar com as situações reais de uma organização. Sendo assim, é fundamental que ele seja realizado de maneira próxima ao real. Estando ainda vinculado à instituição de ensino, tem a oportunidade de receber *feedback* sobre sua atuação, podendo ainda revisar sua prática. É um componente importante para inserção profissional qualificada.

Dessa forma, tal valorização precisa ser assegurada por meio de uma estrutura que seja capaz de produzir evidências objetivas do acompanhamento dedicado da instituição e de seus parceiros, demonstrando um relacionamento superior com as instituições e organizações do entorno, no sentido de produzir programas de estágios onde claramente o objetivo de todos seja alcançado.

Um programa de estágio supervisionado bem estruturado consegue assegurar tais objetivos. Exemplo para ilustrar vem das próprias instituições que compõem seus programas de Estágio Supervisionado em ao menos três etapas e, em cada uma delas, o aluno apresenta três produtos (relatórios) distintos.

Na primeira etapa (Primeiro Relatório/Produto), o aluno sintetiza uma apresentação geral da organização em que está estagiando. A síntese desta etapa circunscreve-se a levantar e identificar o histórico da organização, suas principais atividades, linha de produtos e/ou serviços, estrutura organizacional e a descrição das atividades desenvolvidas pelo acadêmico (estagiário) no dia a dia do período de estágio.

Na segunda etapa (Segundo Relatório/Produto), a organização deve ser estudada e analisada a partir de seus aspectos teórico-conceituais. Nessa etapa, as análises devem ser adensadas de forma que o aluno consiga identificar os aspectos comportamentais, da cultura vigente e identidade organizacional. As questões relativas a liderança e poder, os modelos de decisão e o processo decisório, os determinantes da estratégia de atuação da organização devem ser diagnosticados.

Na terceira etapa (Terceiro Relatório/Produto), aí sim, a problematização por meio de um projeto que irá elaborar uma oportunidade de melhoria com diagnóstico à sugestão de um Plano de Ação ou atuação da organização.

Nesse contexto, portanto, o centro da atenção não é exclusivamente a tarefa, mas o "todo organizacional" que deve ser considerado para a resolução do problema. Com isso, espera-se que o aluno considere a abrangência e complexidade das empresas e o impacto das decisões. A visão holística, a contingencial e o enfoque sistêmico devem ser valorizados nessa etapa.

De tal forma, concluídas as três etapas, o aluno pode elaborar um projeto de TC – Trabalho de Curso, como preconizado na Diretriz Curricular, e, a partir dos estudos dos métodos científicos, elaborar seu trabalho final do curso.

Atividades complementares de formação: um administrador para o novo milênio

Conforme as diretrizes curriculares já citadas, a formação do estudante deve ser bastante ampla, o que permite grande flexibilidade para a elaboração do projeto pedagógico. Isso tem como objetivo permitir que a instituição, de acordo com as particularidades do ambiente em que está inserida e os recursos disponíveis, estabeleça qual será a melhor formação que pode oferecer. Os componentes indicados são opcionais, mas podem contribuir muito para um ensino de qualidade superior.

As atividades complementares aparecem nesse contexto de flexibilização curricular. Sempre levando em consideração a qualidade do curso, as instituições podem incluir no projeto pedagógico uma carga horária reservada para essas atividades. Pela abrangência e diversidade de ações possíveis, tais atividades podem constituir-se em um valioso meio complementar de formação do egresso.

A definição das atividades complementares conforme o parecer CNE/CES 583/2001 é:

> "As Atividades Complementares são componentes curriculares que possibilitam o reconhecimento, por avaliação, de habilidades, conhecimentos e competências do aluno, inclusive adquiridas fora do ambiente escolar, incluindo a prática de estudos e atividades independentes, transversais, opcionais, de interdisciplinaridade, especialmente nas relações com o mundo do trabalho e com as ações de extensão junto à comunidade."

As atividades complementares se constituem componentes curriculares enriquecedores e implementadores do próprio perfil do egresso, sem que se confundam com estágio curricular supervisionado.

É importante destacar novamente que os componentes curriculares Estágio Supervisionado, Atividades Complementares de Formação e TC – Trabalho de Curso – não se confundem. Cada qual deve apresentar carga horária específica e a realização de um não pode implicar em convalidação de outro. Toda a carga horária de cada um dos componentes deve ser cumprida para que se possa integralizar o curso.

A instituição pode promover atividades que obedeçam ao critério de serem complementares na formação e principalmente ligadas ao mundo do trabalho desde que não se choquem com a carga horária regular de disciplinas.

Os alunos também podem optar por realizar essas atividades fora da instituição e posteriormente apresentar os comprovantes de participação para que sejam computadas as atividades. São exemplos de atividades complementares: trabalho voluntário, monitoria, iniciação científica, estágio não obrigatório, viagens de estudo, palestras, seminários, fóruns, disciplinas oferecidas em outros cursos, intercâmbios, entre outras.

Mesmo sendo desenvolvidas em paralelo ao curso, elas devem possibilitar o reconhecimento de habilidades e competência do aluno. Elas devem estimular a prática de estudos independentes, transversais, opcionais, de interdisciplinaridade, de permanente contextualização profissional específica, sobretudo nas relações com o mundo do trabalho, estabelecidas ao longo do curso e integradas às particularidades regionais e culturais.

O reconhecimento, entretanto, de uma atividade como complementar à formação do aluno/egresso deve, sobretudo, não perder de vista, em momento algum, o perfil do profissional desejado pela instituição. O perfil daquele que levará pela vida a sua marca, sua chancela, seu símbolo.

Para valorizar os aspectos de natureza cultural, social ou técnica, é necessário considerar o que de mais importante a instituição de ensino superior e o projeto pedagógico do curso preconizam. Deve ser entendido, portanto, que, como o nome já diz, a complementaridade das atividades na formação auxilia sobremaneira a lapidação do profissional. Reconhecer maior valor daqueles aspectos que irão contribuir para a efetivação do perfil do egresso é reforçar a marca institucional do projeto pedagógico. Por exemplo: as questões de natureza técnica na formação profissional normalmente estão e são ministradas no âmbito das disciplinas do curso. Entretanto, diversos são os cursos ministrados por instituições que tratam vários temas com aprofundamento e atualização. Se a instituição e o projeto pedagógico julgam importantes esses cursos para a formação tácita do aluno, computa-se e se incentiva a participação em eventos, cursos e seminários de natureza técnica. Por outro lado, se a instituição entende que a formação humanista e cultural deve receber maior atenção, uma vez que as disciplinas do curso não conseguem cobrir com efetividade tais atividades, essas formações têm de ser valorizadas na contabilização das cargas horárias a serem cumpridas. A promoção de atividades culturais e artísticas, de voluntariado, pode ser liderada pela instituição ou ainda estimulada para a iniciativa dos alunos. Dentro dos objetivos ainda dos projetos pedagógicos é possível valorizar as atividades em grupo do tipo: desafios (Sebrae), competições esportivas internas e externas, gincanas e concursos etc. Nas atividades de representação: representação discente (classe/turma), coordenação de eventos internos ou externos, coordenação de grupos de estudos, diretório acadêmico etc. Enfim, atividades que certamente reforçam a formação desejada e podem contribuir decisivamente para a fixação do perfil do egresso.

As atividades complementares, então, constituem-se num importante elemento de reconhecimento da configuração dinâmica da sociedade, considerando-se o mundo atual. Os conhecimentos, habilidades e atitudes ultrapassam o ambiente de sala de aula e, assim, contribuem decisivamente para a formação atualizada e crítica dos alunos.

TC – Reflexões sobre o papel do administrador e sua atuação nas organizações

O Trabalho de Curso (TC), conforme já citado neste capítulo, é também um componente curricular opcional ao curso de Administração.

Se a instituição decidir por sua utilização, deve ser elaborado um regulamento próprio que contemple detalhes suficientes para dirimir os principais pontos (diretrizes técnicas relacionadas com sua elaboração). Além de conter obrigatoriamente critérios, procedimentos e mecanismos de avaliação, deve também ser amplamente divulgado.

As principais modalidades de TC são: Monografia, Projeto de Iniciação Científica e Projetos teórico-práticos (em determinada área ou não). Conforme já mencionado, o Estágio Supervisionado pode também ter como produto o TC. Novamente é importante não confundir os componentes que têm objetivos e finalidades próprias. Também devem ter cargas horárias distintas. Como ambos são opcionais, pode a instituição utilizar um ou outro ou um e outro. Recomenda-se que pelo menos um dos componentes seja adotado, já que ambos têm como característica comum a aproximação com a prática profissional.

O TC se caracteriza por instrumento qualificado para que o aluno consiga relacionar os conteúdos apreendidos durante o curso. Desenvolve capacidade de redação e síntese, caracterizando-se como componente que enriquece muito o curso.

Por meio da elaboração do TC, o aluno pode refletir sobre o papel do administrador na organização, considerando suas decisões de forma coerente com o todo e o entorno. Pode entender melhor peculiaridades da profissão e refletir de forma crítica sobre elas.

Trabalhando em determinado contexto, pode assimilar melhor as disciplinas e estabelecer a inter-relação entre elas executando, na prática, a interdisciplinaridade.

No entanto, é necessário considerar algumas questões que hoje impactam diretamente na qualidade do trabalho.

O TC deve ter por objetivo demonstrar as competências e habilidades da formação acadêmica do graduando em administração e se evidenciar por meio de uma síntese de seu aprendizado. Pode ser definido como uma atividade que permite ao aluno refletir e articular um conhecimento assim preparando-o para, eventualmente, avançar continuadamente os seus estudos.

Dentre as várias modalidades em que pode vir a ser apresentado (Monografia, Estudo de Caso, Projetos etc.), as que merecem atenção especial são aquelas que em alguma medida possam vir a ter como objeto de pesquisa populações vulneráveis ou seres humanos em geral. Mais presentes nas áreas da saúde e das ciências humanas, podem vir a ser tema, sobretudo em trabalhos de IC – Iniciação Científica. Embora a IC tenha como um de seus objetivos mais relevantes o de dotar o aluno de instrumentos para a construção de sua autonomia intelectual, é absolutamente necessário que seja monitorado por professores com qualificação acadêmica, capazes de identificar as questões de natureza legal que permeiam os trabalhos de pesquisa.

A instituição precisa, portanto, estar atenta às questões de pesquisa que envolvam populações vulneráveis e seres humanos em geral. Em algum momento pode ser cobrada institucionalmente pelo rigor científico e para isso deve estar preparada com seu comitê de ética em pesquisa (CEP) devidamente composto e condicionado a sua atuação.

Como um momento oportuno para alertar e sensibilizar os alunos da graduação para as questões de natureza ética implícitas nas pesquisas, o TC não pode deixar de considerar a compreensão sobre os vários métodos e técnicas e a complexidade da ciência.

Referências

[1] ABRUC. *XII Encontro Nacional do ForExt*. Começa em Passo Fundo diálogo em torno da Extensão. In: <http://www.abruc.org.br/003/00301009.asp?ttCD_CHAVE=9922>. Acesso em: 16 nov. 2011.

[2] ANDRADE, Rui Otávio Bernardes; AMBONI, Nério. *Diretrizes curriculares para o curso de graduação em administração*: como entendê-las e aplicá-las na elaboração e revisão do projeto pedagógico. Brasília – Conselho Federal de Administração, 2003.

[3] BIANCHI, Anna Cecília de Moraes; ALVARENGA, Marina; BIANCHI, Roberto. *Manual de orientação*: estágio supervisionado. São Paulo: Pioneira Thomson, 2003.

[4] BRASIL. Ministério da Educação. Conselho Nacional de Educação. Câmara de Educação Superior. Parecer nº 492, de 2001. *Diário Oficial da União*, Brasília, DF, 9 jul. 2001, Seção 1, p. 50.

[5] _____. Ministério da Educação. Conselho Nacional de Educação. Câmara de Educação Superior. Resolução CNE/CES 583/2001. Aprovado em 4 abr. 2001. *Diário Oficial da União*, Brasília, DF, 29 out. 2001.

[6] _____. Ministério da Educação. Conselho Nacional de Educação. Câmara de Educação Superior. Parecer nº 67, de 2003. *Diário Oficial da União*, Brasília, DF, 2 jun. 2003.

[7] _____. Ministério da Educação. Conselho Nacional de Educação. Câmara de Educação Superior. Resolução nº 10, de 2004. *Diário Oficial da União*, Brasília, DF, 28 dez. 2004, Seção 1, p. 15.

[8] _____. Ministério da Educação. Conselho Nacional de Educação. Câmara de Educação Superior. Resolução nº 2, de 2007. *Diário Oficial da União*, Brasília, DF, 19 jun. 2007, Seção 1, p. 6.

[9] DEMO, Pedro. *Metodologia para quem quer aprender*. São Paulo: Atlas, 2008.

[10] DICIONÁRIO moderno da Língua Portuguesa Michaelis. São Paulo: Melhoramentos, 1998.

[11] FORGRAD. Concepções e implementação da flexibilização curricular. In: XVI ENCONTRO NACIONAL DE PRÓ-REITORES DE GRADUAÇÃO DAS UNIVERSIDADES BRASILEIRAS. Campo Grande/MS, maio 2003. *Anais...*

[12] _____. Carta de Uberlândia. In: XXVIII ENCONTRO DE PRÓ-REITORES DE GRADUAÇÃO DA REGIÃO SUDESTE. Uberlândia/MG, abr. 2011. *Anais...*

[13] PINHEIRO, Duda; GULLO, José. *Trabalho de conclusão de curso*: guia prático para a elaboração para projetos de... São Paulo: Atlas, 2009.

[14] PUC Campinas. *Projeto pedagógico do curso de administração*. Faculdade de Administração – Centro de Economia e Administração – CEA, 2007.

[15] ROESCH, Sylvia Maria Azevedo. *Projetos de estágio e de pesquisa em administração*. São Paulo: Atlas, 1999.

[16] SANTOS, Boaventura de Sousa. *A universidade no século XXI*: para uma reforma democrática e emancipatória da Universidade. Brasília: Ministério da Educação, abr. 2004.

Trabalho de Conclusão do Curso de Administração no Âmbito do Projeto Político--Pedagógico: uma Opção Viável de Incentivo à Pesquisa Científica

8

Maria Aparecida Bovério

Introdução

Este capítulo tem o objetivo de contribuir com reflexões acerca da elaboração do Trabalho de Conclusão de Curso (TCC) de Administração, implementado no âmbito do Projeto Político-Pedagógico (PPP) a partir do que estabelece a Resolução nº 4, de 13 de julho de 2005, que institui as Diretrizes Curriculares Nacionais (DCNs)[4] para o Curso de Administração, Bacharelado e, também, a partir da experiência vivida durante quase 16 anos em uma instituição de ensino superior, situada no interior do Estado de São Paulo, Faculdade de Monte Alto (FAN).

O Trabalho de Conclusão de Curso é uma preocupação constante dos alunos e docentes e tem sido tema de debates e pesquisas em diversas áreas. Entende-se que o TCC deve expressar uma das áreas de interesse do aluno e, por ser o trabalho final que o aluno realiza, encontra-se implícito e explícito o conhecimento adquirido durante o curso e, em especial, o conhecimento oriundo da pesquisa sobre o tema.

Para definir a importância da elaboração de um Trabalho de Conclusão de Curso é necessário compreender o aprendizado que o aluno obteve durante o percurso acadêmico de seu curso.

Cada Curso de Administração tem suas próprias peculiaridades, porém todos devem seguir as Diretrizes Curriculares Nacionais (DCNs) do Ministério da Educação (MEC). Estas estabelecem que as Instituições de Ensino Superior (IES), em sua organização curricular, devem expressar, através do seu Projeto Político-Pedagógico (PPP), o perfil do formando, as competências e habilidades, os componentes curriculares, o estágio curricular supervisionado, as atividades complementares, o sistema de avaliação, o projeto de iniciação científica ou o projeto de atividade, como Trabalho de Curso, **componente opcional da instituição,**[i] além do regime acadêmico de oferta e outros aspectos que tornem consistente o Projeto Pedagógico.[4] Pode-se, então, denominar de percurso acadêmico todos estes elementos, anteriormente identificados, que compõem o Curso de Administração.

As DCNs, como o próprio nome diz, são diretrizes que devem ser adaptadas e adequadas para cada cidade e região em que se encontra o Curso de Administração, uma vez que não há uma estrutura curricular[ii] fixa ou currículo pleno fixo nem deveria existir, pois cada IES tem autonomia de elaborar seu currículo, de acordo com a região em que está inserida, com seu entorno e as necessidades de seus alunos, desde que contemple o que é estabelecido pelas Diretrizes Curriculares Nacionais.

Neste contexto, para refletir a respeito da importância do Trabalho de Conclusão de Curso, é primordial tecer breves contribuições do que se compreende ser um Projeto Político-Pedagógico (PPP)[iii] e sua relação com o Curso de Administração e, consequentemente, com o Trabalho de Conclusão de curso.

Projeto Político-Pedagógico (PPP) do Curso de Administração

Os termos *Projeto Político-Pedagógico*, *Projeto Pedagógico* ou *Proposta Pedagógica* são usados para designar os mesmos sentidos de dar direção a uma ideia,

---

[i] O Trabalho de Conclusão de Curso é um componente opcional, ou seja, não é obrigatório. A inclusão ou não do TCC em um curso de Bacharelado em Administração depende da inserção no PPP. Contudo, esse capítulo discutirá a importância de sua existência e, portanto, de ser uma opção viável.

[ii] Termo adotado pela autora em substituição à grade curricular, pois nos remete a uma ideia de prisão, de algo fechado, o que se contrapõe à ideia de autonomia das IES, para elaboração de um currículo que seja adequado ao perfil egresso de seus alunos e ao contexto da comunidade acadêmica, ao contexto local e regional, vinculados ao contexto nacional e internacional.

[iii] O termo *Projeto Político-Pedagógico* pode ser encontrado, também, como Projeto Pedagógico ou Proposta Pedagógica.

de projetar, de orientar, de lançar, ou seja, são documentos elaborados com o propósito de planejar um processo pedagógico que corrobore as reflexões e ações do presente e orientem projetos que ocorrerão durante o percurso acadêmico futuro, seja durante um ano ou todo o período de um curso. O termo *político* justifica-se pelo fato de que não existe nenhuma ação pedagógica que não tenha em seu bojo uma ação política, sendo que, independentemente da nomenclatura adotada, o fundamental é que seja voltado para uma ação transformadora.

Assim, o PPP é um documento que traz a síntese dos princípios, das diretrizes e das prioridades estabelecidas pela equipe escolar,[iv] que nas IES são compostas pela Direção, Coordenação de Curso, Órgãos Colegiados, Departamento de Curso, Conselhos de Curso, Conselho Superior, Conselho de Ensino, Pesquisa e Extensão, Comissão Própria de Avaliação e Núcleo Docente Estruturante, a partir dos objetivos educacionais e da definição dos resultados a serem atingidos, sempre voltados para a melhoria da aprendizagem dos alunos e do desempenho da IES.

As políticas públicas, que são os núcleos organizadores do trabalho escolar, ao discutirem o trabalho escolar, que envolve a proposta curricular e a gestão escolar na perspectiva de definir a unidade e a identidade das escolas, devem encorajar os educadores a buscar fundamentos na ética, na justiça social, na crítica política, redefinindo o seu papel enquanto intelectuais eticamente comprometidos com a qualidade de ensino e da aprendizagem.[1]

A IES, através de seu PPP, deve ter como meta formar o aluno para que se torne um cidadão crítico, responsável, criativo, ético e participativo, de forma que seja um sujeito histórico capaz de reinventar a autonomia do ser humano na construção da democracia e da justiça social. Nesse contexto, os atores educacionais, ao construir o PPP, também devem fazê-lo por meio de uma gestão democrática, o que implica ver a IES interna e externamente, ou seja, analisá-la enquanto espaço educacional e verificar qual espaço ela ocupa ou pode ocupar no entorno social em que está inserida. Isso inclui as necessidades locais e regionais (não se esquecendo de contextualizá-las em âmbito nacional), as responsabilidades, os anseios e as expectativas da comunidade acadêmica, podendo formar parcerias para atender tais necessidades.

Para realizar e atender a esses anseios e necessidades, devem ser conhecidos a equipe e os recursos da comunidade acadêmica, a fim de poder efetivamente trabalhar para que os objetivos e as diretrizes pedagógicas, políticas, técnicas, científicas e sociais possam ir além do projeto e ser realizadas.

[iv] O termo *equipe escolar* abrange todos os membros que compõem a IES e que estejam envolvidos diretamente com o PPP do curso. Geralmente, esses membros e suas respectivas funções estão definidos no regimento, no regulamento ou nos estatutos das IES ou dos cursos.

Porém, apenas conhecer as necessidades da comunidade acadêmica interna e externa à IES, e seus recursos disponíveis, não significa, em momento algum, a aceitação e o conformismo, de maneira a justificar possíveis condições precárias de desenvolvimento. Significa poder traçar uma diretriz que seja capaz de angariar meios para transformar o que se considera impossível em realidade, através da elaboração e do desenvolvimento prático das ações propostas no âmbito do projeto.

Por isso, em primeiro lugar, deve-se refletir sobre alguns aspectos, tais como: I – o que a comunidade acadêmica envolvida espera do seu aluno e da IES, ou seja, quais competências técnicas e que tipo de espírito crítico ou responsabilidade este deve possuir; II – compreender o que se espera quando se fala em desenvolvimento da capacidade de resolução de problemas ou soluções criativas, ou, ainda, o que significa o aluno ter senso de cooperação e capacidade de operar criticamente a realidade.

Portanto, é preciso ter em mente o real significado dessas palavras para alcançar tais objetivos. O PPP, quando deseja contemplar as reais necessidades de seus alunos e da comunidade acadêmica, requer sua elaboração a partir das informações obtidas junto à comunidade acadêmica interna e externa, ou seja, por todos os que trabalham e convivem no ambiente escolar: alunos, professores, direção, pais, todos os funcionários e pessoas externas à IES, que com ela têm um vínculo, consideradas representantes da comunidade acadêmica.

Seus objetivos e metas devem ser elaborados a partir das necessidades, limitações, expectativas e potencialidades da comunidade acadêmica, dos alunos, da equipe escolar, levando-se em conta os recursos pedagógicos e materiais existentes na IES e os que serão necessários, mas que a IES ainda não possui.

O PPP deve conter algumas informações básicas, como por exemplo: a) as competências e habilidades que os alunos precisam desenvolver; b) os conceitos integradores e os conceitos significativos; c) as informações e conhecimentos anteriores que os alunos e os professores possuem; d) os materiais e procedimentos a serem utilizados; e) a organização do espaço e as relações na sala de aula; f) as relações interpessoais; g) a organização do tempo e os projetos a serem desenvolvidos.

Nos cursos de graduação, os itens essenciais ao PPP são: I – contexto educacional; II – políticas institucionais no âmbito do curso; III – objetivos do curso; IV – perfil profissional do egresso; V – estrutura curricular (considerar como critério de análise também a pesquisa e a extensão, caso estejam contempladas no Projeto Pedagógico do Curso (PPC); VI – conteúdos curriculares; VII – metodologias (de ensino, pesquisa e extensão); VIII – estágio curricular supervisionado; IX – atividades complementares; X – Trabalho de Conclusão de Curso; XI – apoio ao discente: a) apoio na elaboração de trabalhos acadêmicos, b) bolsas de estudo e descontos, c) participação em eventos internos e externos, d) mecanismos de nivelamento dos discentes; XII – ações decorrentes dos processos de avaliação do curso; XIII – tecnologias de informação e comunicação (TICs) utilizadas no processo ensino-aprendizagem; XIV – procedimentos de avaliação dos processos de ensino-aprendizagem; XV – número de vagas; XVI – integração com as redes públicas e particulares de ensino; XVII – atuação do Núcleo Docente Estruturante (NDE); XVIII – informações sobre a coordenadoria do curso: a) atuação do(a) coordenador(a), b) titulação, c) tempo de dedicação ao curso, d) experiência acadêmica e profissional; XIX – informações sobre o corpo docente: a) titulação, b) regime de trabalho, c) experiência acadêmica e profissional, d) a relação entre o número de docentes e o número de estudantes; XX – funcionamento do Colegiado de Curso ou equivalente; XXI – produção científica, cultural, artística ou tecnológica dos docentes e discentes; XXII – infraestrutura: a) gabinetes de trabalho para professores em Tempo Integral, b) espaço de trabalho para coordenação do curso e serviços acadêmicos, c) sala de professores, d) salas de aula, e) acesso dos alunos a equipamentos de informática, f) bibliografia básica e complementar, g) laboratórios didáticos especializados, h) empresa júnior (quantidade, qualidade e serviços prestados); XXIII –outros itens específicos da IES e do curso, pertinentes ao PPP.[6]

Por isso, a construção do PPP da IES não é de responsabilidade apenas da direção, coordenação ou da equipe técnica e pedagógica. Todos os membros internos da IES, e os membros da comunidade acadêmica, são responsáveis, cada um em diferentes instâncias.

Deve-se pensar, ao elaborar o PPP, em quais são as expectativas para o futuro, planejar o impacto das decisões tomadas no presente. Assim, o PPP se torna um instrumento teórico-metodológico que visa enfrentar os desafios do cotidiano da IES, de uma forma refletida, consciente, sistematizada, orgânica, científica e, principalmente, participativa, no bojo de uma visão interdisciplinar e contextualizada, com valores e conteúdos de diferentes áreas do saber que são ligadas ao Curso de Administração.

Os membros envolvidos na dinâmica e construção do PPP devem assumir seu papel no tempo e no espaço, ir além da troca de teorias, buscar uma teoria que, na prática, possa contribuir para o sucesso da IES e principalmente para o aprendizado dos alunos, e reconstrua sua história, atue no presente e se preocupe com o futuro e mude de paradigmas e crie atitudes transformadoras.

O PPP significa uma conquista para as IES e, por isso, é uma importante ferramenta teórico-metodológica de transformação da realidade educacional, que quando bem elaborado na teoria poderá, na prática, organizar e expressar o desejado e o vivido, ter consciência de qual distância se encontra entre ambas, a fim de diminuí-la.

> "O projeto pedagógico é a concretização do processo de planejamento. Consolida-se num documento que detalha objetivos, diretrizes e ações do processo educativo a ser desenvolvido na escola, expressando a síntese das exigências sociais e legais do sistema de ensino e os propósitos e expectativas da comunidade escolar [...] O projeto, portanto, orienta a prática de produzir uma realidade: conhece-se a realidade presente e sobre ela traçam-se as coordenadas para a construção de uma nova realidade, propondo-se as formas mais adequadas de atender necessidades sociais e individuais dos alunos (p. 125)."[7]
> "O Projeto Político-Pedagógico (PPP) é proposto com o objetivo de descentralizar e democratizar a tomada de decisões pedagógicas, jurídicas e organizacionais na escola, buscando maior participação dos agentes escolares. Previsto pela LDB/96[3] como proposta pedagógica (arts. 12 e 13) ou como projeto pedagógico (art. 14, inciso I), o PPP pode significar uma forma de toda a equipe escolar tornar-se corresponsável pelo sucesso do aluno e por sua inserção da cidadania crítica (p. 178-179)."[8]

Por isso, o PPP deve estar em permanente avaliação, em todas as suas etapas e durante o processo, com a finalidade de garantir o caráter dinâmico da vida escolar em todas as suas dimensões. É necessário, ainda, que o PPP contemple um trabalho integrado interdisciplinar, multidisciplinar e transdisciplinar.

Partindo-se destas breves contribuições do que se entende por PPP, o art. 2º, § 1º, das DCNs para o Curso de Administração estabelece que o PPP, além da clara concepção do Curso de graduação em Administração, com suas peculiaridades, seu currículo pleno e sua operacionalização, deve abranger, sem prejuízo de outros, os seguintes elementos estruturais: I – objetivos gerais do curso, contextualizados em relação às suas inserções institucional, política, geográfica e social; II –condições objetivas de oferta e a vocação do curso; III – cargas horárias das atividades didáticas e da integralização do curso; IV – formas de realização da interdisciplinaridade; V – modos de integração entre teoria e prática; VI –formas de avaliação do ensino e da aprendizagem; VII – modos de integração entre graduação e pós-graduação, quando houver; VIII – incentivo à pesquisa, como necessário prolongamento da atividade de ensino e como instrumento para a iniciação científica; IX – concepção e composição das atividades de estágio curricular supervisionado, suas diferentes formas e condições de realização, observado o respectivo regulamento; X – concepção e composição das atividades complementares; e XI – inclusão opcional de trabalho de curso sob as modalidades monografia, projeto de iniciação científica ou projetos de atividades, centrados em área teórico-prática ou de formação profissional, na forma como estabelecer o regulamento próprio.[4]

O Trabalho de Conclusão do Curso de Administração como elemento opcional

A partir do que se propõe o PPP do Curso de Administração e dos elementos estruturais que o compõem, deve-se pensar no que se espera de um TCC, uma vez que nas DCNs do Curso de Administração ele é inserido como "opcional", conforme descrito no art. 2º, § 1º, item XI dos elementos estruturais.

O fato de ser o TCC um elemento opcional poderia criar uma ideia simplista de que seria este dispensável, se a decisão fosse analisada separadamente, ou, ainda, se a decisão se pautasse somente em economizar com o custo das orientações, banca examinadora e outros encargos educacionais que se remetem ao TCC. Porém, retomando a abordagem anterior do significado de um PPP e do que se espera de um Curso de Administração, a equipe acadêmica deverá pensar no TCC como uma oportunidade de o aluno entender o que é interdisciplinaridade, multidisciplinaridade e transdisciplinaridade entre as áreas abordadas pela Administração, a relação existente entre a teoria e a prática, atrelar o conhecimento adquirido no estágio curricular supervisionado e, inclusive, que o TCC é um incentivo à pesquisa, um prolongamento da atividade de ensino e um instrumento para a iniciação científica.

O art. 2º, § 2º, das DCNs do Curso de Administração estabelece, com base no princípio de educação continuada, que as IES poderão incluir no PPP do curso o oferecimento de cursos de pós-graduação *lato sensu*, nas respectivas modalidades, de acordo com as efetivas demandas do desempenho profissional.[4] Nesse contexto, o TCC é uma excelente oportunidade de integração entre graduação e pós-graduação, uma vez que o aluno adquire conhecimentos de pesquisa científica, o que pressupõe uma base sólida para prosseguir os estudos.

Levando-se em consideração que o art. 2º, § 3º, das DCNs do Curso de Administração estabelece que as Linhas de Formação Específicas nas diversas áreas da Administração não constituem uma extensão ao nome do curso, como também não se caracterizam como uma habilitação, devendo as mesmas constar apenas no PPP,[4] estas podem, também, ser motivos de pesquisa no âmbito do TCC, oportunizando ao aluno conhecer e se aprofundar na linha de formação específica de seu interesse.

No art. 3º das DCNs encontra-se, ainda, disposto que o Curso de Graduação em Administração deve ensejar, como perfil desejado do formando, capacitação e aptidão para compreender as questões científicas, técnicas, sociais e econômicas da produção e de seu gerenciamento, observados níveis graduais do processo de tomada de decisão, bem como para desenvolver gerenciamento qualitativo e adequado, revelando a assimilação de novas informações e apresentando flexibilidade intelectual e adaptabilidade contextualizada no trato de situações diversas, presentes ou emergentes, nos vários segmentos do campo de atuação do administrador.

O art. 4º das DCNs explicita que o Curso de Graduação em Administração deve possibilitar a formação profissional que revele, pelo menos, as seguintes competências e habilidades: I – reconhecer e definir problemas, equacionar soluções, pensar estrategicamente, introduzir modificações no processo produtivo, atuar preventivamente, transferir e generalizar conhecimentos e exercer, em diferentes graus de complexidade, o processo da tomada de decisão; II – desenvolver expressão e comunicação compatíveis com o exercício profissional, inclusive nos processos de negociação e nas comunicações interpessoais ou intergrupais; III – refletir e atuar criticamente sobre a esfera da produção, compreendendo sua posição e função na estrutura produtiva sob seu controle e gerenciamento; IV – desenvolver raciocínio lógico, crítico e analítico para operar com valores e formulações matemáticas presentes nas relações formais e causais entre fenômenos produtivos, administrativos e de controle, bem assim expressando-se de modo crítico e criativo diante dos diferentes contextos organizacionais e sociais; V – ter iniciativa, criatividade, determinação, vontade política e administrativa, vontade de aprender, abertura às mudanças e consciência da qualidade e das implicações éticas do seu exercício profissional; VI – desenvolver capacidade de transferir conhecimentos da vida e da experiência cotidianas para o ambiente de trabalho e do seu campo de atuação profissional, em diferentes modelos organizacionais, revelando-se profissional adaptável; VII – desenvolver capacidade para elaborar, implementar e consolidar projetos em organizações; e VIII – desenvolver capacidade para realizar consultoria em gestão e administração, pareceres e perícias administrativas, gerenciais, organizacionais, estratégicas e operacionais.[4]

Considerando-se os arts. 3º e 4º das DCNs do Curso de Administração e considerando-se, ainda, o PPP de cada IES, pode-se afirmar que o TCC é uma forma de desenvolver nos alunos essas competências e habilidades e torná-los capacitados para compreender questões específicas da área de formação escolhida.

Ressalta-se a importância de o TCC ser planejado no âmbito do PPP do curso, o que significa que os processos de estrutura, desenvolvimento, normatização, orientação e defesa na banca examinadora devem ser realizados em consonância com o contexto educacional, os objetivos do curso, o perfil do egresso, os conteúdos curriculares, o estágio supervisionado e o suporte técnico e acadêmico a que esse aluno deverá ter acesso, através dos docentes e funcionários envolvidos com o processo educacional, o que também implica em uma infraestrutura, principalmente na biblioteca, condizente com o que se espera que o aluno produza.

O regulamento do Trabalho de Conclusão de Curso

Quando a IES, no âmbito de seu PPP, estabelece a inclusão do TCC, é preciso que este seja regulamentado e que essa regulamentação contemple critérios, procedimentos e mecanismos de desenvolvimento e avaliação, além das diretrizes técnicas relacionadas com a sua elaboração e o que mais for preciso nesse processo de ensino e aprendizagem.

Além do regulamento, é preciso pensar nas necessidades dos alunos e estas diferem de acordo com o perfil ingressante e com o perfil egresso do aluno em cada instituição, conforme definidos no PPP da IES.

Considerando-se, por exemplo, uma IES pública, em um curso diurno, com bolsas de iniciação científica, pode-se afirmar que esse aluno ingressa como um pesquisador iniciante e que este terá tempo de dedicação exclusiva à pesquisa. Se o aluno de uma mesma IES pública estudar em um curso noturno, sem bolsa de iniciação científica, e for exercer atividade remunerada, durante o dia, há que se considerar que o tempo de dedicação à pesquisa será menor do que o exemplo anterior.

Em uma IES particular, cujos alunos, em sua maioria, dependem de seus trabalhos remunerados para subsidiar os custos do curso, tem-se outro perfil de alunos, com tempo restrito e limitado de dedicação à pesquisa.

Nesse caso, pode-se pensar em um projeto direcionado ao corpo discente, que envolva apoio na elaboração de trabalhos acadêmicos, com atendimento em horários especiais e que supram as necessidades desse aluno. Há IES que denominam esse tipo de projeto como mecanismos de nivelamento dos discentes.[v] Esse projeto pode envolver desde aulas de reforço de informática a aulas de elaboração de trabalhos disciplinares e acadêmicos e normas da ABNT ou orientações e aulas complementares de estudo e pesquisa. Podem participar do projeto os docentes, a bibliotecária e demais membros envolvidos com o processo.

Porém, mesmo com diferentes perfis de alunos, não se pode perder de vista o objetivo de um TCC, que é o desenvolvimento de um trabalho que agregue teoria e prática, em que o aluno possa vivenciar oportunidades de pesquisa científica e aprimorar seus conhecimentos, de forma que o torne crítico, reflexivo e que o faça despertar por uma das áreas em que possa atuar como futuro administrador.

Ao regulamentar o TCC, deve-se atentar ao que estabelece o art. 5º das DCNs: os cursos de graduação em Administração deverão contemplar, em seus projetos pedagógicos e em sua organização curricular, conteúdos que revelem inter-relações com a realidade nacional e internacional, segundo uma perspectiva histórica e contextualizada de sua aplicabilidade no âmbito das organizações e do meio através da utilização de tecnologias inovadoras e que atendam aos seguintes campos interligados de formação: I – Conteúdos de Formação Básica: relacionados com estudos antropológicos, sociológicos, filosóficos, psicológicos, ético-profissionais, políticos, comportamentais, econômicos e contábeis, bem como os relacionados com as tecnologias da comunicação e da informação e das ciências jurídicas; II – Conteúdos de Formação Profissional: relacionados com as áreas específicas, envolvendo teorias da administração e das organizações e a administração de recursos humanos, mercado e marketing, materiais, produção e logística, financeira e orçamentária, sistemas de informações, planejamento estratégico e serviços; III – Conteúdos de Estudos Quantitativos e suas Tecnologias: abrangendo pesquisa operacional, teoria dos jogos, modelos matemáticos e estatísticos e aplicação de tecnologias que contribuam para a definição e utilização de estratégias e procedimentos inerentes à administração; e IV – Conteúdos de Formação Complementar: estudos opcionais de caráter transversal e interdisciplinar para o enriquecimento do perfil do formando.[4] Nesse sentido, as linhas de pesquisa do TCC deverão estar interligadas e abranger esses respectivos conteúdos.

Além do regulamento, cada IES pode elaborar um manual para elaboração do TCC, documento este que deve orientar os alunos quanto ao desenvolvimento do trabalho, o que envolve questões pertinentes aos diversos tipos de pesquisa, metodologias, normas da ABNT, preocupações com a questão do plágio, consulta à base de dados e outras orientações que se fizerem necessárias.

---

[v] Nomenclatura definida pelo MEC nos documentos norteadores estabelecidos para os atos de avaliação dos cursos de graduação.

Ressalta-se que para o aluno da graduação, na maioria das vezes, o TCC é o primeiro contato com o mundo da pesquisa científica e, portanto, um manual o ajuda a delimitar melhor o trabalho e orienta quanto à sua estrutura, porém o aluno não deve ficar preso às ideias fixas e deixar de desenvolver seu potencial de pesquisador. O manual o ajudará, principalmente no início, mas ele precisa saber que a pesquisa sempre deve ser feita nas fontes originais e, portanto, deve saber consultar a normas da ABNT e as fontes originais necessárias, tais como livros e artigos científicos.

Trabalho de Conclusão de Curso e sua relação com a interdisciplinaridade, multidisciplinaridade e transdisciplinaridade

O TCC deve significar o resultado de um conhecimento, agregado aos demais conhecimentos que o aluno adquiriu ao longo do curso. Para que o aluno efetivamente adquira todos os conhecimentos citados neste capítulo, através do que estabelecem as DCNs do Curso de Administração, e que foram contemplados no bojo do PPP, é preciso pensar no TCC desde o ingresso do aluno no curso e a relação que o TCC tem com as demais disciplinas e campos interligados de formação, e não somente pensar no TCC no último ano do curso.

A inter/multi/transdisciplinaridade possui literatura própria, cujos conceitos ora são semelhantes, ora se complementam e ora se divergem. Por isso, nos limitamos a estabelecer uma breve definição, a partir do olhar de Piaget,[9] sem esgotar ou discorrer essa temática. Para Piaget, as relações entre as disciplinas podem acontecer nos três níveis anteriormente descritos, sendo que a interdisciplinaridade seria o intercâmbio mútuo e a integração recíproca entre várias ciências, tendo como resultado um enriquecimento recíproco. A multidisciplinaridade ocorre quando a solução de um problema requer a obtenção de informações de uma ou mais ciências ou áreas do conhecimento, sem que as disciplinas que são convocadas sejam alteradas ou enriquecidas com esse processo. A transdisciplinaridade seria uma etapa superior à interdisciplinaridade, pois além de atingir as interações ou reciprocidades, situaria essas relações no interior de um sistema total, global das várias ciências (p. 131-144).

Assim, entende-se como interdisciplinaridade a interação existente entre duas ou mais disciplinas ou o intercâmbio mútuo e a integração recíproca entre várias ciências, sendo possível desde uma simples comunicação de ideias a respeito de um mesmo tema até a integração de mútuos conceitos, todos com o propósito de enriquecimento recíproco a respeito do tema abordado. A multidisciplinaridade é a justaposição de disciplinas diversas, que muitas vezes não aparentam ter relação, mas ocorre justamente quando a solução de um problema necessita da obtenção de informações de outras ciências, de outros conhecimentos. A transdisciplinaridade é interação global de várias ciências, cujos resultados atingem interações, são recíprocos e consideram a totalidade de um sistema para tratar de um mesmo tema.

Nesse contexto, pensar na elaboração do TCC implica pensar em um trabalho interdisciplinar, multidisciplinar e transdisciplinar, em que o aluno poderá adquirir as várias competências e habilidades. Podem-se citar alguns exemplos de tais práticas utilizadas na FAN: a) Informática: usar os sistemas aplicativos de uso específico e de uso geral para apoiar suas atividades do TCC, como digitar e configurar o texto, fazer pesquisas, cálculos, gráficos, *slides* para apresentação; b) Língua Portuguesa: ler, interpretar e redigir o texto do TCC, de modo crítico e reflexivo, bem como produzi-lo coeso e coerente a partir de conhecimentos obtidos com a pesquisa científica; Língua Estrangeira: interpretar textos de diversas áreas por meio das técnicas de Inglês Instrumental, Espanhol Instrumental etc., principalmente da área de Administração e para elaboração do *abstract* e do *resumen*; c) Métodos e Técnicas de Pesquisa: conhecer a trajetória da ciência na história da humanidade, os diferentes tipos de conhecimento, as normas da apresentação e a utilização de normas técnicas (ABNT); saber elaborar um Projeto de pesquisa, e conhecer os diferentes trabalhos científicos: tipos, características e composição estrutural; d) Estatística: analisar e interpretar gráficos estatísticos, organizar pesquisas e resumos apresentando resultados através de cálculos estatísticos, encontrar resultados e interpretá-los em busca de uma solução para o problema inicial, desenvolver o raciocínio interpretativo e lógico, entender a importância do uso da Estatística para a otimização de recursos nas organizações e saber compor corretamente as amostragens estatísticas que tenham representação científica, em casos de pesquisas que envolvam questões quantitativas; e) demais conteúdos de formação básica, profissional, os quantitativos e suas tecnologias, e os de formação complementar: conhecê-los e saber utilizá-los como alunos e futuros administradores etc.

Dessa forma, desde o primeiro período do curso ou desde o primeiro ano do curso, a formação do aluno deve ser pautada em ciência, ou seja, o aluno deve ser inserido e receber formação que o leve a adquirir, gradativamente, conhecimentos que o permitam ser crítico, reflexivo, e que ele possa aprender a citar os autores, referenciá-los e adequar seu texto às normas da ABNT. Deve, ainda, receber orientações sobre a questão do plágio.

Para que isso aconteça, os docentes deverão realizar um trabalho em equipe, de tal forma que, desde o primeiro período e nos períodos seguintes, os oriente sobre como se pesquisa, como se escreve e como se constrói, de fato, um trabalho científico, corrigindo, apontando os erros, os plágios e explicando a forma correta de escrever, citar e referenciar, fazendo com que o aluno corrija o que ficou errado e reescreva o seu texto corretamente. Nessa perspectiva, deve-se "educar" o aluno para a ciência, evitando-se, em tal caso, a "punição",[vi] pois não é essa a responsabilidade de uma instituição educacional.

A cada semestre, o nível de exigência dos trabalhos deve, gradativamente, ser aumentado até que, no período estabelecido para o desenvolvimento do TCC, o aluno já tenha um prévio conhecimento do que é ser pesquisador e do que é fazer pesquisa. Nesse momento, o aluno deverá ter um professor-orientador que o auxilie na elaboração de seu TCC e o ajude a delimitar e desenvolver seu tema e concluir seu TCC, acompanhando-o até a defesa para uma banca examinadora.

Contudo, o processo descrito exige prévio e constante planejamento didático, pedagógico, diagnóstico, avaliação e entrosamento entre os membros da equipe acadêmica, não somente em reuniões marcadas para essa finalidade, mas também no dia a dia, onde a rotina, os problemas, as dúvidas e as ideias acontecem. Os corredores, a sala dos professores, a biblioteca, a hora do cafezinho etc. são excelentes momentos para essa finalidade. A equipe deve trabalhar com o mesmo propósito, ou seja, que o aluno aprenda a construir seu conhecimento. E isso só acontece quando há, de fato, vontade de ambas as partes, corpo docente e acadêmico e do corpo discente.

Experiência do Trabalho de Conclusão de Curso em uma IES particular no interior do Estado de São Paulo

Cada IES tem um perfil diferente de alunos, seja pelo seu porte, pequeno (denominada pelo MEC como instituição isolada), centro universitário, universidade, pública ou privada, entre outros. Além do perfil dos alunos, há o fato de o curso ser diurno ou noturno, de o aluno possuir bolsa de iniciação científica ou não, de ele ser trabalhador, e as circunstâncias socioeconômicas que compõem sua vida, além das condições emocionais e as particularidades do aluno durante

---

[vi] Se há a punição do aluno antes da aprendizagem, ele é duplamente prejudicado, porque não aprendeu os métodos corretos de pesquisa científica e porque foi punido sem que tivesse aprendido. Cabe às IES ensinar e educar na perspectiva do que se espera para esse nível de ensino. Somente após a posse da aprendizagem correta deve-se cobrar do aluno o que foi ensinado e, assim, fazer cumprir com o que estabelecem os regulamentos e regimentos de cada IES.

o período de elaboração do TCC, que devem ser consideradas no período de desenvolvimento e acompanhadas pela equipe pedagógica responsável.

A experiência no desenvolvimento do TCC do Curso de Administração da Faculdade de Monte Alto, conhecida como FAN, considerou e considera os erros e acertos de aproximadamente dezesseis anos de existência. Através de diagnósticos, a FAN foi, gradativamente, melhorando esse processo e, atualmente,[vii] conseguiu construir com a equipe acadêmica um projeto para o TCC, conforme definido neste capítulo.

A primeira turma era composta por um perfil de alunos mais velhos, que já possuíam cargos em empresas locais e regionais e que eram arrimos de família, mesclada com alunos recém-egressos do Ensino Médio, que viam, com a conclusão do curso, a possibilidade de um trabalho melhor nas empresas. Nesse sentido, devem-se contextualizar os conhecimentos oriundos do Ensino Médio[2] e, a partir dessa contextualização, estabelecer uma conexão entre os conhecimentos já apreendidos nesse nível de ensino e os conhecimentos necessários ao ensino superior, de forma a considerar o entorno local e regional, sem se esquecer de abranger as instâncias centrais, nacionais e internacionais.

A estrutura curricular, na época do início do curso, era anual, e o TCC podia ser um relatório do estágio curricular supervisionado, concluído nas empresas, ou poderia ser uma monografia, por opção do aluno, desde que agregasse teoria com prática.

A partir da segunda turma, o perfil de alunos passou a ser um público mais jovem, mesclado com alguns alunos mais velhos, e o TCC se transformou em monografia, com orientação de um professor orientador individual e com defesa em banca examinadora.

Atualmente, os alunos da FAN são, em sua maioria, egressos do Ensino Médio público, trabalhadores pertencentes às classes D, C e B da economia brasileira, com idades que variam entre 17 e 50 anos, predominando os jovens, e tiveram o primeiro contato com a pesquisa científica por meio do Curso de Administração.

Com o passar dos anos e a adaptação do Curso de Administração às DCNs, foi reelaborado novo PPP; o curso deixou de ter uma estrutura anual em substituição a uma estrutura semestral. O TCC passou a ser vinculado ao Estágio Curricular Supervisionado, com aulas, atividades e atendimento definidos em horário de aula e a presença de um professor orientador coletivo em um semestre e professores orientadores individuais em mais dois semestres.

[vii] Refere-se até o início de 2014.

No início, o professor orientador coletivo orientava, em uma disciplina de 40 horas, em que o aluno deveria realizar o projeto de pesquisa que, no semestre seguinte, seria encaminhado ao orientador individual para dar sequência ao trabalho.

Houve, com o passar de alguns semestres, uma alteração, e o professor orientador coletivo passou a ter uma carga de 120 horas em que o aluno deveria elaborar seu projeto de pesquisa e, ao término da disciplina, já ter desenvolvido a base de seu referencial teórico. No semestre seguinte, já com o professor orientador individual, o aluno aprofundaria o referencial teórico e daria início à aplicação da pesquisa, de acordo com o projeto metodológico de seu TCC. No último semestre, o aluno terminaria a construção do referencial teórico, aplicaria a pesquisa de campo, tabularia os dados e concluiria o TCC, que seria apresentado a uma banca examinadora composta pelo orientador, por um docente da própria IES e por um docente convidado de outra IES.

Há, ainda, o trabalho realizado pela bibliotecária, que também é docente de Métodos e Técnicas de Pesquisa. Ela orienta os alunos quanto às citações, referências e ao uso da ABNT, além de corrigir, na versão final de todos os TCCs, essa parte normativa.

A banca examinadora, geralmente, é composta por docentes especialistas, mestres e doutores, que já vivenciaram experiências de pesquisa, em níveis muito mais abrangentes do que se vivencia na graduação. Por isso, cabe à equipe acadêmica da IES, envolvida com o processo de elaboração, desenvolvimento e defesa do TCC, contextualizar que se trata da avaliação de um trabalho em nível de graduação e que a exigência deverá corresponder ao que se espera para esse nível de ensino.

Após a avaliação da banca examinadora o aluno tem 15 dias para fazer as correções e agregar as contribuições da banca examinadora, sob a orientação de seu professor orientador, bem como entregar a versão final em capa dura, juntamente com todo material de pesquisa[viii] e cartas de autorização[ix] para realização da

---

[viii] Entende-se como material de pesquisa todo aquele que foi utilizado, como entrevistas gravadas e digitadas, questionários ou formulários respondidos, roteiros e relatos de observações, documentos de pesquisa-ação etc. Tais procedimentos metodológicos de pesquisa só são aplicados após análise do orientador e, quando necessário, também da equipe pedagógica.

[ix] Antes da aplicação da pesquisa de campo, o docente orientador e o aluno solicitam formalmente, junto das empresas, por meio de um requerimento assinado por ambas as partes, autorização para aplicação da pesquisa. Após a conclusão da pesquisa, é feito outro requerimento, também assinado por ambas as partes, solicitando autorização para divulgação do nome da empresa e, quando for o caso, também do nome das pessoas envolvidas com a pesquisa. Os nomes somente são divulgados quando há essa autorização e, do contrário, é mantido total sigilo.

pesquisa e divulgação do nome das empresas e demais participantes envolvidos. O trabalho em capa dura é corrigido novamente e verifica-se se o aluno realizou as correções e acrescentou as contribuições sugeridas pela banca examinadora.

A equipe acadêmica pode incentivar os alunos a participar de eventos científicos, como simpósios e congressos, além de inscrever os trabalhos e, se aprovados, apresentá-los nos eventos. É uma boa maneira de divulgar e disseminar o conhecimento e uma experiência inesquecível para o aluno. Ao orientador cabe a função de orientar o aluno com relação à adaptação do TCC em artigo científico. Vários alunos da FAN já tiveram artigos aprovados e publicados em importantes eventos científicos, bem como afirmam que o TCC corroborou com a sequência nos estudos de pós-graduação *lato sensu* e *stricto sensu*.

Considerações finais

As DCNs do Curso de Administração estabelecem o TCC como um elemento opcional, porém a experiência de quase 16 anos contínuos em que se procurou aprimorar o processo de desenvolvimento do TCC dos alunos do Curso de Administração, da Faculdade de Monte Alto (FAN), no âmbito do PPP permite afirmar que trabalhar com o TCC não é tarefa fácil, mas é prazerosa, pois o aluno tem a oportunidade de transformar em ciência um conhecimento que antes era tido por ele apenas por meio do senso comum. Todos os alunos, mesmo aqueles que conseguem desenvolver os trabalhos mais simples e modestos, têm a oportunidade de aprofundar a teoria e vivenciar a importância da elaboração de uma pesquisa científica. Contudo, há, também, alunos que superam o que se espera de um TCC de graduação e conseguem desenvolver trabalhos muito bons e se revelam ótimos pesquisadores.

A contribuição do TCC na vida dos alunos vai desde o conhecimento aprofundado sobre o tema escolhido, as possibilidades de consultorias, de ampliação e melhorias no negócio familiar, de possibilidades de empreendedorismo até o interesse de continuidade nos estudos de pós-graduação *lato sensu* e *stricto sensu*.

As contribuições deste capítulo, embora motivadas pela realidade particular do Curso de Administração da Faculdade de Monte Alto, poderiam ser aplicadas em outras IES de várias regiões do Brasil, desde que contextualizadas, e considerando-se o entorno de cada IES. A equipe acadêmica da FAN já implantou um projeto para o desenvolvimento do TCC dos alunos do Curso de Pedagogia, com base no mesmo referencial do projeto de TCC do Curso de Administração. Contudo, o PPP e o projeto do TCC do Curso de Pedagogia foram elaborados de acordo com a Resolução CNE/CP nº 01/2006, que instituiu as Diretrizes Curriculares Nacionais (DCNs) para o curso de graduação em Pedagogia, Licenciatura.[5]

A experiência também foi utilizada para o desenvolvimento do curso de Pós--Graduação *lato sensu*: MBA[x] em Gestão Empresarial, na mesma IES. Verificou--se que os alunos que já tinham tido experiências anteriores com TCC, tanto na FAN como em outras IES, tiveram maior facilidade em desenvolver o TCC da pós-graduação, bem como em cursar os módulos.

O compartilhamento dessa experiência é uma síntese da vivência de um processo de construção e reconstrução de um projeto de desenvolvimento do TCC, realizado por uma equipe composta por docentes orientadores, coordenadores, gestores, alunos, bibliotecária, equipe administrativa e demais docentes que participaram do processo de desenvolvimento do TCC através da inter/multi/transdisciplinaridade e da contextualização, no bojo do Projeto Político-Pedagógico do Curso de Administração.

Pode-se afirmar que o TCC é uma "opção" viável de inserção no Curso de Administração, pois possibilita ao aluno a capacidade de compreender a Administração como uma ciência e é, também, uma das formas de iniciação à pesquisa. A pesquisa científica faz com que o aluno saia do senso comum e adquira competências e habilidades que o tornam capaz de compreender as questões científicas, técnicas, sociais e econômicas das diversas áreas que envolvem a Administração. O aluno, através da pesquisa, poderá desenvolver capacidade para realizar consultoria em gestão e administração, pareceres e perícias administrativas, gerenciais, organizacionais, estratégicos e operacionais, como um profissional qualificado, conforme determinam os arts. 3º e 4º das DCNs do Curso de Administração.

Este capítulo não teve a pretensão de esgotar um tema tão complexo, mas foi uma tentativa de teorizar a experiência que toda equipe acadêmica da FAN teve, ao "optar" pela implantação do TCC no Curso de Administração, no âmbito do PPP e em consonância com as DCNs do Curso de Administração, Bacharelado, cujos resultados positivos demonstram que o TCC não caracteriza somente um custo, mas sim um investimento viável, que traz retornos positivos para os alunos e, consequentemente, para as IES.

---

[x] MBA é uma sigla inglesa para *Master in Business Administration,* que em português significa Mestre em Administração de Negócios. Porém, no Brasil, o certificado do curso é reconhecido como especialista em nível *lato sensu,* uma vez que o mestrado possui regulamentação própria em nível *stricto sensu.*

Referências

[1] BORDONI, P. R. Considerações sobre o Projeto Político-Pedagógico – PPP. *Revista on line Gestão Universitária*, Belo Horizonte. Disponível em: <http://www.gestaouniversitaria. com.br>. Acesso em: 19 maio 2004.

[2] BOVÉRIO, M. A. *Gestão do ensino médio e sua articulação com o ensino superior*: um estudo de caso nas escolas públicas de Monte Alto. 2007. 151 f. Dissertação (Mestrado em Educação Escolar) – Universidade Estadual Paulista, Faculdade de Ciências e Letras, Campus de Araraquara.

[3] BRASIL. *Lei nº 9.394/96*. Disponível em: <http://www.planalto.gov.br/ccivil_03/leis/l9394.htm>. Acesso em: 11 maio 2012.

[4] _____. Conselho Nacional de Educação. Câmara de Educação Superior. *Resolução nº 4, de 13 de julho de 2005*. Institui as Diretrizes Curriculares Nacionais do Curso de Graduação em Administração, bacharelado, e dá outras providências. Disponível em: <http://www. mec.gov.br>. Acesso em: 1º out. 2012.

[5] _____. Conselho Nacional de Educação. Conselho Pleno. *Resolução CNE/CP nº 01/2006*. Institui Diretrizes Curriculares Nacionais para o Curso de Graduação em Pedagogia, licenciatura. Disponível em: <http://portal.mec.gov.br/cne/arquivos/pdf/rcp01_06. pdf>. Acesso em: 1º out. 2012.

[6] _____. *Informações sobre PPP dos cursos de Administração e Pedagogia*. Disponível em: <http://www.emec.gov.br>. Acesso em: 1º out. 2012.

[7] LIBÂNEO, J. C. *Organização e gestão da escola*: teoria e prática. Goiânia: Alternativa, 2001. p. 25.

[8] _____; OLIVEIRA, J. F.; TOSCHI, M. S. *Educação escolar*: políticas, estrutura e organização. São Paulo: Cortez, 2003. p. 178-179.

[9] PIAGET, Jean. Epistémologie des rélations interdisciplinaires. In: CERI (Ed.). *L'interdisciplinarité*: problèmes d'enseignement et de recherche dans les Universités. Paris: Unesco/ OCDE, 1972. p. 131-144.

Avaliação do Ensino Superior: os Desafios para o Coordenador de Curso

9

José Euzébio de Oliveira Souza Aragão
Carlos Marshal França
Paulo Antonio da Graça Lima Zuccolotto

Introdução

Desde a segunda metade da década de 1990, iniciaram-se, no Brasil, processos de avaliação do ensino superior com o objetivo de mensurar o desempenho dos egressos, dos cursos e das instituições. Esses processos permitiriam o aperfeiçoamento contínuo das atividades de ensino, pesquisa e extensão e, ao mesmo tempo, serviriam como uma prestação de contas à sociedade.

> "O sentido democrático da avaliação exige mudar de perspectiva, não basta avaliar o aluno, nem mesmo o aluno e o professor, é preciso avaliar toda a instituição escolar, pois há muitas outras variáveis que interferem nos processos educativos que se desenvolvem numa escola (p. 9)."[17]

Há certo consenso na comunidade acadêmica e na própria sociedade sobre a importância da avaliação educacional. As divergências são principalmente quanto à forma, sobre quem avalia e o que fazer com os resultados. Na opinião dos especialistas em avaliação educacional, a avaliação é um instrumento valioso para orientar as reformas educacionais e induzir políticas públicas para melhoria da qualidade da educação.

Avaliar, portanto, segundo Warthen, Sandres e Fitzpatrick,[14]

> "pode ser um empreendimento de sucesso, mas também de fracasso; pode conduzir a resultados significativos ou a respostas sem sentido; pode defender ou ameaçar [...] Nesse sentido, a avaliação deixa de ser evento para ser processo, troca o medo pela coragem,

as notas pelas anotações, a imposição pela negociação, a atitude secreta pela transparência, o ser arbitrário pelo ser criterioso e o ser classificatório pelo ser promocional".

A Lei de Diretrizes e Bases da Educação, Lei nº 9.394/1996, atribuiu à União a responsabilidade de avaliar todos os cursos e instituições de ensino superior e a obrigação de realizar o reconhecimento periódico dos cursos de graduação, subsidiado por algum tipo de avaliação externa.

A experiência brasileira de avaliação educacional, entretanto, não é tão recente. O Brasil foi o primeiro país da América Latina a instituir processos de avaliação na educação superior, começando pela pós-graduação. Esse processo iniciou-se na década de 1970 e esteve relacionado à formulação de ações e políticas para o desenvolvimento da pós-graduação.

Nas décadas que antecederam a implementação das atuais políticas para avaliação do ensino superior, houve várias tentativas. Dentre elas, o Programa de Avaliação da Reforma Universitária, implementado pela CAPES entre 1983 e 1985; as propostas do Grupo Executivo para a Reformulação da Educação Superior (GERES), constituído em 1986; e o Programa de Avaliação Institucional das Universidades Brasileiras (PAIUB), coordenado pela Secretaria de Educação Superior (SESU) a partir de 1993, com ênfase na autoavaliação institucional.

Mas foi somente a partir de 1995, com a Lei nº 9.131, que o governo federal definiu uma sistemática de avaliação coordenada pelo MEC.[3]

Os Cursos de Administração surgiram no Brasil em meados da década de 1950 e a partir da década de 1960, e com mais intensidade na década de 1990, devido aos baixos investimentos para sua implantação, tornaram-se uma excelente alternativa para os "empresários da educação", o que os massificou e popularizou, afetando a qualidade dos formandos, denegrindo a formação e a profissão e, também, descaracterizando-os quanto à sua concepção original, que era a formação de um profissional que galgaria cargos importantes nas organizações brasileiras.

No nosso entendimento, a massificação, a popularização e a desvalorização da formação e da profissão de administrador impulsionaram o conselho profissional, para que, juntamente com outras associações, assumisse, na década de 1990, um papel de destaque na construção das políticas de avaliação de cursos, junto ao MEC. A Comissão de Especialistas do Ensino de Administração (CEEAD), até por dominar os conceitos subjacentes à política de avaliação (qualidade, competitividade, excelência etc.), contribuiu sobremaneira para a construção dos critérios e indicadores de qualidade junto ao MEC, sendo uma das pioneiras a dar sugestões e propor alternativas para a temática da qualidade dos cursos superiores no Brasil.[1]

Pretendemos, neste capítulo, traçar um breve histórico das recentes políticas de avaliação do ensino superior, desde os governos do presidente Fernando Henrique Cardoso, passando pelos governos de Luís Inácio Lula da Silva até chegarmos à atualidade. Após essa breve retrospectiva histórica, trazemos contribuições sobre o processo de avaliação do ensino superior e sua consequência para a prática dos coordenadores de curso, de modo a permitir uma gestão efetiva de suas atividades à frente de seu curso.

As políticas de avaliação da Educação Superior no Brasil nos Governos FHC

A partir de 1995, a Lei nº 9.131 definiu uma sistemática de avaliação da educação superior coordenada pelo MEC. A partir de então, se estabeleceu a necessidade de "avaliações periódicas das instituições e cursos de graduação, utilizando-se procedimentos e critérios abrangentes dos diversos fatores que determinam a qualidade e a eficiência das atividades de ensino, pesquisa e extensão" (p. 178).[16] Complementada pelos Decretos nºs 2.026/96 e 2.306/97 e pela Portaria nº 302/98, dentre outros dispositivos legais, esse conjunto normativo explicitava um conjunto de critérios e procedimentos de avaliação, dentre eles a introdução da primeira experiência de exame em larga escala da educação superior brasileira, o Exame Nacional de Cursos (ENC).

A Lei nº 9.131/95 alterou dispositivos da Lei nº 4.024/61, que disciplinava o ensino superior brasileiro até a promulgação da atual LDB. Modificou o *caput* do artigo 6º, declarando que compete ao poder público a avaliação da política nacional de educação, caracterizada pelo princípio da qualidade. Como órgão executor dessa política, a lei instituiu a figura do Conselho Nacional de Educação (CNE), composto de duas câmaras específicas: a Câmara de Educação Básica e a Câmara de Educação Superior.

A Câmara do Ensino Superior tinha as seguintes atribuições: analisar e emitir parecer sobre os resultados dos processos de avaliação da educação superior; deliberar sobre os relatórios encaminhados pelo MEC sobre autorização e reconhecimento de cursos; deliberar sobre autorização, credenciamento e recredenciamento periódico das Instituições de Ensino Superior, dentre outras.

Os procedimentos adotados para avaliações incluíam a realização anual de exames nacionais com base nos conteúdos mínimos estabelecidos para cada curso.

O Decreto nº 2.026/96 estabelecia procedimentos para o processo de avaliação de instituições e cursos, dentre os quais se destacava a avaliação do ensino de graduação, por meio da análise das condições de oferta dos cursos e do Exame Nacional de Cursos (ENC).

A avaliação externa de cada IES era realizada por comissões de especialistas nomeadas pela Secretaria de Ensino Superior (SESU) que analisavam aspectos relacionados à administração geral, administração acadêmica, integração social e produção científica e avaliações de cada um dos cursos de graduação por meio da análise das condições de oferta, que enfatizava a organização didático-pedagógica, as instalações físicas e o corpo docente.

A Portaria nº 302/98, por sua vez, estabelecia normas relativas ao processo de avaliação do desempenho individual das IES e ressaltava que a avaliação institucional, sob a coordenação da SESU, seria um processo permanente, envolvendo uma etapa prévia de autoavaliação, complementada pelo trabalho de avaliadores externos, mediante orientações e parâmetros preestabelecidos e sistematizados por meio de relatórios.

O Exame Nacional de Cursos (ENC), a Avaliação das Condições de Oferta de Cursos de Graduação (ACO), as avaliações de Comissões de Especialistas nomeadas para o SESU para autorização, reconhecimento e renovação de reconhecimento de cursos de graduação e o Sistema Integrado de Informações Educacionais do INEP constituíram o sistema de avaliação como um todo.

Essa política de avaliação do ensino superior, desenvolvida ao longo dos dois mandatos do Presidente Fernando Henrique Cardoso (de 1995 a 1998 e de 1999 a 2002), causou polêmica em toda a comunidade acadêmica e teve os holofotes voltados, principalmente, para o ENC, que possibilitava a divulgação, pela primeira vez, de um *ranking* dos cursos de graduação no Brasil.

Os resultados do ENC eram publicados na forma de conceitos que variavam de "A" a "E". O *ranking* buscava sinalizar conceitual, mas não numericamente, a qualidade do ensino oferecido pelas IES. *Ranking* sem escore "é parte de um movimento tático do MEC para introduzir e equipar o mercado como vetor de coordenação do sistema de ensino superior".[15]

A implantação da avaliação no "formato ENC" teria sido aplicada para promover e alimentar o funcionamento de um sistema de ensino superior de massa, ou seja, seu papel seria "contribuir para a transformação de um sistema seletivo, fechado e elitista de ensino superior em um sistema de massas".[15] Assim, por um lado, a avaliação tinha o objetivo de gerar informações específicas sobre o desempenho das instituições, para reestruturar e promover o mercado da educação superior, por meio da competição institucional pelos estudantes e do fortalecimento do poder de estudantes-consumidores, que passam a competir pelas melhores instituições, a partir dos resultados do exame nacional. Por outro lado, o estabelecimento dos procedimentos de avaliação tinha por objetivo definir padrões mínimos que inibissem o aparecimento e a permanência de IES, particularmente do setor privado, disciplinando parâmetros mínimos de qualidade a partir da Avaliação das Condições de Oferta (ACO) de cursos de graduação.

O ENC e a ACO dariam conta do objetivo de massificação e diversificação, ou seja, atingir o maior número de egressos do ensino médio e oferecer alternativas de formação superior para além da graduação tradicional (licenciaturas e bacharelados), como, por exemplo, os cursos superiores de tecnologia. Essa massificação e diversificação do ensino superior alia, de forma inquebrantável, o fortalecimento do mercado e da iniciativa privada na provisão educacional.

As avaliações de cursos de graduação, como se evidenciou a partir da breve descrição sobre as mudanças nos documentos normativos que se sucederam ao longo dos governos Fernando Henrique Cardoso, apoiavam-se, por um lado, na aplicação de um exame de larga escala – o ENC– e, por outro, em avaliações externas dos cursos realizadas por avaliadores *ad hoc* designados pelo INEP, segundo roteiros estabelecidos por meio de manuais de avaliação que preconizavam os parâmetros a partir dos quais os cursos seriam avaliados.

Exemplo dessa avaliação externa é a já mencionada Avaliação das Condições de Oferta que a partir de 2002, final do último ano do mandato de Fernando Henrique Cardoso, passou a ser denominada de Avaliação das Condições de Ensino.

A avaliação das Condições de Oferta de Cursos de Graduação foi uma ação da Secretaria da Educação Superior (SESU), que visava avaliar *in loco* cada um dos cursos de graduação submetidos ao Exame Nacional de Cursos (Provão), com relação a três dimensões: corpo docente, organização didático-pedagógica e instalações. O processo de avaliação obedecia a uma metodologia comum a todas as áreas. Os procedimentos e os instrumentos de avaliação, no entanto, respeitavam a diversidade e as especificidades das áreas dos cursos envolvidos. Os resultados obtidos nas Avaliações das Condições de Oferta seguiam uma escala de conceitos, descritas como CMB: Condições Muito Boas; CB: Condições Boas; CR: Condições Regulares e CI: Condições Insuficientes.

As IES eram convocadas pelo SESU/MEC para serem submetidas à ACO mediante uma Comissão de Especialistas de Ensino da área de conhecimento por ela designada. Após a constituição da Comissão, as IES deveriam preencher um formulário eletrônico detalhando aspectos relacionados às três dimensões citadas acima (projeto pedagógico, corpo docente e instalações). A periodicidade das avaliações dependia do resultado obtido. As avaliações eram, após os trabalhos e elaboração de relatório pela Comissão de Especialistas, remetidas ao CNE, através da Administração da SESU, para deliberação, recomendando que o curso tivesse seu reconhecimento renovado por um período que dependia do conceito obtido.

A partir de 2002, através da Portaria nº 990/2002, foi regulamentado o processo de Avaliação das Condições de Ensino, em substituição à Avaliação das Condições de Oferta.

As modificações introduzidas no sistema de avaliação, por ocasião da criação da ACE, tentaram suprimir algumas das principais críticas feitas ao trabalho realizado anteriormente pelas Comissões de Avaliação das Condições de Oferta (ACO): a) falta de padronização de critérios e procedimentos de avaliação; b) percepção sobre as condições de funcionamento do curso isolada da inserção institucional. A ACE está focada em três grandes dimensões: Organização Didático-Pedagógica, Corpo Docente e Instalações. Essas dimensões se desdobram em níveis menores que indicam os diferentes aspectos a serem avaliados. Cada um desses aspectos recebe um conceito dos avaliadores (Muito Fraco, Fraco, Regular, Bom ou Muito Bom), aos quais são atribuídos pesos. O conjunto desses conceitos, nos seus respectivos níveis, leva à emissão de um conceito geral para cada uma das três dimensões avaliadas.

Nunca houve consenso na comunidade acadêmica brasileira sobre a política de avaliação da educação superior dos governos FHC. Contudo, a avaliação esteve a serviço de ideias e práticas de controle, seleção e organização ou mesmo hierarquizações sociais. Teriam motivação mais fora do que dentro da escola; apresentariam uma racionalidade muito mais mercadológica do que pedagógica; e valorizariam mais a competitividade do que a solidariedade.[13] Esse era, também, o pensamento de boa parte dos intelectuais.

Por outro lado, havia aspectos positivos daquelas políticas de avaliação do ensino superior, que eram ressaltados por alguns autores.

> "Nunca, como agora, se conseguiu titular tantos professores [...], as bibliotecas se enriqueceram, os laboratórios se construíram e se equiparam, os currículos se atualizaram, as didáticas se aprimoraram."[18]

As políticas de avaliação da Educação Superior no Brasil nos Governos Lula

De todo modo, é inegável que as políticas de avaliação do ensino superior implantadas durante os dois mandatos do presidente FHC, apesar das críticas da comunidade acadêmica e de alguns especialistas em educação, sejam consideradas como precursoras de uma cultura de avaliação do ensino superior que estimularam e produziram mudanças nesse nível de ensino em nosso país.

A transição do governo Fernando Henrique Cardoso para o governo Lula é um período no qual começam a ser introduzidas modificações importantes na sistemática de avaliação de cursos de graduação e de instituições de ensino superior no Brasil.

Essas mudanças são anunciadas ainda na gestão-relâmpago do primeiro Ministro da Educação de Lula, o então senador Cristovam Buarque. Um de seus primeiros atos é a constituição de uma equipe capitaneada por José Dias Sobrinho e integrada por intelectuais como Hélgio Trindade e Dilvo Ristoff, dentre outros. Denominada de Comissão Especial da Avaliação da Educação Superior (CEA), tinha como finalidade analisar, oferecer subsídios, fazer recomendações, propor critérios e estratégias para a reformulação dos processos e políticas de avaliação da Educação Superior no Brasil.

A principal "herança" da CEA, certamente, é a proposição do Sistema Nacional de Avaliação da Educação Superior (SINAES), uma nova sistemática de avaliação global da educação superior brasileira, de caráter formativo, abrangente, sistêmico, implantado por meio da Lei nº 10.861, de 14 de abril de 2004,[2] e regulamentado pela Portaria nº 2.051, de 9 de julho do mesmo ano.[8]

O SINAES é formado por três componentes principais: a avaliação das instituições, dos cursos e do desempenho dos estudantes. O sistema avalia todos os aspectos que giram em torno desses três eixos: o ensino, a pesquisa, e extensão, a responsabilidade social, o desempenho dos estudantes, a gestão da instituição, o corpo docente, as instalações e vários outros aspectos. Ele possui uma série de instrumentos complementares: autoavaliação, avaliação externa, ENADE, avaliação dos cursos de graduação e instrumentos de informação. Os resultados das avaliações possibilitam traçar um panorama da qualidade dos cursos e instituições de educação superior no país. Os processos avaliativos são coordenados e supervisionados pela Comissão Nacional de Avaliação da Educação Superior (CONAES). A operacionalização do sistema é de responsabilidade do INEP.[11]

As informações obtidas com o SINAES são utilizadas pelas IES, para orientação da sua eficácia institucional e efetividade acadêmica e social; pelos órgãos governamentais, para orientar suas políticas públicas; e pelos estudantes, pais de alunos, instituições acadêmicas e público em geral, para orientar suas decisões quanto à realidade dos cursos e das instituições.[11]

Em contraste com o sistema anterior, a abordagem do SINAES foi pensada como verdadeiramente sistêmica e com foco na instituição. As avaliações institucionais passariam a fornecer análises abrangentes das dimensões, estruturas, objetivos, relações, atividades, compromissos e responsabilidade social das IES e de seus cursos. Pode-se perceber uma nítida diferença entre avaliação institucional e avaliação de cursos, e o ENADE passava a ser a terceira parte do sistema, com igual peso.[19]

Enquanto o Provão se prestava a ser um mecanismo de regulação, o ENADE seria, principalmente, um instrumento de avaliação, através do diagnóstico de competências e habilidades adquiridas ao longo de um ciclo de três anos de escolarização superior, cruzando com a visão do aluno sobre sua instituição e com seu conhecimento sobre aspectos mais gerais, não relacionados a conteúdos específicos. Dessa forma, os resultados deixariam de se prestar a *ranking*, tornando o sistema mais subjetivo, dificultando os processos de avaliação, em especial quanto ao estabelecimento de critérios e de padrões a partir dos quais decisões quanto à regulação viriam a ser tomadas.[19]

Os idealizadores do SINAES, e particularmente do ENADE, procuraram trabalhar aspectos considerados deficientes no Provão. Se no sistema anterior faltava articular os resultados do Provão com os demais componentes da Avaliação da Educação Superior, o ENADE seria utilizado para a composição da nota do curso e essa seria empregada para a composição do conceito da instituição.[19]

Ao lado dos resultados do ENADE, portanto, o SINAES previa procedimentos de avaliação externa dos cursos. Estes últimos continuaram a ser promovidos por meio de comissões compostas por avaliadores *ad hoc* designados pelo INEP, por meio de instrumentos de ACE já mencionados anteriormente.

Para a Comissão Especial da Avaliação da Educação Superior (CEA), composta em 2004, o principal ponto positivo a destacar na ACE dizia respeito ao estabelecimento de parâmetros para funcionamento dos cursos. A ACE trouxera, também, elementos concretos para que os cursos pudessem analisar e investir em melhorias de qualidade, dentre elas ampliar a elaboração e o conhecimento dos projetos pedagógicos entre seus professores.

Isso não significava que o processo não tivesse deficiências. Existiam problemas relativos aos instrumentos que enfatizavam determinados aspectos em detrimento de outros e para os quais faltam indicadores; problemas relativos ao enfoque do processo, pois os avaliadores ocupavam mais tempo preenchendo formulários do que refletindo sobre o curso, não permitindo, segundo a Comissão Especial de Avaliação, um olhar formativo, uma visão integral e integrada do curso.

Embora a criação do SINAES tenha significado efetivamente um marco na evolução das políticas de avaliação da educação superior brasileira, a continuidade do governo Lula guardava surpresas não esperadas pelos intelectuais que a propuseram.

No quarto ano de seu primeiro mandato, e já na gestão de seu terceiro Ministro da Educação, Fernando Haddad, em maio de 2006, é publicado o Decreto nº 5.773, que estabelecia novos procedimentos relacionados às funções de regulação, supervisão e avaliação da educação superior no Brasil.[6] Esse Decreto pretendia estabelecer limites mais claros entre os procedimentos e atribuições relacionados à avaliação e à regulação, atribuindo responsabilidades diferenciadas entre as diversas instâncias governamentais envolvidas nesses processos (a Secretaria de Educação Superior do MEC, o INEP e o Conselho Nacional de Educação).

No mês de dezembro do ano seguinte, o governo faz publicar a Portaria nº 40, que instituiu o e-MEC, um sistema eletrônico de fluxo do trabalho e gerenciamento de informações relativas aos processos de regulação da educação superior, e detalha minuciosamente esse conjunto de procedimentos.

Esses documentos legais, de caráter extremamente normativo, apontavam para uma inflexão do chamado caráter formativo da avaliação, presente no nascedouro do SINAES.

Dois documentos legais posteriores, editados em 2008, reconfiguraram totalmente o espírito inicial do SINAES. Trata-se da Portaria Normativa nº 4, que regulamenta a aplicação do Conceito Preliminar de Cursos Superiores (CPC),[11] para fins dos processos de renovação de reconhecimento de cursos de graduação; e da Portaria Normativa nº 12, que institui o Índice Geral de Cursos da Instituição de Educação Superior.[12]

São dois indicadores criados pelo Ministério da Educação que, a partir de parâmetros objetivos quantificáveis, expressam, em escala que varia entre 1 e 5, a qualidade de cada curso de graduação (CPC) e de cada instituição de educação superior (IGC).

O insumo mais importante para a construção desses indicadores é o desempenho dos alunos dos cursos de graduação no ENADE e informações fornecidas pelos alunos em formulário preenchido por ocasião da confirmação de sua inscrição para a participação nesse exame. A partir das informações fornecidas no conjunto desses formulários são "avaliados" o Projeto Pedagógico e a infraestrutura do curso, que, combinadas com informações sobre o corpo docente, fornecidas pelas instituições ao Ministério da Educação por ocasião do preenchimento anual das informações para o Censo da Educação Superior, compõem o CPC.

Se fosse apenas mais um índice, ele teria poucas consequências relevantes. Entretanto, a legislação determina que, uma vez que o CPC seja igual ou superior a 3,0 (três), o curso pode ter seu reconhecimento automaticamente renovado até o próximo "ciclo avaliativo", ou seja, por mais três anos.

Com isso, criou-se, por um lado, uma forma de ordenar os cursos de modo classificatório, desencadeando processos de um ranqueamento oficial no Brasil. Por outro, como a construção desses dois índices é realizada fundamentalmente a partir do processo de avaliação dos estudantes, o ENADE tornou-se o elemento central de todo o SINAES, tornando a avaliação externa dos cursos um procedimento apenas excepcional, destinado somente a cursos com CPC igual ou inferior a 2,0 (dois).

O coordenador de curso frente às demandas de avaliação do curso

Ao tratar dessa temática, nosso objetivo é destacar a importância de se conhecer os mecanismos de avaliação dos cursos de graduação e, nesse caso, especialmente o Curso de Administração, uma vez que ela está instituída pelos mecanismos legais e atributos de julgamento do mercado, e atender aos princípios institucionais e ao reconhecimento das organizações que produzem *rankings*.

Em ambos os casos estamos tratando de mecanismos e agentes externos de avaliação. Existe também a possibilidade de considerar avaliações realizadas por membros do próprio curso (autoavaliação), tendo em vista os princípios orientadores do Projeto Pedagógico do Curso (PPC) e sua aderência à realidade.

Considerar os mecanismos de avaliação governamental utilizados para efeito de regulação é indispensável, uma vez que não atendê-los significa estar "fora do jogo". As regras desse "jogo" são disciplinadas pelo SINAES, cujas características gerais foram tratadas há pouco.

Importa-nos, acima de tudo, pontuar que após a introdução do Conceito Preliminar de Curso (CPC), a avaliação governamental externa, que subsidia o processo de regulação, está fundamentada em apenas quatro grandes indicadores:

- o desempenho dos alunos ao final do curso, medido pelos resultados no ENADE;
- qualificação e dedicação do corpo docente;
- infraestrutura, traduzida pela informação que o aluno fornece por ocasião do preenchimento do formulário socioeconômico; e
- Projeto Pedagógico do Curso, igualmente avaliado com base na percepção do aluno quanto à apresentação ou não do plano de ensino.

A média ponderada desses quatro indicadores, representada pelo CPC, indica automaticamente, desde que igual ou superior a três, que o curso obedece aos conteúdos mínimos da regulação.

Dada a importância do CPC nos processos de regulação e uma vez que a maior parte de seus indicadores está diretamente vinculada ao ENADE – seja por meio do desempenho dos estudantes na prova, seja por meio das respostas que os estudantes fornecem ao INEP antes da prova –, a gestão do coordenador do curso junto ao corpo discente e docente torna-se elemento central.

Nesse caso, muito mais importante do que distribuir prêmios ou recompensas de qualquer natureza, sejam tangíveis ou simbólicos, parece-nos mais indicado (e ético) desenvolver ações junto às principais variáveis que interferem objetiva ou subjetivamente no desempenho dos alunos no ENADE:

1 Comprometimento – É necessário implementar ações durante todo o curso no sentido de induzir um sentimento de pertencimento à turma, ao curso e à instituição. Desde o ingresso do aluno no curso, as ações devem estar coordenadas no sentido de despertar o que há de melhor para a vivência universitária, tendo em vista os valores que irão distingui-lo como membro daquele grupo.

2 Entusiasmo – A condição para se submeter a um processo avaliativo é a de estar preparado para enfrentá-lo. No caso do ENADE, suas últimas edições têm colocado os alunos diante de uma situação de prova pouco favorável (locais, horários, tempo de duração da prova, caráter de obrigatoriedade etc.).

3 Conhecimento – Um desempenho superior na prova exige uma base sólida de conhecimentos gerais e específicos. A importância da gestão junto ao corpo docente está diretamente ligada a isso, induzindo os professores a estarem absolutamente atualizados em relação ao corpo de conhecimento em sua área e à forma com que as provas são estruturadas. Objetivamente, é necessário que os professores estejam igualmente comprometidos com os resultados de seus alunos.

4 Habilidade – Desejo, entusiasmo e conhecimento por si não traduzem um resultado sem o emprego de determinadas habilidades. Saber fazer a prova no sentido de organizar as respostas, estabelecer uma leitura capaz de um entendimento mais objetivo para sua resolução, treinar para os tipos de questões que porventura venham a ser colocadas reforça a ideia de criar uma musculatura capaz de preparar para o evento adiante (a prova).

Os atuais mecanismos e instrumentos de avaliação externa a que os cursos de graduação estão expostos não se resumem ao ENADE. Além do governo, que exerce uma função reguladora oficial da Educação Superior, o mercado produziu ao longo dos últimos anos ferramentas destinadas a aferir a qualidade de cursos em Instituições de Ensino Superior.

Traduzidas invariavelmente sob o formato de *rankings*, essas ferramentas proliferaram no Brasil e no mundo.

No caso brasileiro, o primeiro *ranking* foi criado nos anos de 1980 pela revista *Playboy*. Embora não sejam mais editados, outros veículos de mídia têm construído, publicado e divulgado atualmente escalas dessa natureza. Os mais importantes atualmente são: Prêmio Melhores Universidades – *Ranking* de melhores faculdades do *Guia do Estudante*, publicado pela Editora Abril, e o *Ranking* Universitário Folha (RUF), editado desde 2012 pelo jornal *Folha de S. Paulo*.

Em que pesem as críticas relacionadas à isenção, à metodologia utilizada, ao caráter mercadológico dos *rankings*, é inegável que esses mecanismos de avaliação externa influenciam potenciais alunos, familiares, empregadores e formadores de opinião no juízo que formam a respeito dos cursos e instituições.

Ignorá-los não parece ser a melhor maneira de o coordenador de curso lidar com esse fenômeno. Compreender os mecanismos por meio dos quais coleta suas informações, transforma-as em indicadores e combina esse conjunto de variáveis para classificar hierarquicamente cursos e instituições pode permitir efetivo gerenciamento de seu curso a partir do posicionamento que se deseja alcançar.

Se considerarmos que é também papel do coordenador de curso protagonizar ações que conduzam a resultados favoráveis nos processos de avaliação externa a que os cursos de graduação estão sujeitos, e considerando a existência de parâmetros objetivos utilizados nesses processos, entendemos ser fundamental que se desenvolvam internamente mecanismos de autoavaliação, permitindo identificar fragilidades e aspectos positivos que estejam relacionados aos indicadores/dimensões preconizados na avaliação externa.

Conciliar objetivos da instituição e do curso, do ponto de vista da formação do egresso e do ensino que propõem, é geralmente uma discussão que ajuda a encontrar as melhores formas de medida. Se o objetivo é uma formação densamente técnica ou geral com fortalecimento das Ciências Humanas e Sociais, deverão ser encontrados indicadores que respondam objetivamente a tais dimensões (de interesse da instituição e do curso) sem se afastar das avaliações externas que, como já dito, formam uma visão do curso para a sociedade.

De forma bastante objetiva, é necessário que o coordenador de curso negocie com os principais gestores da instituição qual é o posicionamento desejado ao curso. Independentemente do posicionamento desejado – ser reconhecido do ponto de vista do mercado como um curso de excelência ou atender as premissas de regulação governamental –, o papel do coordenador do curso é prezar pelas condições de ensino e pela aprendizagem dos alunos, tendo por base um projeto pedagógico construído coletivamente.

Considerações finais

A proposta deste capítulo foi contribuir para a prática efetiva dos coordenadores de curso no que tange a sua participação no processo de avaliação do ensino superior brasileiro. Para tanto, traçamos um breve histórico das recentes políticas de avaliação do ensino superior, desde os governos do presidente Fernando Henrique Cardoso, passando pelos governos de Luiz Inácio Lula da Silva até chegarmos à atualidade.

Temática extremamente polêmica, seja no âmbito institucional, do curso ou dos egressos, a avaliação do ensino superior ainda é objeto de controvérsias e divergências. Para muitos, a avaliação é um instrumento valioso a fim de orientar as reformas educacionais e induzir políticas públicas para melhoria da qualidade da educação; para outros, a avaliação apresentaria uma racionalidade muito mais mercadológica do que pedagógica e valorizaria mais a competitividade do que a solidariedade.

Apesar de esse processo ter sido implementado desde meados da década de 90 do século passado, ou seja, há cerca de duas décadas, sua lógica e seus mecanismos ainda são de conhecimento restrito a alguns especialistas. Os próprios gestores de cursos conhecem apenas superficialmente as políticas de avaliação, seus mecanismos e instrumentos.

Nos governos FHC, quando o Provão era anual e as avaliações eram mais frequentes, os gestores de curso estavam mais sintonizados e alinhados com as políticas. O ENADE é realizado a cada três anos e as avaliações estão condicionadas a outros aspectos, fazendo com que as IES fiquem por um bom tempo sem a presença *in loco* de membros da CEEAD em suas instalações, o que não é bom, pois provoca uma acomodação da IES.[1]

De fato, como apontado anteriormente, se o curso obtém nota 3,0 ou mais (numa escala de 1,0 a 5,0) no Conceito Preliminar de Curso (CPC), a avaliação externa se torna um procedimento apenas excepcional, a critério da própria IES.

Não se trata de uma defesa ao retorno das políticas implantadas nos governos FHC, uma vez que se compararmos as políticas dos últimos governos há poucas diferenças, com a ressalva de que as atuais políticas, a partir da Lei n° 10.861, de 2004, se apresentam com mais organicidade, uma avaliação global da educação superior brasileira, de caráter formativo, abrangente e sistêmico, envolvendo três componentes principais: a avaliação das instituições, dos cursos e do desempenho dos estudantes.

O que importa ressaltar neste capítulo é que o coordenador de curso (e também os professores e até os discentes) deve se apropriar das políticas de avaliação e que, dentre suas tantas atribuições, desenvolver ações que impactem nos resultados das avaliações.

Referências

[1] ARAGÃO, José Euzébio de Oliveira Souza. *Cursos de administração e políticas de avaliação do ensino superior no Estado de São Paulo (1995-2006)*. 2008. Tese (Doutorado) – UFSCar, São Carlos.

[2] BRASIL. Lei n° 10.861, de 14 de abril de 2004. Institui o Sistema Nacional de Avaliação da Educação Superior – SINAES e dá outras providências. *Diário Oficial da República Federativa do Brasil*. Poder Executivo, Brasília, DF: 15 abr. 2004. Seção 1, p. 3-4.

[3] _____. Lei n° 9.131, de 24 de novembro de 1995. Altera dispositivos da Lei n° 4.024, de 20 de dezembro de 1961, e dá outras providências. *Diário Oficial da República Federativa do Brasil*. Poder Executivo, Brasília, DF: 25 nov. 1995. Seção 1, p. 19.257.

[4] _____. Lei n° 4.024, de 20 de dezembro de 1961. Fixa as Diretrizes e Bases da Educação Nacional. *Diário Oficial da República Federativa do Brasil*. Poder Executivo, Brasília, DF: 27 dez. 1961. Seção 1, p. 11.429.

[5] _____. Decreto n° 2.026, de 10 de outubro de 1996. Estabelece procedimentos para o processo e avaliação dos cursos e instituições de ensino superior. *Diário Oficial da República Federativa do Brasil*. Poder Executivo, Brasília, DF: 11 out. 1996. Seção 1, p. 20.545.

[6] _____. Decreto n° 5.773, de 9 de maio de 2006. Dispõe sobre o exercício das funções de regulação, supervisão e avaliação de instituições de educação superior e cursos superiores de graduação e sequenciais no sistema federal de ensino. *Diário Oficial da República Federativa do Brasil*. Poder Executivo, Brasília, DF: 10 maio 2006. Seção 1, p. 6.

[7] _____. MINISTÉRIO DA EDUCAÇÃO E DO DESPORTO. Portaria Ministerial n° 302, de 7 de abril de 1998. Normatiza os procedimentos de avaliação do desempenho individual das instituições de ensino superior. *Diário Oficial da República Federativa do Brasil*. Poder Executivo, Brasília, DF: 9 abr. 1998. Seção 1, p. 111.

[8] _____. MINISTÉRIO DA EDUCAÇÃO. Portaria Ministerial n° 2.051, de 9 de julho de 2004. Regulamenta os procedimentos de avaliação do Sistema Nacional de Avaliação da Educação Superior (SINAES), instituído na Lei n° 10.861, de 14 de abril de 2004. *Diário*

Oficial da República Federativa do Brasil. Poder Executivo, Brasília, DF: 12 jul. 2004. Seção 1, p. 12.

[9] _____. MINISTÉRIO DA EDUCAÇÃO. Portaria Ministerial nº 990, de 2 de abril de 2002. Estabelece as diretrizes para a organização e execução da avaliação das instituições de educação superior e das condições de ensino dos cursos de graduação. *Diário Oficial da República Federativa do Brasil.* Poder Executivo, Brasília, DF: 3 abr. 2012. Seção 1, p. 14.

[10] _____. MINISTÉRIO DA EDUCAÇÃO. Portaria Normativa nº 40, de 12 de dezembro de 2007. Institui o e-MEC, sistema eletrônico de fluxo de trabalho e gerenciamento de informações relativas aos processos de regulação da educação superior no sistema federal de educação. *Diário Oficial da República Federativa do Brasil.* Poder Executivo, Brasília, DF: 13 dez. 2007. Seção 1, p. 39-43.

[11] _____. MINISTÉRIO DA EDUCAÇÃO. Portaria Normativa nº 4, de 5 de agosto de 2008. Regulamenta a aplicação do conceito preliminar de cursos superiores, para fins dos processos de renovação de reconhecimento respectivos, no âmbito do ciclo avaliativo do SINAES instaurado pela Portaria Normativa nº 1, de 2007. *Diário Oficial da República Federativa do Brasil.* Poder Executivo, Brasília, DF: 7 ago. 2008. Seção 1, p. 15.

[12] _____. MINISTÉRIO DA EDUCAÇÃO. Portaria Normativa nº 12, de 5 de setembro de 2008. Institui o Índice Geral de Cursos da Instituição de Educação Superior (IGC). *Diário Oficial da República Federativa do Brasil.* Poder Executivo, Brasília, DF: 8 set. 2008. Seção 1, p. 13.

[13] DIAS SOBRINHO, José. Concepções de universidade e de avaliação institucional. *Avaliação Revista da Rede de Avaliação Institucional da Educação Superior.* RAIES, v. 4, nº 2, jun. 1999.

[14] FIRME, Thereza Penna; LETICHEVSKI, Ana Carolina. O desenvolvimento da capacidade de avaliação no século XXI: enfrentando o desafio através da meta-avaliação. *Ensaio: Avaliação e Políticas Públicas em Educação.* Rio de Janeiro. v. 10, nº 36, p. 289-300. jul./set. 2002.

[15] GOMES, Alfredo Macedo. Política de avaliação da educação superior: controle e massificação. *Educação e Sociedade,* Campinas, v. 23, nº 80, set./2002, p. 277-300.

[16] MAIA FILHO, Tancredo; PILATI, Orlando; LIRA, Sheyla Carvalho. O exame nacional de cursos (ENC). *Revista Brasileira de Estudos Pedagógicos,* v. 79, nº 192, maio/ago. 1998.

[17] MELCHIOR, Maria Celina. *Avaliação institucional da escola básica.* Porto Alegre: Premier, 2004.

[18] SOUZA, Paulo Nathanael Pereira de. *LDB e a educação superior.* São Paulo: Pioneira Thomson Learning, 2001.

[19] VERHINE, Robert Evam; DANTAS, Lys Maria Vinhaes; SOARES, José Francisco. Do provão ao Enade: uma análise comparativa dos exames nacionais utilizados no ensino superior brasileiro. *Ensaio: Avaliação e Políticas Públicas em Educação,* Rio de Janeiro, v. 14, nº 52, p. 291-310. jul./set. 2006.

PARTE IV

A Profissão de Administrador

A Profissão de Administrador: uma Abordagem Sociológica

10

José Euzébio de Oliveira Souza Aragão

Introdução

O estudo das profissões é uma temática relativamente recente na sociologia e aos poucos se constituiu em uma nova especialização denominada "Sociologia das Profissões". Trata-se de uma ramificação da sociologia vinculada, simultaneamente, à sociologia do trabalho e à sociologia do conhecimento.

De um vício peculiarmente anglo-saxão, essa temática vem se difundindo rapidamente no Brasil e esse interesse explica-se pelo aumento significativo de profissões e profissionais, principalmente nos países industriais avançados.[7]

E o Brasil não foge à regra; a diversificação do mercado de trabalho, fruto do processo de industrialização pelo qual vem passando nas últimas décadas, fez com que surgissem novas profissões, incrementando o rol das profissões tradicionais, que incluem medicina, direito e engenharia.

A profissão de administrador é considerada uma profissão moderna, tanto em nível mundial como em nacional. É bem certo que, historicamente, a Administração já exista desde a antiguidade, com atuação bem diferente da nossa época, mas é somente a partir da Revolução Industrial que começa a ser institucionalizada, como um instrumento funcional ao modo de produção capitalista.

A primeira escola de Administração no mundo remonta ao século XIX (1881), e no Brasil a primeira escola foi fundada há cerca de seis ou sete décadas. Ela surge em decorrência da demanda por pessoal qualificado para racionalizar o funcionamento das empresas e das instituições públicas, cuja expansão se intensificou a partir da década de 50 do século passado.

O presente texto tem como objetivo analisar a coesão e a unicidade interna da profissão de administrador a partir da perspectiva da sociologia das profissões.

A questão do profissionalismo

Nas últimas décadas, o estudo das profissões tem se intensificado, abrangendo desde as profissões liberais reconhecidas como advogados, médicos e engenheiros, como também disciplinas acadêmicas.

De origem anglo-saxã, a questão das profissões tem preocupado historiadores, cientistas políticos, sociólogos e economistas. O aumento de interesse desses pesquisadores sobre as profissões pode ser explicado pelo aumento de profissões e de profissionais nos países industriais avançados. Há dois usos muito diferentes de conceituar profissão. Em primeiro lugar, há o conceito de profissão que se refere a um amplo estrato de ocupações prestigiosas, mas muito variadas, cujos membros tiveram todos algum tipo de educação superior e são identificados mais por sua condição de educação do que por suas habilidades ocupacionais específicas. Segundo, há o conceito que diz ser profissão um número limitado de ocupações com trações ideológicas e institucionais particulares mais ou menos comuns. Esse segundo conceito permite pensar o profissionalismo como um modo de organizar uma ocupação, representando muito mais que um simples *status*, pois produz identidades ocupacionais distintas e abrigos exclusivos no mercado.[7]

A bibliografia anglo-saxã utiliza o termo *profissão* para referir-se às atividades ocupacionais que requerem um título superior para o seu desempenho. Quem não trabalha em atividades que não envolvam conhecimento adquirido em instituições de educação superior possui uma ocupação, mas no Brasil, na França e em países de origem latina a diferença entre profissão e ocupação na linguagem cotidiana é menos nítida.[3]

Muitos autores têm procurado fugir de definições genéricas de profissão e, ao invés disso, entendê-la através de atributos cumulativos, ou seja, através de uma escala alinhando atributos estruturais e atitudinais. Toda profissão: 1. é uma ocupação de tempo integral, ou seja, todo profissional vive de seu trabalho; 2. caracteriza-se pela presença de profissionais que se destacam pela vocação, ou seja, aceitam as normas e modelos apropriados e identificam-se com seus pares; 3. possui organização, isto é, os profissionais se organizam a partir da mútua identificação de interesses ocupacionais distintos, visando, sobretudo, controle sobre acesso, seleção, proteção e regulação dos participantes; em geral, adotam um código de ética, que formaliza as normas de conduta dos profissionais; 4. possui um corpo de conhecimento formal, é aprendida através de uma iniciação teórica, nas sociedades modernas; esta é feita, via de regra, através das universidades; 5. possui orientação para o serviço, isto é, destina-se a servir aos interesses dos clientes e da comunidade; 6. possui autonomia, que se compara com a das existentes na Idade Média; está sendo exacerbada nas profissões modernas, em função de sua grande especialização.[9]

É possível apreender a importância dos princípios de estruturação da sociedade vinculados à profissão. Nese sentido, pode-se entender que "o chamado projeto de profissionalização é visto como projeto de implementação de princípios específicos de organização e divisão do mundo social".[1]

Existem dois eixos principais de análise que compõem o núcleo da sociologia das profissões: a delimitação e posicionamento dos grupos profissionais e a coesão ou unicidade interna das profissões. Esses dois eixos articulam-se na problemática da forma de constituição dos grupos sociais em geral e do caráter de seu agenciamento sobre a estrutura da sociedade.[1]

Pode-se fazer uma retrospectiva sobre a temática das profissões, buscando fundamentos em autores clássicos até chegar a uma discussão contemporânea. A temática das profissões foi um dos principais elementos fundadores da sociologia de Durkheim. Esse autor elegeu a integração social como principal problema de investigação sociológica e atribui aos grupos profissionais um papel essencial na organização integrada das sociedades modernas. Definidos a partir de uma divisão do trabalho de caráter mais técnico ou econômico, os grupos profissionais ganham importância pelas suas qualidades morais, pelas possibilidades que encerram de assegurar a unidade social pelas funções integrativas que possam desempenhar.[1]

Dentro dessa linha funcionalista, Parsons e Merton fazem tentativas de construir os princípios de coerência do conjunto de características das profissões, isto é, uma teoria do funcionamento, senão da gênese, dos grupos profissionais. Para Parsons, as profissões são sistemas de solidariedade cuja identidade se baseia na competência técnica de seus membros, adquirida nas instituições educacionais e científicas.[1]

Abbott é o autor que retoma de forma mais consistente a análise parsoniana das profissões e define profissões como grupos ocupacionais exclusivos que ampliam conhecimentos mais ou menos abstratos a casos particulares. A principal característica das profissões, segundo esse autor, seria o grau de abstração do conhecimento que elas controlam, cunhando o termo *jurisdição*, que seria o laço que se estabelece entre o grupo profissional e a área de conhecimento sob seu controle.[1]

Numa outra linha, de inspiração weberiana, centrada nas categorias poder, mercado e monopólio, aparecem dois polos ou enfoques analíticos. De um lado, a ênfase na dimensão cognitiva (Freidson e Larson) e, por outro lado, a ênfase na dimensão organizacional ou institucional do processo de profissionalização (Starr).

Para Larson e Freidson, o controle sobre uma determinada área do saber é o elemento essencial para a organização de um grupo profissional.

Larson ressalta a importância do mercado na sociedade moderna, que transformou o saber, a possessão de uma qualificação qualquer, em uma propriedade tipicamente moderna. Dessa forma, as profissões foram compelidas a se organizar em torno do princípio geral do capitalismo – o mercado.

Larson define o profissionalismo como um projeto coletivo de mobilidade social articulado em torno de um determinado tipo de conhecimento, cujo monopólio permite controlar um mercado definido.[1]

Freidson[7] inicia sua análise a partir da relação entre criação, transmissão e aplicação do conhecimento formal e o poder. Ele procura entender o papel do saber institucionalizado no mundo através dos seus agentes e portadores. Analisa os meios de obter os recursos materiais que permitem a algumas pessoas tornarem-se agentes do conhecimento. Tais agentes, segundo esse autor, seriam os intelectuais, técnicos, profissionais, *experts* ou *intelligentsia* e as profissões podem ser definidas pelo fato de que seus membros são submetidos, em graus variados, à educação superior e ao conhecimento formal que ela transmite. Trata-se de um sistema de credenciamento que cria um nicho de mercado exclusivo aos membros da profissão.

Além das credenciais, Freidson[7] adverte para o papel do Estado, que cria a obrigatoriedade de se utilizar o trabalho de um profissional para que se tenha acesso a um bem ou serviço do mercado.

Dentro da dimensão organizacional ou institucional, Starr diferencia autoridade cultural de autoridade social, relegando a dimensão cognitiva a um plano subordinado à dimensão social, desnaturalizando as relações profissionais.[1]

Seus estudos, baseados na categoria profissional médica, mostram a importância das questões organizacionais e culturais, procurando entender o desenvolvimento da autoridade cultural e a conversão desta autoridade em controle de mercado, organizações profissionais e políticas governamentais.

Os marxistas partem do conceito de divisão do trabalho de Marx, dando pouca ou nenhuma importância à dimensão cognitiva ou técnica para a definição dos grupos sociais. Para os marxistas, as profissões aparecem como objeto subordinado às classes sociais, que seriam o elemento fundamental na mediação entre a divisão do trabalho e a formação dos grupos profissionais. A temática das profissões é tratada pelos marxistas como parte do estudo das classes médias.[1]

Importa-nos acentuar a análise de Freidson,[7] uma vez que através dela iremos trabalhar com a profissão de administrador.

Freidson[7] desenvolve um tipo ideal, que denomina "profissionalismo" e, a partir dele, analisa os órgãos e os recursos essenciais para que ele se estabeleça. Qualquer que seja a forma de definir profissão, ela é, antes de tudo e principalmente, um tipo específico de trabalho especializado. Além disso, as profissões, enquanto ocupações reconhecidas oficialmente, se distinguem em virtude de sua posição relativamente elevada nas classificações da força de trabalho.

Alertando para o relativismo intrínseco da especialização (um determinado conjunto de tarefas pode ser considerado especializado em uma sociedade e não sê-lo em outra), propõe classificar a especialização em dois tipos: a especialização mecânica, que se refere a atividades que exigem ações simples, repetitivas e invariáveis. No outro exemplo, o segundo tipo, a especialização criteriosa, em que as contingências de uma tarefa em particular variam tanto em relação às outras, que seu conhecimento e sua qualificação mudam a cada circunstância, a fim de trabalhar com sucesso.

A especialização criteriosa abrangeria as profissões e os ofícios, embora um se distinga do outro pelo tipo de conhecimento e qualificação que emprega no exercício do julgamento. O trabalho das profissões se distingue do trabalho dos ofícios por ser uma especialização criteriosa teoricamente fundamentada.

Quanto ao controle ocupacional do mercado de trabalho, o que Freidson[7] denominava reserva de mercado de trabalho, é assegurado pela exigência de que somente aqueles com credencial ocupacionalmente emitida, certificando sua competência, podem ser empregados para executar uma série de tarefas.

O treinamento profissional, que possibilita o credenciamento do trabalhador, ocorre fora do mercado de trabalho, em salas de aula e, às vezes, em instalações para a prática, separadas dos locais rotineiros de trabalho, diferentemente do treinamento vocacional pelo ofício, que tem lugar tipicamente dentro do mercado de trabalho.

Apesar da extrema importância do capital humano e cultural (conhecimento e qualificações), isso por si só não garante o poder do capital econômico ou político.

Nesse aspecto, Freidson[7] considera o Estado como a variável mais importante para o profissionalismo. As instituições do profissionalismo não podem ser estabelecidas ou mantidas sem o exercício do poder do Estado.

Em suma, o tipo ideal de profissionalismo, segundo Freidson,[7] consiste nos seguintes componentes: 1. uma ocupação que empregue um corpo especializado de conhecimentos e qualificações, e que seja desempenhada para a subsistência em um mercado de trabalho formal, gozando de *status* oficial e público relativamente alto e não só considerada de caráter criterioso, como fundamentada em conceitos e teorias abstratos; 2. jurisdição sobre um corpo especializado de conhecimentos e qualificações em uma divisão do trabalho específica, organizada e controlada pelas ocupações participantes; 3. controle ocupacional da prática desse corpo de conhecimentos e qualificações no mercado de trabalho (seja uma universidade ou uma empresa), por meio de uma reserva que exija que apenas os membros adequadamente credenciados possam executar as tarefas sobre as quais têm jurisdição e também supervisionar e avaliar seu desempenho. Estes últimos servem como a classe administrativa da profissão; 4. a credencial utilizada para amparar sua reserva de mercado de trabalho é criada por um programa de treinamento que se desenrola fora do mercado de trabalho, em escolas associadas a universidades. O currículo de ensino é estabelecido, controlado e transmitido por membros da profissão que agem como corpo docente em tempo integral, atuando pouco ou nada no mercado de trabalho cotidiano. O corpo docente serve como classe cognitiva da profissão.

Esses elementos são especificados em sua forma típica ideal, podendo variar, levando em consideração: a) o tipo de Estado e o conteúdo de suas políticas; b) a composição e a organização da profissão; c) as ideologias esposadas e defendidas por Estado, profissão, público, capital privado e outras partes interessadas; e d) o corpo particular de conhecimento e qualificação de uma disciplina, sua autoridade científica, moral ou cultural e as instituições em que é praticada.[7]

A construção social do administrador

Quando Karl Marx começou a escrever *Das Kapital* na década de 1850, o fenômeno da Administração era desconhecido. Igualmente desconhecidas eram as instituições que os administradores dirigem. A maior manufatura da época era um cotonifício de Manchester que empregava menos de trezentas pessoas e que pertencia a um amigo e colaborador de Marx, Friedrich Engels. E nessa fábrica de Engels – um dos negócios mais lucrativos da época – não havia administradores, mas apenas capatazes que, apesar de serem eles próprios trabalhadores, impunham disciplina ao pequeno grupo de proletários seus colegas.[5]

De fato, é inegável que a Administração sempre esteve presente em todo empreendimento humano. Também é verdade que as relações de trabalho entre os capatazes e seus colegas não eram tão amigáveis como Drucker quer nos fazer crer.

Faz-se necessário mostrar alguns argumentos para melhor fundamentar nossa análise.

A organização atual do trabalho e nossa atitude frente ao mesmo são elementos recentes e nada têm a ver com a natureza das coisas. A organização atual do trabalho e a cadência e sequenciação atuais do tempo do trabalho não existiam em absoluto no século XVI, e apenas começaram a ser implantadas precisamente ao final do século XVIII e início do século XIX. São, pois, produtos e construtos sociais que têm uma história e cujas condições têm que ser constantemente reproduzidas. A humanidade trabalhadora percorreu um longo caminho antes de chegar aqui, e cada indivíduo deve percorrê-lo para incorporar-se ao estágio alcançado. A filogênese deste estádio de evolução consistiu em todo um processo de conflitos que, infelizmente, nos é praticamente desconhecido (a história, não se esqueça, é escrita pelos vencedores). Reconstruí-lo é uma ambiciosa tarefa, apenas começada, que dará muito trabalho aos historiadores, tanto mais que são relativamente poucos, embora não tão escassos quanto antes, os que compreendem que a história real da humanidade não pode ter sua única nem sua primeira fonte no testemunho dos poderosos. O capitalismo e a industrialização trouxeram consigo um enorme aumento da riqueza e empurraram as fronteiras da humanidade em direção a limites que antes seriam inimagináveis, mas seu balanço global está longe de ser inequivocamente positivo.[6]

Essa longa citação serve para que tracemos uma analogia com o processo de evolução da Administração. Na verdade, é impossível compreender a evolução da Administração sem atentarmos para o desenvolvimento histórico do trabalho. Nesse sentido, administração e trabalho formam um binômio, que no modo de produção capitalista assume características próprias, denotando um alto grau de desenvolvimento, extrapolando a esfera da produção e espraiando-se, configurando e exigindo um novo homem e uma nova ordem.

A maioria dos autores de Administração reconhece a sua existência desde, pelo menos, a Antiguidade. A definição concreta de onde se inicia a história da Administração é puramente uma questão de escolha. Para ela, essa história pode começar pela Antiguidade, Idade Média ou Renascimento; outros preferem iniciar pela Revolução Industrial.[8]

Os administradores de hoje, são uma derivação dos funcionários letrados, nomeados pelos monarcas com o fim de administrar as terras do Estado e cobrar impostos, arrecadando os excedentes da produção agrícola. Isso, segundo Bernardes,[2] ocorreu na antiga China, Egito, Mesopotâmia e até na América com os Incas, caracterizando o que se chamou "modo de produção asiático". Mas é a partir do modo de produção capitalista, mais precisamente a partir da Revolução Industrial, na segunda metade do século XIX, que surgiram grandes empresas particulares, como as estradas de ferro nos Estados Unidos, as tecelagens na Inglaterra e os bancos e siderúrgicas no resto da Europa, que impulsionam o aparecimento de um novo especialista, o administrador profissional, caracterizado por ser altamente técnico e não necessariamente proprietário do capital.[5]

Nesse novo modo de produção, diferentemente dos demais modos de produção, empreendedores iniciam grandes negócios com o fim de acumular capitais. Esses proprietários dirigiram suas empresas até o ponto em que o gigantismo delas, a saturação dos mercados e a sofisticação tecnológica exigiram maiores conhecimentos do que aqueles por eles possuídos.[2]

As transformações ocorridas na Europa durante os séculos XVIII e XIX, capitaneadas pela Revolução Industrial, criaram as condições para que a Administração, enquanto campo de estudo e preocupação social, pudesse surgir.

Park credita a alguns filósofos e teóricos a elaboração de modelos sociais que analisavam a gestação de uma sociedade industrial.[10]

Os trabalhos desses teóricos, embora nem sempre encarassem abertamente o tema da Administração, procuravam oferecer respostas a alguns de seus questionamentos típicos, discutindo, entre outros assuntos, a relação entre homem e trabalho, as técnicas utilizadas no aproveitamento do trabalho, a propriedade estatal ou privada das organizações e assim por diante (p. 9-10).[10]

Park enumera Morelly (séc. XVIII), Saint-Simon (1760-1825), Charles Fourier (1772-1837), Robert Owen (1771-1857) e Blanc (1811-1882), todos conhecidos como socialistas utópicos por suas críticas à industrialização e por suas propostas de uma nova sociedade. A partir de suas obras, a preocupação com as organizações e sua gestão se tornaria parte fundamental de qualquer discussão acerca da sociedade, acompanhando na teoria as transformações que a industrialização trazia na prática.[10]

Se analisadas de maneira ampla e global, as ideias desses cinco estudiosos têm muito em comum. Ao analisar a sociedade em que viviam e propor novas formas de organizá-la, de uma maneira ou de outra eles foram responsáveis pela criação de um ambiente racionalizador, que permitiu o surgimento da Teoria da Administração (p. 16).[10]

Assim, do ponto de vista cultural, a Teoria da Administração tinha licença para nascer. Coube, entre outros, a Morelly, Saint-Simon, Fourier, Owen e Blanc a criação de um ambiente que possibilitasse o nascimento de uma ciência que hoje se configura como das mais importantes para a sociedade global.

A partir desses precursores, impulsionados pela Revolução Industrial, é que sugiram homens e empresários, com uma visão moderna, combinando conceitos de organização formal de trabalho com gerenciamento de pessoal.

Dentre os pioneiros de Administração destacam-se Henri Fayol (1841-1925) e Frederick Winslow Taylor (1856-1917), considerados os pais da

Administração Científica. Ambos em locais diferentes – França e Estados Unidos – tentaram elevar a Administração à categoria de ciência, descartando toda a improvisação e o amadorismo por uma Administração profissional, científica.

Após a Revolução Industrial, um número significativo de trabalhadores passou a ser empregado por um único capitalista. Entretanto, a interferência do capitalismo no processo de trabalho foi mínima, os trabalhadores continuam

> "executando os processos de trabalho tal qual eram executados antes. Isso porque esse trabalhador é o antigo artesão – fiandeiro, tecelão, vidreiro, oleiro, ferreiro, latoeiro, serralheiro, marceneiro, moleiro etc. – que continua a exercer agora, no emprego do capitalismo, os ofícios produtivos que executavam anteriormente".[4]

A reunião de produtores sob a égide de um único capitalista estimulou o aparecimento da gerência rudimentar, seja na coordenação de trabalhadores de oficina e de seus processos de produção e operações, implicando em controles e registros tais como folha de pagamento, custos, suprimentos de materiais, cadastro de crédito, seja nas nascentes indústrias que exigiam "a mistura relativamente complicada de diferentes tipos de trabalho". Tudo isso exigia funções de concepção e coordenação que na indústria capitalista assumiram a forma de gerência.[4]

Inicialmente, essa função gerencial foi ocupada pelo próprio capitalista devido à sua propriedade do capital. O rompimento das relações corporativas de produção, típicas do modo de produção feudal, com suas regras de aprendizado e estatutos legais e o estabelecimento do contrato livre entre comprador e vencedor, em que o tempo livre dos trabalhadores, como também a matéria-prima e os produtos acabados são propriedade do capitalista, foi o primeiro obstáculo enfrentado pelo capitalista-gerente, que teve de transferir as manufaturas para novas cidades que estavam isentas dos regulamentos das guildas e das tradições feudais.[4]

Mas a ideia da compra da força de trabalho e seu caráter diferenciador de trabalho, ou seja, daquilo que pode ser obtido da combinação da força de trabalho e de outros elementos, como matéria-prima, por exemplo, forçou o capitalista a adotar uma série de sistemas de contratação, subordinação e empreita, o que fez com que surgissem várias categorias de gerentes (supervisores, encarregados, capatazes) que faziam contratos individuais ou em grupos e que estavam subordinados a um capitalista. Preocupado com os problemas citados acima, aliado à necessidade de aproveitamento integral da força de trabalho comprada, coordenação de recursos, controle sistemático, enfim, reorganização do processo de trabalho, o capitalista assume de fato a gerência.[4]

O gerenciamento antecede a época burguesa. A prova disso são as Pirâmides, a Muralha da China, as extensas redes de estradas, aquedutos e canais de irrigação, os grandes edifícios, catedrais etc.; tudo isso demandava o controle de número significativo de trabalhadores. Entretanto, esse tipo de gerenciamento muito difere da gerência capitalista, pois o processo de trabalho ocorria sob condições escravistas ou outras formas de trabalho cativo, tecnologia estacionária e ausência da necessidade capitalista de expandir cada unidade de capital empregado.[4]

O gerenciamento que antecede a Revolução Industrial é considerado elementar, sem preocupação com obtenção de lucro e utilizando-se de mão de obra escrava. A gerência capitalista, pelo contrário, ao lidar com o trabalho assalariado, que representa custo, e estimulada pela necessidade de acumular capital, criou uma nova forma de administrar que difere completamente das formas anteriores; embora inicialmente possa ser considerada uma forma primitiva de gerenciamento, é muito mais completa, esmerada, autoconsciente do que qualquer coisa anterior.

Essa forma primitiva de gerenciamento assume formas rígidas e despóticas em função da necessidade de métodos coercitivos para habituar os empregados às suas tarefas e mantê-los trabalhando durante dias e anos.

Em todos esses primeiros esforços, os capitalistas estavam tateando em direção a uma teoria e prática da gerência. Tendo criado novas relações sociais de produção, e tendo começado a transformar o modo de produção, viram-se diante de problemas de Administração que eram diferentes não apenas em escopo, mas também em tipo, em relação às características dos processos de produção anterior. Sob as novas e especiais relações do capitalismo, que pressupunham um contrato livre de trabalho, tiveram que extrair de seus empregados aquela conduta diária que melhor serviria a seus interesses, impor sua vontade aos trabalhadores enquanto efetuassem um trabalho em base contratual voluntária (p. 68).[4]

Todas essas características da gerência primitiva podem ser evidenciadas etimologicamente:

O verbo *to manage* (administrar, gerenciar), vem de *manus*, do latim, que significa mão. Antigamente significava adestrar um cavalo nas suas andaduras, para fazê-lo praticar o *manège*. Como um cavaleiro que utiliza rédeas, bridão, esporas, cenoura, chicote e adestramento desde o nascimento para impor sua vontade ao animal, o capitalista empenha-se, através de gerência (*management*), em controlar (p. 68).[4]

Essa é a trajetória do trabalho gerencial. Surge com o aparecimento do homem, desenvolve-se, passando de rudimentar a científico, a partir das contribuições, principalmente, de Frederick Winslow Taylor e Henri Fayol, impulsionando como mostrado anteriormente pelo novo modo de produção.

Logo, a construção social do administrador nasce a partir das exigências dos interesses da classe dominante. A Administração Científica de Taylor e Fayol, e, consequentemente, a figura do administrador profissional se configuram como o arcabouço para a alavancagem do capital no modo de produção capitalista.

A institucionalização da profissão

No Brasil, a passagem de uma sociedade agrária para um modelo urbano-industrial, mais precisamente por volta da década de 1940, gera, entre outros aspectos, a necessidade de o sistema de ensino formar pessoal especializado para acompanhar as mudanças econômicas e atuar junto às grandes unidades produtivas, bem como no setor estatal.

No início da década de 1960 ocorreu uma centralização estatal na economia e um vultoso crescimento de empresas controladas pelo Estado, concentrando-se em infraestrutura e serviços, atividades que constituem insumos para outras indústrias.

Buscando a eficiência em seus empreendimentos, o Estado promoveu em 1967 uma reforma administrativa, objetivando aperfeiçoar seus recursos humanos, dando destaque a administradores capacitados para garantir a qualidade, produtividade e continuidade da ação governamental.

Nesse contexto ocorre, na metade da década de 1960, mais precisamente a 9 de setembro de 1965, a regulamentação da profissão de administrador, através da Lei nº 4.769.[i] Após essa Lei, o acesso ao mercado profissional seria privativo dos portadores de títulos expedidos pelo sistema universitário.

Previa-se nessa regulamentação que o seu exercício abrangeria as seguintes atividades:

a) elaboração de pareceres, relatórios, planos, projetos para os quais fosse exigida a aplicação de conhecimentos específicos às técnicas de organização;

---

[i] Os primeiros cursos de Administração no Brasil surgiram na década de 1950. Sobre o ensino de Administração no Brasil, veja o Capítulo 6.

b) realização de estudos, pesquisa, análise, planejamento, administração e seleção de pessoal, análise de métodos e programa de trabalho, administração financeira, de produção, de material e relações industriais;

c) exercício em função e em cargos denominados "Técnicos de Administração", no serviço público federal, estadual ou municipal, empresas estatais e privadas nas quais ficasse declarado aquele tipo de cargo;

d) exercício de funções de direção, intermediária ou superior, assessoria e consultoria em órgãos de Administração Pública ou entidades privadas cujas atribuições envolvessem a aplicação de conhecimentos das técnicas de administração;

e) magistério em matérias relativas ao ensino de organização e administração.

Trata-se de uma definição de espaço de atuação profissional, procurando consolidar um vasto campo de trabalho para a profissão de administrador.

A partir de então, o exercício da profissão de administrador ficaria restrito aos portadores de uma credencial emitida pelo sistema escolar.

Passo seguinte foi instituir organismos que controlassem o exercício da profissão, criando-se o Conselho Federal de Técnicos em Administração e os Conselhos Regionais de Técnicos em Administração, em 1966.

Os CRA (antigos CRTA) executariam as diretrizes estabelecidas pelo Conselho Federal, fiscalizando o desempenho da profissão e expedindo carteiras profissionais.

Criava-se um mecanismo de reserva de mercado, impedindo o ingresso na profissão de administrados de indivíduos sem formação universitária, e também profissionais de outras áreas como engenheiros, advogados, psicólogos, sociólogos, economistas etc.

Considerações finais

A proposta deste capítulo foi analisar a coesão ou unicidade da profissão de administrador na tentativa de responder a uma questão-problema: por que, em pleno século XXI, muitos postos de trabalho que deveriam ser ocupados por administradores ainda continuam sendo ocupados por profissionais de outras áreas?

Trabalhamos com o conceito de profissão, em uma perspectiva sociológica, e utilizamos o tipo ideal de Freidson,[7] como nosso eixo de análise. Analisamos a construção social da categoria profissional de Administração, vinculando-a ao estágio de desenvolvimento das relações de produção no modo de produção capitalista, o mesmo acontecendo quando se realiza essa análise no contexto brasileiro, ou seja, a profissão de administrador aparece e se institucionaliza a partir das exigências do grande capital e da burocracia estatal.

A princípio, verificamos que a profissão de administrador se enquadra perfeitamente na definição genérica de profissão: uma ocupação que exige que se crie e utilize sistematicamente um conhecimento geral e acumulado para a solução de problemas colocados pela clientela, sejam indivíduos ou coletividade.[9]

O que justificaria, portanto, o problema lançado em nosso estudo? Uma resposta imediata e plausível diria que a Administração é uma ciência nova, ainda em fase de consolidação.

Para alguns autores, não existe uma ciência da Administração no mesmo sentido das ciências físicas ou naturais. Não existem princípios ou leis na Administração semelhantes aos encontrados nessas ciências.[11]

Ciência é uma disciplina que pode ser organizada num sistema elaborado de teorias explícitas primárias ou secundárias que são ou têm sido reunidas pela lógica e regularidade do universo, de modo que as mudanças passadas e presentes do sistema possam ser explicitadas e mudanças futuras, preditas ou produzidas. A Administração deve ser reconhecida como uma ciência e uma arte. Possui um corpo de pensamento que pode ser sistematizado e a partir do qual é possível predizer fenômenos, mas falta ao campo a capacidade de fazer predições absolutas. Uma abordagem de contingência torna-se, portanto, necessária para adaptar o corpo da Teoria da Administração às situações. A teoria, formulada no campo, representa a ciência. A habilidade de aplicá-la corretamente é a arte (p. 44-45).[11]

Essa polêmica aparentemente infecunda e despropositada que envolve a Administração ser ciência, arte ou prática e técnica não é simples especulação, pois de seu entendimento resultará a forma de o administrador se posicionar como profissional.[2]

Obviamente, o que ocorre com a Administração ocorre com outras ciências sociais e humanas. Na verdade, a própria Administração abebera-se de várias outras ciências, como a Sociologia, a Economia, a Psicologia, a Política e a Matemática, por exemplo.

Outros autores consideram que a velha discussão de a Administração ser ciência, arte ou técnica está superada. Há um paradoxo: a pouca idade de existência da Administração como disciplina ao mesmo tempo em que como atividade concreta é uma das mais antigas do mundo.[10]

Pelo exposto, evidencia-se que um dos principais requisitos ou componentes do tipo ideal de profissionalismo de Freidson[7] apresenta na profissão de administrador uma relativa fragilidade.

Falta para a profissão de administrador o controle legítimo sobre uma determinada esfera de conhecimento, garantindo à profissão um monopólio e uma espécie de mandato sobre seu domínio de trabalho, ou seja, uma competência legitimada objetivamente.[9] Falta-lhe a jurisdição sobre um corpo especializado de conhecimento e qualificação como apregoam Freidson e Abbot.

Essa fragilidade é que incita os embates por mercados de trabalho, disputando nichos com engenheiros, advogados, economistas, contadores, psicólogos e até com indivíduos sem formação superior.

Outro elemento significativo do tipo ideal de Freidson[7] diz respeito à composição e à organização da profissão, ou seja, pela supervisão e avaliação do desempenho profissional pela classe administrativa da profissão (Conselhos Federal e Regionais de Administração). Sem nos aprofundarmos nesse aspecto, consideramos a atuação dos conselhos muito aquém do ideal, se compararmos com outras entidades que são muito mais corporativas.

Apesar da credencial que teoricamente ampara a reserva de mercado, falta ao profissional de Administração uma autoridade científica e cultural, que podemos imputar a fragilidades na formação do administrador, principalmente pela sua massificação, como pode ser observado no capítulo que trata do ensino de Administração no Brasil, nesta mesma obra.

Referências

[1] BARBOSA, Maria Ligia de Oliveira. A sociologia das profissões: em torno da legitimidade de um objeto. *Boletim Informativo e Bibliográfico das Ciências Sociais*, Rio de Janeiro, nº 36, p. 3-30, 2º sem. 1993.

[2] BERNARDES, Cyro. *Teoria geral das organizações*: os fundamentos da administração integrada. São Paulo: Atlas, 1993.

[3] BONELLI, M. G.; DONATONI, S. Os estudos sobre profissões nas ciências sociais brasileiras. *Revista Brasileira de Informação Bibliográfica em Ciências Sociais*, Rio de Janeiro, v. 41, nº 1, p. 109-142, 1996.

[4] BRAVERMAN, Harry. *Trabalho e capital monopolista*: a degradação do trabalho no século XX. Rio de Janeiro: Guanabara, 1987.

[5] DRUCKER, Peter. A administração como uma função social e como arte liberal. In: _____. *As novas realidades no governo e na política, na economia e nas empresas, na sociedade e na visão do mundo*. São Paulo: Pioneira, 1993.

[6] ENGUITA, Mariano F. *A face oculta da escola*: educação e trabalho no capitalismo. Porto Alegre: Artes Médicas, 1989.

[7] FREIDSON, Eliot. Para uma análise comparada das profissões: a institucionalização do discurso e do conhecimento formais. *Revista Brasileira de Ciências Sociais*, ano 11, nº 31, jun. 1996.

[8] KWASNICKA, Eunice Lacava. *Introdução à administração*. São Paulo: Atlas, 1981.

[9] MARINHO, Marcelo Jacques Martins da Cunha. *Profissionalização e credenciamento*: a política das profissões. 1985. Dissertação (Mestrado em Sociologia) – IUPERJ, Rio de Janeiro.

[10] PARK, Kil (Coord.). *Introdução ao estudo da administração*. São Paulo: Pioneira, 1997.

[11] ROBBINS, Stephen P. *O processo administrativo*: integrando teoria e prática. São Paulo: Atlas, 1981.

O Trabalho do Administrador 11

Jair de Oliveira
Daniela Rosim
Edmundo Escrivão Filho

O que é administração?

Apesar do reconhecimento de que a administração exerce grande influência sobre a vida das pessoas e é uma denominação amplamente difundida, sua definição não encontra consenso nem mesmo entre os estudiosos do assunto. "A palavra *administrar* tem vários significados. Não há um padrão universalmente aceito para a definição do termo administração."[29] As transformações rápidas e profundas no mundo do trabalho são um obstáculo ao consenso. Como tudo o mais hoje em dia, o conceito de administração está em transição.

Pode-se definir a administração como "o processo de fazer com que as atividades sejam realizadas eficiente e eficazmente com e através de outras pessoas".[45] Essa definição enfatiza o lado humano da administração destacando o "trabalhar com pessoas". De modo mais amplo, o trabalhar "com e através de pessoas" revela a natureza do trabalho do administrador, isto é, a essência de seu trabalho, aquilo que caracteristicamente o distingue de outros profissionais, que é "mobilizar pessoas para a realização dos objetivos organizacionais".

Além disso, a ação administrativa precisa ser eficiente e eficaz. A eficiência é definida pelo bom uso dos recursos; é uma relação de saídas (produtos) e entradas (matérias-primas). Esse propósito é muitas vezes mencionado como "fazer certo as coisas". A eficácia é definida pela realização dos objetivos; o administrador que obtém resultados coerentes com os objetivos propostos é eficaz e sua ação teve eficácia. Esse propósito é muitas vezes mencionado como "fazer as coisas certas". Dessa forma, enquanto a eficiência refere-se aos meios (recursos), a eficácia refere-se aos fins (objetivos) de uma ação.

Embora hoje em dia a ação efetiva seja de interesse amplo na sociedade, a fonte de inspiração dos princípios e técnicas administrativas tem sido, na maior parte das vezes, as grandes organizações. Pode-se dizer que "não existe organização sem administração, e a recíproca é quase totalmente verdadeira, já que é essencialmente dentro das organizações que a administração é exercida".[36] Dessa forma, o estudo da organização torna-se obrigatório para a boa compreensão da administração.

O trabalho do administrador

O trabalho do administrador é um trabalho de interação humana. Ele é exercido por meio de pessoas, com o propósito de se alcançar determinado objetivo. Essa ação coletiva, geralmente, é posta em prática em organizações.

As organizações alcançaram uma condição tão importante na vida das pessoas que se constituíram no tipo predominante de sistema social. O homem moderno passou a ser um homem dependente das organizações. Ele, quase sempre, precisa delas para satisfazer eficientemente as suas mais diversas aspirações individuais e sociais. Como consequência, o seu cotidiano é dominado por um extenso contato com organizações grandes e complexas.[18,36]

As organizações não existem por si próprias, são meios que, representando uma unidade social, visam à realização de uma tarefa social, cujo desempenho é avaliado por fatores externos; portanto, nem sempre de maneira intencional, elas influenciam e são influenciadas pela sociedade.[7,18] Assim, o trabalho do administrador é o elemento vital de toda e qualquer organização, pois é a qualidade da sua atuação que determinará a continuidade ou não das organizações.[8] O administrador é quem determina se as nossas organizações nos servem bem ou se desperdiçam nossos talentos e recursos.[32] No entanto, apesar da longa trajetória de pesquisa e discussão, o trabalho do administrador ainda é pouco reconhecido e entendido. Isso não ocorre por acaso. O entendimento do trabalho do administrador é complexo e diferente das demais profissões; por isso, os administradores conhecem pouco sobre a essência do seu trabalho.

Como será apresentado nas próximas seções deste capítulo, muitas das interpretações iniciais de que o trabalho do administrador seria, invariavelmente, revestido de ações racionais e sistematizadas e a reflexão dissociada da prática, foram sendo desfeitas. Aos poucos, consolidou-se o entendimento de que o trabalho do administrador é moderado pelo raciocínio analítico, pautado pela racionalidade limitada, praticado de modo fragmentado e descontínuo e envolto em um processo recíproco de prática e reflexão, reflexão e prática. Além disso, o trabalho do administrador, muitas vezes, suplanta as fronteiras organizacionais de tempo e de local de execução, de modo que ele, em algumas circunstâncias, é desempenhado fora da organização e do horário normal de expediente.

Não existe na literatura uma definição inequívoca que retrate o que o administrador faz nas organizações.[30] Invariavelmente, aparecem títulos como funções, papéis, elementos, atividades, tarefas, comportamento e natureza do cargo. Assim, é corriqueiro encontrar termos diferentes tratando de assuntos comuns e termos comuns com interesses difusos.[11] Por isso, nominou-se este capítulo como trabalho do administrador, considerando que essa definição retrata todas as diferentes acepções e difunde uma denominação que cada vez mais é aceita na academia para designar o que o administrador faz. O que se pretende nas próximas seções é discutir a natureza do trabalho do administrador, qual é a sua essência e quais são as suas características, pois quanto mais o administrador souber o porquê do que ele faz, melhor ele fará.[35]

Teorias de administração e o trabalho do administrador

A prática da administração tem sido exercida desde tempos imemoriais em que os seres humanos iniciaram a realização de atividades coletivas. A teoria da administração foi escassamente construída no passado comparada com a abundante produção contemporânea. Ao final do século XIX e início do século XX, a prática e a teoria da administração sofreram grande mudança. A organização tradicional, fundamentada e legitimada nos costumes e tradições, vai cedendo sua predominância na sociedade para a organização burocrática, fundamentada e legitimada na ordem racional-legal.

O moderno pensamento administrativo surge da ruptura com as práticas e teorias do passado, trocando a confiança nas relações dos dirigentes com os administradores pela competência em exercer ações racionais eficientes e eficazes. A formação da administração no período moderno e contemporâneo pode ser compreendida, conforme ilustração simplificada na Figura 1, por meio de movimentos e escolas do pensamento administrativo.

Movimento pode ser entendido como uma situação de acontecimentos e ideias em um determinado tempo e espaço em que as pessoas mudam suas opiniões, o modo de trabalhar e de viver. As mudanças são de ordem material e intelectual e nas áreas econômica, cultural, política, artística, religiosa, científica, psicológica e outras. Essa situação influencia certos padrões de pensar desenvolvidos por pensadores ou conjunto de pensadores. Os seguintes Movimentos do moderno e contemporâneo Pensamento Administrativo podem ser identificados: Racionalização do Trabalho, com predominância da situação entre 1900 e 1930 e baseado nos aspectos técnicos e formais do trabalho e da administração; Relações Humanas, entre 1930 e 1950, e com fundamento nos aspectos sociais e informais; Movimento Sistêmico, com predominância entre 1950 e 1965, que fez a síntese conceitual entre os dois primeiros (técnico e social; formal e informal), com uma moldura de totalidade dos fenômenos (organização; sistemas); Movimento da Contingência, entre 1965 e 1980, que foi antes de tudo sistêmico, mas negou o ponto de vista da "única maneira certa" de administrar; existe uma maneira adequada segundo a situação. O Movimento Contemporâneo está em construção, pois estamos vivendo a situação nos dias atuais. Não há um consenso claro sobre o mérito e a importância das doutrinas administrativas que formarão esse Movimento.

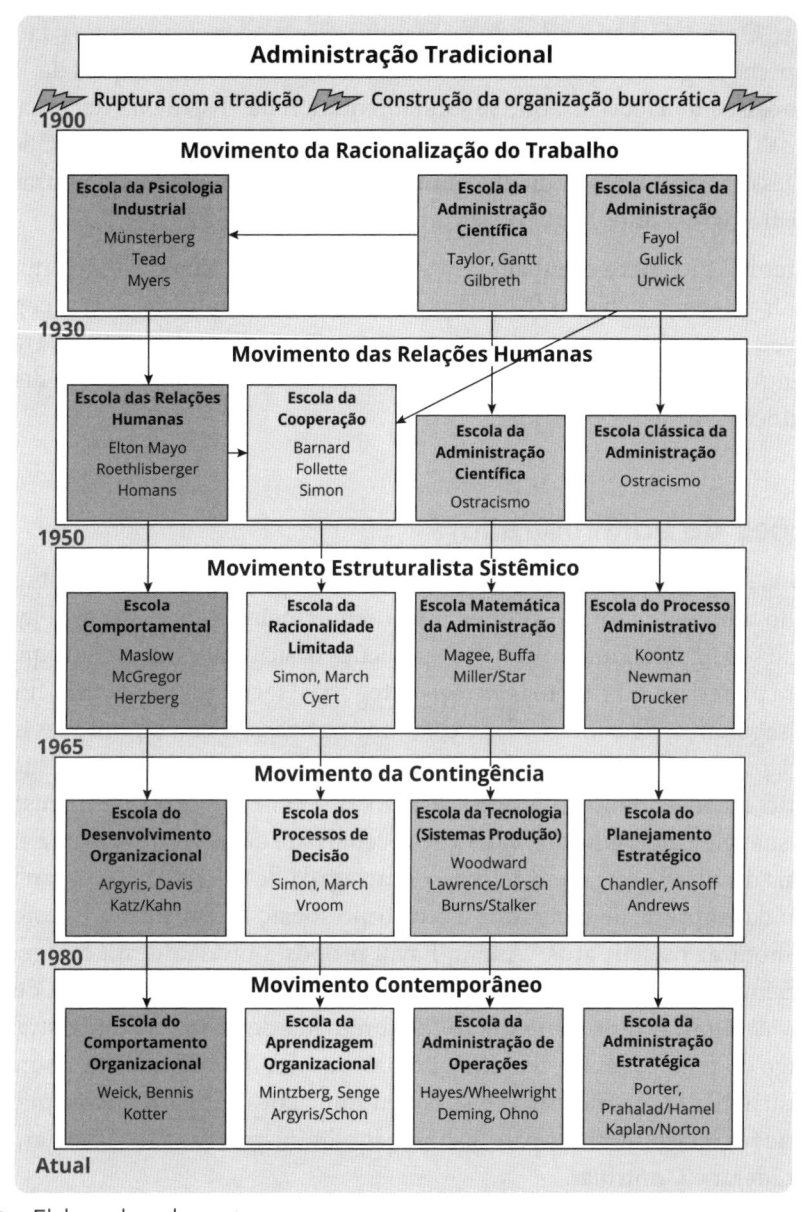

Fonte: Elaborada pelos autores.

Figura 1 Formação do pensamento administrativo moderno e contemporâneo

Escola de Pensamento Administrativo pode ser entendida como uma doutrina (princípios administrativos) e um conjunto de autores que compartilham essa doutrina em um determinado tempo. É enganoso olhar para a Figura 1 e entender que existem 15 "teorias" de administração associadas às 15 Escolas apresentadas. O principal aprendizado da Figura 1 é entender os princípios da "Escola da Aprendizagem Organizacional" como atualização dos princípios da "Escola dos Processos de Decisão", que se fundamentaram na "Escola da Racionalidade Limitada", que, por sua vez, considerou a contribuição da "Escola da Cooperação". Dessa forma, haveria quatro grandes temas construídos pelo pensamento administrativo no transcorrer do século XX.

A teorização sobre o trabalho do administrador no século XX acompanhou essas três visões: a racional formulou as funções do administrador; a cognitiva descreveu os papéis do administrador; e a comportamental estudou o trabalho do líder. As três próximas seções abordam o trabalho do administrador discutindo as funções, os papéis e o líder.

Funções do administrador

Uma das primeiras tentativas de se sistematizar o conhecimento sobre o trabalho do administrador foi proposta pelo engenheiro francês Henri Fayol, no início do século XX. Para o autor,[9] as operações básicas ou essenciais de qualquer empresa poderiam ser reunidas em seis categorias: técnicas, comerciais, financeiras, de segurança, de contabilidade e administrativas. As cinco primeiras categorias fariam parte de um conjunto que suscitava poucas dúvidas para a sua compreensão e consequente aplicação. Porém, a sexta categoria, a administrativa, dada a sua relevância e a pouca atenção recebida até então, requeria uma explicação mais detalhada. Essa função seria encarregada de formular o programa geral de ação da empresa, de constituir o seu corpo social, de coordenar os esforços e de harmonizar os seus atos.[9] Assim, Fayol propôs a divisão dessa categoria em cinco elementos: prever, organizar, comandar, coordenar e controlar. A denominação *elementos*, posteriormente, foi denominada de funções administrativas.[24] Ao longo do tempo, essa sistematização passou a ser denominada de abordagem processual. Ela foi aperfeiçoada e suas denominações, alteradas. Atualmente, as designações mais utilizadas para as funções administrativas são: Planejar, Organizar, Liderar e Controlar.

Planejamento

O planejamento estabelece uma condição futura e determina quais ações e recursos são requeridos para se alcançá-la. Envolve identificar, avaliar e escolher alternativas, e considera que, se a alternativa escolhida for apropriada, favorecerá atingir o resultado desejado. Assim, ele pode ser um processo de ação pessoal ou uma função organizacional.[38]

Como processo pessoal, caracteriza-se pela busca do homem em lidar com o futuro e em determinar antecipadamente o que fazer, antes de fazê-lo.[38] Como atividade organizacional, o planejamento procura estabelecer racionalmente os meios para que a organização alcance o futuro desejado.[25] O planejamento como processo organizacional manifesta-se de modo formal e informal; contudo, o modo que promove a formalização de planos de ação é o mais difundido.[24]

O planejamento formal refere-se a um processo organizacional racional e sistemático, com a presença de um responsável pelo planejamento incumbido de avaliar o contexto organizacional, as situações anteriores importantes que afetaram a organização, as atuais e as futuras que possam influenciá-la, e as forças e as fraquezas da organização e dos seus concorrentes. Essas avaliações resultam em um plano escrito, estabelecendo estratégias, objetivos e metas mensuráveis, as necessidades de recursos. Ele deve, ainda, definir procedimentos para antecipar e detectar variações entre o que foi planejado e o realizado. O tipo de planejamento a ser formalizado é vinculado ao horizonte de tempo vislumbrado. Assim, a formulação desse tipo de planejamento pode ser para curto, médio ou longo prazo.[3,31]

Apesar de sustentar uma proeminência, o planejamento formal recebeu várias críticas pela defesa excessiva da sistematização e da racionalização do processo de planejamento e pela desconsideração do modo informal de planejamento.[34] Considerando-se as definições apresentadas, entende-se que o administrador exerce a função de planejar quando provoca o surgimento de alternativas, as avalia e seleciona as melhores para a tomada de decisão, seja uma decisão estratégica, tática ou operacional. Esse processo pode ser manifestado de modo formal ou informal.[25]

Organização

Organizar é prover a empresa com todos os recursos tangíveis e intangíveis imprescindíveis à sua atuação, e assegurar que o corpo social cumpra as suas obrigações[9] buscando manter um senso de comando e orientações para o processo de decisão como meio de eficiência organizacional.[41] Para alcançar esse propósito, é necessário acomodar as pessoas certas nos lugares certos, alocá-las em unidades ou subunidades e distribuir a autoridade na hierarquia.[25,41,42]

Uma das atribuições dessa função é a designação de autoridade aos respectivos participantes do processo de administração. A autoridade pode ser de origem estatutária, pessoal ou técnica e consiste no direito de mandar e no poder de se fazer obedecer.[9] A autoridade é necessária para assegurar a ordem e a disciplina. A sua faculdade não é restrita ao posto hierárquico, ela pode advir de outras fontes, como da confiança dos subordinados no conhecimento e na experiência do administrador.[42,43]

As relações de autoridade podem ser representadas por meio da estrutura organizacional, a qual configura as diferentes posições de autoridade e de vínculos de relacionamentos entre as pessoas em uma unidade organizacional.[18,46] É por meio da elaboração da estrutura organizacional que o administrador estabelece a divisão do trabalho, arranjando as diversas tarefas em conjuntos afins e definindo os níveis hierárquicos, as normas e os regulamentos que condicionam os comportamentos das pessoas. A estrutura organizacional retrata os contextos em que o poder é exercido, pois ela estabelece ou determina quais posições têm poder sobre outras, onde as decisões são tomadas e onde são executadas as atividades das organizações.[18]

Liderar

A liderança é um fenômeno multifacetado, e o seu estudo é vasto, multidisciplinar e complexo.[21,24,54] O conceito de liderança não é inequívoco, existem dezenas de definições, com inúmeras conotações e graus de ênfase sobre os seus significados.[21,54] Nessas definições estão presentes, implícita ou explicitamente, os termos *influência* e *variações no grau de autoridade*.[9,22,37,54]

A liderança como função administrativa incumbe-se do fator humano na organização, para que as tarefas sejam realizadas conforme os objetivos organizacionais.[24] Essa função recebeu, ao longo do século XX, vários rótulos e contribuições teóricas, tais como: comandar, dirigir e motivar,[58] mas prevalece o propósito do exercício da autoridade, cujas atribuições e responsabilidades são inerentes a um determinado cargo.[9,24,37] Nesse sentido, liderar, entre outras atividades, compreende: orientar, explicar, comunicar, definir prioridades e padrões e motivar os subordinados na execução das tarefas.[24,54]

Enquanto função administrativa, a liderança procura conduzir a execução do plano, de modo que prevaleçam a autoridade, a disciplina, a energia, a iniciativa e a confiança dos subordinados. Como atividades, o administrador comunica aos subordinados as regras, os fluxos e a rotina de trabalho; dialoga para treiná-los, orientá-los e incentivá-los sobre as atividades que serão executadas; emite solicitações de providências de modo verbal ou por escrito; responde às iniciativas e aos requerimentos dos subordinados; recompensa e repreende verbalmente os subordinados; interfere nas relações interpessoais para solucionar conflitos; conduz reuniões formais ou informais; realiza rondas programadas ou não; e mantém contato com pessoas externas à sua unidade de trabalho.[1,5,24,37]

Controlar

No ambiente organizacional, o controle especifica e prescreve as atribuições a serem desempenhadas pelo indivíduo na organização e pode ocorrer sobre o comportamento das pessoas, sobre os resultados das tarefas ou sobre os ativos. O seu desenvolvimento conceitual foi classificado em tradicional e moderno.[16,40]

Na corrente tradicional, o controle é considerado dependente das atividades de planejar e de organizar.[16] Controlar significa verificar se tudo ocorre de acordo com o programado e se as ordens dadas e os princípios admitidos são cumpridos. O propósito do controle é verificar a situação do trabalho e se a liderança segue os princípios orientadores estabelecidos pelo planejamento ou admitidos pela organização.[16,24]

Contudo, na década de 1950, desponta uma visão preocupada com o tempo de resposta na execução do controle. Ela incorpora o princípio da prevenção e da antecipação dos desvios. Desse modo, o controle deixa de ser submisso às demais funções e passa a ser capaz de influenciá-las significativamente.[16] Acrescentam-se ao controle as atribuições de acompanhar os eventos, mesmo que discretos; analisar os seus efeitos sobre os objetivos, antes do fim da atividade; e atuar com as demais funções, para realizar, no momento certo, os ajustes necessários.

O administrador exerce o controle quando supervisiona a realização do trabalho, estabelece regras e normas de conduta e comportamento, estabelece parâmetros de controle, vinculados ou não ao planejamento, e estabelece um sistema de recompensas. Porém, o modo de executar a função controle muda conforme o estágio em que a organização se encontra. Por exemplo, a supervisão é exercida de modo direto e pessoal no estágio inicial da organização e, conforme ocorre o desenvolvimento organizacional, ela passa a ser exercida de modo mais indireto e impessoal.

Papéis do administrador

Para Simon,[48] é impossível o indivíduo conhecer todas as maneiras disponíveis para resolver um problema e também suas principais consequências, por isso o autor acredita que a teoria administrativa deve ser a teoria da racionalidade intencional e limitada do comportamento do ser humano. Assim, de acordo com o modelo da racionalidade limitada de Simon, o ser humano não consegue conhecer todas as maneiras possíveis e disponíveis para resolver seu problema, ele não consegue atingir uma solução ótima, então ele busca uma solução que seja satisfatória.

A otimização das decisões é uma ficção, pois as decisões são limitadas e influenciadas pelas limitações do ser humano em ter acesso e processar cognitivamente todas as opções. Há uma impossibilidade de obter todas as informações decorrentes de problemas de custo e tempo e pelas crenças, conflitos e jogos de poder que ocorrem dentro das organizações. Assim, toda teoria que se propõe a estudar o trabalho do administrador deve levar em conta sua natureza racional limitada na tomada de decisões.

A abordagem clássica, e por sua vez as funções de Fayol, foram por muito tempo unânimes na definição do trabalho do administrador. Até hoje ela é considerada a principal e mais utilizada descrição de como administrar, no entanto essa abordagem também já foi muito criticada.

Mintzberg[31] propõe uma nova abordagem para as funções do administrador, denominada abordagem dos papéis. Para Mintzberg,[33] o planejar, organizar, liderar e controlar está longe de descrever o que os executivos realmente fazem. Para o autor, essas funções,

> "na melhor das hipóteses, indicam alguns objetivos vagos adotados pelos administradores em sua rotina. [...] O trabalho do administrador não cria planejadores reflexivos; ele reage aos estímulos como um indivíduo condicionado por seu trabalho a preferir ação imediata à tardia".

Para Mintzberg,[31] o delineamento dos papéis é essencialmente um processo de categorização e pode ser dividido em três grupos: os que estão preocupados primeiramente com os relacionamentos interpessoais, os que estão preocupados com a transferência de informações e os que estão essencialmente envolvidos nos processos de tomada de decisão.

Os "papéis interpessoais"

Os papéis interpessoais carregam consigo dois aspectos comuns e cada um está ligado diretamente ao *status* e à autoridade do gerente. Cada um desses papéis também envolve essencialmente o desenvolvimento de relacionamentos interpessoais.

O gerente como representante. Por causa de sua autoridade formal, o gerente passa a ser um símbolo obrigado a executar uma série de funções. Algumas delas são banais, outras são de natureza inspiradora, no entanto todas têm natureza informacional.

O gerente como líder. No seu papel de líder, o gerente define a atmosfera na qual a organização irá trabalhar. Cada vez que o gestor incentiva ou critica um subordinado, ele está agindo na sua condição de líder.

O gerente fazedor de contatos. O papel de contato lida com a rede significativa de relações que o gerente mantém com numerosos indivíduos e grupos externos à organização que ele dirige.

Os papéis informacionais

Os papéis informacionais são relacionados a receber e transmitir informações interna e externamente. Muitas das atividades do executivo são informacionais por natureza. Os contatos verbais são informacionais, tais como fazer solicitações, passar informações menores e receber informações consolidadas e resumidas.

O gerente como monitor. No papel de monitor o gerente está continuamente procurando e recebendo informações que o habilitam a compreender o que está se passando na organização e no seu ambiente.

O gerente como disseminador. O acesso privilegiado às informações permite ao gerente executar um importante papel de disseminador. Como disseminador, o executivo atua trazendo informações externas para sua organização e passando informações internas de um subordinado a outro, fazendo com que as informações circulem na organização.

O gerente como porta-voz. No papel de porta-voz o executivo transmite informações para fora de seu ambiente organizacional. O papel de porta-voz requer que ele mantenha dois grupos informados: o grupo das pessoas que exercem alguma influência sobre as outras pessoas da organização e o grupo referente ao público em geral.

Os papéis decisionais

O último dos conjuntos de papéis desempenhados pelos administradores envolve a tomada de decisões significantes e é provavelmente a parte mais crucial do trabalho do executivo.

O gerente como empreendedor. No papel de empreendedor, o gerente atua como iniciador e condutor de grande parte da mudança que ocorre na organização, explorando as oportunidades e resolvendo problemas que não têm tanta urgência.

O gerente como manipulador de distúrbios. Como manipulador de distúrbios o executivo é responsável pelas ações corretivas quando a organização se depara com situações inesperadas.

O gerente como alocador de recursos. Nesse papel, o executivo é responsável por alocar recursos organizacionais de todos os tipos.

O gerente como negociador. Nesse papel de negociador, o gerente é responsável por representar a organização nas negociações com outras organizações ou indivíduos.

Funções ou papéis do administrador?

As críticas conferidas às proposições de Fayol, por serem abstratas e fornecerem poucas evidências sobre o que os administradores realmente fazem, instigaram discussões e promoveram o exame do que era ensinado sobre a função do administrador.[39] Entretanto, a busca pelas respostas a esses questionamentos não refutou as proposições de Fayol,[5,17] uma vez que as proposições de Fayol e de Mintzberg tratam de aspectos diferentes do trabalho do administrador.[30] Assim, ao invés de se excluírem, elas se completam,[10,17,30] conforme exposto no Quadro 1.

Quadro 1 Integração das abordagens do processo e dos papéis

Papéis do Administrador	Funções do Administrador			
	Planejar	Organizar	Liderar	Controlar
Representante	X		X	
Líder	X	X	X	X
Contato	X	X		X
Monitor	X	X	X	X
Disseminador		X	X	X
Porta-voz				
Empreendedor	X			
Manipulador de distúrbios				X
Alocador de recursos	X	X		
Negociador		X	X	X

Fonte: Lamond.[30]

O conceito de papel poderia ser usado como um quadro de análise relacionado à expectativa e ao desempenho do trabalho do administrador,[17] enquanto a abordagem do processo proveria um modelo discreto de classificação das diferentes atividades e técnicas utilizadas pelo administrador na execução das suas atribuições.[5]

Outra opção de reconciliação,[5] porém mais extensa e com mais argumentos, é proposta por Carrol e Gillen, conforme Figura 2. Eles consideraram, do mesmo modo que Lamond,[30] que o administrador, para cumprir suas responsabilidades, formula uma agenda;[26] no entanto, ele precisa fazer escolhas, provocadas por demandas, e dependentes de restrições,[50] e na execução da programação da sua agenda é que o administrador desempenharia as atividades inerentes a cada papel.[31] Assim, quando os papéis fossem reunidos sobre um único processo é que se constituiria uma função administrativa.

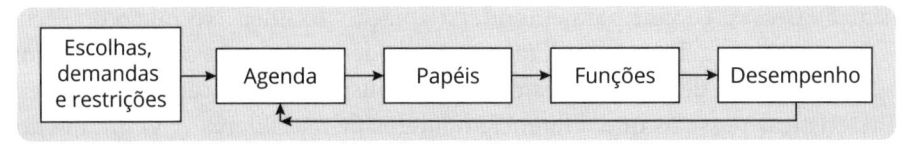

Fonte: Carroll e Gillen.[5]

Figura 2 Modelo do trabalho do administrador

A visão macro sobre o trabalho do administrador representa as funções administrativas. Ela é formulada a partir da reunião de atividades afins agrupadas em uma das quatro funções administrativas e, para a sua classificação, é necessário considerar a finalidade da atividade a ser executada.[52] A segunda visão, micro, é orientada às características, à duração, à frequência e às especificidades da tarefa e não à sua interpretação. Nessa visão, as tarefas são analisadas de forma isolada e associadas a grupos afins e não aos objetivos organizacionais. Para Tsoukas,[53] as duas abordagens concebem camadas ontologicamente distintas. A abordagem do processo é menos objetiva e foca o que o administrador pode fazer, ao passo que a dos papéis, mais objetiva, refere-se aos aspectos da prática do seu trabalho e foca no que ele faz. Assim, apesar das diferenças em termos de concepção e de designação, as abordagens do processo e dos papéis podem ser consideradas como complementares ao estudo do trabalho do administrador e úteis para descrevê-lo.[5,10,30]

O administrador como líder

Definir liderança não é uma tarefa fácil em razão das inúmeras definições existentes.

> "Embora os especialistas venham estudando a liderança há décadas, mesmo depois de milhares de pesquisas, eles ainda não chegaram a um consenso sobre a definição exata de liderança."[15]

A liderança pode ser definida como "a capacidade de influenciar um conjunto de pessoas para alcançar metas e objetivos".[44] A definição de liderança, entre as muitas definições, apresenta três aspectos: pessoas, influência e metas.[6] Portanto, a liderança ocorre entre as pessoas na interação dessas pessoas dentro de um grupo. Além do mais, a liderança muda o comportamento e o desempenho das pessoas pela influência de um de seus membros. E, ainda, a liderança visa alcançar metas individuais, grupais e organizacionais.

A aplicação empresarial da liderança teve várias fases no século XX, e em cada fase teve predominância uma Teoria de Liderança. Faremos uma breve descrição dessas Teorias para entender a atuação do líder. No início do século XX, predominou a Teoria dos Traços, que pode ser definida como o conjunto de conhecimento de estudos e esforços que "buscam identificar as qualidades e características pessoais que diferenciam líderes de não líderes".[44] O grande problema da Teoria dos Traços é que os traços potencialmente úteis na identificação da liderança são muito numerosos. Além do mais, as pesquisas não confirmam a capacidade da Teoria dos Traços em prever a eficácia do líder. No entanto, não é possível distinguir entre líderes eficazes e ineficazes, mas é possível distinguir líderes de não líderes.

Por volta da metade do século XX, predominaram as Teorias Comportamentais, que sugeriram possibilidade de treinar pessoas para serem líderes.[44] Pesquisas realizadas na Universidade de Michigan e na Universidade de Ohio ao final da década de 1940 deram origem às Teorias Comportamentais de Liderança. A pesquisa de Michigan identificou dois estilos de liderança: centrado no trabalho – enfatiza os aspectos técnicos e práticos do trabalho – e centrado no empregado – enfatiza relações interpessoais por meio do interesse pessoal pelas necessidades do funcionário. Essas pesquisas sugeriram dois estilos de liderança, mas penderam em mostrar "uma vantagem da liderança centrada no empregado sobre a liderança centrada no trabalho".[15] O resultado da pesquisa da Universidade de Ohio identificou que líderes podem ser tanto centrados no trabalho quanto centrados no empregado. Essas pesquisas "romperam com pensamento tradicional de que um líder deve focar ou nas tarefas ou nas pessoas. A busca pelo 'melhor' conjunto de traços ou comportamentos fracassou em estabelecer um estilo de liderança eficaz".[15]

Na década de 1970 começou-se a entender que "eficácia de certo comportamento depende da situação em que este se realiza".[44] O primeiro modelo contingencial de liderança foi desenvolvido por Fred Fiedler, o qual propõe que a eficácia do desempenho do grupo depende da adequação entre o estilo do líder e o grau de controle que a situação lhe proporciona.[44] Fiedler tem o pressuposto de que o estilo de liderança de uma pessoa é fixo. Por exemplo, se o líder é orientado para a tarefa e a situação exige um líder orientado para o relacionamento, ou muda a situação ou se substitui o líder para que a liderança possa ser eficaz.[44] Uma segunda contribuição é o modelo de liderança situacional de Hersey e Blanchard, que congrega dois conceitos fundamentais, de estilo de liderança e de maturidade dos liderados. A maturidade dos liderados é definida como a capacidade e a disposição das pessoas em assumir a responsabilidade de dirigir seu próprio comportamento em relação a uma tarefa específica, mas não para todas as tarefas.[19] Os estilos de liderança compõem-se de uma dosagem certa de comportamento de tarefa e comportamento de relacionamento. E liderança eficaz é obtida pela escolha do estilo correto diante da maturidade (capacidade e disposição) dos liderados.

Ao final do século XX, ganhou força a Teoria da Liderança Transformacional e Transacional. A liderança transacional está representada, de forma geral, pelas contribuições anteriores, com ênfase na influência exercida pelo líder por meio dos esclarecimentos da tarefa e do atendimento das necessidades dos liderados e do direcionado da "energia" liberada para as metas organizacionais. A liderança transformacional também se fundamenta nas necessidades dos liderados, mas leva-os a um estado de estimulação muito superior. Os líderes transformacionais "são capazes de entusiasmar, incitar e inspirar as pessoas a darem o máximo de si na busca dos objetivos do grupo".[44]

A liderança foi incorporada aos estudos do pensamento administrativo moderno com a Escola de Relações Humanas na década de 1930. Alguns autores procuram diferenciar liderança de administração. Na administração "alguém elabora um plano, comunica-o às pessoas e tenta mantê-las responsáveis. Ou alguém toma uma decisão e exige que os outros a aceitem... Somente a liderança pode destruir as muitas fontes de inércia da organização".[28]

Não se deve entender que a liderança é superior à administração, mas que ambos os processos têm funções diferentes na organização. Para Kotter, a "liderança não é necessariamente melhor que administração, ou substituto para ela. Pelo contrário, liderança e administração são dois sistemas de ação distintos e complementares".[27] No entanto, alguns autores discordam ao afirmarem que "o conceito de liderança é mais restrito que o de administração".[15] E, ainda, outros autores registram que, "embora Kotter ofereça definições separadas para os dois termos, tanto pesquisadores como executivos raramente fazem essa distinção".[44]

O dirigente da pequena empresa descrito pelo trabalho do administrador

Diferentemente do que acontece com o trabalho do administrador das corporações, cujos primeiros estudos datam de 1911, o trabalho do dirigente da pequena empresa é um tema recente e ainda pouco estudado.

Esses estudos que tratam do trabalho do dirigente compõem uma gama maior de estudos que investigam o dirigente da pequena empresa. A motivação para estudar o dirigente da pequena empresa advém da tentativa de responder à questão:[12] Por que algumas pequenas empresas têm desempenho melhor do que outras? Dentre as muitas respostas possíveis para essa questão aparecem as que entendem ser o dirigente um dos responsáveis pelo desempenho organizacional da pequena empresa. Em consequência, surgem no século XX muitas pesquisas tentando desvendar quem é o dirigente. Essas pesquisas baseiam-se principalmente nas características pessoais e perfil psicológico em uma tentativa de diferenciar o dirigente da pequena empresa do empreendedor, conforme demonstrado no Quadro 2.

Quadro 2 Pesquisas sobre o dirigente

Autores/Ano	Objetivo Principal do Trabalho	Resultados
Brockhaus (1980)	Comparar a propensão ao risco dos empreendedores com a dos gerentes da população em geral.	Não houve diferença entre o grau de propensão ao risco dos empreendedores e a população em geral e entre os empreendedores e os gerentes.
Carland et al. (1984)	Fazer uma discussão conceitual adotando como diferença principal entre empreendedores e dirigentes a propensão ao risco.	Definição dos perfis com base nos objetivos de cada grupo: empreendedor é o que tem como objetivo o lucro e a expansão do negócio; e o proprietário de pequena empresa é o que tem como objetivo atingir suas necessidades.
Carland (1992)	Estudar as diferenças entre os gerentes, empreendedores e proprietários de pequena empresa por meio da dimensão cognitiva de cada um.	Perfil dos empreendedores é mais extrovertido, espontâneo e intuitivo que os proprietários de pequenas empresas; os proprietários de pequena empresa apresentam o perfil mais próximo ao dos gerentes das grandes empresas.
Carland (1995)	Estudar a propensão ao risco entre os gerentes, proprietários de pequenos negócios e empreendedores a partir das conclusões do estudo de Brockhaus (1980).	Os empreendedores apresentam maior propensão ao risco que o restante da amostra.
Begley (1995)	Examinar as características como o *status* de fundador da empresa, a idade da firma e a taxa de crescimento é uma boa forma de diferenciar empreendedores nas pesquisas empíricas.	A taxa de crescimento não é uma boa forma de diferenciar empreendedores e não empreendedores, enquanto as demais características são bons diferenciadores. O autor coloca que, ainda que essas características ajudem a diferenciar um grupo do outro, elas não são suficientes para propor um perfil para o empreendedor e os demais.
Stewart (1999)	Diferenciar empreendedores, gerentes e proprietários de pequena empresa por meio da propensão ao empreendedorismo.	O empreendedor apresenta maior motivação para o desafio, maior propensão ao risco e é inovador, enquanto o proprietário da pequena empresa tem um perfil próximo ao do gerente, apresentando um pouco mais de propensão ao risco.

Fonte: Elaborado pelos autores.

Advinda da insatisfação com a maneira como o tema era tratado, surge nova definição do empreendedor e do dirigente da pequena empresa a partir da análise do seu comportamento.[14] É nessa linha que se inserem as pesquisas que estudam o trabalho do dirigente da pequena empresa, buscando desvendar como ele se comporta, o que ele faz e quais são suas tarefas e atividades.[11,13,14]

A fim de entender melhor o trabalho do dirigente da pequena empresa, muitos autores se auxiliaram com a teoria do trabalho do administrador das corporações. Para Jones,[20] essa transposição é aceitável para que a teoria das corporações possa ajudar no desenvolvimento de uma teoria específica para o ramo das pequenas empresas.

Cabe aqui esclarecimento de alguns termos: quando se trata do termo *dirigente*, a referência é àquele que conduz a empresa de pequeno porte, ou seja, o responsável pelas suas atividades e funcionamento. Já quando é utilizado o termo *administrador*, ele não necessariamente se refere ao dirigente, mas sim a todos aqueles que exercem alguma função cuja obrigação seja administrar, sendo esse termo muito utilizado pela literatura das grandes corporações.

Embora existam trabalhos que utilizam a abordagem do processo de Fayol,[9] a teoria das demandas, escolhas e restrições de Stewart,[49] dentre outras, a abordagem das corporações mais utilizada nas investigações sobre o trabalho do dirigente da pequena empresa é a abordagem dos papéis de Mintzberg.[31]

Pesquisa[13] replicando a de Mintzberg[32] e comparando os resultados com outros estudos do trabalho do administrador da corporação concluiu que existem algumas diferenças entre o trabalho do administrador e o trabalho do dirigente. Essas diferenças merecem ser consideradas; no entanto, também há muitas semelhanças, o que acaba por derrubar o mito de que sejam dois tipos de trabalho totalmente distintos.

Como uma forma de sintetizar as conclusões dos estudos sobre o trabalho do dirigente da pequena empresa, um artigo[11] sintetiza os principais estudos do tema e propõe a seguinte definição: o trabalho do administrador da pequena empresa é informal, não planejado, e *ad hoc*. Há uma preferência por informações simples e eficazes, por meios de comunicação informais, e há certa rejeição para com os relatórios formais. Os dirigentes exercem e mudam rapidamente de tarefas gerenciais para tarefas operacionais e são capazes de exercer uma série de papéis ao mesmo tempo em que fazem uso de habilidades complexas. O dirigente deseja controlar tudo na organização, pois ele não delega, e isso o deixa sem tempo livre para determinadas atividades.

Considerações finais

A administração não é uma ciência exata e lógica, com padrões predefinidos e prontos para serem executados. O dia a dia de um administrador é complexo e com um aditivo de improviso. Nem mesmo a melhor das teorias existentes conseguiria definir com clareza e exatidão o que o administrador faz. No entanto, os resultados alcançados pelos pesquisadores do assunto, até o momento, atingiram importantes contribuições. Esses estudos mostraram que o trabalho do administrar é composto tanto por aspectos intrínsecos, quanto por aspectos situacionais. O entendimento dos resultados desses estudos contribui para completar a orientação inicial de que o trabalho do administrador é racional e analítico.

Neste capítulo foram apresentadas as principais teorias sobre o trabalho do administrador e discutiu-se o que é administrar. Também se apresentaram as teorias da administração em quatro temas que ao longo do tempo estão sendo atualizados e recebem diferentes nomes conforme essas atualizações. Vale a pena ressaltar, dessa forma, o engano que comete o administrador que acredita na existência de inúmeras teorias de administração que surgem a cada dia, e não atenta para o fato de que muitas vezes essas "novas teorias" somente carregam pequenas modificações de teorias mais antigas. Pode-se dizer que se trata de uma reciclagem dos principais temas da administração.

Atualmente, nos cursos de administração do Brasil, pouca atenção tem sido dada para o setor de pequenas empresas. Essa realidade deve ser mudada, tendo em vista que no Brasil existem 5,1 milhões de empresas das quais 98% são micro e pequenas empresas, sendo os pequenos negócios formais e informais responsáveis por mais de dois terços das ocupações do setor privado. Tais empresas também representam 62% das empresas exportadoras, respondem por 56% dos empregos formais e seus faturamentos correspondem a 20% do PIB nacional.

Devido à importância do setor e como forma de amenizar esse "esquecimento" pelo qual passam as pequenas empresas nos cursos de administração é que no capítulo próximo é apresentada a forma como trabalha o dirigente da pequena empresa. A maioria dos estudos faz uma comparação com a forma como trabalha o administrador das corporações e diferenças não muito expressivas são encontradas.

A fim de se obter um melhor aproveitamento do capítulo, sugere-se que um paralelo entre a teoria e a realidade seja feito para que ocorram reflexões produtivas. Isso ajudará a aumentar o desempenho das organizações de trabalho onde se encontram os administradores.

Referências

[1] ANALOUI, F. Management skills and senior management effectiveness. *International Journal of Public Sector Management*, Nottingham, v. 8, nº 3, p. 52-68, 1995.

[2] BEGLEY, T. M. (1995) Using founder status, age of firm, and company growth as the basis for distinguishing entrepreneurs from managers of smaller business. *Journal of Business Venturing*, v. 10, nº 3, p. 249-263.

[3] BRACKER, J. S.; PEARSON, J. N. Planning and financial performance of small, mature firms. *Strategic Management Journal*, Hoboken, v. 7, nº 6, p. 503-522, 1986.

[4] BROCKHAUS, R. H. Risk taking propensity of entrepreneurs. *Academy of Management Journal*, v. 23, nº 3, p. 509-520, 1980.

[5] CARROLL, S. J.; GILLEN, D. J. Are the classical management functions useful in describing managerial work? *Academy of Management Review*, Anahein, v. 12, nº 1, p. 38, 1987.

[6] DAFT, R. L. *Administração*. Rio de Janeiro: LTC, 2010.

[7] DRUCKER, P. F. *Uma era de descontinuidade*. São Paulo: Círculo do Livro, 1968.

[8] _____. *A prática de administração de empresas*. São Paulo: Pioneira, 1981.

[9] FAYOL, H. *Administração industrial e geral*. São Paulo: Atlas, 1975.

[10] FELLS, M. J. Fayol stands the test of time. *Journal of Management History*, Wagon Lane, v. 6, nº 8, p. 354-360, 2000.

[11] FLORÉN, H. Managerial work in small firms: summarising what we know and sketching a research agenda. *International Journal of Entrepreneurial Behaviour & Research*, Manchester, v. 12, nº 5, p. 272-288, 2006.

[12] _____; TELL, J. Managerial behaviour in small firms: does it matter what managers do? In: TENGBLAD, S. (Org.). *The work of managers*: toward a practice theory of management. New York: Oxford University Press, 2012.

[13] _____; _____. What do owner-managers in small firms really do? Replicating Choran, Mintzberg, and Kirk & Aldrich. In: ANNUAL CONFERENCE OF SMALL ENTERPRISE ASSOCIATION OF AUSTRALIA AND NEW ZEALAND, 16. 2003. *Proceedings...*

[14] GARTNER, W. B. Who is an entrepreneur? Is the wrong question. *Entrepreneuship American Journal of Business*, v. 12, nº 4, p. 11-32, 1989.

[15] GIBSON, J. L.; IVANCEVICH, J. M.; DONNELLY JR., J. H.; KONOPASKE, R. *Organizações*: comportamentos, estrutura e processos. 12. ed. Porto Alegre: McGraw-Hill, 2006.

[16] GIGLIONI, G.; BEDEIAN, A. G. A conspectus of management control theory: 1900-1972. *Academy of Management Journal*, Ohio, v. 17, nº 2, p. 292-305, 1974.

[17] HALES, C. P. What do manager do? A critical review of the evidence. *Journal of the Management Studies*, Oxford, v. 23, nº 1, p. 88-115, Jan. 1986.

[18] HALL, R. H. *Organizações*: estrutura e processos. Rio de Janeiro: Prentice Hall, 1984.

[19] HERSEY, P.; BLANCHARD, K. H. *Psicologia para administradores*: a teoria e as técnicas da liderança situacional. São Paulo: Editora Pedagógica e Universitária, 1986.

[20] JONES, O. Researching entrepreneurship. *International Journal of Entrepreneurial Behaviour & Research*, v. 11, nº 6, 2005.

[21] KAST, F. E.; ROSENZWEIG, J. E. *Organização e administração*: um enfoque sistêmico. São Paulo: Pioneira, 1992.

[22] KATZ, R. L. Skills of an effective administrator. *Harvard Business Review Classic*, v. 52, nº 5, 1974.

[23] KATZ, D.; KAHN, R. L. *Psicologia social das organizações*. São Paulo: Atlas, 1987.

[24] KOONTZ, H.; O´DONNELL, C. *Princípios de administração*: uma análise das funções administrativas. São Paulo: Pioneira, 1978. 2 v.

[25] _____; _____; WEIHRICH, H. *Administração*: fundamentos da teoria e da ciência. São Paulo: Pioneira, 1986.

[26] KOTTER, J. P. *The general managers*. New York: Free Press, 1982.

[27] _____. *Afinal, o que fazem os líderes?* Rio de Janeiro: Campus, 2000.

[28] _____. What effective general managers really do? *Harvard Business Review*, New York, v. 77, nº 2, p. 145, Mar./Apr. 1999.

[29] KWASNICKA, E. L. *Introdução à administração*. 5. ed. São Paulo: Atlas, 1995.

[30] LAMOND, D. Henry Mintzberg vs Henri Fayol: of lighthouse, cubist and the emperor´s new clothes. *The Journal of Applied Management and Entrepreneurship*, Fort Lauderdale, v. 8, nº 4, p. 330-356, Oct. 2003.

[31] MINTZBERG, H. Strategy-making in three model. *California Management Review*, Berkeley, v. 16, nº 2, p. 44-53, 1973.

[32] _____. The manager's job: folklore and fact. *Harvard Business Review*, New York, v. 53, nº 4, p. 49-61, 1975.

[33] _____. Trabalho do executivo: o folclore e o fato. *Coleção Harvard de Administração*. São Paulo: Nova Cultural, 1986.

[34] _____. *Ascensão e queda do planejamento estratégico*. Porto Alegre: Bookman, 2004.

[35] MORGAN, G. *Imagens da organização*. São Paulo: Atlas, 1995.

[36] MOTTA, F. C. P.; PEREIRA, L. C. B. *Introdução à organização burocrática*. São Paulo: Thomson, 2003.

[37] NEINABER, H.; ROODT, G. Management and leadership buccaneering or science? *European Business Review*, Bradford, v. 20, nº 1, p. 36-50, 2008.

[38] NEWMAN, W. H. *Ação administrativa*: as técnicas de organização e gerência. São Paulo: Atlas, 1973.

[39] NOORDEGRAAF; STEWART, R. Managerial behaviour research in private and public sectors: distinctiveness dispute and directions. *Journal of Management Studies*, Oxford, v. 37, nº 3, p. 427-449, May 2000.

[40] OUCHI, W. G.; MAGUIRE, M. A. Organizational control. Two functions. *Administrative Science Quarterly*, v. 20, 559-569, 1975.

[41] PARKER, L. D.; RITSON, P. A. Fads, stereotypes and management gurus: Fayol and Follett today. *Management Decision*, Wagon Lane, v. 43, nº 10, p. 1335-1357, 2005.

[42] _____. Revisting Fayol: anticipating contemporaty management. *British Academy of Management*, London, v. 16, nº 1, p. 175-194, 2005.

[43] REID, D. Reading fayol with 3D glasses. *Journal of Management History*, Wagon Lane, v. 1, nº 3, p. 63-71, 1995.

[44] ROBBINS, S. P.; JUDGE, T. A.; SOBRAL, F. *Comportamento organizacional*. 14. ed. São Paulo: Pearson, 2010.

[45] ROBBINS, S. P.; COULTER, M. *Administração*. Rio de Janeiro: Prentice Hall, 1998.

[46] SCHEIN, E. H. Problemas humanos nas organizações. In: _____. *Psicologia organizacional*. Rio de Janeiro: Prentice Hall, 1980.

[47] SILVA, C. L. M. da; VIEIRA, M. M. F.; DELLAGNELO, E. H. L. Ciclo de vida, controle e tecnologia: um modelo para análise das organizações. *Organização & Sociedade*, Salvador, v. 5, nº 11, p. 77-104, jan./abr. 1998.

[48] SIMON, R. A. *Comportamento administrativo*: estudo de processos decisórios nas organizações administrativas. Rio de Janeiro: FGV, 1979.

[49] STEWART, R. To understand the manager's job: consider demands, constraints, choices. *Organizational Dynamics*, v. 4, 1979.

[50] STEWART, R. A model for understanding managerial jobs and behavior. *The Academy of Management Review*, Anaheim, v. 7, nº 1, p. 7-13, Nov. 1982.

[51] STEWART JR.; W. H.; WATSON, W. E.; CARLAND, J. C.; CARLAND, J. W. A proclivity for entrepreneurship: a comparison of entrepreneurs, small business owners, and corporate managers. *Journal of Business Venturing*, v. 14, p. 189-214, 1999.

[52] TEIXEIRA, H. J. Análise das abordagens sobre as funções do administrador. *Revista de Administração de Empresas*, Rio de Janeiro, v. 21, nº 2, p. 27-38, abr./jun. 1981.

[53] TSOUKAS, H. What is management? An outline of a metatheory. *British Journal of Management*, 5, p. 289-301, 1994.

[54] YUKL, G. Managerial leadership: a review of theory and research. *Journal of Management*, Bloomington, v. 15, nº 2, p. 251-289, June 1989.

Empreendedorismo e Pequena Empresa como Alternativa de Trabalho para o Administrador

12

Sérgio Perussi Filho

Introdução

Pesquisas com metodologia científica, como uma feita por uma universidade mineira com grupos de alunos de universidades públicas da área de engenharia, e apresentada em um evento[2] em Ouro Preto, há poucos anos, bem como pesquisas informais realizadas por este autor em salas de aula de cursos de administração e engenharia, por vários anos seguidos, revelam que a grande maioria dos alunos universitários, de cursos de graduação, prefere trabalhar em empresas de grande porte (EGP). Ainda nesse primeiro semestre (ano 2013), uma dessas pesquisas informais, realizada com três turmas de um curso de administração, com média de 40 alunos por turma, por ocasião de aulas de Administração de Empreendimentos de Pequeno Porte, revelou novamente um alto grau de interesse dos alunos em trabalhar para EGP como primeira opção de trabalho.

Dentre as justificativas para essa opção de carreira, sobressaem-se as que relacionam esse porte de empresa com maiores oportunidades de crescimento na carreira, salários maiores, *status*, oportunidades de conhecer e vivenciar um ambiente mais organizado e de maior nível de qualidade de trabalho. O percentual daqueles que optam por esse desejo é significativo, atingindo mais de 70% dos alunos que declinam o seu interesse. Da mesma forma, a pesquisa citada, realizada em Minas Gerais, com engenheiros, também revelou números semelhantes e ocasionou um debate intenso em uma sala de conferência lotada de alunos.

Neste capítulo, não se objetiva remar contra a corrente, ou seja, defender que os profissionais da administração e de outras áreas, como a engenharia, devam escolher a pequena empresa como o seu *locus* de trabalho, mas sim apontar alguns aspectos interessantes sobre o trabalho administrativo na pequena empresa. Adicionalmente, serão tecidas considerações sobre o empreendedorismo, outra opção de carreira para os profissionais de administração.

Assim, considerações deverão ser feitas sobre algumas características do trabalho administrativo em empresas de pequeno porte (EPP), bem como o trabalho de se criar e, além disso, lançar e administrar um pequeno empreendimento, juntando, nesse caso, aspectos do processo empreendedor (ou empreendedorial) ao de administração, numa ampliação do escopo de trabalho do profissional de administração.

Para atingir esse objetivo, é interessante que se considere inicialmente o que diferencia as EGP das EPP, para que depois, fixando-se nas características das EPP, possam ser apresentados alguns argumentos que enalteçam as características e a qualidade do trabalho nessas empresas. Da mesma forma, ao se explicitarem os aspectos do processo empreendedor, poder-se-ão entender os desafios inerentes ao mesmo e, assim, ser apresentados argumentos de possíveis vantagens para o administrador realizar a sua carreira por meio da criação e gerenciamento de um empreendimento. É o que será feito a seguir.

Características das EGP e EPP

Afinal, o que define o porte de uma empresa? Várias são as possibilidades de classificação e algumas delas são mais usadas nos estudos acadêmicos: o número de funcionários; o nível de faturamento (em valor monetário); a quantidade de produção (em unidades de algum tipo de medida). Essa classificação, via de regra, leva em conta os interesses de cada agente na sua política de apoio ou mesmo de relacionamento comercial com a empresa. Para um sistema de apoio às EPP como o SEBRAE, por exemplo, interessa estimular a competitividade desse segmento de empresas e a geração de empregos. Portanto, nesse caso, a classificação leva em conta o número de empregados e, além disso, a restrição de recursos que esse sistema possui e o seu objetivo, que é apoiar as EPP. Assim, para selecionar as empresas-alvo de seu apoio, utiliza-se do critério do número de empregados,[9] como mostrado a seguir.

Microempresa

- na indústria e construção civil – até 19 funcionários
- no comércio e serviços – até 9 funcionários

Pequena empresa

- na indústria e construção civil – de 20 a 99 empregados
- no comércio de serviços – de 10 a 49 funcionários

Assim, a empresa que contar com números superiores a esses de empregados será considerada média ou grande empresa e não poderá contar com o apoio
direto do SEBRAE. Esse sistema limita o uso de seus recursos para tal segmento
de empresas. É uma maneira de selecionar as empresas passíveis de apoio.

Outra classificação utilizada pelo SEBRAE é a relacionada com o Estatuto
Nacional da Microempresa e da Empresa de Pequeno Porte e que utiliza o valor
do faturamento anual para fins de classificação do porte das empresas.[4]

Os bancos, por exemplo, utilizam-se de classificação baseada em nível de faturamento, uma vez que interessa a esses agentes o volume de recursos financeiros que as empresas geram e que poderão viabilizar transações financeiras, como
depósitos, financiamentos, descontos de duplicatas, entre outros negócios de seu
interesse. De maneira geral, essas duas classificações – fundamentadas na quantidade de funcionários e no valor do faturamento – são as mais utilizadas pelos
mais diversos agentes econômicos que possuem algum tipo de negócio com as
empresas.

Assim, muitas das características que diferenciam a empresa de grande porte
da de pequeno porte são conhecidas e podem ser obtidas em sítios da Internet
(Sebrae, BNDES, Banco do Brasil, Ministérios etc.). Entretanto, muitas outras
diferenças podem ser consideradas, conforme o Quadro 1.

Quadro 1 Diferenças entre as empresas de grande e pequeno porte

Grande Empresa (por unidade)	Pequena Empresa (por unidade)
Gera grande número de empregos	Gera pequeno número de empregos
Gera alto volume de faturamento/vendas	Gera baixo volume de faturamento
Alto volume de impostos	Gera menos volume de impostos
Internaliza tecnologia de ponta	Baixa internalização de tecnologia
É potencialmente mais exportadora (gera divisas para o país)	Potencialmente menos exportadora
Paga salários maiores	Paga salários menores
Oferece mais benefícios indiretos (assistência médica, odontológica, creche etc.)	Oferece poucos benefícios indiretos
Em tempos de crise é mais radical nas dispensas de funcionários	Em tempos de crise é mais tolerável à manutenção de empregos
Treina e qualifica mais os funcionários	Treina menos os funcionários fora do ambiente de trabalho
É mais rígida e pragmática	É mais flexível e tolerante
É mais burocratizada (estrutura mais rígida, mais profissionalizada)	Menos burocratizada e menos profissionalizada
É menos receptiva a mudanças	É mais receptiva a mudanças (produtos/ processos)

(continua)

Grande Empresa (por unidade)	Pequena Empresa (por unidade)
Menos criativa (devido ao posicionamento em estágio mais avançado do ciclo de vida)	Mais criativa (estágio inicial do ciclo de vida)
Decisões mais racionais	Decisões racionais em menor grau que as EGP
	Decisões emocionais (laços afetivos) em maior grau
Preços dos produtos são mais baixos, por unidade (economia de escala)	Produtos com preços mais altos (menor economia de escala)

Fonte: Elaborado pelo autor.

O que parece ficar evidente é que as empresas de grande porte, por trabalharem com maior escala de produção e, via de regra, atuarem em mercados maduros, possuem uma estrutura que permite maiores oportunidades de crescimento na hierarquia funcional e nos programas de treinamento, além de possuírem instalações e sistemas mais organizados, levando a uma sensação de maior conforto no trabalho. Nas pequenas empresas, ao contrário, o ambiente tende a ser mais simples e o administrador, assim como os demais funcionários, enfrenta mais restrições de recursos, o que implica que a infraestrutura e os sistemas organizacionais sejam criados pelos próprios funcionários, exigindo maior proatividade na sua construção, o que gera situações de maior esforço. Isso, aliado à carência de recursos, deixa o administrador (e demais funcionários) com a percepção de um ambiente de menor conforto e segurança.

Vantagens de trabalhar para a pequena empresa

Como pode ser observado e depreendido, as diferenças entre as EGP e as EPP trazem informações importantes acerca do trabalho e das perspectivas que cada tipo de empresa oferece aos seus funcionários. Se por um lado as EPP tendem a pagar salários menores, oferecer menos benefícios e oportunidades de crescimento na hierarquia, mais característico das EGP, elas oferecem maior flexibilidade de horário de trabalho e de abonos às faltas de empregados, para cuidar da família, por exemplo, e mesmo participar de outros eventos de seu interesse; maior proximidade com os tomadores de decisões estratégicas (os empreendedores) e, com isso, maior oportunidade para aprender aspectos do empreendedorismo; maior escopo de atividades diárias, o que pode enobrecer o trabalho e a satisfação, por vezes, de se sentir participante efetivo das decisões tomadas na empresa, elevando a autoestima e aproximando o funcionário da autorrealização. Portanto, considerando-se a escala das hierarquias de necessidades de Maslow,[6] o trabalho na pequena empresa pode aproximar, de forma mais rápida, o administrador de sentir-se no topo dessa escala, ou seja, realizado profissionalmente. Por outro lado, a não existência de benefícios mais amplos, como, por exemplo, planos de saúde e odontológico, aliada à baixa perspectiva de ascensão na carreira, pela hierarquia mais plana e pela ocupação dos cargos de diretoria e gerência por membros da família (em empresas familiares, a esmagadora maioria) pode tornar a perspectiva de escopo mais amplo de trabalho limitada, fazendo essa perspectiva se igualar à das EGP, cuja estrutura, pela maior divisão do trabalho, é mais hierarquizada.

Assim, enquanto a pequena empresa apresenta poucas oportunidades de ascensão na carreira diretiva, na grande empresa o número de níveis hierárquicos é maior, trazendo mais perspectivas de promoção. Entretanto, a disputa pela promoção aos poucos cargos hierárquicos existentes na grande empresa, em comparação às pequenas, faz com que, em ambas as empresas, de fato, o trabalho possa ficar limitado em escopo. Ressalte-se, por outro lado, o fato de que nas pequenas empresas o número limitado de empregados faz com que, mesmo sem as vantagens do cargo, o profissional possa experimentar outras funções, seja substituindo um empregado de férias ou mesmo a falta de um empregado regular, já que a quantidade de empregados que o trabalho exige pode não ser a adequada. Por outro lado, em ambas, ser promovido ao nível superior pode trazer vantagens: na pequena empresa, a oportunidade de ampliação do escopo do trabalho e a participação mais ativa na decisão, muitas vezes com ganhos salariais não proporcionais ao nível das obrigações e responsabilidades assumidas. Na grande empresa, o acesso aos níveis superiores permite também essa ampliação de escopo, mas com a vantagem quase sempre do aumento proporcional da remuneração frente às responsabilidades assumidas Alguns desses aspectos estão resumidos na Figura 1.

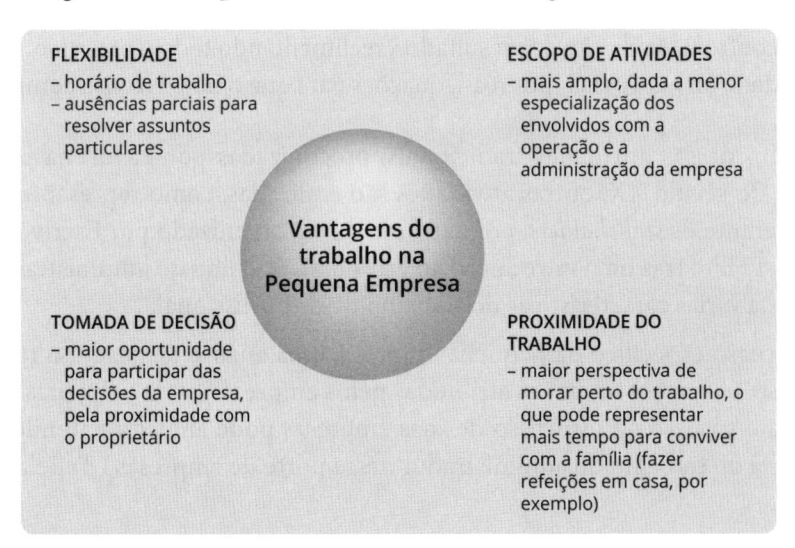

Fonte: Elaborada pelo autor.

Figura 1 Vantagens do trabalho na pequena empresa

Pequena empresa. As oportunidades de trabalho para os administradores

A pequena empresa é importante para o país e é um *locus* de trabalho interessante para os administradores, dadas as vantagens consideradas no item anterior deste capítulo. Mas, afinal, qual o tipo de trabalho que o administrador pode esperar realizar em uma pequena empresa?

É possível elencar inúmeros trabalhos de natureza administrativa que um profissional da administração pode realizar em uma empresa. O administrador pode se dedicar a atividades inerentes aos três níveis administrativos, ou seja, de direção, gerenciamento e supervisão de atividades. Essas atividades, por outro lado, podem ser realizadas nas mais diversas áreas empresariais: marketing, finanças, produção ou operação, logística, ambiental, social, suprimentos, vendas, entre outras. Além disso, as atividades típicas realizadas são as de:

- planejamento. A definição de objetivos e criação de estratégias de como atingi-los;

- organização. A alocação dos recursos (recursos materiais, pessoais e de sistemas) para que o objetivo possa ser atingido, considerada a estratégia definida;

- direção. Dirigir os esforços e as ações para o objetivo definido, por meio dos processos de comunicação, liderança e motivação;

- controle. Avaliação dos resultados, realimentando todo o processo, que poderá, ou não, passar por readequações para que o objetivo seja cumprido.

Além dessas atividades tradicionais, preconizadas por Fayol[5] na primeira metade do século XX, outras atividades são realizadas, como representar a empresa perante os *stakeholders,* por exemplo. Livro organizado por Escrivão Filho e Perussi Filho traz uma introdução ao estudo do trabalho do administrador que apresenta várias características do trabalho desse profissional.[3]

No caso específico da pequena empresa, uma análise de pesquisa realizada pelo SEBRAE sobre as razões atribuídas pelos empresários de pequenas empresas para o sucesso ou insucesso de suas empresas pode ajudar a entender a importância do trabalho do administrador nesse porte de empresas (Tabela 1).

Tabela 1 Fatores de sucesso de PEs bem-sucedidas

Habilidades	Fatores de Sucesso das PEs (resposta de empresários de sucesso)	Porcentagem de empresários que apresentaram o fator (%)	Classificação
Habilidades Gerenciais	Bom conhecimento do mercado	49	1º
	Boa estratégia de vendas	48	2º
Capacidade Empreendedora	Criatividade do empresário	31	3º
	Aproveitamento das oportunidades	29	4º
	Empresário com perseverança	28	5º
	Capacidade de liderança	25	6º
Operações	Escolha de um bom administrador	31	3º
	Uso de capital próprio	29	4º
	Reinvestimento dos lucros na empresa	23	7º
	Acesso a novas tecnologias	17	8º

Fonte: Elaborada pelo autor, a partir de dados do SEBRAE.[8]

Observa-se nas informações reportadas que o entendimento do mercado e a criação de uma boa estratégia de vendas aparecem em primeiros lugares como causa do sucesso da pequena empresa. Em terceiro lugar, empatada com a criatividade do empresário, está classificada a necessidade de se contar com um bom administrador. Assim, parece claro que os dois aspectos relevantes são: entender o mercado e saber administrar bem a empresa. Além disso, observa-se que, além de aspectos inerentes ao próprio perfil do empreendedor, como ser líder, ser perseverante e criativo, o que se destaca são habilidades oriundas dos conhecimentos administrativos, ou seja, a estratégia, a realimentação do sistema com reinvestimento dos lucros, a existência de capital próprio (que passa por entender de planejamento de recursos) e o próprio acesso à tecnologia, que também depende de um bom planejamento tecnológico. De forma geral, poder-se-ia afirmar que tudo depende de planejamento, atividade das mais nobres realizadas por um administrador. Assim, para ser bem-sucedido em uma pequena empresa o administrador deve, em princípio, ser um bom planejador. É evidente que, dependendo da atividade realizada e do nível hierárquico por ele ocupado (direção, gerência ou supervisão), o foco das atividades pode variar, mas a eficiência e a eficácia nas ações sempre dependerão, em qualquer um dos níveis, de boa capacidade de planejamento, o que, por outro lado, exige boa capacidade de controle, já que é por meio desta função avaliativa que o planejamento é realimentado. Assim, criar bons indicadores de desempenho para a empresa (atividade típica de planejamento do sistema de controle) irá permitir, na sequência do processo, uma boa avaliação do desempenho da empresa e a realimentação do Ciclo Administrativo (Planejamento, Organização, Direção e Controle). Assim, o foco inicial do trabalho do administrador da pequena empresa deve ser a criação de uma série de indicadores que possa refletir o estado vivido pela empresa em um determinado momento, o que permitirá, a partir daí, que ele possa construir uma estratégia vencedora ao realizar o planejamento das ações para melhorar os resultados dos indicadores criados.

Qual a diferença para o trabalho nas grandes empresas? Nestas últimas, esse conjunto de indicadores provavelmente já foi criado anteriormente e os administradores dos níveis gerencial e de supervisão operaram sob os mesmos. Na pequena empresa, via de regra, esses indicadores precisam ser criados, haja vista que muitos empresários de pequenas empresas não têm o tempo adequado para criá-los e gerenciá-los adequadamente, pelo menos do ponto de vista de um conjunto bem analisado e estruturado. É verdade que muitos indicadores estão na "cabeça" do proprietário da empresa, mas poderão nem sempre estar alinhados a uma estratégia clara e previamente criada, o que poderá trazer inconsistências na avaliação e tomada de decisão. Assim, se você quiser trabalhar em uma empresa de pequeno porte, é preciso ter a noção clara de que para administrar é preciso, antes de tudo, saber criar indicadores e, posteriormente, formular estratégias para melhorar o desempenho da empresa, via análise criteriosa desses indicadores e da construção de ações para melhorar os resultados por eles apresentados. Portanto, uma dose significativa de conhecimento administrativo é fundamental para o sucesso de uma EPP, já que o empreendedor desse porte de empresa geralmente é oriundo de áreas técnicas e, muitas vezes, desprovido de conhecimentos teóricos e habilidades administrativas.

Além de buscar conhecer os fatores de sucesso com os empresários bem-sucedidos, o SEBRAE, em sua pesquisa já citada, procurou também saber dos empresários mal-sucedidos a quais fatores eles atribuíam o insucesso de suas empresas. A Tabela 2 mostra os resultados.

Tabela 2 Fatores de insucesso de PEs

Causas para o fechamento das PEs (respostas de empresários que fracassaram)	Respostas (causas para o fracasso)	Porcentagem de empresários que afirmaram essa causa (%)	Classificação
Falhas gerenciais	Falta de capital de giro	42	1º
	Problemas financeiros	21	3º
	Ponto/local inadequado	8	8º
	Falta de conhecimento gerencial	7	9º
Causas econômicas e conjunturais	Falta de cliente	25	2º
	Maus pagadores	16	4º
	Recessão econômica	14	6º
Operações	Instalações inadequadas	3	12º
	Falta de funcionários qualificados	5	11º
Políticas públicas e arcabouço legal	Falta de crédito bancário	14	5º
	Problemas com fiscalização	6	7º
	Carga tributária elevada	1	13º

Fonte: Elaborada pelo autor a partir de dados do SEBRAE.[8]

Pode-se observar, da mesma forma que na Tabela 1, que a maioria das causas de insucesso reportadas pelos empresários fracassados é típica de falta de planejamento. Afinal, a falta de capital de giro denota falta de planejamento de recursos financeiros para esse fim; a localização da empresa em local inadequado, da mesma forma, representa falta de planejamento adequado e com base técnica; instalações inadequadas, falta de clientes, problemas com fiscalização, falta de crédito bancário, etc., todos esses problemas realmente indicam falta de planejamento, haja vista que a maioria dos motivos alegados pode ser analisada e discutida previamente, na fase de planejamento (ou de realização do Plano de Negócio), evitando-se assim a criação de estratégias perdedoras.

Assim, fica claro que, tanto no sucesso quanto no fracasso das empresas de pequeno porte, as evidências apontam para um aspecto fundamental: é preciso saber administrar para ter sucesso e para evitar o insucesso. E esse administrar passa por ter capacidade de planejamento, o que implica ter domínio de indicadores e administrar com base no que eles evidenciam. Assim, é preciso, além de conhecer bem o mercado (que também depende de criar indicadores específicos) e saber fazer diagnóstico (por meio de indicadores), ser um bom estrategista, criando as ações que possam levar a empresa ao sucesso.

Mas o que são esses indicadores? Alguns podem ser rapidamente citados: número de empregados; volume de vendas mensais (anuais, semestrais, trimestrais etc); rotatividade dos funcionários; número de peças defeituosas (por mês, por semana etc.); número de funcionários treinados; horas de treinamento por funcionário; número de reclamação de clientes etc. Utilizando-se de uma segmentação da empresa em áreas, esse processo de criação de indicadores pode ser racionalizado, facilitando a administração. Por exemplo, indicadores da área financeira; indicadores da área de marketing; indicadores da área de produção; indicadores da área de logística; indicadores da área de vendas etc. A sua criatividade é visão da racionalidade do processo empresarial e o levará a criá-los, sem grandes dificuldades.

Empresas de base tecnológica (EBT): uma EPP diferente

Nem toda pequena empresa é igual. Existem as empresas industriais, as comerciais e as de serviços, além das pequenas organizações do setor público, privado, e organizações não governamentais, a maioria envolvida com a área de serviços, mas não somente. Existem ainda as pequenas empresas industriais verticalizadas, que realizam todas ou quase todas as atividades da cadeia produtiva, desde a extração e fabricação de suas matérias-primas até a venda de seus produtos aos consumidores finais, realizando atividades mais complexas, dada a maior quantidade de interações a montante e a jusante da cadeia produtiva, o que implica em administrar uma variedade muito mais ampla de atividades. Existem também aquelas que se situam a montante da cadeia produtiva, como pequenos fornecedores, como também aquelas que se situam a jusante da cadeia produtiva, como os pequenos distribuidores e varejistas. Uma outra possibilidade é a existência de uma pequena empresa que está diretamente vinculada a somente uma grande empresa, situando-se a montante da cadeia produtiva. Nesse caso, suas atividades poderão ser mais restritas, uma vez que provavelmente trabalhará com projetos desenvolvidos pela empresa a jusante (uma grande empresa, por exemplo, mas não somente), a qual tem o domínio do mercado final. Assim, essa pequena empresa estará praticamente trabalhando como se fosse "uma seção" da empresa a jusante, realizando apenas a produção, por meio da alocação de recursos (máquinas, pessoas, sistemas) e da liderança e controle do processo, visto que o projeto do produto e a estratégia geral foram desenvolvidos pela empresa contratante.

Além dessas pequenas empresas, com suas especificidades operacionais e administrativas, outro tipo de pequena empresa pode ser uma oportunidade interessante de trabalho para o administrador: a empresa de base tecnológica (EBT), muitas vezes denominada de empresa de alta tecnologia. Essas empresas possuem características diversas das denominadas empresas tradicionais, uma vez que atuam em setores emergentes da economia, ao contrário das tradicionais, que, via de regra, atuam em setores econômicos maduros (setores existentes há muitos anos, como por exemplo as serralherias e as marcenarias). O Quadro 2 apresenta algumas características dessas empresas.

Quadro 2 Características de empresas tradicionais *versus* empresas de base tecnológica

Empresas tradicionais	Empresas de base tecnológica
Atuam em setores tradicionais, maduros	Atuam em setores emergentes (novas indústrias e setores da economia)
Pouca ou inexistente atividade de PDI	Intensa atividade de PDI
Parcerias com universidade praticamente inexistentes ou pouco frequentes	Intensa cooperação com as universidades e institutos de pesquisas
Atividades mais simples, mais homogêneas	Atividades mais complexas, mais heterogêneas
Funcionários com qualificação padrão de mercado	Funcionários mais especializados
Paga salários de mercado	Procura pagar salários que atraiam talentos
Maior rotatividade de MOB	Menor rotatividade de MOB
Horários de trabalho – padrão de mercado	Horários de trabalho mais flexíveis
Linha de produtos mais rígida	Linha de produtos mais flexível
Tempo mais curto para desenvolvimento de produtos	Tempo mais longo para desenvolvimento de produtos
Menor apoio governamental em questões de financiamento das atividades (acontece via mercado)	Maior apoio dos governos via financiamentos mais específicos
Menor tendência, na média, de relacionamento internacional	Tendência de maior relacionamento internacional
Capital é o principal insumo	Criatividade e conhecimento científico-tecnológico é o principal insumo
Clientes e fornecedores mais homogêneos	Clientes e fornecedores mais heterogêneos

Fonte: Elaborado pelo autor.

Como pode ser observado, as EBT apresentam muitas características interessantes que fazem desse tipo de empresa uma oportunidade de o administrador vivenciar ao mesmo tempo um ambiente empresarial com características típicas de empresas de pequeno e grande porte. Muitas EBT nascem com equipes de empreendedores, o que as faz diferentes, do ponto de vista societário e de governança, das pequenas empresas familiares. Esse aspecto está na raiz de torná-las muito parecidas com as grandes empresas, visto que a governança com característica de grande empresa deve ser implantada para evitar conflitos de interesses entre os sócios e regulamentar o seu funcionamento, desde o início de suas atividades. Assim, por serem, de modo geral, sociedades não familiares, e formadas por profissionais de educação de nível superior, conhecedores de antemão do potencial de conflitos existentes em sociedades comerciais, elas acabam exigindo uma governança que impõe diversas regras, o que é típico da grande empresa. Entretanto, ainda assim podem manter a flexibilidade típica da pequena empresa nos seus aspectos operacionais e de relacionamento empresa-empregado, dado o contato direto diário que quase sempre ocorre entre os empreendedores e os trabalhadores. Outro aspecto das EBT que tende a atrair a atenção dos administradores é a oportunidade de trabalho com mercados internacionais, haja vista que muitas EBT têm em suas especificidades de projetos e produtos o mercado internacional como um dos seus alvos, se não desde a criação, pelo menos com a sua evolução. Outro aspecto que reforça essa oportunidade de internacionalização de suas relações comerciais é que muitas vezes essas empresas têm vínculos de negócios com clientes de subsidiárias de empresas internacionais localizadas no Brasil. Tudo isso faz com que esse tipo de empresa precise contar com administradores com habilidades especiais para poder lidar com exportações, importações, clientes internacionais, participação em feiras e eventos fora do país, viagens para visitas a clientes internacionais e, por outro lado, hospedar e atender clientes em visitas a sua planta industrial e/ou comercial e de serviços.

Assim, trabalhar como administrador em uma EBT pode dar ao administrador uma oportunidade ímpar de vivenciar aspectos administrativos típicos da grande empresa e de usufruir as oportunidades e benefícios de empresa com governança mais clara e definida, à medida que mantém as flexibilidades e as vantagens típicas da pequena empresa. Outro aspecto interessante é a possibilidade de vir a ser convidado para compor o quadro societário da empresa em determinado momento, dadas as oportunidades que uma empresa em evolução e com visão moderna, como tendem a ser as EBT, propicia àqueles que se envolvem em suas atividades na busca do sucesso.

O empreendedorismo como opção de carreira para o administrador

Outra opção muito interessante para o administrador é seguir a carreira empreendedora, ou seja, tornar-se empreendedor, criar e dirigir o próprio negócio. Essa é uma oportunidade que poderá aliar a sua capacidade criativa com as suas habilidades de administrador, se não em voo solo, por intermédio da participação em uma equipe empreendedora, onde suas habilidades administrativas possam ser utilizadas em prol do sucesso de um empreendimento.

Se decidir por empreender de forma isolada, criando um empreendimento por conta própria e no qual a sua participação seja mais plena, a criatividade terá que ser um componente fundamental de seu perfil, uma vez que para empreender não bastam somente as habilidades administrativas, sendo preciso ir além, usar a criatividade para manter o negócio conectado com o mercado, o qual se apresenta em constante mutação. Entretanto, se decidir empreender em equipe, em sociedade com outros empreendedores, as suas habilidades administrativas (se a criatividade não estiver muito presente em seu perfil) poderão ser muito úteis ao somar com a criatividade que outros membros da equipe empreendedora possam ter, e, assim, viabilizar o perfil necessário para uma equipe empreendedora com potencial de sucesso. Portanto, seja de forma isolada (sozinho) ou por meio de uma equipe, a opção de empreender, em oposição à opção de procurar um emprego e trabalhar para uma empresa criada por outrem, pode ser uma opção muito interessante e gratificante para o administrador.

Para ilustrar as diferenças entre o perfil do administrador e o do empreendedor, é útil considerar as bases que definem o perfil de alguns profissionais do mercado, sob o ponto de vista do uso, nas suas funções na empresa (e não nas suas habilidades pessoais, que podem ir além das necessidades exigidas na função), das habilidades relacionadas com a criatividade e a capacidade de administração de negócios.

Considere a Figura 2, formada pelos diferentes graus de uso da criatividade e da capacidade de administrar negócios de determinados profissionais, a qual pode ser considerada também como se fosse uma matriz 2 × 2, com 4 quadrantes. Com essa figura e seus componentes será realçado o papel do empreendedor no desenvolvimento econômico, segundo as considerações feitas pelo economista Schumpeter, na década de 30 do século XX.[7]

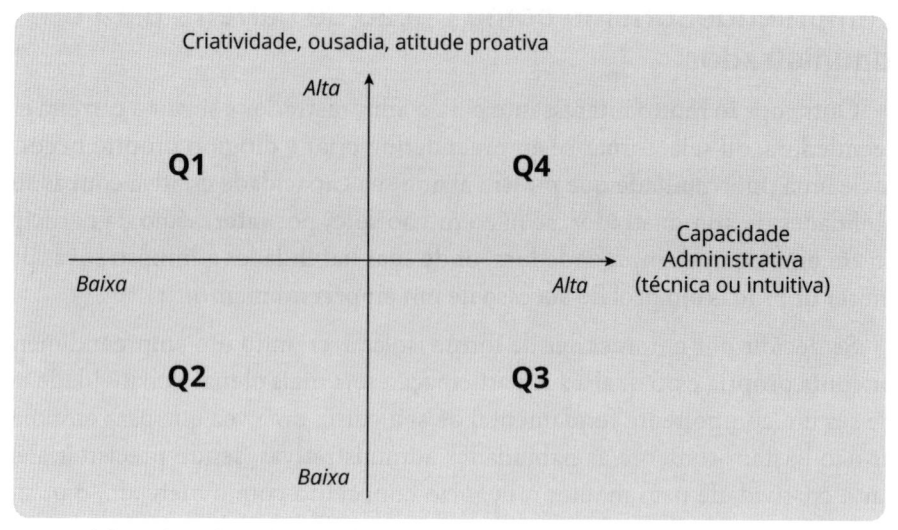

Fonte: Elaborada pelo autor.

Figura 2 Matriz do empreendedor e seus quadrantes

Agora, considere as características de quatro profissionais, conforme descrito a seguir.

Um promotor de vendas. Como exemplo, um profissional que trabalha na promoção de produtos em um supermercado realizando a tarefa de promover a degustação de um iogurte de determinado fabricante que acaba de lançar um novo sabor ou, alternativamente, um profissional que promova produtos farmacêuticos para médicos, visitando clínicas para divulgar informações aos médicos sobre os novos medicamentos de sua empresa. Em qual quadrante deveria esse profissional ser considerado, sob o ponto de vista de uso, nessa função, de sua capacidade criativa e de administrar um negócio? Relembrando: não se estão considerando a sua capacidade inata ou adquirida para ser criativo e seu tino administrativo ou estudos de administração; o que está sendo considerado são as exigências da função para colocar em prática essas habilidades. Parece óbvio que esse profissional deveria ser localizado no quadrante 2, tendo em vista que, por mais criativo e hábil em administração que seja, essa função exige pouco de tais habilidades, já que tudo está praticamente pronto, ou seja, preparado, antes que sua atividade seja realizada. O promotor de degustação recebe o quiosque ou tabuleiro pronto, o avental, o folheto e todos os utensílios que tem que usar para realizar a promoção do produto. De fato, uma empresa de marketing deve ter planejado a promoção e, por fim, contratou uma empresa de promoção de produtos, que contratou esse profissional e o treinou para essa tarefa. Nem mesmo a criatividade no ponto de trabalho (onde a degustação está sendo feita) pode ser exercida de forma plena, já que é preciso não interferir no processo de compra do cliente do supermercado, caso em que essa promoção poderia levar o cliente a se afastar da loja. Assim, se um pouco de criatividade é possível, ela é restringida pela necessidade de não interferir no processo de compra do cliente. Também a capacidade administrativa é muito pouco exigida, pois muito do que é feito foi planejado, organizado e é controlado pela empresa de promoção, restando assim somente o trabalho operacional em si. O mesmo raciocínio se aplica ao promotor de medicamentos, visto que ele realiza a atividade final de um processo que iniciou-se muito antes e que o coloca apenas como o orientador do médico quanto aos benefícios do determinado medicamento. Por isso, observa-se nas clínicas médicas o pouco tempo em que esse profissional fica em contato com o médico. Ambas as atividades são importantes para que as vendas dos produtos sejam alavancadas pelas empresas, mas pode-se depreender que ambas exigem pouco da criatividade e da capacidade de gestão de negócios dos profissionais considerados. Assim, foi exemplificado que algumas atividades profissionais exigem baixa criatividade e capacidade de administração de negócios. A Figura 3 mostra a localização desse profissional na matriz.

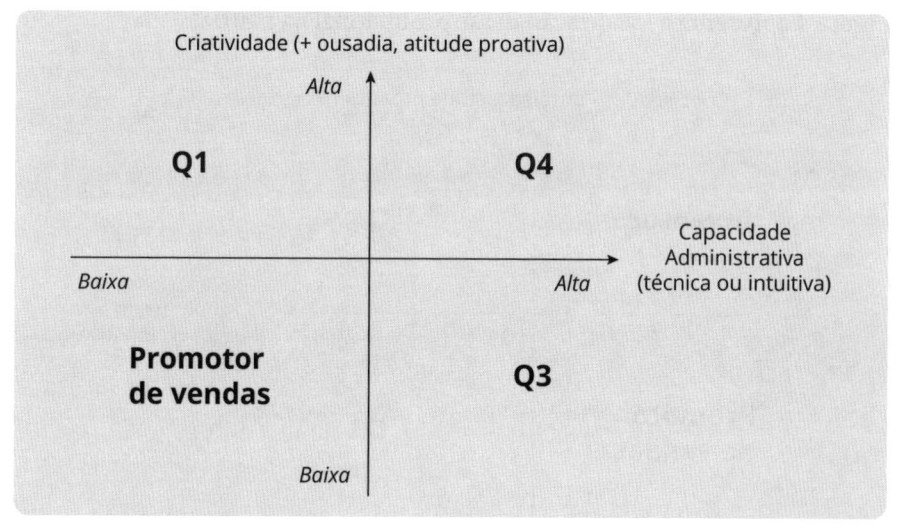

Fonte: Elaborada pelo autor.

Figura 3 Matriz do empreendedor e o promotor de vendas

Um inventor. Considere agora a atividade do inventor, aquele que usa a criatividade de forma constante, criando aparatos técnicos. Pense no professor Pardal, das revistas em quadrinhos. Esse tipo de profissional está a todo momento usando a criatividade para criar aparatos técnicos, muitas vezes interessantes e muitas vezes sem sentido prático. Sendo interessante ou não, o que se observa é que, via de regra, as pessoas altamente criativas acabam por gostar da atividade de criar de *per se*, muitas vezes pouco se importando se terão utilidade prática no dia a dia das pessoas e se poderão ser fabricados a um custo relativamente interessante, de forma a interessar a outras pessoas. Assim, o ato de inventar torna-se o próprio objetivo, e a transformação do invento em um produto comercializável, uma efetiva inovação, não aparece em nenhum momento do processo. Em qual quadrante deve ser localizado esse profissional, o inventor com o perfil aqui considerado? Se você pensou no quadrante 1, acertou. Esse profissional utiliza-se de alto grau de capacidade criativa, mas um baixo grau de capacidade de gestão de negócios, o que reflete a sua opção pela atividade criativa em detrimento da atividade de administração. Você por certo conhece muitos amigos que têm esse perfil – aqueles que têm ótimas ideias a todo momento, mas não colocam nenhuma delas em prática; aqueles que criam aparatos técnicos para uso próprio, mas não os oferecem à venda para outros amigos; aqueles que dão ideias de churrascos toda semana, mas não conseguem fazer nenhum deles acontecer de fato. Falta capacidade administrativa. Assim, o perfil que se encaixa no quadrante 1 é esse perfil, o do inventor, do profissional criativo, mas sem capacidade para a administração. A Figura 4 apresenta a localização desse profissional na matriz.

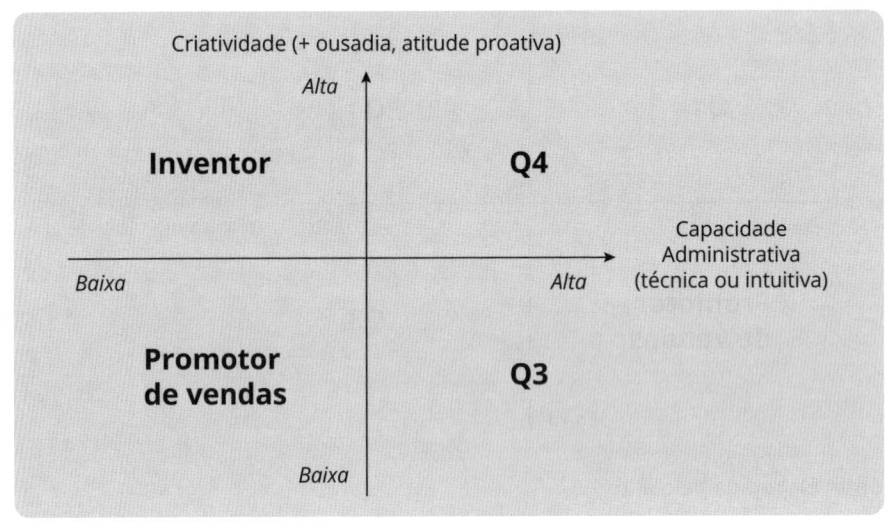

Fonte: Elaborada pelo autor.

Figura 4 Matriz do empreendedor e o inventor

O administrador tradicional ("burocrata"). De outra forma, considere agora um típico "burocrata", definido aqui por aquele que conhece em grau relativamente alto a administração, mas que dificilmente usa da criatividade para avançar, assumindo riscos e ousando. É aquele administrador que segue procedimentos muitas vezes defasados, que acabam protegendo-o de trabalhar no presente mirando o futuro e não com os olhos no passado. Esse é o administrador que pode ser equiparado ao "controlador de processos predefinidos", eficiente e eficaz naquilo que se apresenta, mas que não percebe os avanços que podem ser dados a determinada tarefa. É o tipo de profissional que "toma conta do que foi pedido", mas que não tem capacidade para imaginar novas configurações do trabalho ou mesmo projetar novas situações. Controla processos, mas não tem ideias de como avançar, e, mais do que isso, não arrisca por nada ousar e assumir riscos para tornar o processo mais eficiente e/ou eficaz. Uma definição que pode também ser aplicada para o "administrador tradicional", aquele que administra bem, no sentido do conhecimento das técnicas administrativas, mas que não tem ousadia, a capacidade de assumir riscos. Assim, esse tipo de profissional é o que ocupa o quadrante 3 da matriz. A Figura 5 apresenta a localização desse profissional na matriz do empreendedor.

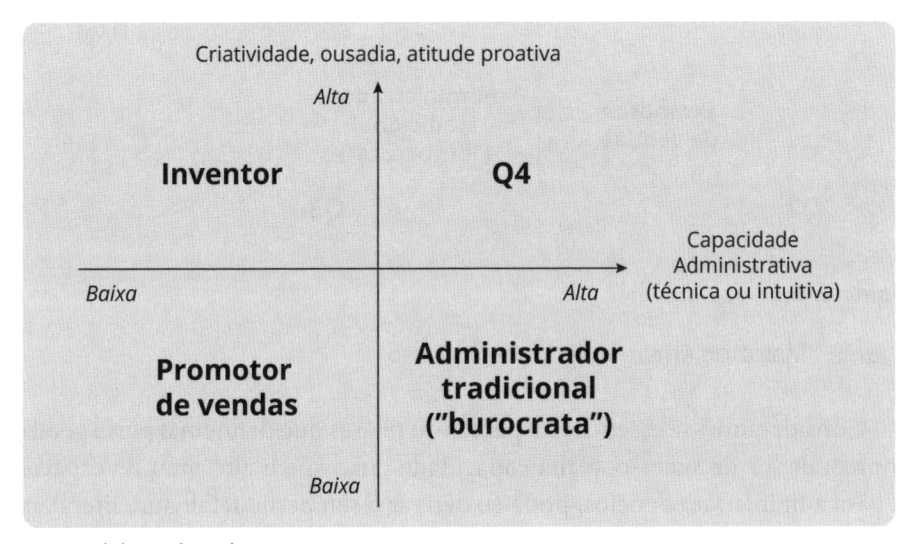

Fonte: Elaborada pelo autor.

Figura 5 Matriz do empreendedor e o "burocrata"

O empreendedor. Finalmente, vamos encontrar no mercado um profissional que, além de ser criativo, é também capaz de gerir negócios com boa eficiência e eficácia. Esse é o empreendedor, aquele que ocupa o quadrante 4 da matriz. Esse tipo de profissional alia a capacidade criativa dos "professores pardais" com a capacidade administrativa dos "administradores modernos", ou seja, desenvolve suas atividades usando de alto grau de capacidade inventiva (criativa) e também de administração de negócios. Pela capacidade criativa, avança, assume riscos, ousa, e pelo uso da capacidade de administração consegue eficiência e eficácia nas tarefas que realiza. Não fica só na invenção; vai além, colocando-a no mercado e administrando-a de forma a obter resultados concretos, criando ao mesmo tempo soluções para os problemas enfrentados pelas empresas e pessoas e riqueza econômica. Assim, a matriz completa, agora com o preenchimento do quadrante 4, pode ser denominada como a Matriz do Empreendedor de Sucesso.

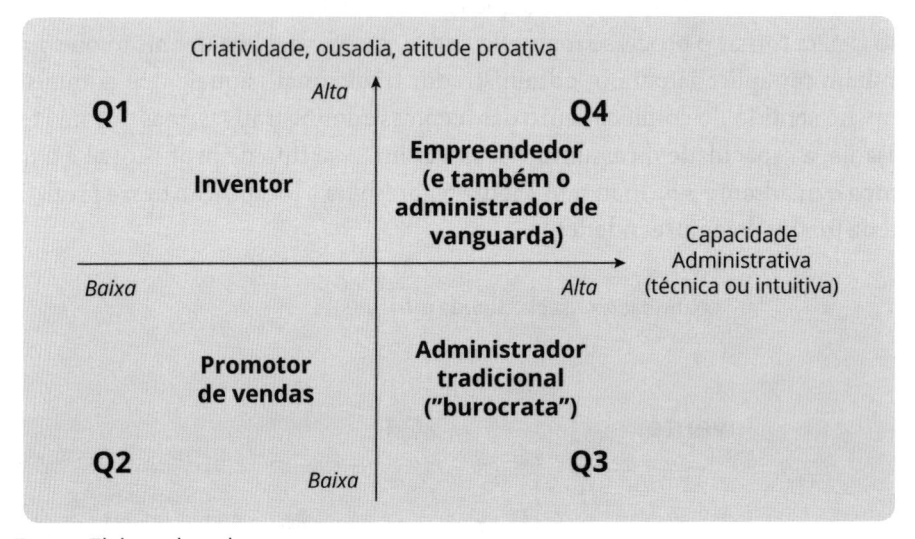

Fonte: Elaborada pelo autor.

Figura 6 Matriz do empreendedor de sucesso

Considerando-se esses dois aspectos ou pilares que definem o perfil geral do empreendedor de sucesso, a alta capacidade criativa e o alto grau de capacidade para administrar negócios, pode-se derivar o seu perfil detalhado, literal, que deverá contemplar habilidades para desenvolver atividades que têm como fonte essas duas capacidades. Assim, muitas definições de perfil do empreendedor de sucesso, que estão disponíveis na literatura, por certo refletem essas duas capacidades fundamentais. Então, dizer que o empreendedor de sucesso é uma pessoa com "senso de inovação" significa dizer que é criativo; dizer que "sabe planejar", que "busca a competitividade", via valorização da produtividade e da qualidade, significa dizer que tem capacidade administrativa; dizer que "busca informações para tomada de decisões" e cria uma boa "rede de relacionamentos" significa dizer que é criativo para viabilizar essa rede e que, ao mesmo tempo, sabe que o planejamento e as decisões estratégicas devem contar com um bom grau de informações, o que significa que sabe administrar. Assim, o empreendedor de sucesso é aquele que alia em seu perfil a alta capacidade criativa e administrativa ao mesmo tempo ou, quando trabalhando em equipe, busca internalizar na equipe essas capacidades, aproximando do seu empreendimento pessoas que completem mutuamente esse perfil.

Vantagens de ser empreendedor

Agora, quais as vantagens para um administrador seguir a carreira empreendedora? E quais as desvantagens? Essas indagações podem ser respondidas considerando-se alguns mitos acerca da atividade empreendedora, conforme a seguir apresentados.

Mito 1 – Empreendedores possuem uma capacidade inata para negócios

Apesar de a capacidade inata para empreender poder facilitar muito a atividade empreendedora, pesquisas mostram que é possível aprender a empreender. A matriz do empreendedor de sucesso ajuda o entendimento dessa afirmação, uma vez que a carência de uma ou mesmo das duas características fundamentais, a criatividade ou a capacidade de administração, pode ser obtida via educação e treinamento. Um inventor pode aprender a administrar, assim como um administrador pode desenvolver o senso criativo. Inúmeras técnicas existem para isso e estão disponíveis na literatura, bem como cursos que auxiliam no desenvolvimento de ambas as habilidades.

Mito 2 – O empreendedor ganha às custas do trabalhador

Via de regra, um empreendimento só será bem-sucedido se contar com uma cultura que promova o ganha-ganha, ou seja, aquela em que todos os *stakeholders* possam ser bem-sucedidos. Assim, o empreendedor de sucesso sabe que não alcançará seus objetivos sem que todos esses intervenientes do processo empreendedor também ganhem de algum modo. Quanto mais satisfeitos estiverem todos os *stakeholders*, o que inclui, obviamente, os empregados, mais chances de sucesso para a empresa.

Mito 3 – O empreendedor trabalha pouco

Empreender, de forma figurada, tem o mesmo significado para o empreendedor que o nascimento de um filho tem para um casal: depois de lançado o empreendimento, é preciso trabalhar muito para que o mesmo seja bem-sucedido, do mesmo modo que um casal cuida do filho a vida toda. Assim, a exemplo da mãe que dedica o dia todo a cuidar do filho, o empreendedor trabalha 14, 16 horas por dia, além portanto do horário comercial, para que a empresa tenha sucesso. Durante o dia, atendendo clientes e negociando com fornecedores, comprando, entre outras atividades; à noite, planejando, controlando e criando estratégias para o sucesso. Assim, é de se esperar que os primeiros dois anos sejam de muito trabalho para o empreendedor. É preciso colocar a "máquina" (a empresa) para funcionar eficaz e eficientemente e cuidar do fluxo de caixa, das operações, do cliente, do fornecedor, até que ocorra o alinhamento operação-mercado e a rentabilidade comece a aparecer.

Mito 4 – O empreendedor é uma pessoa que estudou pouco e tentou a sorte

Cada vez menos isso é uma verdade absoluta. Houve tempos que o estudo talvez tenha sido menos exigido ou menos importante, por exemplo o tempo daqueles que se estabeleceram de forma pioneira onde a demanda era muito alta e a oferta, pequena. Nesse tempo, quando a urbanização se iniciou de forma vigorosa, a existência no comércio dos denominados armazéns gerais, nas áreas rurais, era um exemplo de que muitas vezes ter estudado era uma questão relativa, dada a demanda alta e a não existência de concorrência. Assim, dadas a baixa concorrência e a alta demanda, aliadas a uma sociedade também com pouco estudo e menos exigente, o ofertante era o mais forte, com maior poder de barganha no processo comercial, de compra e venda. Na área industrial, da mesma forma, a oferta também era insuficiente para consumidores poucos exigentes e, além disso, muitos negócios eram de caráter extrativista, com tecnologias maduras e conhecidas há algum tempo. Hoje, esses tempos deram lugar a um tempo em que o conhecimento substituiu o extrativismo e fez com que países de poucos recursos materiais sejam os mais prósperos do mundo, com alta capacidade de inovação baseada em conhecimentos científicos. O conhecimento científico passou a ser o insumo mais importante da economia moderna e, na sua base está a educação. Além disso, a concorrência se acirrou e os consumidores estão mais conscientes de seus direitos. Tudo isso torna o processo de empreendedor muito mais fundamentado em conhecimento, ou seja, capacidade de analisar o mercado e criar estratégias vencedoras; uso de técnicas, mesmo que simples, de pesquisa de mercado; saber controlar o negócio, o que exige conhecimento básico de contabilidade, pelo menos para poder dialogar com os especialistas em tributos e compromissos fiscais; realizar boas campanhas de marketing, para não jogar recursos no lixo pela ineficiência das ações; saber analisar os movimentos da concorrência etc. Com esses conhecimentos, se vier a sorte, poderá ser aproveitada, fazendo com que se torne verdadeiro o adágio popular de que "ter sorte é estar preparado para as oportunidades".

Mito 5 – Só empreende bem quem tem recursos próprios ou é de família rica

Possuir recursos ajuda muito, mas não é a questão central nos negócios vencedores dos dias de hoje. De que adianta possuir recursos, se não se tem capacidade empreendedora? Além disso, parece ser mais fácil atrair recursos quando se tem um mercado a ser explorado (ter mercado é a questão crítica dos negócios e não somente ter um produto tecnológico...), uma capacidade empreendedora a ser colocada em ação, do que ter recursos e não vislumbrar uma aplicação para esses recursos. Um dos empreendedores brasileiros de sucesso mais reconhecidos, se bem que do século XIX, foi o Barão de Mauá.[1] Sua história mostra como conseguiu, a partir do trabalho e da visão empreendedora, atrair capital para os seus negócios pioneiros, a ponto de durante uma parte de sua vida tornar-se o maior financiador de governos da América Latina, além da capacidade do próprio governo brasileiro em fazê-lo. Da mesma forma, pode-se imaginar o sucesso de outros empresários com base muito mais em sua capacidade de empreender, e com isso, atrair capital. A história internacional, além da nacional, por certo, tem muitos exemplos nessa direção.

Alguns negócios, de fato, são fundamentados em capital: os hipermercados, as redes de lojas de eletrodomésticos; as usinas de açúcar e álcool, as siderúrgicas etc. Entretanto, existem muitos negócios que têm no conhecimento a sua centelha inicial. Este é o caso dos EBT que nascem como *spin off* das pesquisas dos laboratórios das universidades e institutos de pesquisas: de uma pesquisa com aplicação e inovações, é possível a atração de capital para iniciar o negócio, principalmente por meio das instituições governamentais de apoio ao desenvolvimento científico, ao empreendedorismo e à inovação (FAPESP, FINEP e outras); nas fases posteriores, a existência de recursos de *venture capitalists* e dos investidores "anjos" pode ser opção para o crescimento da empresa. No Estado de São Paulo, com apoio da FAPESP, é possível se criar uma empresa só com uma ideia inicial (um projeto de fato) de uma tecnologia que possua potencial de ser transformada em uma inovação num futuro relativamente breve, e com isso alavancar até o máximo de R$ 1.200.000,00, em duas rodadas de projetos, uma primeira fase que teste a aplicabilidade do princípio científico e outra que, se aprovada a primeira, encaminhe a empresa para o mercado, via inovação.

Assim, é de se esperar muito trabalho e determinação para fazer uma empresa acontecer no mercado, ou seja, ser bem-sucedida. Voltando á comparação com o filho de um casal, o mesmo se passa para que o filho seja bem-sucedido – o trabalho diuturno no início e a consolidação, ainda com muito trabalho, de uma vida de sucesso no presente e futuro. Entretanto, os benefícios podem ser muito maiores que os obtidos como trabalhador em uma empresa criada por outrem. A possibilidade de se fazer riqueza em grande monta é muito maior. Exemplos os mais diversos atestam essa afirmação: Bill Gates tornou-se o homem mais rico do mundo (ou segundo, dependendo da época e do *ranking*) em apenas 20 anos; o Barão de Mauá tornou-se o empresário do Império brasileiro, tendo iniciado sua vida profissional como almoxarife em uma empresa de origem inglesa, no Rio de Janeiro dos anos 1800; a empresa de aviação TAM foi criada por um piloto de avião que vendia seus serviços de piloto, uma vez que não possuía o seu próprio avião; o Bradesco foi criado por um ex-menor aprendiz (*office-boy*).

Considerações finais

Ser empreendedor ou trabalhar em uma empresa de pequeno porte podem ser alternativas interessantes para um profissional da administração. Neste capítulo, foram apresentadas características das EPP que derivam oportunidades de trabalho diferenciadas em relação às realizadas nas EGP. Também foram apresentadas as características do empreendedor de sucesso e os mitos que cercam essa atividade e o trabalho do seu agente, o empreendedor.

Espera-se, com isso, que você possa tomar a sua decisão de carreira com mais qualidade, ao refletir sobre os prós e contras aqui apresentados. Entretanto, um aspecto deve ser ressaltado para além da opção de carreira: o uso desse conhecimento para o seu desenvolvimento como profissional da administração.

Seja trabalhando em uma pequena empresa, tradicional ou de base tecnológica, ou em uma grande empresa, você sempre será exigido a usar de sua capacidade de empreender, de assumir riscos, de ousar. Assim, será a capacidade de empreender que se transformará na sua competência essencial, a fonte de muitos frutos que você poderá colher como profissional da administração. Dessa forma, buscar cada vez mais entender o processo empreendedor e desenvolver as habilidades típicas dos empreendedores de pequenas empresas poderá torná-lo um grande empreendedor ou um excelente executivo, senão de uma grande empresa, pelo menos de suas subsidiárias e coligadas, a maioria delas administradas de fato como pequenas empresas.

Referências

[1] CALDEIRA, J. *Mauá*: empresário do império. São Paulo: Companhia das Letras, 1995.

[2] ENEGEP. *XXIII Encontro Nacional de Engenharia de Produção*, 2003.

[3] ESCRIVÃO FILHO; E.; PERUSSI FILHO; S. *Teorias de administração*. São Paulo: Saraiva, 2010.

[4] ESTATUTO NACIONAL DA MICROEMPRESA E DA EMPRESA DE PEQUENO PORTE. Disponível em: <http://www.planalto.gov.br/ccivil_03/leis/lcp/lcp123.htm>. Acesso em: 30 jul. 2013.

[5] FAYOL, H. *Administration industrielle et générale*: prévoyance, organisation, commandement, coordination, controle. Paris: H. Dunod et E. Pinat, 1916.

[6] MASLOW, A. H. A theory of human motivation. *Psychological Review*, 50(4), p. 370-396, 1943.

[7] SCHUMPETER, J. A. *The theory of economic development*: an inquiry into profits, capital, credit, interest and the business cycle. Harvard University (Department of Economics). USA, 1934.

[8] SEBRAE. *Fatores condicionantes e taxas de sobrevivência e mortalidade das micro e pequenas empresas no Brasil – 2003-2005*. Brasília: Sebrae, 2007.

[9] _____. *Indicadores das PMEs*. Disponível em: <http://www.sebrae.com.br/uf/goias/indicadores-das-mpe/classificacao-empresarial>. Acesso em: 30 jul. 2013.

PARTE V

As Áreas Funcionais da Administração

Administração da Produção, Materiais e Logística

13

Antonio Mário Donato

Introdução

A abertura do mercado mundial iniciada na década de 1990 provocou uma grande transformação industrial e social no mundo. Essa transformação industrial foi resultado da globalização de um diferencial competitivo (até então) das nações mais desenvolvidas: a tecnologia. A tecnologia associada a um custo menor de mão de obra (das nações menos desenvolvidas) e alguns outros fatores não menos importantes alteraram a lógica da economia global.

O primeiro movimento foi a modernização das empresas pelo acesso às informações e tecnologias do mercado globalizado, e durante esse período o mercado foi se ajustando. Muitas empresas redefiniram seus negócios e aproveitaram a nova onda para se transformar em grandes organizações. Outras desapareceram do mercado por não conseguirem se adaptar rapidamente à nova lógica imposta.

Hoje, a adaptação ao processo de competitividade resultante de processo de globalização continua sendo fator preponderante para a sobrevivência das organizações, independentemente de seu tamanho. A competitividade exige que as empresas agreguem valor aos seus produtos e serviços sem perder a capacidade de gerar valor para os acionistas e proprietários.[1]

A possibilidade de escolha dá ao consumidor final a opção indireta de pagar somente por aquilo que considera essencial (que agrega valor) ao produto ou serviço. Do ponto de vista dos bens tangíveis, ele está disposto a pagar somente pela quantidade exata de matéria-prima, mão de obra e outros insumos, que sejam indispensáveis ao desempenho do produto. Do ponto de vista dos bens intangíveis, como serviços de uma maneira geral, ele faz uma rápida associação custo-benefício.

Otimizar e controlar as perdas têm sido a tendência das organizações modernas e, desde muito tempo, um forte diferencial competitivo. Os primeiros a entenderem que atuar sobre os desperdícios poderia fazer a diferença foram os japoneses. Inseridos num contexto de escassez após a Segunda Guerra Mundial, acabaram por desenvolver e aprimorar algumas ferramentas muito utilizadas ainda hoje em organizações de classe mundial: *Just in time*, 5S, Sistema Toyota de Produção, Zero defeito etc.

O problema do desperdício

Os desperdícios podem começar ainda na fase de concepção dos produtos e serviços, caso não se pense em toda a cadeia produtiva, desde os fornecedores de matérias- primas até o processo produtivo final.[5] As matérias-primas desejadas podem não estar disponíveis a preços competitivos por uma questão de demanda ou até mesmo em função da distância em relação a sua fonte principal. Os equipamentos disponíveis para a fabricação podem não ser os melhores e mais otimizados para o momento, e as empresas da cadeia, não tendo tempo ou dinheiro para modernizá-los ou até trocá-los, acabam por fazer improvisações.

O Sistema Toyota de Produção cita como exemplos de desperdício numa linha de bens tangíveis: o consumo de matéria-prima e mão de obra em excesso, os custos adicionais inerentes ao processo de estocagem, os custos da não qualidade, os custos com excesso de movimentação interna, os custos adicionais pela ineficiência produtiva, os custos inerentes à ineficiência da cadeia logística, os custos pelas compras mal realizadas e ainda os custos resultantes da escolha de fornecedores não capacitados.[2]

A rigor, um produto deveria ser concebido para durar o tempo que fosse necessário e nada além disso, para que não agregasse custos indesejáveis. Por que um componente automotivo deveria ser projetado para durar mais do que o tempo de vida útil do próprio automóvel? Por que um componente deveria transitar pela empresa de forma desordenada entre as linhas de fabricação, passando várias vezes pelo mesmo local, em função de um *layout* mal concebido? Por que haveria a necessidade de estoques intermediários superiores à demanda e não gerenciados corretamente? Evitar os desperdícios faz parte do processo de construção da empresa classe mundial.

A necessidade de criação de valor

É provável e compreensível que, quando administre uma área menor dentro da organização, o gestor acabe por se preocupar mais com os resultados de sua área em particular. No entanto, deve entendê-la como parte integrante de um todo e buscar a eficácia global.

As organizações precisam de administradores que se preocupem em ADI-CIONAR VALOR aos seus negócios, quer sejam elas fechadas ou de capital aberto. Adiciona valor quem atrai os acionistas para si, e por sua vez esses são atraídos quando vislumbram a possibilidade de remunerar seu dinheiro com taxas superiores ao que o mercado está praticando. Quando um investidor se decide por aplicar o dinheiro numa empresa e não no mercado financeiro, dá sinais de que a empresa é capaz de adicionar um valor superior ao mercado financeiro. O mesmo vale para o acionista quando é atraído para uma empresa e não para os concorrentes.[3]

As taxas exigidas pelos investidores devem ser suficientes para compensar o risco que assumem quando se decidem por investir numa empresa e não em qualquer outra opção de menor risco; geralmente essas taxas são relativamente altas para um contexto de mercado estável do ponto de visto inflacionário. Assim, para alcançarem esses valores as empresas devem caminhar para um nível de excelência. Ser somente uma organização lucrativa não garante a continuidade dos negócios, porque o lucro pode não ser suficiente o bastante para remunerar o capital nesses níveis exigidos pelos investidores. O administrador moderno deve ter uma visão holística em relação à organização e ao contexto em que ela esteja inserida.

O administrador na cadeia de suprimentos

No mercado globalizado, a boa gestão da rede de suprimentos pode contribuir para a criação de valor nos negócios. Um produto em geral é composto de subprodutos que podem ser fabricados ou comprados de terceiros, e integrados em operações posteriores. A decisão de comprar ou fabricar passa pela análise crítica da administração levando-se em conta o custo-benefício de cada possibilidade.[1,5]

A globalização da década de 1990 expôs as ineficiências produtivas e regionais das organizações diante da competitividade mundial. As tecnologias mais avançadas começaram a ser disponibilizadas através da abertura dos mercados, mas com um custo de aquisição elevado em função das disparidades cambiais, o que as tornava inviáveis para a grande maioria das empresas. Inicialmente, a saída foi a terceirização de algumas atividades secundárias até então verticalizadas e que precisavam ser modernizadas para gerar valor. A terceirização direcionou o fluxo de capital escasso para modernizar as atividades e processos principais de cada empresa; as atividades consideradas secundárias passaram a ser adquiridas externamente, e durante alguns anos essa lógica prevaleceu. Houve um fortalecimento da área de prestação de serviços.

A economia mundial foi se transformando ao longo do tempo e, hoje, o custo de aquisição de novos equipamentos e tecnologias não é mais o principal fator limitante. A decisão entre comprar e fazer está associada também à competitividade (custo) entre esta e aquela alternativa.

O administrador deve se preocupar com o ótimo global da cadeia de suprimentos e não somente com o ótimo local, porque todas as variabilidades intermediárias provenientes de cada participante dessa cadeia se somam, resultando numa variabilidade global importante. Essas variabilidades serão tanto menores quanto maior for a confiabilidade das informações que alimentam a cadeia, e a confiabilidade será proporcional à capacidade de previsão. No ambiente produtivo costuma-se afirmar que as organizações deveriam conseguir prever de 80% a 90% de suas necessidades e que somente os 10% a 20% restantes deveriam passar por ajustes à medida que as informações fossem se concretizando. A boa capacidade de previsão possibilitará uma gestão eficiente dos estoques, uma redução do capital de giro e maior valor agregado à empresa.

A decisão de comprar

Algumas empresas ligadas ao setor automobilístico afirmam que 60% de seus custos estão relacionados com a atividade de comprar. Portanto, essa atividade deve ser acompanhada e monitorada de perto.

Quando se decide por comprar, alguns fatores devem ser considerados:[4,5,2]

a) O que se vai comprar: um produto ou um processo?

As empresas nem sempre assumem todo o processo de fabricação, terceirizando alguma etapa desse processo. É o caso de uma empresa de estampagem de metais, que assume a operação de conformação, mas terceiriza as operações de tratamento superficial (quando necessárias). Nesse caso, entende que fazer o tratamento superficial fora lhe proporciona um valor agregado maior. Ela está considerando a experiência tecnológica do fornecedor e a economia de escala, além de eximir-se de investimentos e manutenção de áreas secundárias em relação ao seu negócio principal (estampagem). Nesse caso, é mais interessante investir em tecnologia de estampagem do que em tratamento de superfície.

b) A existência de fornecedores capazes

Em função da criticidade do produto ou processo que se deseja comprar, uma avaliação dos fornecedores potenciais deve ser realizada antes mesmo do início das negociações comerciais. Nessa avaliação, deve-se procurar identificar o nível de evolução tecnológica de cada fornecedor em potencial em relação aos seus concorrentes, o que pode fornecer uma medida indireta do seu grau de competitividade, primordial para o sucesso da cadeia.

c) Abertura do fornecedor para uma relação de parceria

Ser parceiro é muito mais do que ser simplesmente um fornecedor. Um parceiro está aberto a sugestões, adaptações e melhorias propostas pelo cliente, com o objetivo de ambos alcançarem o melhor resultado possível. O cliente parceiro se preocupa com o resultado do fornecedor e o mesmo vale para o fornecedor em relação ao cliente. Numa relação desse tipo, o preço de compra/venda não é o fator primordial, e sim o custo total da operação e o nível de qualidade agregados ao produto final. Numa relação de parceria, o cliente pode passar ao fornecedor escolhido o conhecimento que possui no processo a ser comprado, caso o tenha, e o resultado será positivo para ambos. Por isso, fornecedores abertos a esse tipo de relação têm maior preferência na cadeia de suprimentos. Todo cliente deve ter em mente que a morte de um fornecedor por sua falta de competitividade significa uma fonte a menos e menor competitividade na cadeia.

d) O quanto o total das compras (em produto ou processo) irá representar no faturamento global do fornecedor

Nem sempre um fornecedor que tem potencial para o nível de qualidade e tecnologia desejados dará abertura para uma relação de parceria, se entender que o volume do negócio é pequeno, em termos representativos, em relação ao total de sua carteira de clientes. Fornecedores assim dificilmente serão flexíveis e não darão abertura para sugestões durante a etapa de desenvolvimento de um produto ou processo. Poderão ser bons fornecedores de produtos ou processos que sejam comuns (de prateleira).

e) Flexibilidade

O tipo de cadeia produtiva da qual se fizer parte exigirá maior ou menor grau de flexibilidade. Tomemos como exemplo a cadeia produtiva do setor automobilístico, que lançava um modelo novo a cada cinco ou seis anos, e hoje o faz praticamente todos os anos. Nessa cadeia, a flexibilidade durante as etapas de desenvolvimento e produção será fator de sucesso para a escolha do fornecedor, porque em algum momento alterações de projeto serão necessárias num curto espaço de tempo (dias, semanas). Quando o fornecedor do processo ou produto não é flexível, a sua inércia é transferida para dentro da cadeia, prejudicando-a e estendendo os prazos de lançamento de novos produtos.

f) A distância da empresa em relação ao fornecedor

Uma distância maior resultará em custos maiores, porque os custos de transporte e os estoques intermediários serão maiores. É uma tendência que se escolha fornecedores mais próximos, mas nem sempre isso é viável. Existem empresas que até cedem espaço interno para os fornecedores, mas as mudanças nas legislações civil e trabalhista e a jurisprudência na área têm inibido essa prática, em função da responsabilidade solidária em eventuais acidentes ou ações trabalhistas.

g) O grau de sigilo tecnológico envolvido

É mais difícil encontrar fornecedores que estejam dispostos a fazer qualquer contrato de confidencialidade em relação às informações do produto ou processo que irão fornecer, e muitas vezes isso é necessário para preservar a competitividade do cliente. Quando a confidencialidade é necessária, a verticalização pode ser uma solução prudente, mesmo que os custos mensuráveis sejam superiores.

A decisão do nível de estoque

O sucesso de uma economia em geral vem acompanhado de um crescimento nas demandas, mas esse crescimento não é linear e apresenta períodos de alta e baixa (ciclicidade) que podem ser resultado de promoções ou até mesmo da própria sazonalidade dos produtos. A sazonalidade e a ciclicidade dificultam a tarefa de quem faz as previsões e obrigam as empresas a trabalhar com um nível de estoque variável que absorva essas oscilações. Portanto, prever o nível de estoque será tanto mais fácil quanto melhor for a qualidade das informações de mercado que alimentem o sistema da empresa.[6]

Em geral, o planejamento orçamentário de qualquer empresa é elaborado a partir das informações de vendas. Prever o que será absorvido pelo mercado no futuro é fundamental para o planejamento estratégico da empresa.[6] Existem muitas ferramentas e *softwares* disponíveis no mercado que podem ser utilizados, mas todos dependem da qualidade das informações de entrada (por exemplo, a previsão de demandas futuras).

O ponto de partida para elaboração dessas previsões poderia ser o próprio histórico de vendas da empresa, que traz embutidas a sazonalidade e a ciclicidade dos produtos.

Período	Número períodos	Vendas (unidades)			Meses	Sazonalidade				
		Histórico Produto A	Projeção	Erro		Média Geral	Venda Média	Desvio	Projeção + Sazonalidade	ERRO
01/12	1	13.310	13.324	14	jan.	14.682	12.861	-12,4%	11.671	1.652
02/12	2	15.099	13.561	1.538	fev.	14.682	14.802	0,8%	13.672	111
03/12	3	13.799	13.799	1	mar.	14.682	14.520	-1,1%	13.646	153
04/12	4	12.219	14.036	1.818	abr.	14.682	12.696	-13,5%	12.137	1.899
05/12	5	14.177	14.274	97	maio	14.682	14.160	-3,6%	13.766	508
06/12	6	12.758	14.511	1.754	jun.	14.682	13.407	-8,7%	13.251	1.261
07/12	7	13.890	14.749	859	jul.	14.682	14.766	0,6%	14.834	85
08/12	8	17.899	14.987	2.912	ago.	14.682	17.603	19,9%	17.968	2.981
09/12	9	17.078	15.224	1.854	set.	14.682	16.108	9,7%	16.703	1.479
10/12	10	14.608	15.462	854	out.	14.682	16.142	9,9%	16.999	1.538
11/12	11	14.996	15.699	703	nov.	14.682	14.704	0,2%	15.723	24
12/12	12	15.730	15.937	207	dez.	14.682	14.415	-1,8%	15.647	290
01/13	13	12.412	16.175	3.762	jan.	14.682	12.861	-12,4%	14.168	2.006
02/13	14	14.504	16.412	1.908	fev.	14.682	14.802	0,8%	16.546	134
03/13	15	15.240	16.650	1.410	mar.	14.682	14.520	-1,1%	16.466	184
04/13	16	13.172	16.887	3.715	abr.	14.682	12.696	-13,5%	14.603	2.285
05/13	17	14.143	17.125	2.982	maio	14.682	14.160	-3,6%	16.516	609
06/13	18	14.055	17.362	3.307	jun.	14.682	13.407	-8,7%	15.854	1.508
07/13	19	15.643	17.600	1.957	jul.	14.682	14.766	0,6%	17.701	101
08/13	20	17.306	17.838	531	ago.	14.682	17.603	19,9%	21.386	3.548
09/13	21	15.138	18.075	2.937	set.	14.682	16.108	9,7%	19.831	1.756
10/13	22	17.676	18.313	636	out.	14.682	16.142	9,9%	20.134	1.821
11/13	23	14.412	18.550	4.138	nov.	14.682	14.704	0,2%	18.578	28
12/13	24	13.100	18.788	5.688	dez.	14.682	14.415	-1,8%	18.446	342
			Erro médio	1.899					Média dos erros	1.096

Fonte: O Autor.

Figura 1 Histórico de vendas do produto A e seu efeito sobre as previsões

Utilizando-se o Excel e algumas de suas ferramentas, é possível fazer previsões que levem em conta esses efeitos. Suponhamos um produto que tenha apresentado a demanda real nos anos de 2012 e 2013, conforme mostrado na Figura 1, na coluna "Histórico Produto A".

A partir das informações da demanda real para o ano de 2012, e com o auxílio do Excel, pode-se fazer uma regressão linear simples, e essa equação de regressão ilustrada na Figura 2 passa a ser a base para a previsão da demanda no ano de 2013. Comparando-se os valores reais e os valores previstos para 2013, a partir da equação de regressão, encontramos um erro médio de 1.899 unidades. Como o produto também sofre o efeito da sazonalidade, isso deve ser incorporado ao modelo para torná-lo mais preciso.

Adicionando-se o efeito da sazonalidade, a partir da venda média real para cada mês nos dois anos e da média geral, tem-se uma diminuição do erro para 1.096 unidades. Para exemplificar, vamos considerar as vendas reais para os meses de janeiro de 2012 (13.310 unidades) e de janeiro de 2013 (12.412 unidades). A média desses dois meses dá um total de 12.861 unidades, o que significa – 12,4% em relação à venda média geral (14.682 unidades). Esse valor deve ser descontado do valor previsto pelo modelo para o mês de janeiro de 2012: 13.324 unidades – 12,4% = 11.671 unidades; o mesmo raciocínio deve ser aplicado para os outros meses conforme Figura 1.

Na Figura 2 pode-se verificar que o comportamento da curva de previsão (quadrado) se assemelha à curva real (losango). Os valores reais de 2013 não estão plotados, mas podem ser comparados na Figura 1. A vantagem desse tipo de previsão é que os estoques intermediários serão menores porque a diferença (erro) entre os valores previstos e os valores reais será menor. Essa é apenas uma das muitas técnicas que poderiam ser utilizadas.

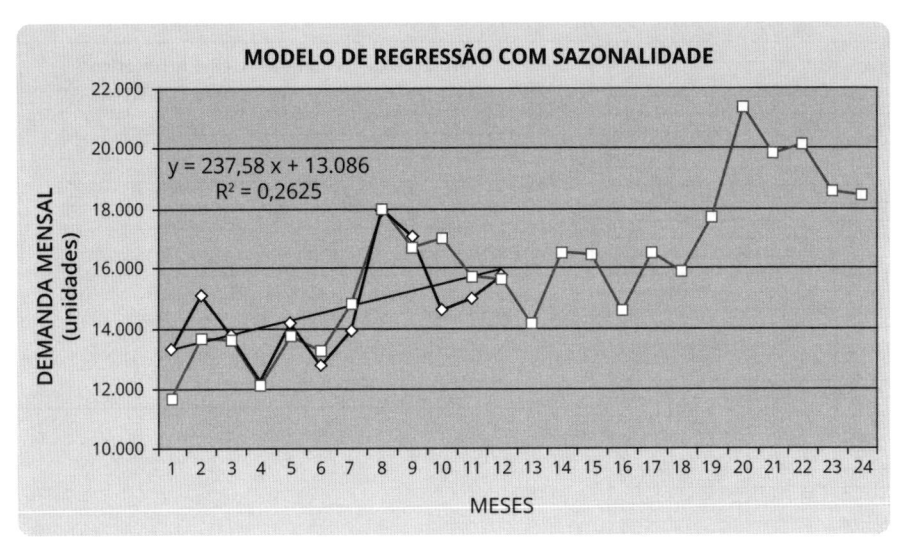

Fonte: O Autor.

Figura 2 Previsão de demanda considerando o efeito da sazonalidade e da ciclicidade

Muitas empresas também fazem suas previsões através da média aritmética simples (Figura 3), mas esse método exige um estoque médio superior para compensar o erro médio que também será maior, mesmo que na média o volume de um mês compense o volume de outro mês.[6]

Uma vez estabelecido um método confiável de previsão de demanda, a decisão do nível de estoque de materiais deverá levar em consideração ainda o seu *lead-time* de reposição e a distância da fonte: numa opção de importação existe transporte marítimo (mais barato e mais demorado) ou aéreo (mais rápido e mais caro). No caso de importações, some-se ao *lead-time* de transporte o tempo necessário para o cumprimento dos prazos e regulamentos aduaneiros. Nesse caso, é prudente ainda que se considere um estoque de segurança para cobrir eventuais riscos de desabastecimento ocasionados por eventos não recorrentes, como terremotos, greves, acidentes etc.

Quanto menos elaborada e precisa for a ferramenta de previsão, maior será o custo do estoque intermediário necessário para cobrir os efeitos de todas as variações intermediárias.

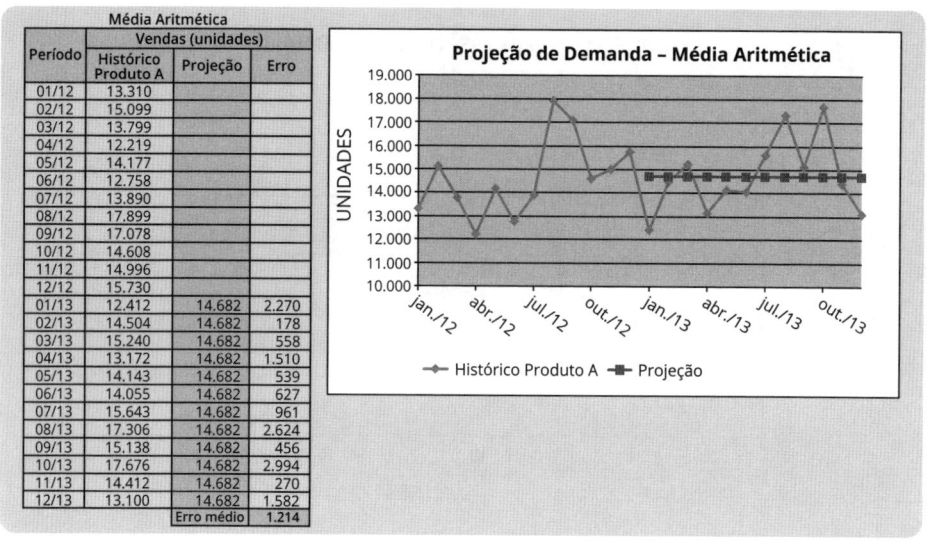

Período	Média Aritmética Vendas (unidades)		
	Histórico Produto A	Projeção	Erro
01/12	13.310		
02/12	15.099		
03/12	13.799		
04/12	12.219		
05/12	14.177		
06/12	12.758		
07/12	13.890		
08/12	17.899		
09/12	17.078		
10/12	14.608		
11/12	14.996		
12/12	15.730		
01/13	12.412	14.682	2.270
02/13	14.504	14.682	178
03/13	15.240	14.682	558
04/13	13.172	14.682	1.510
05/13	14.143	14.682	539
06/13	14.055	14.682	627
07/13	15.643	14.682	961
08/13	17.306	14.682	2.624
09/13	15.138	14.682	456
10/13	17.676	14.682	2.994
11/13	14.412	14.682	270
12/13	13.100	14.682	1.582
		Erro médio	1.214

Fonte: O Autor.

Figura 3 Previsão da demanda pela média aritmética simples.

O perfil do profissional de compras

O contexto da globalização e a importância do custo das compras para as empresas vão exigir do profissional dessa área algumas habilidades fundamentais, entre elas: o domínio de línguas estrangeiras, a capacidade de suportar pressões num processo de negociação, a flexibilidade para desenvolver novos fornecedores em situações de crise, uma visão holística do mercado e, sobretudo, ética profissional.

O domínio de línguas, a capacidade de suportar pressões, a flexibilidade e a visão holística podem ser desenvolvidos, mas a ética profissional está ligada à formação e aos valores que o profissional carrega ao longo de sua carreira. Muita atenção deve ser dada a esse aspecto, porque a formação humana é muito mais trabalhosa do que a formação técnica. A prática tem mostrado que é muito mais difícil moldar os aspectos humanos de um profissional do que prepará-lo tecnicamente.

O profissional de compras não pode estabelecer vínculos estreitos com fornecedores a ponto de conflitar com os interesses da empresa que representa. Na tentativa de inibir essa relação, as empresas têm adotado um sistema de rodízio entre os compradores para que periodicamente (em geral a cada dois anos) haja uma troca de *comodities* entre eles, mesmo que isso venha a comprometer os benefícios conseguidos pela experiência adquirida. Em geral, os resultados têm mostrado mais efeitos positivos do que negativos.

O administrador na gestão de produção (a decisão de fabricar)

A eficiência do ambiente produtivo de uma empresa pode ser representada pela Figura 4 e pela Equação 1.

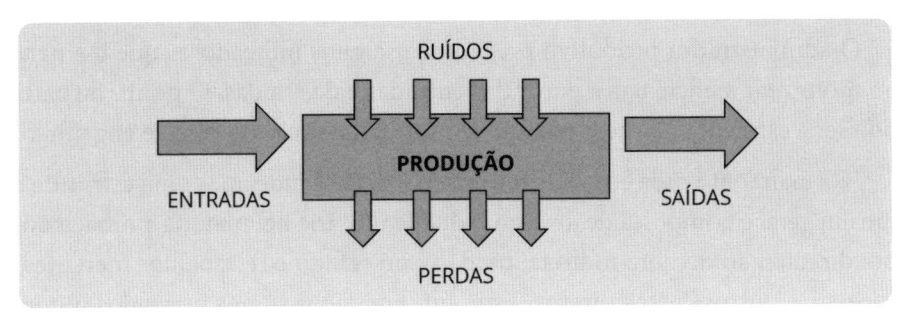

Fonte: O Autor.

Figura 4 Entrada e saída de recursos no ambiente produtivo

Equação 1

$$\text{EFICIÊNCIA} = \frac{\text{SAÍDAS}}{\text{ENTRADAS}} \qquad (1)$$

Fonte: O Autor.

Por ENTRADAS, poderíamos entender todos os recursos que alimentam a área produtiva e que contribuirão para a fabricação do produto final, quer de forma direta ou indireta: matéria-prima, mão de obra, máquinas e equipamentos, energia elétrica e insumos em geral. Por SAÍDAS, devemos entender os produtos ou serviços que serão vendidos pela empresa.[1] A Figura 4 mostra que a eficiência nunca será de 100% porque existem perdas e ruídos que interferem no aproveitamento entre as etapas de ENTRADA e SAÍDA.

No ambiente competitivo não basta somente comprar matéria-prima e mão de obra mais baratos, mas também aproveitar esses recursos de forma eficiente. Uma mão de obra pode ser mais barata, mas se despreparada para a função que vai desempenhar provocará desperdícios indiretos com refugos, retrabalhos, baixa produtividade etc.

Por sua vez, a mão de obra qualificada, além de custar mais caro, no médio prazo vai exigir da empresa uma atenção especial quanto ao seu aproveitamento futuro: invariavelmente a empresa deverá criar situações internas para que haja o crescimento profissional; caso contrário, terá grande probabilidade de perdê-la para o mercado, e, junto, todo o custo da formação adquirida. O administrador deve ter bem claro o nível de qualificação profissional adequado para cada função a ser desempenhada, de forma a equilibrar o custo-benefício da qualificação.

O administrador produtivo precisa criar alguns indicadores que lhe permitam monitorar a eficiência a partir das entradas e das saídas. O ponto de partida pode ser a estrutura de custo padrão definida pelas áreas de custo e engenharia.

Normalmente cada empresa tem sua particularidade, mas uma estrutura padrão em geral é composta de uma quantidade unitária de: matéria-prima, mão de obra direta, mão de obra indireta, perdas com refugo e retrabalhos inerentes ao processo, e outros custos diretos. Estes últimos são insumos utilizados por mais de um produto durante o mesmo processo produtivo, que não fazem parte do produto final, e que normalmente não podem ser repartidos facilmente por cada unidade produzida, tais como: energia elétrica, materiais de segurança, manutenção de ferramentais etc.).

Eficiência da mão de obra direta

Um indicador da eficiência da mão de obra direta poderia ser dado pela Equação 2.

Equação 2

$$\text{EFICIÊNCIA MOD} = \frac{\text{HORAS REPORTADAS}}{\text{HORAS PAGAS}} \quad (2)$$

Fonte: O Autor.

Definimos HORAS REPORTADAS como sendo a multiplicação do tempo unitário da estrutura padrão de mão de obra, pela quantidade de peças produzidas. HORAS PAGAS é a quantidade de horas efetivamente ganhas pela MOD (mão de obra direta), desde o momento em que ela registra sua entrada na empresa e está disponível para trabalhar, até o momento em que registra sua saída.

Para ilustrar, vamos supor hipoteticamente uma unidade produtiva com 01 MOD que trabalhe 176 horas mensais (04 semanas de 44 horas) onde são fabricados dois produtos (A e B) com a estrutura padrão da Tabela 1.

A Equação 3 dá o resultado da eficiência da MOD para nosso exemplo.

Equação 3

$$\text{EFICIÊNCIA MOD} = \frac{133,33+16,67}{176} = 85\% \quad (3)$$

Fonte: O Autor.

Tabela 1 Quantidade de horas reportadas pelos produtos A e B

PRODUTO	MOD (min/peça)	VOLUME MENSAL PRODUZIDO	HORAS MENSAIS REPORTADAS
A	1,00	8.000	133,33
B	0,50	2.000	16,67

Fonte: O Autor.

Quando se determina um tempo padrão, deve ser considerada também uma margem de tolerância (segurança) para compensar as perdas ocasionadas: pela diferença de velocidade entre os diferentes operadores, pela fadiga resultante de trabalhos mais ou menos repetitivos e pelo tempo necessário para que os operadores realizem suas necessidades pessoais.[1] Na literatura, existem tabelas padrões, mas o ideal é que cada empresa tenha condições de adaptar essas tabelas à sua realidade histórica, e a partir daí criar os seus padrões de tolerância, em função de seu ambiente e do grau de automação do seu processo produtivo.[2]

Em geral, essas tolerâncias acabam variando entre 15% e 25%. Assim, em nosso exemplo poderíamos dizer que uma eficiência de 85% está adequada, se a margem de tolerância não estiver considerada no tempo padrão.

Eficiência dos equipamentos

A eficiência dos equipamentos pode ser controlada através de indicadores que comparem a quantidade de horas efetivamente trabalhadas por cada equipamento e a sua disponibilidade. Têm-se utilizado os conceitos de TMEF (Tempo Médio entre Falhas), TMPR (Tempo Médio para Reparo) e a porcentagem de quebras, conforme as Equações 4, 5 e 6, respectivamente. Os indicadores podem ser globais ou por equipamento, mas de forma a facilitar as ações de gerenciamento.

Equação 4

$$TMEF = \frac{\text{TOTAL DE HORAS TRABALHADAS PELOS EQUIPAMENTOS}}{\text{QUANTIDADE DE QUEBRAS}} \quad (4)$$

Fonte: O Autor.

O tempo médio entre falhas (TMEF) corresponde ao tempo entre uma quebra e outra, independentemente de ser o mesmo tipo de ocorrência.

Equação 5

$$TMPR = \frac{\text{TOTAL DE HORAS PARADAS DOS EQUIPAMENTOS}}{\text{QUANTIDADE DE QUEBRAS}} \quad (5)$$

Fonte: O Autor.

O tempo médio para reparo mede o tempo de resposta da equipe de manutenção e a complexidade das intervenções.

Equação 6

$$\% \text{QUEBRAS} = \frac{\text{TOTAL DE HORAS DE MÁQUINA PARADA}}{\text{HORAS TRABALHADAS + HORAS MÁQ. PARADA}} \quad (6)$$

Fonte: O Autor.

Outro indicador muito utilizado é a Taxa de Rendimento Sintética (TRS), ilustrada pela Figura 5.

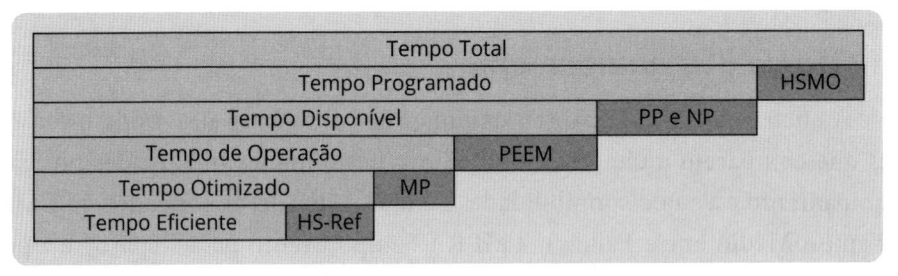

Fonte: O Autor.

Figura 5 Taxa de Rendimento Sintética (TRS)

Onde:

Tempo Total: total de horas disponíveis no mês (24 h × 30 dias).

HSMO: total de horas em que se decide não trabalhar de forma planejada, como domingos, feriados etc.

PP e NP: total de horas relativas às Paradas Programadas (reuniões, refeições, testes de desenvolvimento, manutenção preventiva, *set-up* etc.) e Não Programadas (falta de energia, problema de ferramentais, problemas internos de não qualidade, falta de MOD não planejada e outras paradas equivalentes).

PEEM: total de horas relativas às Paradas por Ineficiências Eletromecânicas dos Equipamentos.

MP: total de horas relativas às Microparadas, que somadas representam uma parcela das perdas. O apontamento e controle desse tipo de parada é mais difícil, e por tal motivo costuma-se classificá-la como sendo o total de horas ocasionadas pelas PERDAS DE INFORMAÇÃO.

HS-Refugo: é o tempo que se perde fazendo peças ruins. O cálculo desse tempo é feito pela multiplicação da quantidade de peças ruins fabricadas pelo seu tempo unitário padrão.

TRS (Tempo Eficiente): é o tempo efetivamente aproveitado para fabricação de peças boas que serão comercializadas pela empresa.

Dessa maneira, o administrador da produção deverá se preocupar em eliminar ou controlar todas as perdas que possam contribuir para um resultado ruim de TRS. Sabe-se que as empresas de classe mundial trabalham com um TRS em torno de 85%.

Eficiência no aproveitamento de insumos e matérias-primas

O preço de venda de qualquer produto é determinado a partir de uma margem de lucro desejada, que por sua vez leva em consideração o custo estimado de produção. No custo estimado de produção existe um consumo de matéria-prima estimado. Quando esse consumo é superior à quantidade prevista, há uma distorção entre o custo padrão e o custo real, ocasionando uma perda de margem e um lucro menor, já que o preço de venda não poderá ser alterado todas as vezes em que isso ocorrer.[3]

A empresa pode adotar algum *software* de gestão do tipo ERP (*Enterprise Resource Planning*) que ajude a integrar todos os departamentos e funções em um único sistema, de forma a satisfazer as necessidades de cada área.[5] Dentro desses *softwares* existem módulos relacionados a finanças e produção, que possibilitam uma comparação sistemática de qualquer estrutura unitária padrão e sua estrutura unitária real, apontando os desvios existentes entre a quantidade de material prevista pela estrutura padrão e aquela efetivamente consumida pela produção.

Suponhamos que um produto ALFA qualquer tenha cadastrado em sua estrutura padrão a quantidade unitária de 2 g de material, e que em determinado mês a demanda seja de 100.000 unidades. Pela estrutura padrão, o consumo previsto de matéria-prima é de 200 kg. O programador de produção vai emitir uma ordem de fabricação de 100.000 unidades que vai demandar 200 kg de matéria-prima.

À medida que a produção vai ocorrendo, o mesmo programador vai reportando a quantidade produzida dentro de uma ordem de produção. Quando a ordem de produção é encerrada, o sistema faz o cálculo da quantidade unitária real através do rateio da quantidade de peças produzidas pela quantidade de matéria-prima consumida, e gera um relatório que faz a comparação da estrutura unitária padrão com a estrutura unitária real, calculada a cada ordem produzida. A mesma sistemática pode ser adotada para a análise dos outros componentes da estrutura padrão, tais como MOD, MOI (mão de obra indireta) etc.

A grande dificuldade está no alto custo desses *softwares*, o que quase sempre inviabiliza sua utilização pelas empresas com recursos financeiros limitados, mas isso não deve impedi-las de adotar outra solução que as auxilie nas análises e decisões gerenciais.

O controle do refugo

O controle do refugo somente é possível quando ele é conhecido e corretamente classificado. Por esse motivo, inicialmente deve-se estabelecer um padrão uniforme de classificação para que diferenças de interpretação sejam minimizadas e não conduzam a análises erradas de causa-efeito.

Diariamente faz-se um apontamento sistemático da quantidade e tipos de defeitos por cada produto produzido. Quanto mais sofisticado e completo for o banco de dados, melhores serão os resultados. No exemplo a seguir, ilustramos uma metodologia de análise aplicada a uma linha de fundição.

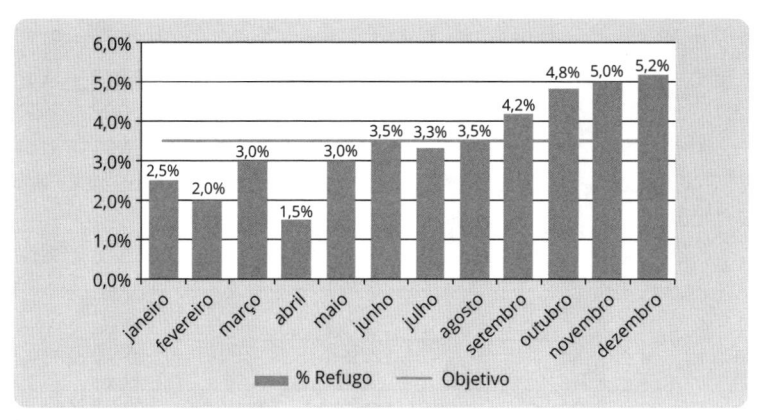

Fonte: O Autor.

Figura 6 Evolução anual do refugo

A Figura 6 ilustra a porcentagem de refugo total encontrada na linha de fundição ao longo do ano, mostrando uma tendência de aumento.

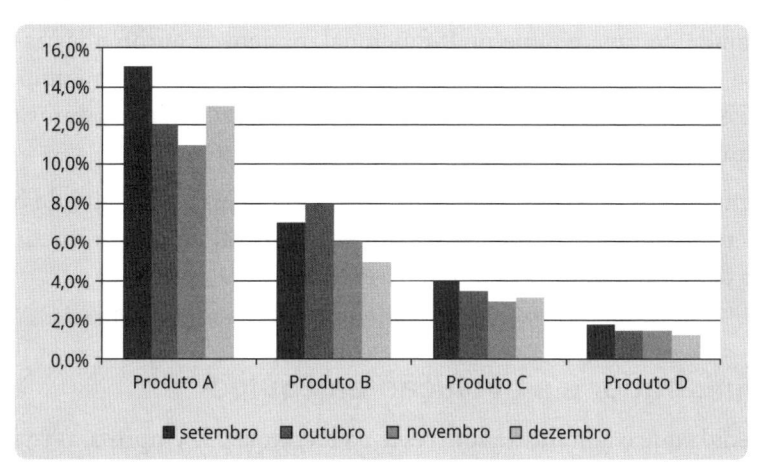

Fonte: O Autor.

Figura 7 Distribuição do refugo por tipo de produto

A Figura 7 ilustra que o produto A é o que mais contribui para o aumento da quantidade de refugo, seguido dos produtos B, C e D.

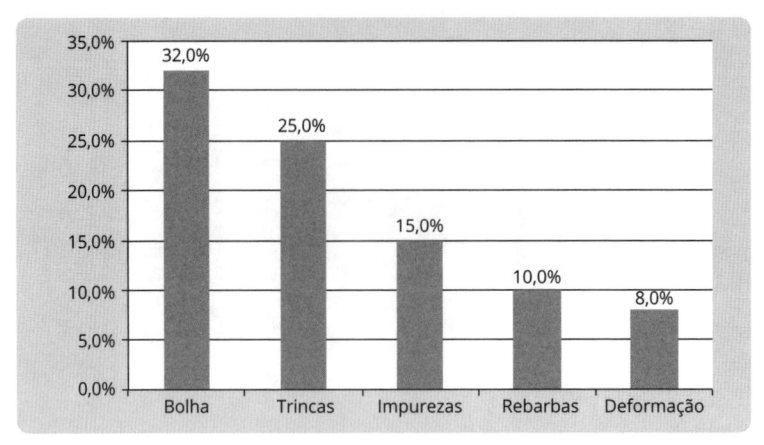

Fonte: O Autor.

Figura 8 Classificação dos tipos de refugo para o produto A

Aprofundando-se as análises para o produto A, na Figura 8 verifica-se que os tipos de refugo predominantes são as Bolhas e as Trincas. Com essas informações e a ajuda de uma equipe multifuncional, podem-se aprofundar as análises até que se encontre a causa-raiz do problema. A importância da equipe multifuncional está na capacidade de análise do problema sob vários pontos de vista, considerando-se as experiências individuais de cada integrante.

No entanto, o sucesso de uma empresa não depende somente de boas ferramentas de análise e controle, mas também do nível de comprometimento e formação das equipes que dela fazem parte.[2]

O administrador e a evolução da equipe

À medida que o administrador cresce na hierarquia da empresa, as suas habilidades humanas devem se sobrepor às suas habilidades técnicas. Infelizmente, muitos profissionais acabam sendo promovidos para cargos de liderança de equipes porque se sobressaem tecnicamente, mas posteriormente acabam frustrando as expectativas dos liderados: a empresa perde um bom técnico e ganha um líder ruim.

A escolha de novos líderes não deve se basear somente em análises das características que mais se sobressaem no profissional, tampouco em curto espaço de tempo. Os líderes de sucesso vão sendo formados ao longo do tempo e quase sempre é possível identificar de forma antecipada se terão o conjunto de características necessárias.

É muito comum que se encontrem equipes com a característica preponderante do chefe, o que não é de todo ruim, e ele assim a constrói baseado em seus valores. No entanto, equipes de sucesso normalmente têm em sua estrutura os mais variados perfis, e essa mistura enriquece a capacidade de análise e tomada de decisão.

Uma equipe será mais forte sempre que agregar valor à empresa, e somente as empresas que têm a capacidade de gerar valor para seus negócios sobreviverão no mercado globalizado. A dinâmica organizacional sempre deverá se adaptar às mudanças externas e criar um ambiente propício para a formação e retenção de novos talentos.

Referências

[1] GAITHER, Norman; FRAZIER, Greg. *Administração da produção e operações*. São Paulo: Pioneira Thomson Learning, 2002.

[2] HEIZER, Jay; RENDER, Barry. *Administração de operações*. Rio de Janeiro: Livros Técnicos e Científicos, 2001.

[3] PADOVEZE, Clóvis Luis. *Controladoria estratégica e operacional*. São Paulo: Cengage Learning, 2012.

[4] REID, R. Dan; SANDERS, Nada R. *Gestão de operações*. Rio de Janeiro: Livros Técnicos e Científicos, 2005.

[5] SLACK, Nigel; CHAMBERS, Stuart; HARLAND, Christine; HARRISON, Alan; JOHNSTON, Robert. *Administração da produção*. São Paulo: Atlas, 1997.

[6] TUBINO, Dalvio Ferrari. *Manual de planejamento e controle da produção*. São Paulo: Atlas, 2000.

Marketing – Relacionamento e Gestão

14

Paulo Sérgio Miranda Mendonça
Carlos Alberto Xavier do Nascimento
Stella Ribeiro Alves Corrêa

Marketing – conceito e evolução

As organizações em uma sociedade cumprem com funções sociais complexas, dentre elas o oferecimento de produtos e serviços para satisfação e atendimento de necessidades, desejos e demandas de mercados-alvo. Das trocas efetuadas entre organizações e consumidores, nascem as atividades de marketing, atividades estas que devem ser pautadas por ações de otimização das trocas de mercado, fazendo com que aconteçam da melhor forma possível para as partes envolvidas. Em outras palavras, podemos dizer que o objetivo essencial do marketing é promover as trocas, satisfazendo necessidades e atingindo objetivos em orientação multilateral.

Durante muito tempo, as atividades de marketing praticadas pelas organizações encontravam seu embasamento na definição do conceito de marketing promovido pela AMA – American Marketing Association,[5] no ano de 1985. Àquela época, o conceito de marketing foi definido como o processo de planejamento e execução de conceitos, precificação, promoção e distribuição de bens, ideias e serviços para criar trocas que satisfaçam os objetivos dos indivíduos e empresas. A base desse conceito é o chamado *mix* ou composto de marketing, conjunto de fatores de mercado que serão tratados adiante neste capítulo.

A definição de 1985 seria substituída mais tarde por ser considerada simplista no que tange ao real objetivo das atividades de marketing praticadas pelas organizações. Os gestores das organizações durante muito tempo se esforçaram para atender seus mercados-alvo, praticando trocas eficazes no atendimento de seus objetivos, tais como: aumento de vendas, lançamento de novos produtos e, consequentemente, lucratividade. No entanto, nem sempre os objetivos do consumidor eram satisfeitos, corrompendo e ferindo o conceito da multilateralidade.

Em 2005, a AMA modificou o conceito de marketing, inserindo uma palavra-chave para orientação das atividades de marketing das organizações: valor. Essa mudança de conceito representava, acima de tudo, uma mudança nas práticas mercadológicas das organizações, que passavam a atuar em macroambientes mais competitivos e com consumidores mais atentos e com maior conhecimento sobre o processo de compra, além de mais alternativas de escolha. Esse novo conceito, imbuído da palavra *valor*, tentaria revelar a resposta para a criação de estratégias organizacionais para a preservação, sobrevivência e rentabilidade, conceitos mais complexos que, puramente, lucratividade.

Assim, definindo marketing como atividade e conjunto de instituições e processos para criar, comunicar, entregar e promover trocas de valor para consumidores, clientes, parceiros e sociedade em geral, a AMA redefiniu os objetivos mercadológicos das empresas, que passam a se destacar dos concorrentes e obter vantagem competitiva através da comunicação e entrega real de valor ao consumidor. Em uma análise mais estendida, a definição também alterou a abrangência de pessoas e instituições que precisam ter os seus objetivos atendidos. Ao mencionar parceiros e sociedade em geral, a AMA busca clarear a ideia de que há outros *stakeholders,* pessoas e organizações interessadas no negócio, que precisam de suas necessidades satisfeitas. Em adição, a sociedade como um todo sofrerá impactos resultantes das trocas de mercado; assim, as atividades de marketing também precisam zelar quanto à minimização de resultados negativos que porventura possam atingir as sociedades, incluindo: pessoas, grupos e meio ambiente. Esse assunto será tratado mais adiante no tópico destinado à sustentabilidade e suas ligações com as atividades mercadológicas das organizações.

	Definição de 1985	Definição de 2005
Conceito	Processo	Nova função
Estratégia	Satisfação de objetivos	Criação e entrega de valor
Método	Composto de marketing (produto, preço, praça, promoção)	Gerência de relacionamentos
Foco	Mercado-alvo	*Stakeholders* e sociedade em geral
Inteligência de MKT	Pesquisa de mercado e sistemas formais de inteligência	Redes de relacionamento
Orientação	Bilateral	Multilateral

Fonte: Elaborada pelos autores (2015).

Figura 1 Comparação entre conceitos da AMA – American Marketing Association

Valor nas atividades de mercado

A palavra *valor*, aplicada no contexto das atividades de mercado, pode ser definida como o benefício requerido pelo consumidor, tendo como base: 1. os atributos do produto ou serviço; 2. a imagem da empresa e/ou marca; 3. os serviços agregados na compra; e 4. as pessoas envolvidas no processo. Os atributos do produto são as características comunicadas e entregues pela empresa, relacionadas ao seu desempenho. A imagem é resultante de fatores objetivos, aqueles comunicados pela empresa e relacionados ao posicionamento da marca no mercado, e fatores subjetivos, relacionados à percepção do consumidor em relação à marca. Já os serviços agregados ao processo de compra revelam aspectos da conveniência da aquisição, pós-venda, serviços de apoio e outros relacionados ao objetivo das organizações em se aproximar do consumidor. Por fim, as pessoas envolvidas no processo revelam importantes fatores de mensuração de valor e podem ser consideradas variáveis altamente impactantes na escolha de valor pelos consumidores.

Apesar da intenção das organizações em atender à requisição de valor de seus consumidores, valor como requisição pode ser diferente do valor entregue, de fato. De acordo com Kotler e Keller,[5] valor entregue ao cliente é a diferença entre o valor total e o custo total para o cliente, sendo o valor total o conjunto de benefícios que os clientes esperam de um produto ou serviço e o custo total do conjunto de custos que os consumidores esperam incorrer durante todo o processo de compra, incluindo: a avaliação das ofertas, a obtenção do produto ou serviço, a utilização e seu descarte. Por entre essas atividades, o consumidor incorrerá, além dos custos monetários, custos de tempo, de energia e psíquicos.

Assim, para que o valor comunicado e intencionado seja ao menos semelhante ao valor entregue e/ou percebido pelo consumidor, é necessário que a organização esteja atenta às seguintes etapas, presentes na definição de marketing da AMA, ano 2005:[5]

1. criação e atribuição de valor;
2. comunicação de valor;
3. entrega de valor (grande desafio do marketing).

Na primeira etapa, estão envolvidas as atividades de: 1. identificação de necessidades de um determinado público-alvo; 2. pesquisa e desenvolvimento de produtos e serviços que vão ao encontro dessas necessidades. Em seguida, na tentativa de embasar e influenciar a escolha de valor dos consumidores, as organizações comunicam o valor com que pretendem entregá-los, comunicando atributos do produto ou serviço, custos e, principalmente, benefícios envolvidos. Por essa comunicação através de propaganda, publicidade, força e promoção de vendas, além de outros fatores como experiências anteriores de compra e outras fontes de informação (ex.: depoimento de terceiros), os consumidores fazem seu juízo de valor e, assim, decidirão a respeito da compra. O grande desafio do marketing está na terceira etapa, responsável pela entrega de valor. Ao decidir por uma marca e experimentar o desempenho do produto ou serviço comunicado pela empresa, o valor comunicado será percebido pelo consumidor de maneira sensorial (sentidos) e pela experiência (ex.: valores, crenças, normas sociais, atitudes, medos, sentimentos) e testado com base na formação de suas expectativas. É nesse momento que o consumidor pode perceber diferenças entre o valor intencionado e comunicado pela empresa e o valor percebido por ele, tornando-se em um cliente pouco ou nada satisfeito.

A semelhança entre valor comunicado e valor percebido pode ser chamada de congruência de valor e, de acordo com alguns autores, permanece amplamente ignorada como um antecedente do estabelecimento de relações de qualidade, sendo o relacionamento reconhecido como a única variável capaz de trazer rentabilidade no longo prazo.

Marketing de relacionamento

Consumidores procuram adquirir produtos e serviços que satisfaçam suas necessidades e as empresas, por sua vez, buscam o desenvolvimento de produtos e serviços que construam competências distintas de seus concorrentes. Assim, pode-se dizer que um objetivo mais profundo do marketing, relacionado ao oferecimento de valor ao consumidor, é o de desenvolver e gerenciar relacionamentos de longo prazo e de confiança com seus clientes, distribuidores, fornecedores e outros *stakeholders*.

Apesar de a máxima do relacionamento estar presente de forma assertiva na bibliografia de marketing, muitas empresas permanecem orientadas para a transação (compra/venda), representando a lógica dominante de produtos. Em vias contrárias, a lógica dominante de serviços representaria a habilidade de prover serviços para estabelecer, desenvolver e manter relações duráveis com consumidores. Nesse sentido, serviços seriam compreendidos além da dualidade indústria-serviço, abrangendo relações e interações entre os atores da oferta e demanda e representados por diferentes graus para a obtenção de produtos úteis para resolver determinado problema de consumidores.

A construção do marketing de relacionamento obedece à orientação de multilateralidade no momento em que consegue oferecer benefícios às empresas e consumidores e também a outros membros e instituições do ambiente de marketing. Empresas são beneficiadas com vantagens como: maior propensão a novas compras, melhora da *performance* financeira, redução de incertezas, lealdade, disposição na geração de *feedback*, fortalecimento da marca e, ainda, maior tolerância a erros. Consumidores poderão usufruir de valor agregado ao produto, além de um conhecimento maior de seu perfil de compra e consumo, o que irá gerar produtos e serviços mais adequados à satisfação de suas necessidades. Assim, a multilateralidade auxilia empresas, fornecedores e distribuidores a desenvolverem relações sólidas para a melhoria da *performance* de todo o sistema.

De acordo com os autores,[7] os principais componentes do marketing de relacionamento são: 1. satisfação, 2. confiança, 3. comprometimento afetivo e 4. lealdade. A satisfação é o primeiro fator, já que não há relacionamento de longo prazo construído sobre a base de um cliente pouco satisfeito ou insatisfeito. A confiança é uma variável construída no tempo, por isso a sua relação com marketing de relacionamento. O comprometimento afetivo envolve os custos incorridos pelo consumidor para a mudança de marca. E, por fim, a lealdade representada como o objetivo maior do marketing de relacionamento, significando um comprometimento profundo e arraigado do consumidor para com uma marca.

Marketing e sustentabilidade

No primeiro tópico deste capítulo foi abordada a nova definição de marketing desenvolvida pela AMA. A palavra-chave da nova definição seria *valor* e o conceito-chave, o seu oferecimento a todos os *stakeholders* envolvidos no processo. Essa nova definição remete ao conceito ampliado de marketing, muito utilizado em materiais acadêmicos e empresariais para representar a responsabilidade do marketing em evitar, reduzir e/ou mitigar as externalidades negativas causadas pelas trocas de mercado. Em outras palavras, toda troca de mercado gera resultados e alguns desses resultados podem ser impactos negativos, principalmente no meio ambiente e sociedade.

Esse conceito foi primeiramente apreciado em um artigo;[6] desde então, vem modificando algumas ações estratégicas de marketing de organizações, que trabalham em subconceitos como "marketing sustentável", "marketing social" e "marketing de ideias". Inicialmente utilizadas para persuadir o consumidor e incentivar o consumo, as atividades de marketing estavam centradas em adaptar, coordenar e manipular o composto mercadológico com o objetivo de promover respostas eficazes aos mercados, principalmente aos consumidores finais. No entanto, ao estender e ampliar o seu conceito, teríamos o marketing também como uma ferramenta que auxilia as organizações na construção de perspectivas futuras que contemplem relações mutuamente benéficas entre organização, consumidores e sociedade. Em outras palavras, quando se diz que um dos objetivos essenciais do marketing é promover trocas de maneira a gerar valor para todas as partes, significa também dizer que essa ferramenta precisa ser trabalhada para reduzir ou amenizar danos causados pelas trocas de mercado.

Especificamente sobre a questão da sustentabilidade, assunto tratado de forma cada vez mais expansiva e expressiva nos negócios, o marketing seria aplicado e praticado levando em consideração questões sociais, ambientais e econômicas. Após a promulgação do conceito de desenvolvimento sustentável em 1987, essa preocupação ganhou maiores proporções e vem, desde então, modificando práticas empresariais. Neste mesmo ano, a Comissão Mundial sobre Meio Ambiente e Desenvolvimento criou o documento Nosso Futuro Comum ou Relatório Brundtland, que define e prega a necessidade do desenvolvimento sustentável, que satisfaz as necessidades atuais sem comprometer a capacidade de gerações futuras de ir ao encontro das suas necessidades.

Para que esse objetivo fosse cumprido, as pessoas e organizações deveriam adotar posturas mais sustentáveis, e o termo *sustentabilidade* começa a ser praticado como um conjunto de processos sistêmicos e de longo prazo que levam ao desenvolvimento sustentável,[2] sendo, assim, a definição mais comum e utilizada. Em uma publicação, Elkington pressupõe a existência de uma tríplice composta por fatores sociais, ambientais e econômicos e, dessa forma, sua aplicação resultaria em processos, atividades e objetivos socialmente justos, ambientalmente corretos e que gerem desenvolvimento econômico global e local.

O termo *sustentabilidade* tem sido amplamente discutido no contexto empresarial e de negócios, ainda que com certa dificuldade em compreender e aplicar toda a sua complexidade. Destarte, é certo que sua utilização é vista como um conceito chave da gestão estratégica inteligente e pode ser utilizada como uma ferramenta de criação de valor para a organização e sociedade em geral, abrangendo todos os *stakeholders* da organização. E, assim, com a promulgação do Relatório Brundtland, as empresas iniciam um processo de "colorir" de verde seus modelos produtivos, estratégias de mercado e modelos de gestão para que se tornem mais sustentáveis, acompanhando a ampliação do conceito de marketing, surgindo os termos *marketing verde*, *marketing ecológico* e/ou *marketing sustentável*.

Conhecimento e identificação do comportamento do consumidor

O primeiro passo na transformação do conceito de orientação ao consumidor é entendê-lo e tratá-lo de forma diferenciada de acordo com seu perfil, comportamento e preferências. O marketing possui duas atividades que têm a função de proporcionar entendimento das diferenças e preferências do consumidor, além de estabelecer estratégias de marketing distintas para cada público-alvo. A seguir. apresentam-se essas duas atividades.

Sistemas de Informação de Marketing – SIM

Sistemas de Informação de Marketing podem ser definidos como um conjunto de processos, pessoas e tecnologias sinergicamente combinados com o objetivo de se produzir inteligência de mercado. De forma sistemática, essa ferramenta tratará de colher e analisar dados e informações do macromercado para se produzir conhecimento acerca do mercado de consumidores, parceiros, fornecedores, concorrentes e outros *stakeholders*. O uso correto e contínuo dessa ferramenta implicará em um processo decisório mais assertivo e preciso em relação à aplicação de estratégias definidas no planejamento de marketing. Além disso, é uma ferramenta indispensável às empresas que investem na construção de relacionamentos duradouros.

Além de pesquisa, registro e uso de informações externas, os SIMs também devem operacionalizar conhecimento acerca das características internas da organização, levando em consideração questões como: evolução de vendas e rentabilidade, estrutura de custos, recursos disponíveis, portfólio de produtos etc. Combinando variáveis internas e externas, as decisões produzidas oferecerão risco menor ao processo decisório.

O ambiente externo às organizações é caracterizado por um alto volume produzido de informações. Assim, os SIMs, em toda a sua complexidade, devem ser instituídos para produzir conhecimento adequado ao processo decisório de cada organização; do contrário, tem-se uma quantidade satisfatória de dados que, analisados, não produzem nenhum tipo de informação relevante. Além disso, há que se ter um cuidado na capacitação das pessoas que usarão as informações produzidas, para que os erros sejam minimizados e a segurança do planejamento de marketing seja garantida.

A coleta de informações pelos SIMs pode acontecer de forma direta ou indireta, produzindo dados primários ou secundários. A coleta direta abrange dados e informações colhidas para a resolução de um problema específico. Já a maneira indireta colhe dados e informações mais generalistas que corroboram vários tipos de decisões de marketing. Sobre os dados, as empresas tanto podem produzir dados primários, utilizando métodos próprios de coleta de dados (ex.: pesquisa de marketing), como podem se utilizar de dados secundários, produzidos por outras instituições como órgãos de classe, associações, autarquias etc. Cada método ou tipo de informação deverá ser avaliado pela organização e adequado ao tipo de problema que se pretende resolver. O importante é a adequação ao tipo de conhecimento que se pretende produzir, à velocidade necessária para a construção de respostas rápidas e à qualidade das informações produzidas, afinal os SIMs devem funcionar como depuradores do fluxo de informações que podem ser colhidas no ambiente. Isso também significa dizer que os SIMs devem trabalhar em sinergia com os planos estratégicos e de marketing da organização, que deverão guiar a busca e análise de informações, de acordo com a especificação do problema que deverá ser resolvido.

Com o uso contínuo de um SIM, as organizações estarão mais bem preparadas para lidar com demandas dos consumidores e adequar sua oferta de produtos e serviços ao que melhor se encaixa no atendimento às suas necessidades. A consequência será maior facilidade e naturalidade na construção de relacionamentos de longo prazo e, consequentemente, clientes mais rentáveis.

Segmentação de Mercado

Segmentação de Mercado é uma atividade de marketing composta de três dimensões: segmentação, seleção de mercado-alvo e posicionamento (SAP). O conceito de segmentação é a identificação de grupos homogêneos com relação ao comportamento de compra.[5]

É a atividade que precede o estabelecimento do programa de marketing, pois para cada segmento selecionado é preciso ter uma estratégia de marketing diferenciada. Ou seja, produto, preço, comunicação e distribuição diferentes. Por isso, a necessidade de homogeneização interna e heterogeneidade entre os grupos.

Em termos de orientação de marketing das organizações, podem-se estabelecer as seguintes formas de segmentação:

Marketing de Massa: a) utilização da estratégia de vender o mesmo produto para todos os clientes com o mesmo composto de marketing; b) maior mercado potencial – preços mais baixos e margens mais altas;

Marketing por Segmentação: a) compradores de segmentos têm preferências e necessidades muito similares; b) oferecer produtos e serviços mais adequados e preço apropriado; c) seleção de canais e comunicação mais fáceis; e d) menor concorrência;

Marketing de Nicho: a) grupo definido mais estritamente. Subdivisão de um segmento ou definição de um grupo que procura por benefícios distintos;

Nicho Atraente: clientes com necessidades distintas:

- clientes concordam em pagar preço mais alto;
- nicho não atrai concorrentes;
- receitas por especialização; e
- potencial de crescimento;

Marketing Local: a) refere-se a programas de marketing localizados com base nas preferências dos consumidores a partir de dados geográficos e demográficos; b) o desenvolvimento das atividades de marketing tem por finalidade ficar próximo e relevante para cada cliente, compreendendo o contexto local e suas especificidades; e

Marketing Individual: trata-se de a) composto personalizado para o consumidor; b) customização de massa – novas tecnologias; e c) participação ativa do cliente no desenvolvimento do produto.[1,3,4,5]

O primeiro passo na segmentação de mercado é selecionar as variáveis de segmentação. As principais variáveis de segmentação do Mercado Individual (B2C) e do Mercado Organizacional (B2B) estão relacionadas no Quadro 1:

Quadro 1 Modalidades e critérios de segmentação de mercado (individual e organizacional)

Segmento Individual	
Modalidades	**Critérios**
Geográfica	Extensão do Mercado Potencial, Concentração Geográfica, Transporte e Acesso, Polarização, Bairros e Ruas, Tráfego, Centros de Compras
Demográfica	Idade, Sexo, Domicílio, Família, Ciclo de Vida (Jovem, Adulto, Idoso)
Socioeconômica	Classe de Renda, Instrução, Ocupação, *Status*, Migração, Mobilidade Social

(continua)

Segmento Individual	
Modalidades	**Critérios**
Padrões de consumo	Frequência de Compra, Local de Compra, Lealdade a Marcas, *Heavy & Light Users*, Curva ABC
Benefícios procurados	Satisfação Sensual, Prestígio Social, Emulação-Preço Favorável, Qualidade/ Durabilidade, Redução de Custos, Atendimento/Serviços
Estilos de vida	Expectativas de Vida, Uso do Tempo, Interesses Predominantes, Participação em Eventos e Agrupamentos Sociais, Uso do Dinheiro, Amizades e Relações Pessoais
Personalidade	Bases Culturais, Atitudes e Valores, Liderança, Agentes de Mudanças
Caracterização econômica	Setor de Atividade, Tamanho das Empresas, Atuação dos Concorrentes, Acessibilidade, Usos e Aplicações
Segmento Organizacional	
Modalidades	**Critérios**
Demográfica	Setor, Porte e Localização
Operacionais	(Tecnologia, *Status* de Usuário e Recursos dos Clientes)
Abordagens de compra	(Organização de Compras, Estrutura de Poder, Natureza dos Relacionamentos, Políticas de Compras, Critérios de Compras)
Fatores situacionais	(Urgência, Aplicação específica, Tamanho do Pedido)
Características pessoais	(Similaridade Comprador/Vendedor. Atitudes em Relação ao Risco, Fidelidade)

Fonte: Elaborado pelos autores (2015).

Selecionadas as variáveis e verificado quais destas são mais relacionadas aos grupos de compradores similares para determinado produto, tem-se o segundo passo da segmentação, que é o estabelecimento dos perfis, caracterizados por um grupo de variáveis que identificam o comprador.

A próxima etapa é a seleção do mercado-alvo, o A do SAP, em que o profissional de marketing irá verificar qual(is) o(s) perfil(s) mais adequado(s) para elaborar uma estratégia de marketing. Os fatores mais relevantes nesse processo de seleção do mercado-alvo são:

1. Tamanho e Potencial de Crescimento do Segmento – neste fator, verifica-se se o segmento possui tamanho em termos de volume, lucratividade

ou número de consumidores, e se esse segmento possui perspectiva de crescimento nos anos seguintes;

2. Nível de Concorrência – o nível da concorrência em termos de quantidade e/ou qualidade dos competidores é fator decisivo para seleção do segmento;

3. Recursos Organizacionais – os recursos humanos, financeiros, informação, entre outros, são fatores essenciais na seleção do segmento, tendo em vista a eficiência do marketing;

4. Objetivos da Organização – o marketing é uma área funcional. É preciso que a seleção do segmento esteja alinhada com os objetivos estratégicos da organização.

Após a seleção do mercado-alvo, parte-se para a criação do conceito mais adequado para anunciar e guiar a estratégia de marketing alinhada com o perfil e desejos do segmento. É a etapa do Posicionamento – P do SAP. Dessa maneira, conforme Kotler e Keller,[5] o posicionamento define-se por "ato desenvolver a oferta e a imagem da empresa para ocupar um lugar destacado na mente dos clientes-alvo"; assim, esse conceito torna-se indispensável para a análise da imagem de uma empresa.

A fim de que uma estratégia de posicionamento seja eficaz, os produtos devem ser diferenciados; para isso, são necessários alguns critérios:

- Importância – é oferecido um benefício de alto valor.
- Destaque – a diferença é oferecida de maneira destacada.
- Superioridade – diferenças superiores a outras obtendo benefícios.
- Exclusividade – os concorrentes não conseguem copiar tal diferença.
- Acessibilidade – a diferença é acessível ao cliente.
- Lucratividade – a diferença é lucrativa para a empresa.

Referências

[1] CHURCHILL JR., G. A. ; PETER J. P. *Marketing*: criando valor para os clientes. São Paulo: Saraiva, 2005.

[2] ELKINGTON, J. *Partnerships from cannibals with forks*: the triple bottom line of 21st-Century Business, 1998.

[3] KOTLER, P.; ARMSTRONG, G. *Princípios de marketing*. 12. ed. São Paulo: Prentice Hall Brasil, 2007.

[4] _____; KARTAJAYA, H.; SETIAWAN, I. *Marketing 3.0*: as forças que estão definindo o novo marketing centrado no ser humano. Rio de Janeiro: Elsevier, 2010.

[5] KOTLER, F.; KELLER, K. *Administração de marketing*. 14. ed. São Paulo: Prentice Hall, 2012.

[6] _____; LEVY, Sidney. Broadening the concept of marketing. *Journal of Marketing*, 33 (1), p. 10-15, Winter 1969.

[7] ZHANG, J.; BLOEMER, J. M. M. The impact of value congruence on consumer-service brand relationships. *Journal of Service Research*, 11(2), p. 161-178, 2008.

Finanças

15

Perla Calil Pongeluppe Wadhy Rebehy

As estratégias financeiras envolvem as decisões de financiamento e investimento, de modo que a comparação entre as duas resulte num valor. Se o valor for positivo, pode-se concluir que a organização está gerando valor e, caso contrário, destruindo valor.

Histórico da teoria de finanças

A evolução da teoria de finanças acompanhou as dinâmicas do mercado, transformando-se para estudar os fenômenos que aconteciam e dar uma resposta a ela, ou em outros momentos ofereceu ferramentas e modelos que permitiram que o mercado evoluísse.[5]

Os autores atualizaram até a década de 1990 uma análise esquemática da evolução da função financeira que Weston (1966) e D'Ambrosio (1969) haviam proposto até a década de 1960, conforme Quadro 1.

Quadro 1 Evolução da teoria de finanças

Época	Fatos econômicos e industriais	Influência sobre o conteúdo das finanças
Início do século XX	Movimento de consolidações	Estrutura de capital Principais episódios financeiros
Década de 20	Expansão de novas indústrias Fusões para completar as linhas de comercialização Grandes margens de lucro	Estrutura financeira Algum planejamento e controle Considerações sobre liquidez
Década de 30	Profunda recessão econômica Onda de reorganizações e de falências Legislação do New Deal da década de 30	Falhas de defeituosa estrutura financeira Solvência e liquidez Recuperação financeira Controles sociais

(continua)

Época	Fatos econômicos e industriais	Influência sobre o conteúdo das finanças
Início da década de 50	Rápida expansão Restabelecimento da política monetária Temor de uma recessão pós-guerra	Ênfase no problema fluxos de caixa *versus* rentabilidade Redução da ênfase na análise de balanços Uso de processos administrativos financeiros internos: classificação por idade de valores a receber, previsões de orçamentos de caixa
Fim da década de 50 e início da década de 60	Melhores oportunidades de lucros Aumento no ritmo de progresso tecnológico Novas indústrias Prêmio do mercado de títulos ao crescimento Comparação de dados em larga escala Importância crescente do comércio internacional e dos problemas do balanço de pagamentos	Análise das oportunidades com o uso de orçamento de capital Análise do custo de capital para determinar os obstáculos ao investimento Planejamento e controle para aumento do lucro sem considerar o aumento das vendas Uso do processamento de dados e técnicas de simulação em massa Ênfase nas principais instituições financeiras e flutuações do nível de preços Internacionalização das finanças e da atividade empresarial
Década de 70	Rompimento do acordo de Bretton Woods Crise na bolsa de valores dos EUA (1974) Inflação de dois dígitos nos EUA Choque do petróleo Excesso de liquidez no sistema bancário	Interesse nas teorias de diversificação de portfólio (Markowitz) Utilização do CAPM e dos conceitos de risco sistemático e não sistemático Teoria da eficiência do mercado Testes empíricos dos modelos propostos Desenvolvimento por Black e Scholes da fórmula para cálculo de valor de opção
Década de 80	Moratória dos países em desenvolvimento, gerando crise bancária Desregulamentação e desintermediação financeira Aumento da quantidade de *mergers* e *takeovers* Crise do setor de *savings and loans* Securitização Queda da Bolsa de Nova York em outubro de 1987	Preocupação com a valorização dos novos ativos financeiros criados Grande aumento de interesse na fórmula de valorização de opções de Black e Scholes Desenvolvimento de modelos automáticos para compra e venda de títulos Desenvolvimento de estratégias complexas de investimento envolvendo derivativos

(continua)

Época	Fatos econômicos e industriais	Influência sobre o conteúdo das finanças
Década de 90	Globalização da economia Intensificação do volume de transações financeiras Perda de influência dos órgãos reguladores e Bancos Centrais Aumento dos riscos não refletidos diretamente nos balanços Grande movimento de reestruturação e de corte nos custos das empresas	Aumento de importância das estratégias de hedging Preocupação com criação de valor Novas técnicas de custeio, que dão suporte ao esforço de reengenharia

Fonte: Famá e Galdão, 1992.[5]

A atualização desse quadro para o novo milênio permitiria a inclusão de outros fatos como: as crises financeiras, impulsionadas por certa desregulamentação ainda presente no mercado financeiro americano; a desintermediação financeira; as fraudes de grandes organizações que incentivaram e obrigaram a adoção de modelos de governança corporativa, entre outros fatos que mereceriam continuação do quadro exposto.

Introdução às finanças: os demonstrativos financeiros

A contabilidade é considerada uma ciência social por retratar e registrar as decisões tomadas pelos seres humanos, que posteriormente serão avaliadas para verificar se cumpriram o objetivo.[13] O objetivo inicial da contabilidade era informar aos usuários interessados o desempenho e variações das riquezas de determinada entidade contábil. No entanto, a maneira encontrada pela contabilidade para medir os fatos foi monetária. Sendo assim, as decisões tomadas pelas áreas funcionais da empresa – marketing, recursos humanos, estratégia, operações e produção – serão sumarizadas em forma de relatórios.[13]

Esses relatórios, também denominados demonstrativos financeiros, ou informes contábeis, são divididos entre obrigatórios e não obrigatórios. Aqueles exigidos pela Lei das Sociedades por Ações, nº 6.404/76 (Lei das S. A.) e pelas atualizações mais recentes da Lei nº 11.638/07 são: (i) Balanço Patrimonial (BP), (ii) Demonstrativo do Resultado do Exercício (DRE), (iii) Demonstração das Mutações do Patrimônio Líquido (DMPL) ou Demonstrativo dos Lucros e Prejuízos Acumulados (DLPA). Para as empresas de grande porte e todas as S. A. de capital fechado e aberto ainda é exigido, além dos anteriores, o (iv) Demonstrativo do Fluxo de Caixa (DFC). Recentemente, a Lei nº 11.638/07 tornou obrigatória a Demonstração do Valor Adicionado (DVA) exclusivamente para empresas S. A. de capital aberto.

O Balanço Patrimonial (BP) retrata a situação econômico-financeira da empresa em determinada data, como se fosse uma foto da empresa naquele momento. Ele é formado por duas colunas: ativo e passivo (ver Figura 1). No ativo, estão as aplicações dos recursos (ou também bens e direitos, para onde vão os recursos) e do lado do passivo estão as origens de recursos (ou também obrigações, de onde vêm os recursos).

Balanço Patrimonial

Cia. Vanguarda Ltda.   Em R$ mil

ATIVO	ano 2	ano 1	PASSIVO	ano 2	ano 1
CIRCULANTE			CIRCULANTE		
Disponibilidades	$	$	Fornecedores	$	$
Títulos e valores mobiliários	$	$	Títulos a recolher e a pagar	$	$
Contas a receber de clientes	$	$	Empréstimos a pagar	$	$
Estoques	$	$	Contas a pagar	$	$
NÃO CIRCULANTE			NÃO CIRCULANTE		
Realizável a longo prazo			Exigível a longo prazo		
Mútuo	$	$			
Outras contas a receber	$	$	PATRIMÔNIO LÍQUIDO		
Imobilizado	$	$	Capital	$	$
Investimentos	$	$	Reservas	$	$
Intangível	$	$	Prejuízos acumulados	$	$

Fonte: Deliberação CVM 488/05.

Figura 1 Estrutura do Balanço Patrimonial para fins de publicação para as S. A. de capital aberto

No entanto, na coluna do passivo há dois grupos distintos separados pelas nomenclaturas de passivo e patrimônio líquido, sendo que no primeiro estão as obrigações exigíveis e no outro as obrigações não exigíveis. As contas do passivo exigem (exigíveis) o pagamento da data do vencimento, que são dívidas que a empresa adquiriu com seus credores, também denominado *capital de terceiros*. O patrimônio líquido equivale ao "capital próprio" da empresa, onde estão os aportes de recursos feitos pelos sócios no momento da abertura da empresa (capital social), novos aportes feitos posteriormente pelos sócios atuais ou novos sócios, algumas reservas que têm objetivos específicos definidos pela lei e os resultados dos exercícios (sejam lucros ou prejuízos).

As contas do ativo representam os bens e direitos da empresa, e para serem classificadas naquela coluna precisam atender a outros requisitos: serem mensuráveis monetariamente, gerarem benefícios presentes ou futuros, terem propriedade em nome da empresa. O critério para ordenar esses bens e direitos é a liquidez, capacidade de transformar em dinheiro com maior rapidez. Assim, as contas em ordem de liquidez são: (i) no ativo circulante: disponibilidades (caixa e aplicações financeiras), recebíveis, estoques (matéria-prima, produtos em elaboração e produtos acabados), impostos a recuperar e outros; (ii) no ativo não circulante; (ii.a) realizável a longo prazo, outras contas a receber, empréstimos a receber entre coligadas e relacionadas; (ii.b) no imobilizado, onde estão todos os bens e direitos utilizados na operação e atividades-fins da empresa: terrenos em utilização, imóveis, instalações elétricas e hidráulicas, veículos, tratores, máquinas e equipamentos, depreciação acumulada desses itens; (ii.c) em investimentos estão as participações permanentes em outras sociedades e outros itens não necessários à atividade operacional como terrenos para futura expansão, obras de arte, prédios alugados para terceiros como forma de rendimento (aluguel); (ii.d) a Lei nº 11.941/09 inclui os intangíveis que são os bens incorpóreos destinados à manutenção da empresa, como marca, direitos de autoria, licenças e patentes, *softwares*, direitos de franquia, entre outros.[13]

O Demonstrativo do Resultado do Exercício (DRE) na Figura 2 apurará o resultado do período de um ano, mediante a orientação de dois princípios básicos concernentes à apuração de resultados. O princípio de realização da receita orienta que seja reconhecida a receita no momento da venda do produto, ou seja, transferência da propriedade de um bem para o cliente, independentemente da data de recebimento (à vista ou a prazo). E, por outro lado, o princípio de confrontação das despesas aponta que, ao reconhecer a receita, devemos confrontar ou associar todos os gastos sacrificados para obtê-la, sejam eles custos ou despesas, independentemente da data do pagamento.

RECEITA BRUTA DE VENDAS

(–) Deduções da Receita Bruta
    Vendas Canceladas
    Abatimentos
    Impostos e Taxas Incidentes
(–) IMPOSTOS SOBRE VENDAS
IPI, ICMS, ISS, PIS, COFINS

= RECEITA LÍQUIDA DE VENDAS
(–) Custos dos Produtos Vendidos
= LUCRO BRUTO

(+/–) DESPESAS E RECEITAS OPERACIONAIS
    Despesas comerciais
    Despesas administrativas
    Despesas tributárias
    Outras receitas e despesas operacionais
    Resultado de investimento em coligadas e controladas

= RESULTADO ANTES DAS DESPESAS E RECEITAS FINANCEIRAS

(+/–) RESULTADO FINANCEIRO LÍQUIDO
    Despesas financeiras
    Receitas financeiras

= RESULTADO ANTES DOS TRIBUTOS SOBRE O LUCRO
(–) Provisão para CSLL (–) Provisão para IRPJ
= RESULTADO LÍQUIDO DAS OPERAÇÕES CONTINUADAS
Resultado líquido após tributos das operações descontinuadas Resultado líquido de baixas de ativos e mensuração do valor justo
= RESULTADO LÍQUIDO DO PERÍODO
Lucro líquido por ação

Fonte: Elaborada pela autora.

Figura 2 Demonstrativo do Resultado do Exercício

Será lançado o que compete no período. Cabe aqui apontar a diferença de custo e despesa: os custos são os gastos incorridos na fabricação dos produtos (se for indústria) ou na operação (se for empresa de serviço ou comércio). Exemplos são: mão de obra, energia elétrica, aluguel da fábrica, depreciação das máquinas, entre outros enquanto as despesas, segundo José Carlos Marion,[13] são os gastos que não se identificam com a transformação da matéria-prima, mas são esforços necessários para que os produtos acabados cheguem até os clientes. Exemplo: salário e comissão de vendedores, aluguel do prédio do escritório, depreciação dos móveis e computadores, despesas administrativas, despesas financeiras (juros), honorários administrativos e advocatícios, entre outros.

O Demonstrativo do Fluxo de Caixa (DFC) não era obrigatório no Brasil, embora em outros países fosse considerado muito importante, como nos Estados Unidos, que o apresentam desde 1988. A Lei das Sociedades por Ações (antiga Lei nº 6.404/76, agora 11.638/07) tornou-o obrigatório, no entanto excetuou as empresas fechadas com patrimônio líquido inferior a R$ 2 milhões na data de publicação.

O objetivo do Fluxo de Caixa é apresentar as variações que ocorreram na conta "caixa" de um período para o outro, primeira rubrica exposta no Balanço Patrimonial do lado do ativo. Há dois métodos para obter essas variações: direto e indireto, conforme Figura 3. Pelo método indireto, o ponto de partida é o lucro da DRE e o saldo final é variação da conta caixa. Desse modo, a sistemática é passar por cada conta do Balanço Patrimonial, interpretando a variação de cada uma das contas, se foi negativa ou positiva, sempre do ponto de vista da conta caixa. Ou seja, se o saldo de contas do ativo diminui, isso significa que saiu dinheiro do caixa para essas aquisições ou investimentos (sinal –); se aumenta, sob o ponto de vista do caixa, deixou de sair (sinal +).

Pelo método direto, o ponto de partida é o saldo da conta caixa no ano 1 e o saldo final é a conta caixa ao final do ano 2. Ou seja, em algumas implicações dessas diferenças que não passaram pelo balanço, a resposta estará na DRE. Se foi feito o pagamento de IR à vista, essa informação não passou pelas contas do Balanço, por isso precisamos passar pelas contas da DRE para listar possível impacto na conta caixa. Diferentemente do método indireto, na qual o lucro já traz o resumo de todas as informações da DRE (Figura 3).

MÉTODO DIRETO	MÉTODO INDIRETO
Saldo no final do ano 1	**ATIVIDADES OPERACIONAIS**
ATIVIDADES OPERACIONAIS	**Lucro obtido na DRE**
Recebimento de vendas (recebíveis e receita)	+ Depreciação
Pagamento de compras (estoque, custo e	**Variações no capital de giro (circulante)**
fornecedor)	Duplicatas a receber
Despesas operacionais pagas (vendas,	Estoque
administ. e financ.)	Outros a receber
Administrativas	Fornecedores
Vendas	Impostos a recolher
Impostos	Contas a pagar
ATIVIDADES DE INVESTIMENTOS	**ATIVIDADES DE INVESTIMENTOS**
Aquisições de imobilizado e investimentos	Aquisições de ativo não circulante
Móveis e utensílios	Móveis e utensílios
Terrenos	Terrenos
Ações de outras companhias	Ações de outras companhias
ATIVIDADES DE FINANCIAMENTOS	**ATIVIDADES DE FINANCIAMENTOS**
Integralização do capital	Integralização do capital
Novos empréstimos bancários liberados	Novos empréstimos bancários liberados
Amortização de financiamentos	Amortização de financiamentos
Dividendos pagos	Dividendos pagos
Saldo no final do ano 2	**= Variação do CAIXA ano 1 para o ano 2**

Fonte: Elaborada pela autora.

Figura 3 Método direto e indireto para elaboração do Fluxo de Caixa.

O Demonstrativo de Lucros e Prejuízos Acumulados (DLPA) é o relatório obrigatório que interliga DRE e BP. No entanto, este pode ser substituído pela Demonstração das Mutações do Patrimônio Líquido (DMPL), que é obrigatório somente para S. A. de capital aberto. O DLPA apresenta o caminho do lucro obtido na DRE até chegar na conta "lucros ou prejuízos acumulados" no Patrimônio Líquido no Balanço Patrimonial, enquanto o DMPL apresenta a movimentação de todas as contas do Patrimônio Líquido, ou seja, do capital social, reservas de capital, reservas de incentivos fiscais, reservas de lucros e lucros acumulados.[13]

O Demonstrativo do Valor Adicionado (DVA) tornou-se obrigatório para as empresas de capital aberto a partir da Lei nº 11.638/07. A empresa precisa evidenciar o valor da riqueza gerada e a distribuição desta para empregados, credores, acionistas, governo e outros.

Os relatórios não obrigatórios, no entanto recomendados, são: Balanço Social, DRA (Demonstrativo de Resultado Abrangente), DOAR (Demonstrativo de Origens e Aplicações de Recursos, que foi substituído pelo DFC) e Orçamento. Este último será explorado adiante.

Decisões de investimento: capital de giro e imobilizado

As decisões de investimento são norteadas pela rentabilidade, ou seja, avaliar a taxa de retorno entre investir no curto prazo em itens circulantes ou no longo prazo em itens imobilizado e intangíveis. No entanto, essa decisão não é baseada somente em lucratividade. O que entra em discussão é a questão da liquidez, surgindo o dilema rentabilidade × liquidez.[3]

As estratégias de investimento envolvem as decisões referentes às escolhas por alocação dos recursos em itens de capital de giro (disponibilidades, recebíveis e estoques, nesta ordem de liquidez) ou no imobilizado. Os critérios de decisão para esses dois grupos são bem distintos pelas suas peculiaridades: o primeiro consiste em avaliar o ciclo operacional da empresa e o retorno proporcionado pelos seus componentes, enquanto que os investimentos de capital (imobilizado) são feitos esporadicamente e é necessário projetar o impacto na geração futura de caixa. As principais diferenças nessas decisões estão listadas no Quadro 2:

Quadro 2 Critérios comparativos para decisões de investimento

	Investimento no capital de giro	Investimento no imobilizado
Liquidez dos itens	Alta. O investimento é feito em estoque, que quando vendido transforma-se em recebíveis e posteriormente em caixa.	Baixa, investe-se em veículos, imóveis, terrenos, sem o objetivo de vender; não se espera fazer caixa.
Periodicidade	Diariamente, rotineira.	Esporádica, eventual.
Impacto	Curto prazo.	Longo prazo.
Objetivo	Manutenção do ciclo operacional: comprar matéria-prima, conceder prazos aos clientes, pagar fornecedores, tesouraria (pagamentos e recebimentos).	Expansão da capacidade produtiva, modernização dos ativos fixos, aquisição de máquinas e equipamentos.
Valores	Baixos valores unitários.	Altos valores unitários.
Pulverização	Apesar de ser de baixo valor unitário, o investimento é feito em grande quantidade de itens.	Altos valores em um item ou dois itens.
Flexibilidade	Pela pulverização e pelo alto grau de liquidez, a reversão da decisão é flexível.	Após tomada a decisão de se fazer um investimento (máquina), a reversão é inflexível.

Fonte: Elaborado pela autora.

No capital de giro estão os componentes apresentados no ativo circulante, ou seja, caixa, estoques e recebíveis. A transformação dos recursos entre esses itens caracteriza o ciclo operacional da empresa, que é o período que transcorre desde aquisição da matéria-prima até o recebimento do cliente, passando pelo período de estocagem, transformação, produto na prateleira e venda para o cliente. A partir dos demonstrativos expostos anteriormente, é possível calcular os seguintes prazos:[1]

- Prazo Médio de Recebimento das Vendas (PMRV): prazo médio concedido aos clientes nas vendas $= \left(\dfrac{\text{Clientes}}{\text{Receitas}} \right) \times 360$.

- Prazo Médio de Estocagem (PME): prazo médio em que os produtos ficam em estoque, desde o momento em que são matérias-primas, depois enquanto ficam em elaboração, e enquanto estão como produtos acabados disponíveis para venda $= \left(\dfrac{\text{Estoques}}{\text{Custo}} \right) \times 360$.

- Prazo Médio de Pagamento de Fornecedores (PMPF): prazo que o fornecedor concede à empresa $= \left(\dfrac{\text{Fornecedores}}{\text{Compras}} \right) \times 360$, onde compras = custo + estoque final – estoque inicial.

- Ciclo Operacional (CO): período desde a compra da matéria-prima até o recebimento da venda efetuada aos clientes $= (\text{PME} + \text{PMRV})$

- Ciclo Financeiro (CF): período de descasamento entre pagamento e recebimento $= (\text{CO} - \text{PMPF})$.

Ao estudar em profundidade o capital de giro, o leitor aprenderá ferramentas para gerenciamento do caixa e controle do fluxo de caixa, modelos de risco para concessão de crédito aos clientes, avaliação das melhores estratégias de compra de fornecedores, à vista ou a prazo, entre outros para gestão de estoques.

Por um lado, foi apresentado o capital de giro, e por outro lado agora será apresentada a decisão de investimento de longo prazo, em itens de imobilizado ou intangível, que garantem a perpetuidade da empresa e manutenção. Essas decisões são conhecidas como "decisões de capital" ou "orçamento de capital". Pelas características que foram apresentadas no Quadro 2, elas envolvem técnicas de projeção devido ao impacto que terão em termos de valores e prazo, que tentarão minimizar o risco e melhorar o nível de informação.

Os investimentos podem ser de diferentes tipos, de acordo com Assaf Neto:[1]

- investimentos economicamente independentes: há possibilidade física de implementação de benefícios produzidos;

- investimentos com restrições orçamentárias;

- investimentos economicamente dependentes (aceitação de um exerce influências negativas sobre os resultados líquidos dos demais – substitutos; aceitação de um exerce influências positivas sobre os demais – complementares; e aceitação de um depende rigorosamente da implementação de outro –técnica ou econômica); e

- investimentos mutuamente excludentes.

Para cada um desses projetos é necessário primeiramente elaborar um orçamento, detalhando as necessidades operacionais, estratégicas e financeiras (próxima seção, Orçamento), e depois analisar o impacto financeiro e retorno desse investimento (seção Elaboração e avaliação de projetos).

Orçamento

O orçamento tem como ponto de partida o planejamento estratégico, cuja definição de missão, valores e metas culminarão em resultados financeiros. O orçamento é um relatório de publicação obrigatória nos Estados Unidos, mas ainda não é no Brasil.

O orçamento expressa em termos monetários os planos organizacionais que a empresa pretende alcançar em metas de curto prazo e objetivos. Ele é considerado um relatório gerencial em que a informação tem o objetivo de coordenar operações, monitorar eficiência de produção e venda, planejar o crescimento entre as diversas atividades (ou unidades em grandes empresas) e avaliar e controlar o desempenho dos departamentos: produção, distribuição e vendas. Ele é composto pelos seguintes subplanos: orçamento de vendas (inicial), orçamento de produção e compras (custos e fabricação), recursos humanos, culminando com o financeiro. No financeiro são projetados: fluxo de caixa, demonstrativo de resultado e balanço patrimonial.[2]

Cada organização escolhe um modelo orçamentário, de acordo com seu porte, sistemática de alimentação dos dados e acompanhamento. Os tipos que existem são:

- empresarial: projeção dos recursos baseada na estrutura organizacional;

- contínuo: revisão contínua, removendo os dados do mês anterior e acrescentando dados orçados para o mês seguinte;

- OBZ: projeção dos recursos baseada em pacotes de decisão de estaca zero com justificativa para todos os gastos;

- flexível: enfoque nas variações e eficiência dos processos, incorporando cálculo do custo por produto;

- ABC (*Activity Based Costing*): alocação dos custos indiretos a partir do conhecimento das atividades desenvolvidas na empresa, adotado pelas empresas que tenham sistema de custeio ABC também; e

- *beyond*: direcionadores de valor e flexibilidade.

Após elaborado o orçamento da empresa ou de um projeto específico, os gestores avaliarão por meio das técnicas apresentadas a seguir.

Elaboração e avaliação de projetos

Depois de identificada a necessidade de investimento em imobilizado (conforme exposto na seção Decisões de investimento: capital de giro e imobilizado), é necessário avaliar sua viabilidade, antes da implantação. No entanto, há alguns projetos que precisam ser avaliados e também podem ser novos negócios. Para esses faríamos um plano de negócio, que também culminaria no orçamento e depois nesta análise.

A primeira etapa consiste na identificação das oportunidades. Para esse passo, faz-se uma análise da necessidade em termos de prioridade em face de outros investimentos, depois uma estimativa de investimento apoiada em algumas cotações iniciais, onde se compara uma estimativa de caixa frente ao valor do investimento feito, avaliando se esse retorno é aceitável ou não.

Se for aparentemente interessante, então na segunda etapa elabora-se um projeto de viabilidade. As partes desse projeto são: previsão de demanda (quantidade prevista de venda e preço de venda), projeção dos gastos operacionais (extraídos do orçamento como: custos de matéria-prima, mão de obra, sistema produtivo, transporte e localização), aspectos administrativos (estrutura hierárquica, salários administrativos, comerciais, propaganda), aspectos jurídicos (forma societária do projeto: sócios, constituição do capital social, composição acionária, seguros, incentivos legais) e aspectos ambientais e impactos em termos de economias externas (nível de emprego, treinamento aos empregados, construção de escolas e creches, desenvolvimento da comunidade onde o projeto será instalado) e deseconomias externas (poluição do ar, água, solo, ruído, degradação ecológica e periculosidade aos empregados).

Na terceira etapa, projeta-se o fluxo de caixa a partir de todas as decisões da segunda etapa, descrita anteriormente. O fluxo de caixa foi exposto na seção Introdução às finanças: os demonstrativos financeiros. Esse fluxo de caixa será dividido neste momento em operacional e investimentos (não entrarão os financiamentos).

Na quarta etapa, analisa-se a viabilidade econômica do projeto, independentemente da fonte de financiamento. Calcula-se a viabilidade do projeto por diferentes análises:

PAYBACK: determinação do tempo necessário para que o investimento inicial seja recuperado por meio dos benefícios incrementais líquidos.

VPL (Valor Presente Líquido): valor presente dos fluxos de caixa, descontado a uma taxa i (discutida adiante)

$$VPL= IO + \Sigma \; \frac{CF_j}{i}$$

TIR (Taxa Interna de Retorno): é a taxa de desconto que torna nulo o VPL, considerando que os recursos liberados reinvestidos a uma taxa igual à TIR.

Na quinta etapa, será feito o mapeamento dos possíveis financiadores. No Brasil, o principal fornecedor de recursos de longo prazo é o BNDES (Banco Nacional de Desenvolvimento Econômico e Social), no entanto, há outros fornecedores de recursos como: outros bancos de fomento (BID, BIRD, FINEP); bancos comerciais; fundos de investimentos; bancos de investimentos; sócios atuais ou outros investidores que podem se organizar sob a forma de *private equity*. De acordo com a escolha do financiador, será possível estabelecer qual a taxa de juros cobrada ou qual o retorno exigido, e este será a taxa de desconto utilizada no VPL.

Decisões de financiamento e gestão financeira de longo prazo

As estratégias de financiamento envolvem as decisões decorrentes das opções de fontes de recursos, podendo ser capital próprio ou capital de terceiros. As fontes advindas de capital próprio são os aportes de capital que os sócios fazem na empresa, ou o reinvestimento dos lucros obtidos em suas atividades. Importante diferenciar esse recurso em empresa de capital fechado e capital aberto.[18]

Em empresas de capital fechado: as fontes de recursos próprios se limitam aos recursos poupados pelos sócios, ou eventualmente ao convite de um terceiro sócio que possa entrar nessa empresa. Para calcular o retorno exigido por esses sócios, que é o custo de capital próprio, pode-se questionar diretamente aos sócios, e se esses tiverem dificuldade de responder pode-se comparar com o custo de oportunidade que eles têm. O que se observa muitas vezes em empresas de capital fechado, normalmente de pequeno e médio porte, é que os sócios não exigem oficialmente uma taxa de retorno sobre o capital aplicado, mas fazem retiradas mensais ou anuais que superam a disponibilidade (de geração de resultado) da empresa. Ao calcular as retiradas sobre o capital aportado, é possível calcular a taxa de retorno, ou seja, qual é a necessidade real de retorno desses acionistas (cotistas). Essa retirada não planejada, ou não discutida previamente pela diretoria da empresa, pode levá-la ao fechamento.

As empresas de capital aberto podem captar recursos por meio do mercado de crédito (também acessível pelas empresas de capital fechado) ou por meio de emissão de ações (benefício privado desse grupo de empresas). No próximo item, será abordada a diferença desses mercados financeiros.

A decisão referente à política de dividendos também pode ser classificada como uma decisão de financiamento, pois à medida que a empresa define distribuir seu lucro aos acionistas (na forma de dividendos ou juros sobre capital próprio), ela está automaticamente apontando um caminho para captação de recursos que ocorrerá por meio de capital de terceiros, já que seu patrimônio líquido não será aumentado com esse resultado. O outro destino a ser dado ao lucro seria retê-lo, visando o reinvestimento na própria atividade. O objetivo que norteia a definição do percentual a ser distribuído e retido é a maximização da riqueza dos acionistas da empresa.

Mercados financeiros: mercado de crédito e mercado de capitais

Os mercados financeiros podem ser classificados quanto à necessidade dos clientes nos seguintes tipos: mercado de crédito, mercado de capitais, mercado cambial e mercado monetário. Neste livro, abordamos somente os dois primeiros.

No mercado de crédito, os recursos dos agentes superavitários para os deficitários são intermediados por instituições financeiras. Esse mercado supre as necessidades de crédito de curto e médio prazo, como capital de giro para empresas e consumo para as famílias. As linhas de crédito disponíveis são: FINAME (para aquisição de bens), vendor, compror, *hot money*, conta garantida, cheque especial, cartão de crédito (para financiamento do capital de giro), operações de fomento mercantil (*factoring*), operações de desconto de duplicatas, crédito rotativo, operações de *leasing* (arrendamento mercantil), crédito direto ao consumidor (CDC), crédito direto ao consumidor com interveniência (CDCI), entre outros.[7, 14] Cada um desses produtos bancários apresenta prazos e custos diferenciados.

No mercado de capitais, as empresas captam poupança de agentes superavitários para complementar sua poupança interna, com a diferença de que neste há formação de capital da economia, incentivando o desenvolvimento, enquanto o primeiro possibilita somente o crescimento da economia.[16] De acordo com a Lei nº 6.385/76, as empresas podem captar recursos por meio de ações, debêntures, bônus de subscrição, partes beneficiárias e notas promissórias para distribuição pública. No entanto, configura-se como abertura de capital quando se realiza lançamento público de ações. Os recursos captados pelas empresas são destinados aos itens do ativo (estoque, imobilizado, investimentos) de forma a oferecer uma taxa de retorno aos acionistas, acima da taxa mínima exigida. A variação dos preços das ações não afeta diretamente a empresa no valor captado, as pessoas (físicas e jurídicas) portadoras dessas ações é que recebem o ganho ou assumem a perda dessas variações no mercado.

Custo do capital próprio e de terceiros

O capital de terceiros apresenta o custo declarado pelas fontes oficiais de financiamento, representado pela taxa de juros, que é o ônus para quem consome e o bônus para quem poupa.[1] À taxa de juros anunciada nos contratos de financiamentos deve ser considerada o benefício fiscal, pelo fato de as despesas financeiras (juros) abaterem o resultado final e consequentemente os tributos incidentes sobre ele (imposto de renda e contribuição social sobre lucro líquido).

Quanto ao capital próprio, no caso de empresa de capital fechado, poderia ser questionado aos sócios qual o retorno que eles querem sobre o capital que aportaram. Mas no caso de empresas com muitos sócios, ou empresas de capital aberto, isso seria impossível; por tal razão, adotam-se modelos de precificação de ativo como o CAPM (*Capital Asset Pricing Model*) ou APT (*Arbitrage Pricing Theory*).

Referências

[1] ASSAF NETO, A. *Finanças corporativas e valor*. 3. ed. São Paulo: Atlas, 2007.

[2] ATKINSON, A. A.; BANKER, R. D.; KAPLAN, R. S.; YOUNG, S. M. *Contabilidade gerencial*. São Paulo: Atlas, 2000.

[3] BREALEY, R.; MEYERS, S. *Fundamentos da administração financeira*. 3. ed. São Paulo: Mc-Graw-Hill, 2003.

[4] DAMODARAN, A. *Finanças corporativas:* teoria e prática. 2. ed. Porto Alegre: Bookman, 2001.

[5] FAMÁ, R.; GALDÃO, A. *A função financeira:* uma análise esquemática de sua evolução. Semead, 1992.

[6] FINNERTY, J. D. *Project finance*. Rio de Janeiro: Qualitymark, 1998.

[7] FORTUNA, E. *Mercado financeiro:* produtos e serviços. 16. ed. Rio de Janeiro: Qualitymark, 2005.

[8] GITMAN, L. J. *Princípios de administração financeira*. São Paulo: Makron Books, 2002.

[9] HORNGREEN, C. T. *Introdução à contabilidade gerencial*. 5. ed. Rio de Janeiro: Guanabara Dois, 1985.

[10] HULL, J. *Fundamentos dos mercados de opções*. São Paulo: Cultura: BM&F, 2005.

[11] HUMMEL, P.; TASCNNER, M. *Análise e decisão sobre financiamento e investimento*. São Paulo: Atlas, 1981.

[12] KERZNER, H. *Gestão de projetos:* as melhores práticas. Porto Alegre: Bookman, 2002.

[13] MARION, J. C. *Contabilidade empresarial*. 16. ed. São Paulo: Atlas, 2012.

[14] MATIAS, A. B. *Finanças corporativas de curto prazo:* a gestão do valor do capital de giro. São Paulo: Atlas, 2007.

[15] MOREIRA, J. C. *Orçamento empresarial:* manual de elaboração. 5. ed. São Paulo: Atlas, 2002.

[16] PINHEIRO, J. L. *Mercado de capitais*. 3 ed. São Paulo: Atlas, 2005.

[17] WELSCH, G.A. *Orçamento empresarial*. 4. ed. São Paulo: Atlas, 1983.

[18] WESTON, J. F.; BRIGHAM, E. F. *Fundamentos da administração financeira*. 10. ed. São Paulo: Makron Books, 2000.

[19] WOILER, S.; MATHIAS, W. *Projetos:* planejamento, elaboração, análise. São Paulo: Atlas, 1985.

O Administrador e a Gestão com Pessoas

16

Carlos Eduardo Gatti Petroni

Introdução

Quero iniciar este diálogo fazendo um convite à nossa autovalorização. Por que isso? Porque é enorme a nossa responsabilidade na administração, seja no mundo organizacional, na nossa vida e, como apêndice, na nossa carreira.

A proposta é de partir do ponto de vista macro, estratégico, em direção ao instrumental. Não quero utilizar este espaço para apenas "passar receitas de bolo" de como fazer isso ou aquilo, atuar dessa ou daquela forma nos diversos subsistemas da *gestão com pessoas* (planejamento estratégico de pessoas, recrutamento e seleção, treinamento e desenvolvimento, remuneração e carreira...), mas, sim, sugerir uma análise sobre a real importância que temos para o sistema organizacional e, aí sim, para que isso se traduza em resultados, como devemos atuar.

Alguns podem estar estranhando o título, *gestão **com** pessoas*, mas é justamente essa a ênfase e veremos que não se trata de uma questão semântica, mas sim da essência.

A gestão, ao longo de décadas, ficou focada nos recursos financeiros, tecnológicos e humanos; portanto, estávamos colocados nas condições de meros "elementos/componentes", o homem enquadrado na mesma categoria de recurso de prateleira. Algo e não alguém, utilizável para cumprir o que os processos e a "tecnologia" ditavam.

Frases ontológicas foram ditas sem maior reflexão e passaram a ser jargões no cotidiano das organizações, nos jornais internos, nos congressos, seminários e até em livros: "os nossos colaboradores são os nossos maiores patrimônios". Como patrimônio, a empresa estava "coisificando" o ser humano, só faltava colocar uma placa de identificação de ativo fixo e, consequentemente, depreciá-lo ao longo do tempo até zerar o seu valor. O ser humano deve ser visto como ativo intangível, ou seja, valorizado por sua competência. Como "os nossos colaboradores...", salta-se da "coisificação" à demagogia (que prefiro qualificar como hipocrisia organizacional). Com isso, a empresa parece estar sempre à procura de palavras de efeito para disfarçar a prática de considerar e, o que é pior, de tratar o homem como recurso. Do que adianta chamar de "colaborador", e ao final de uma jornada de trabalho "alguns" passarem por detectores de metais para se ter a certeza de que não estão levando nada que não lhes pertença? Da mesma forma, ouvimos com frequência: "aqui somos uma família"; porém, numa crise ou dificuldade a primeira medida são as demissões. Por isso, deixando as hipocrisias de lado, as organizações precisam evoluir, acreditando verdadeiramente que precisam criar um ambiente propício à retenção dos talentos que "estão" e não "são" dela, e nós profissionais precisamos nos valorizar e atuar de forma a não deixar dúvidas, no tocante à ética, ao comprometimento e à competência (técnica e comportamental) para que sejamos reconhecidos como seres humanos e não como meros recursos no mundo do trabalho, até porque devemos tomar consciência de que trabalhamos para nós mesmos, gerando facilidades para tornar nossas vidas mais amenas em sociedade.

Claro que existe a necessidade de que os outros elementos que interagem nessa relação também evoluam, como por exemplo os sindicatos ainda com uma mentalidade extremamente retrógrada, todo o sistema Judiciário Trabalhista e a própria Legislação Trabalhista, engessada, que data dos idos de 1943.

Uma evolução no modelo de gestão das organizações começa a surgir impulsionada por alguns fatores tais como: a abertura de mercado; as evoluções e o acesso às novas tecnologias, favorecendo o aprimoramento dos projetos e processos; as normalizações influenciando os padrões de qualidade, os relacionamentos com clientes (cada vez mais exigentes) e o envolvimento da sociedade. Esses fatores estão levando os dirigentes a refletir sobre o modelo de gestão na sua integralidade. Portanto, gestão não é mais "tocar o dia a dia", ou simplesmente reagir ao cotidiano, basear-se no *feeling*, mas algo pensado, estruturado, com grande visão da realidade e de futuro. As organizações começam a entender que os construtos missão, visão e valores, não são meros impulsionadores de marketing para figurar nos manuais da qualidade ou nos quadros colocados nas recepções e nas salas de reuniões para impressionar os visitantes, mas são elementos essenciais para definir comportamentos organizacionais que contribuirão para o seu desenvolvimento.

Como todo o processo evolucionário contínuo e rápido foi assimilado como real e irreversível, restou a grande questão: como gerar, **continuamente, *vantagem competitiva***, pois só assim a organização se perpetuará no mundo dos negócios.

Nesse cenário não basta implantar esse ou aquele programa, contratar consultorias para propor soluções sobre "coisas" ou problemas isolados, ministrar um treinamento, enviar um gestor para fazer um curso sobre liderança, sem que tudo isso esteja num contexto integralizado, metodizado.

Portanto, o fato de estarmos numa economia globalizada torna-se um fator instigante para os dirigentes organizacionais a demandarem esforços visando o realinhamento de suas práticas de gestão, passando por novas tecnologias, evoluções nos processos e no envolvimento das pessoas.

Vejam que alguns elementos são extremamente importantes neste capítulo, até porque estamos falando do *administrador e a gestão com as pessoas*.

As pessoas e as organizações

Devemos nos lembrar do porquê de nos organizamos e de forma muito elucidativa podemos refletir: "o grande objetivo das organizações humanas é atender às necessidades do ser humano na sua luta pela sobrevivência na Terra",[5] ou seja, tornar a sua vida mais amena e confortável; portanto, como princípio, trabalhamos sempre para nós mesmos... Essa deve ser a lógica... Atuamos em sistemas organizados, e quem os organiza somos nós, realizando algo que podemos chamar de trabalho, e, aí sim, utilizando conhecimentos, desenvolvendo habilidades, tendo atitudes, buscamos recursos para transformá-los em bens e serviços.

Outro elemento fundamental, o ser humano ávido em busca da felicidade e que muitas vezes, por não parar para analisar sobre esse sistema complexo "criado por nós e para nós", simplesmente coloca nossas vidas nas mãos de terceiros (organizações).

Precisamos, primeiramente, entender por que percebemos, pensamos e agimos dessa ou daquela maneira; alguns mais racionais, outros mais emocionais; alguns criativos, flexíveis, ávidos por experimentar o novo, outros resistentes, focados nas experiências de sucesso do passado; alguns com facilidade para expressar ideias e sentimentos, outros, embora com boas ideias, não conseguem transmiti-las e muito menos implementá-las; alguns visualizam os aspectos positivos do cotidiano e outros somente enxergam problemas; uns são articuladores e aglutinadores, favorecendo a criação de ambientes saudáveis, outros são fomentadores de "corredores improdutivos" (não quis escrever diretamente "fofoqueiros"), e a compreensão disso tudo é extremamente importante para que possamos nos articular nos ambientes organizacionais.

Sabemos e reconhecemos que somos diferentes uns dos outros, mas daí a saber lidar com essas diferenças, e principalmente respeitá-las, tem uma distância significativa.

Todas essas diferenças são decorrentes da nossa personalidade, do histórico de vida, da qualidade das experiências vividas, das crenças, valores, momento social no qual nascemos e nos desenvolvemos, cultura regional, motivação, expectativas, significado do trabalho, entre outros.

Cabe reforçar que cada indivíduo leva para as organizações todo esse arcabouço de características e que com ele irá influenciar tanto na qualidade dos relacionamentos quanto nos resultados organizacionais, sem contar, é claro, na sua própria felicidade.

Não podemos perder de vista a ideia de que, ao contratar-se um empregado, contrata-se um homem por inteiro, que traz para um trabalho, e utiliza constantemente, todo o seu referencial histórico, sociológico, cultural, emocional e experimental, que interfere permanentemente no seu ofício.[7] Portanto, precisamos compreender as pessoas para lidar de forma eficaz com todas essas variáveis, contribuindo para a construção de um ambiente saudável, ético, que respeite as individualidades, que possibilite a realização pessoal e profissional, sem perder de vista a busca incessante por resultados extraordinários, pois, como já citamos, somente dessa forma as organizações conseguirão criar suas vantagens competitivas e se perpetuar no mundo que criamos.

O sentido do trabalho

Cabe refletir particularmente sobre o significado do trabalho para cada um de nós, pois essa visão interferirá na forma como nós o encaramos e consequentemente como reagimos em relação a ele.

A etimologia da palavra *trabalho* vem do substantivo *tripalium*, aparelho de tortura formado por três paus, ao qual eram atados os condenados, e que também servia para manter presos os animais difíceis de ferrar.

O trabalho visto como peso, como castigo bíblico, noção muito presente na mentalidade dos trabalhadores submetidos a uma intensa doutrinação e controle, desde a colonização, parece conduzir apenas a um processo de adestramento e em conformidade com suas condições de exploração. E, nesse sentido também, o trabalhador se vê alienado frente ao seu trabalho: de um lado, ele está cumprindo um mandamento e, de outro, os frutos, em geral, só serão repartidos na eternidade.

No entanto, procurando compreender o significado do trabalho para o homem, podemos dizer que entendemos o trabalho em si numa dimensão de domínio e de transformação da natureza em benefício do próprio homem. Envolve, portanto, recursos e, sobretudo, atividade humana consciente, voluntária.

O trabalho não é um objeto natural, mas uma ação essencial para estabelecer a relação entre o homem e a natureza e entre a sociedade e a natureza.[1]

Pelo trabalho o homem transforma o mundo e a si mesmo. O trabalho surge como condição de transcendência e liberdade, desenvolve habilidades e a imaginação.[19] Outro ponto de extrema relevância, referenciado pelo mesmo pensador, o trabalho, por ser uma atividade relacional, permite que a convivência facilite a aprendizagem e enriqueça a afetividade resultante do relacionamento humano. Possibilita ao homem experimentar emoções de expectativa, desejo, prazer, medo, inveja, poder.

Diante da grandeza com que o tema é tratado, cabe a cada um de nós desmistificar o significado da palavra *trabalho* e do trabalho em si, que historicamente nos remete a condições de "penosidade" para uma condição de realização. Portanto, torna-se fundamental encararmos o trabalho como uma "missão", ou seja, algo maior, fonte de realização e de desenvolvimento pessoal e da sociedade.

O trabalho precisa fazer, antes de tudo, sentido para quem realiza. É isso que modifica o "estado de espírito", a motivação para empreendermo-nos numa empreitada. Se o que fazemos não for significativo para nós mesmos, apenas cumpriremos um "contrato de trabalho", obrigações e não estabeleceremos um "contrato psicológico" com nossa atividade e, muito menos, com a organização, ou seja, não estaremos "inteiros" na relação com o trabalho – não estaremos comprometidos, engajados.

O comprometimento vai muito além de uma postura de lealdade passiva (contrato de trabalho). Envolve também um relacionamento ativo que busca o bem-estar da empresa e do profissional (contrato psicológico).[21]

Envolve três dimensões:

- forte crença e a aceitação dos objetivos e valores da organização;
- estar disposto em exercer um esforço considerável em benefício da organização;
- forte desejo de se manter membro da organização – sentimento de pertencer.[21]

Na linguagem esportiva, não estar comprometido é como entrar em campo apenas para cumprir tabela. A atuação passa a ser pífia, objetivando apenas fazer o mínimo para garantir a sobrevivência. Quem atua dessa forma, e não são poucos, possui duas expectativas: manter-se empregado, acreditando que a felicidade só será possível após a aposentadoria, e receber o "pagamento" no final do mês. Quero colocar um parêntese: esse processo, na maioria das vezes, é inconsciente, não percebemos que estamos agindo dessa forma, porém sofremos as consequências através de reflexos na saúde e/ou estagnação na carreira e em casos extremos a própria perda, aí sim, do "emprego".

Já quem vê no trabalho sentido sempre se disponibiliza para a "relação de trabalho" e não somente para a de emprego. Aspira atuar com competência, não se contenta em realizar ordinariamente as coisas (no sentido de comum), procura atuar com foco em resultados extraordinários, tem a convicção de que pode influenciar positivamente no ambiente, abre-se para a realização e o seu grande objetivo é a felicidade! Como tem consciência do seu potencial e acredita em si mesmo (autoestima elevada), sabe exigir do ambiente o respeito recíproco.

O atuar com competência

Competência está alicerçada em três dimensões que devem interagir de forma dinâmica e sistêmica, que são: conhecimentos, habilidades e atitudes. O conhecimento é a série de informações assimiladas e estruturadas pelo indivíduo. A habilidade é a capacidade de aplicar o conhecimento adquirido. A atitude é a predisposição em relação à ação.[8]

Particularmente, me identifico com a definição de competência que pode ser entendida como "um saber agir responsável e reconhecido, que implica mobilizar, integrar, transferir conhecimentos, recursos, habilidades, que agreguem valor econômico à organização e valor social ao indivíduo".[13]

A competência está associada ao saber agir, saber se engajar, mobilizar recursos, assumir responsabilidades, integrar saberes múltiplos e complexos, saber aprender e ter visão estratégica.[16] A competência não é apenas um somatório de saberes, nem somente saber selecionar, dentro de um repertório de recursos, como conhecimentos, habilidades, qualidades, experiência, emoções entre outros, os elementos pertinentes para a solução de problemas: é preciso saber organizá-los, pois muitos indivíduos, mesmo possuindo os recursos corretos, não sabem combiná-los para a ação, nos momentos em que isso é necessário.[15]

A competência implica uma atitude social e pessoal do profissional em assumir uma responsabilidade frente ao trabalho, estabelecendo um distanciamento crítico em relação às suas ações, exigindo, assim, uma capacidade do profissional de mobilizar conhecimentos específicos preexistentes para aquela atividade.[24]

Podemos dizer que agir com competência significa também empreender, que engloba a capacidade para correr riscos, inovar continuamente – vontade de realizar!

Esse tema favorece o entendimento de que *surge uma nova forma de pensar a relação de trabalho*, tanto para os indivíduos, quanto para as organizações, pois *engloba a agregação de valor para ambos*.

Para sintetizar as ideias colocadas até aqui, unindo o homem, as organizações e o trabalho, podemos dizer:

> "O trabalho não é mais o conjunto de tarefas associadas descritivamente ao cargo, mas se torna o prolongamento direto da competência que o indivíduo mobiliza em face de uma situação profissional cada vez mais mutável e complexa."[13]

Permitam dizer que considero que um dos maiores desafios dos administradores na atualidade é: *gerir utilizando estratégias factíveis e congruentes com o cenário macroeconômico, integrando o capital intelectual, os recursos, as tecnologias, as informações, numa cultura organizacional que permita a consecução dos seus objetivos, contribuindo para o desenvolvimento da sociedade.*

Transformando a maneira de pensar e agir do homem, as relações do homem com o trabalho e os sistemas de gestão empresarial é que podemos contribuir com o desenvolvimento da sociedade como um todo.

Creio ter evidenciado a nossa importância e o porquê do convite à autovalorização que fiz no início.

A instrumentalidade e a gestão com pessoas: atuação estratégica

Um aspecto que podemos considerar como muito positivo, embora ainda embrionário, é o início do entendimento de que não existe uma separação entre a área que "cuida das pessoas" e as demais áreas. Existem, sim, alguns profissionais que têm o papel de estabelecer os vínculos entre as estratégias organizacionais e outros profissionais, fornecendo instrumentos para que os objetivos se cumpram.

Esses profissionais devem ter um grande entendimento e uma identificação com o negócio, bem como, não só conhecer, mas participar da elaboração dos seus objetivos e estratégias. Devem se ver, e ser vistos, como consultores internos, analisando os comportamentos organizacionais nas suas três dimensões: micro, meso e macro-organizacionais, confrontando-os com a cultura. Enxergam a organização na sua totalidade, a sua estruturação formal, os seus valores, a forma como as decisões são tomadas, como administram conflitos, como interagem com a sua cadeia de relacionamentos (acionistas, profissionais contratados e seus familiares, fornecedores, clientes e com a comunidade). Analisam, interpretam e agem nos relacionamentos dos grupos formais, gerados pela própria estrutura das áreas, do gerenciamento dos processos e projetos e dos grupos informais, aqueles que são formados pelas afinidades interpessoais. Devem contribuir de forma intensa no desenvolvimento e na sustentação dos gestores, para que cumpram o papel gerencial na sua integralidade, gerando resultados nas suas respectivas áreas de eficácia, *com as pessoas* que compõem suas equipes.

Participam ativamente na fomentação da sinergia que deve existir entre as diversas áreas e dá sustentação para que os comportamentos sejam congruentes com a cultura e com as estratégias. Atuam como um catalisador na elaboração de políticas corporativas e cuidam para que não se percam e, claro, desenvolvem suas próprias atividades nos âmbitos tático e operacional.

Evolução na estrutura administrativa

Com o entendimento da necessidade de uma atuação mais estratégica, a própria vinculação da área de *gestão com pessoas* passa a se dar, numa parcela significativa de empresas, diretamente junto a presidência ou junto a uma diretoria com forte poder de decisão. Deixa de ter uma posição hierárquica de seção, onde se reportava a uma gerência e passa a ocupar uma posição de direção. Esse fenômeno é de extrema importância para a evolução da atuação dessa área, pois passa a participar da elaboração das estratégias e a se responsabilizar pelos resultados globais da organização.

Missão da gestão com pessoas

Permito-me resumir que a "*Gestão com Pessoas* possui a missão de contribuir para agregar valor ao trabalho, maximizar os resultados da empresa, agindo de forma socialmente responsável".

Um dos seus maiores desafios é o de promover a integração homem/organização, compatibilizando os objetivos organizacionais, os objetivos dos indivíduos, integrando-os com os objetivos da sociedade. E ainda reforço: sem hipocrisias, romantismos, modismos, mas com coerência e consistência de princípios e ideais. Apenas lembrando que coerência significa a congruência entre o pensar, o dizer e o agir.

Como uma definição: *"Gestão com Pessoas* é a administração e organização eficaz dos **talentos** que **estão** na empresa". Vejam a importância desta colocação, pois a organização deve reconhecer que precisa de *talentos* para a criação de *vantagens competitivas* e que se não proporcionar condições para que realizem seus plenos potenciais, os perderão, pois eles *estão* na empresa e não são "propriedades" delas.

A nova postura para atuar na área de *gestão com pessoas* exige a compreensão do seu verdadeiro papel, bem como dos novos paradigmas com os quais precisa planejar, projetar, implantar, disseminar e rever continuamente, como por exemplo:

- as mudanças da relação empregatícia (contrato de trabalho) à relação profissional (contrato psicológico) – criar condições para que o vínculo psicológico se efetive;

- da carreira vitalícia à empregabilidade (talento está na empresa e não pertence a ela);

- do salário fixo à remuneração variável (a valorização dos resultados e não simplesmente do estar fisicamente no local de trabalho);

- do treinamento ao treinamento, desenvolvimento e educação corporativa;

- do conhecimento do indivíduo para o conhecimento coletivo (aprendizagem organizacional, gestão por processos, equipes de alto desempenho);

- da avaliação do desempenho ("fotografia", registro do desempenho passado) à gestão do desempenho (acompanhamento e correção de rumo contínuo);

- da postura administrativa e assistencialista (controle/disciplina – criando o sentimento de dependência do empregado à empresa) à gestão de equipes, incentivando a inovação, a criatividade, a qualidade dos relacionamentos, a coerência ética (novo papel gerencial – desenvolver a autonomia);

- do empregado (recurso/mão de obra) a Talento Humano/cérebro (ser humano competente, comprometido, engajado, motivado);

- dos limites do muro da empresa para a sociedade.

Sistema de gestão com pessoas

Na Figura 1, procuro representar graficamente a atuação dos profissionais da área de *gestão com pessoas*.

Fonte: Elaborada pelo autor.

Figura 1 Sistema de gestão com pessoas

Creio que este quadro ilustra bem todo relato anterior, no sentido da atenção aos aspectos institucionais antes de sair atuando nos subsistemas. Os projetos e programas devem ter uma forte aderência à missão e à cultura organizacional, caso contrário muito recurso da empresa será desperdiçado. Vamos perpassar alguns subsistemas sem explorar os processos de trabalho inerentes a cada um, mas dando uma visão sobre os novos enfoques.

Planejamento estratégico de *gestão com pessoas*

As ações dos diversos subsistemas que aparecem no quadro acima devem estar coadunadas com o planejamento organizacional, e, portanto, com os elementos institucionais: missão, visão, valores, cultura, os cenários políticos, econômicos e sociais, o planejamento organizacional (estratégico) são o guia para as ações da área de *gestão com pessoas*.

Infelizmente, observamos com frequência que a fase da elaboração do planejamento de *gestão com pessoas* é deixada de lado e a atuação passa a ser direta nos subsistemas, muitas vezes sem uma interação entre eles.

O planejamento estratégico de *gestão com pessoas*, de forma simplificada, mas guardada a sua relevância, significa identificar as necessidades de "inteligências" necessárias para a realização da ação organizacional futura. É o processo pelo qual se assegura que a organização dispõe de profissionais competentes para atuar com eficácia e que contribuirão para o alcance de seus objetivos.

Administração de pessoal e relações trabalhistas

Esse subsistema guarda a sua relevância e a sua principal atribuição é a de cumprir e fazer cumprir a legislação, os contratos que vinculam os profissionais à organização e englobam os contratos individuais, os acordos e convenções coletivas. Também com vital importância, é responsável pela guarda de toda a documentação profissional e pelo esclarecimento no tocante aos direitos e obrigações dos profissionais na relação de trabalho. Em suma, é responsável pelos relacionamentos "legais/formais" entre a organização, os profissionais, os sindicatos e as instituições que representam o Estado.

Identificação de talentos

A ênfase não se restringe mais ao "preenchimento de vagas", mas, sim, em identificar, em função das necessidades estratégicas das áreas, aqueles profissionais que contribuirão efetivamente para os resultados, ou seja, que atuarão de forma competente.

Portanto, uma das grandes preocupações nos processos seletivos se dá com relação à probabilidade de adaptação do candidato à cultura e ao modelo de gestão da organização e não só com relação aos aspectos técnicos que as posições exigem. As habilidades comportamentais estão no topo da pirâmide das necessidades para as contratações, consideradas para muitas empresas muito mais significativas do que os conhecimentos, visto que as habilidades de relacionamentos, a capacidade para se comprometer com os resultados, a criatividade e a flexibilidade, a facilidade para se comunicar e expressar suas ideias são de extrema importância para o sucesso pessoal e profissional.

Não podemos nos esquecer de que o trabalho está cada vez mais mental/relacional e menos braçal, como já abordado em inúmeros momentos.

Outro aspecto considerado importante nos processos seletivos é o reconhecimento de que a definição pela contratação é uma via de mão dupla. Portanto, não é somente a empresa quem seleciona, mas também o candidato deve se posicionar se aquela empresa é a que ele busca para realizar-se pessoal e profissionalmente. Torna-se necessário, num determinado momento da seleção, o candidato ser alimentado, ou ter acesso a informações da empresa, suas características de gestão, as possibilidades de evolução, as expectativas (de acordo com a natureza do cargo para o qual está se candidatando) para que possa decidir se aceita ou não a proposta para a contratação.

Qualidade de Vida no Trabalho – QVT e Higiene, Segurança e Medicina do Trabalho – HSMT

Vamos iniciar nossa reflexão com o conceito:

> "Qualidade de vida significa mais do que apenas viver [...]. Por qualidade de vida entendemos o viver que é bom e compensador em pelo menos quatro áreas: social, afetiva, profissional e a que se refere à saúde. O viver bem refere-se a ter uma vida bem equilibrada em todas as áreas."[17]

Portanto, qualidade de vida no trabalho representa uma das áreas da vida com a qual devemos nos preocupar.

Sem perder de vista os aspectos legais que envolvem as ações de segurança e saúde ocupacional regidas pela Portaria nº 3.214/78 do Ministério do Trabalho e Emprego e suas alterações, novos paradigmas vêm sendo adotados nesse sentido, impulsionados pela maior rigidez no que tange a segurança e saúde, pelas políticas e obrigações ambientais, os conceitos mais abrangentes e complexos versando sobre sustentabilidade e também pela maior consciência dos dirigentes organizacionais no tocante ao reconhecimento de que quem faz a diferença é o ser humano e que portanto deve estar "inteiro" na relação de trabalho.

Qualidade de Vida no Trabalho – QVT é muito mais do que a implantação de determinados programas isolados envolvendo saúde e lazer; é, antes de tudo, filosofia e deve estar incorporada na cultura e no modelo de gestão das organizações. Passa pela própria humanização do trabalho. É na essência tudo a que nos referimos sobre a valorização do ser humano e a extirpação do conceito do homem como recurso.

Numa visão expressiva:

> "No contexto do trabalho, esta abordagem pode ser associada à ética da condição humana. Esta ética busca desde a identificação, eliminação, neutralização ou controle de riscos ocupacionais observáveis no ambiente físico, padrões de relações de trabalho, carga

física e mental requerida para cada atividade, implicações políticas e ideológicas, dinâmica da liderança empresarial e do poder formal até o significado do trabalho em si, relacionamento e satisfação no trabalho."[14]

Muitos desafios se apresentam para o mundo empresarial na atualidade. Um dos mais significativos está relacionado à necessidade de uma força de trabalho saudável, motivada e preparada, e outro na capacidade da empresa em reconhecer a necessidade dos profissionais em ter uma melhor qualidade de vida.[23]

Um local equilibrado para trabalhar reconhece que um indivíduo é mais do que um trabalhador, portanto o trabalho não é a única coisa em suas vidas.[23]

Para que QVT seja uma realidade, é fundamental que haja a possibilidade do profissional ser ouvido, portanto uma ampla pesquisa de clima, por exemplo, deve ser realizada periodicamente, e que os aspectos apontados sejam analisados e as correções viáveis sejam implantadas.

QVT é algo que deve ser sistêmico, internalizado e deve levar em conta todos os aspectos da vida de um ser humano, no contexto das organizações.

Para sintetizar:

> "Qualidade de vida no trabalho é o conjunto das ações de uma empresa que envolvem a implantação de melhorias e inovações gerenciais e tecnológicas no ambiente de trabalho. A construção da qualidade de vida no trabalho ocorre a partir do momento em que se olha a empresa e as pessoas como um todo, o que chamamos de enfoque biopsicossocial. O posicionamento biopsicossocial representa o fator diferencial para a realização de diagnóstico, campanhas, criação de serviços e implantação de projetos voltados para a preservação e desenvolvimento das pessoas, durante o trabalho na empresa."[14]

Sistema de remuneração

Chamamos de *sistema de remuneração* o conjunto dos elementos objetivos que compõem a contraprestação por serviços prestados. Podemos citar: salário – fixo e variável –, gorjetas, comissões, ajuda de custo, bônus, gratificações e benefícios.

Sua principal função é a de promover a justiça entre a contribuição em matéria de resultados "entregues" pelo profissional e o que ele recebe em "troca".

Vejam que aqui surge um primeiro e importante ponto para reflexão. Se assim é, poderíamos dizer que cada profissional deveria receber um valor a título de remuneração, o que de certa forma vai ao encontro do que preconiza atualmente o sistema de remuneração estratégica. Isso exigiria um alto grau de detalhamento das competências necessárias para o alcance dos objetivos organizacionais, bem como do desempenho – contribuição de cada profissional. Exigiria uma maturidade e uma quase que perfeita sintonia entre o modelo de gestão, o estilo de liderança e o profissionalismo por parte do ser humano (empregado).

Porém, tudo isso esbarra em algo que é peculiar, especialmente no Brasil, onde se vê forte intervenção do Estado nesse tema, ficando pouca margem para a livre negociação entre as partes. Do meu ponto vista, a falta de maturidade das partes envolvidas nesa relação – organização, profissionais, sindicatos e Estado (Legislativo, Executivo e Judiciário) dificultam muito os avanços no que tange à flexibilização do sistema de remuneração.

Diante das reais dificuldades expostas no parágrafo anterior, o que vemos e praticamos é um misto entre os modelos tradicionais (funcionais), cuja essência é o cargo, formando a base para a parte fixa da remuneração; os modelos são: por habilidades, mais voltados para cargos de natureza operacionais; por competências, para cargos de natureza especializada e gerencial, utilizando, como premissa quando pensamos em valores (R$), um "certo" conservadorismo na parcela fixa e uma "certa" agressividade na parcela variável da remuneração. Com isso, procuramos sair do convencional (histórico) e ir plantando um modelo mais voltado à diferenciação individual, sem deixar a organização exposta a eventuais demandas trabalhistas.

Alguns fundamentos, visando à implantação de um sistema de remuneração (não falo em sequência, mas em princípios):

- estrutura organizacional com pouquíssimos níveis hierárquicos. Cada nível hierárquico representa um filtro e uma grande fonte de resistências nas organizações, além do custo natural da estrutura;
- atividades aglutinadas em poucos cargos, ou seja, cargos mais abrangentes favorecendo a sua valorização e uma visão sistêmica por parte do ocupante;
- desmembramento das maturidades (júnior, pleno, sênior e máster – eventualmente para algumas carreiras) somente para cargos técnicos e ou especialistas (analistas ou graduados). Aqui cabe um adendo: hoje vemos o desmembramento de maturidades até para auxiliares. A natureza e a complexidade das atividades já definem a condição de auxiliar; portanto, não cabe, por exemplo: auxiliar sênior;
- análise e descrições dos cargos de forma a evidenciar a sua essência e os seus maiores desafios, não se perdendo no detalhamento de cada tarefa;
- desenho das carreiras por áreas proporcionando uma visão lógica, de fácil assimilação, facilitando posteriormente a construção do mapa das qualifi-

cações e das competências necessárias. Esse valioso instrumento facilitará a busca pelo autodesenvolvimento, possibilitará o preenchimento de vagas através de promoções;

- estrutura, política salarial e política de remuneração coerentes com a cultura da organização e consistentes tecnicamente, possibilitando as movimentações propostas;

- parcela fixa da remuneração consistente (internamente e na relação com o mercado);

- parcela variável com definições e metas claras, simples e objetivas no tocante à construção dos instrumentos, à mensuração e ao acompanhamento dos indicadores. A parcela variável deve estar atrelada a um plano de meta, para caracterizar o ganho recíproco – havendo avanços que podem ser nos processos, em produtividade ou nas atitudes dos profissionais, todos ganham;

- idealização da remuneração indireta (benefícios), preferencialmente flexível, possibilitando que os profissionais escolham aqueles que fazem sentido para eles em função das condições de vida;

- divulgação do sistema de remuneração dando transparência sobre a tecnicidade utilizada para a sua construção, bem como sobre as regras (políticas) que nortearão o seu funcionamento, garantindo a sua credibilidade perante os profissionais.

Desenvolvimento

Neste momento, vou abordar elementos que no meu entender fazem parte de uma mesma família:

Treinamento, desenvolvimento e educação corporativa

Esse subsistema também vem passando por profundas modificações.

As chamadas áreas ou funções de T/D atuavam reativamente, com enfoque meramente instrumental, atendendo a solicitações específicas, "contratando cursos", visando habilitar alguém num processo isolado. Atualmente, a ênfase é dada ao desenvolvimento e à educação corporativa. Os profissionais devem conseguir utilizar os conhecimentos adquiridos para atender a uma necessidade específica, bem como conseguir extrapolar e utilizar os conhecimentos em situações novas, envolvendo-se e resolvendo novos problemas a partir dos conceitos e experiências obtidas.

Milkovich e Boudreau[20] conceituam os três elementos que aparecem nesse subsistema para facilitar as diferenciações.

> "Treinamento é um processo sistemático para promover a aquisição de habilidades, regras, conceitos ou atitudes que resultem em uma melhoria da adequação entre as características dos empregados e as exigências dos papéis funcionais.
> Desenvolvimento é um processo de longo prazo para aperfeiçoar as capacidades e motivações dos empregados a fim de torná-los futuros membros valiosos da organização. O desenvolvimento inclui não apenas o treinamento, mas também a carreira e outras experiências."

Já a finalidade da educação corporativa é a de incentivar "o desenvolvimento e a instalação das competências empresariais e humanas consideradas críticas para a viabilização das estratégias de negócios".[11]

A Educação Corporativa visa, portanto, o desenvolvimento do pensamento crítico e sistêmico a favor da geração da vantagem competitiva continuamente. Ao contrário do que acontecia anteriormente quando a visão de investimentos em treinamento se dava exclusivamente para os membros internos à organização, a educação corporativa deve proporcionar oportunidades para que todos os elementos que se relacionam com a organização, seus acionistas ou quotistas, profissionais e familiares, fornecedores, clientes e a comunidade em seu entorno possam entender o negócio e melhor contribuir para seus objetivos, preservando a qualidade de vida e o bem-estar social.

Carreira

Podemos entender carreira como "um processo contínuo de integração entre empregado e a empresa visando atender aos objetivos e interesses de ambos".[22]

Na mesma linha de pensamento, carreira pode ser visto como a possibilidade de desenvolvimento de um projeto individual que pode ter relevância também para a organização. Para isso, é importante que o profissional se veja como sujeito na construção e planejamento de seu desenvolvimento e por parte da organização haja possibilidade de estimular e conciliar tais perspectivas.[10]

Carreira não é mais vista como promoções em uma única empresa, mas sim como um instrumento desenvolvimento e realização e que pode favorecer a vinculação do profissional à organização.

Através do planejamento de carreira, a organização da credibilidade às suas ações favorece a retenção dos talentos.

As organizações precisam saber e divulgar com clareza o que esperam dos profissionais que ocupam as diversas posições na estrutura, bem como traçar as possíveis "rotas" com os objetivos, desafios, competências técnicas e comportamentais, favorecendo as ações de desenvolvimento, tanto as que serão proporcionadas pelas organizações quanto as que serão de responsabilidade do profissional (autodesenvolvimento). Cabe evidenciar que cada vez mais os indivíduos são responsáveis pelas suas carreiras.

Coaching

Na ênfase do desenvolvimento, menciono também o *coaching* como um valioso método. Quando bem conduzido, pode favorecer o crescimento pessoal, profissional e da organização.

Podemos definir *coaching* como um processo interativo e consensual que auxilia as pessoas a se desenvolverem e a produzirem resultados extraordinários em suas vidas pessoal e profissional.

Para que o ciclo do desenvolvimento se cumpra, é necessário que o indivíduo empreenda esforços, saia da zona de conforto, reflita sobre o que é e onde deseja chegar, se autoconheça, planeja e aja.

Como objetivos podemos citar:

- contribuição para que as pessoas reflitam sobre o que desejam ser na vida;
- contribuição para que as pessoas identifiquem suas habilidades desenvolvidas e as que requerem esforços para evoluir;
- contribuição para que as pessoas reflitam sobre suas atuais e futuras opções de trabalho e vida;
- despertar da consciência para atitudes e hábitos geradores de qualidade de vida;
- assessoria no processo de construção de um projeto de desenvolvimento individual.

Gestão do desempenho

Visa essencialmente ao desenvolvimento profissional e organizacional, portanto seu foco está direcionado aos resultados obtidos por ambos. A gestão do desempenho significa criar mecanismos para a avaliação da organização (institucional), dos seus processos e dos profissionais. Vejam que a ênfase também está em avaliar o sistema organizacional como um todo e não somente os profissionais como anteriormente.

A avaliação institucional visa à análise dos resultados obtidos a partir dos esforços empreendidos e a comparação entre o que foi planejado e os resultados efetivamente conseguidos a avaliação de processos objetiva analisar a disponibilidade dos recursos, a qualidade dos relacionamentos e o grau de utilização de ambos; e finalmente a avaliação dos profissionais visa à análise do potencial de "inteligência" disponível na organização e ao grau de retorno obtido a partir do desempenho real.

A metodologia a ser utilizada deve considerar a cultura organizacional, o mapeamento dos processos e das competências técnicas e comportamentais exigidas dos profissionais e se possível das equipes, o grau de fidedignidade dos indicadores disponíveis e um plano de metas claras e factíveis.

O processo de gestão do desempenho profissional deixa de ser visto como função controle (avaliação de desempenho – passado) e passa a exercer a função envolvimento, ou seja, foca o resultado que o profissional e sua equipe geram para a organização. Deve ser conduzido de forma a minimizar a subjetividade inerente ao sistema de avaliação, gerando credibilidade.

Finalizando, no âmbito da *gestão com pessoas* quero enfatizar que este não é um modelo para grandes corporações, mas sim para funções que devem ter a atenção de todos que exercem a gestão de um negócio.

Vejam que a atuação proposta é sistêmica, integrada e dinâmica. Não existem áreas isoladas, mas um conjugar de esforços, visando aos resultados globais que fazem sentido para aquela organização em particular em função da sua missão, visão, valores e da sua cultura.

Fica o convite: precisamos atuar na relação de trabalho de forma consciente!

Referências

[1] ANTUNES, Ricardo. *Adeus ao trabalho?* Ensaio sobre as metamorfoses e a centralidade do mundo do trabalho. São Paulo: Cortez, Campinas: Editora da Unicamp, 1995.

[2] BECKER, B. E.; HUSELID, M. A.; ULRICH, D. *Gestão estratégica de pessoas com "scorecard"*: interligando pessoas, estratégia e performance. Rio de Janeiro: Campus, 2001.

[3] BITENCOURT, C. A. Gestão de competências como alternativa de formação e desenvolvimento nas organizações: uma reflexão crítica baseada na percepção de um grupo de gestores. In: RUAS, R; ANTONELLO, C; BOFF, L. H. (Org.). *Aprendizagem organizacional e competências*. Porto Alegre: Bookman, 2005.

[4] BRAVERMAN, H. *Trabalho e capital monopolista:* a degradação do trabalho do século XX. Rio de Janeiro: Guanabara Koogan, 1987.

[5] CAMPOS, Vicente Falconi. *Controle da qualidade total:* TQC. Belo Horizonte: Fundação Christiano Ottoni, Escola de Engenharia da UFMG, 1992.

[6] DE MASI, D. *O futuro do trabalho:* fadiga e ócio na sociedade pós-industrial. 3. ed. Rio de Janeiro: José Olympio: Brasília: Editora da UnB, 2000.

[7] DRUKER, Peter Ferdinand. *Administrando em tempos de grandes mudanças.* São Paulo: Pioneira, 1997.

[8] DURAND, T. Forms of incompetence. In: FOURTH INTERNATIONAL CONFERENCE ON COMPETENCE-BASED MANAGEMENT, 4. *Anais...* Oslo: Norwegian School of Management, 1998.

[9] DUTRA, J. S. *Gestão de carreiras na empresa contemporânea.* São Paulo: Atlas, 2010.

[10] DUTRA, J. S.; HIPÓLITO, J. A. M. *Remuneração e recompensas.* Rio de Janeiro: Elsevier, 2012.

[11] EBOLI, M. Educação corporativa no Brasil: mitos e verdades. *Gente,* São Paulo, 2004.

[12] _____. Educação corporativa. *T&D – Inteligência Corporativa.* São Paulo, ed. 137, nº 12, nov. 2004.

[13] FLEURY, A.; FLEURY, M. T. L. *Estratégias empresariais e formulação de competências:* um quebra-cabeça caleidoscópico da indústria brasileira. 2. ed. São Paulo: Atlas, 2001.

[14] FRANÇA, A. C. L. Qualidade de vida no trabalho: conceitos, abordagens, inovações e desafios nas empresas brasileiras. *Revista Brasileira de Medicina Psicossomática,* Rio de Janeiro, v. 1, nº 2, abr./maio/jun. 1997.

[15] LE BOTERF, G. *De la compétence.* Paris: Le Editions d'Organisation, 1994.

[16] _____. *Desenvolvendo a competência dos profissionais.* 3. ed. Porto Alegre: Artmed, 2003.

[17] LIPP, M. N.; ROCHA, J. C. *Stress, hipertensão arterial e qualidade de vida:* um guia de tratamento para o hipertenso. Campinas: Papirus, 1994.

[18] MACARENCO, I.; DAMIÃO, M. L. Z. de. *Competência:* a essência da liderança pessoal. 2. ed. São Paulo: Saraiva, 2011.

[19] MARX, Karl. *O capital:* crítica da economia política. 20. ed. Rio de Janeiro: Civilização Brasileira, 2002. (Livro I: v. 1. O processo de produção do capital.)

[20] MILKOVICH, G. T.; BOUDREAU, J. W. *Administração de recursos humanos.* São Paulo: Atlas, 2000.

[21] PORTER, M. E. *Competição:* estratégias competitivas essenciais. 3. ed. Rio de Janeiro: Campus, 1998.

[22] TACHIZAWA, Takeshi. *Gestão com pessoas:* uma abordagem aplicada às estratégias de negócios. 2. ed. Rio de Janeiro: FGV, 2001.

[23] VASCONCELOS, A. F. Qualidade de vida no trabalho: origem, evolução e perspectivas. *Caderno de Pesquisas em Administração,* São Paulo, v. 8, nº 1, jan./mar. 2001.

[24] ZARIFFIAN, P. *Objective comptence.* Paris: Liasion, 1999.

PARTE VI

Tendências

O Administrador e as Suas Decisões

17

Luís Fernando Soares Zuin
Augusto Hauber Gameiro
Poliana Bruno Zuin
Eduard Prancic

Introdução

Um dos desafios mais agudos para a sobrevivência das organizações rurais, e também das urbanas, independentemente do seu porte, é a tomada de decisão de seus administradores em alterar as suas rotinas de trabalho, como por exemplo em adquirir e desenvolver novas tecnologias, com o objetivo de melhorar os seus produtos e processos. O ato da tomada de decisão realizado pelos gestores envolve um ambiente produtivo, que frequentemente apresenta um conjunto de incertezas e riscos, cujos trabalhos para o mapeamento e determinação das variáveis que orbitam o processo de tomada de decisão, são considerados atividades complexas. A complexidade da atividade em escolher determinados caminhos produtivos os quais as organizações percorrem naturalmente contém uma imprevisibilidade nos seus fenômenos. Outra questão presente na complexidade dos fenômenos refere-se às variáveis envolvidas durante a sua análise. Essas variáveis podem apresentar um caráter natural e social, e geralmente encontram-se em um processo não linear, no qual sua multiplicidade interfere diretamente na sua análise. Nesse contexto, a complexidade deixa de possuir um caráter determinístico, presente no pensamento linear na postura monológica de seus administradores.[1,2] A perda desse caráter determinístico ocasiona no administrador maior dificuldade em identificar as relações de dependência entre as variáveis analisadas durante o seu processo de tomada de decisão. Tais relações de dependência geram pontos de tensão, que estão inseridos na rede das possíveis variáveis, provocando efeitos imprevistos em outros pontos de tensão presentes em outros fenômenos. A evolução de atos, visando à tomada de decisão no ambiente incerto e multifacetado das organizações, muitas vezes não ocorre de forma reta e ascendente. O ato de decidir pode tomar um caminho que apresente retrocesso, bem como uma rota estranha e não planejada, onde fica difícil para o administrador visualizar, com a precisão mecanicista-positivista, todas as relações de causa e efeito pertinentes para a compreensão do problema com o qual se depara. Entretanto, para o administrador com viés dialógico esse quadro inicial de indefinição é considerado como aceitável, sendo parte intrínseca da complexidade do processo de tomada de decisão.[16, 17, 1, 2, 12]

No ambiente da complexidade, as análises de risco realizadas através do caminho linear da causa e seu efeito se desfaz, surge um novo olhar do administrador dialógico sobre as interações entre as partes envolvidas de um sistema. O administrador dialógico nesse momento percebe que não há como observar todo o sistema ao mesmo tempo. Assim, o seu trabalho é também empregar um olhar inverso, detectando a presença de pontos cegos em suas análises sobre as variáveis presentes nos cenários produtivos. Em uma nova abordagem do sistema, envolvendo tanto um olhar com direção centrípeta (para a fronteira do sistema) como centrífuga (para o centro do sistema), com essa postura e exercício, o administrador visa diminuir a complexidade das variáveis, as quais se apresentam tanto fora quanto dentro dos sistemas. Para isso, a comunicação se apresenta como o principal caminho utilizado a fim de manter essa frágil estabilidade entre esses dois olhares. Pode ser observado que os elementos da comunicação no ambiente dialógico são constantemente reproduzidos e conceituados. Por esse ponto de vista, a comunicação seria a principal condição para o desenvolvimento das relações entre os sujeitos e suas organizações.[16,17,1,2,6]

No pensamento complexo, a comunicação perpassa pelos interlocutores inúmeras possibilidades de escolhas relativas aos caminhos e conteúdos das enunciações. Os interlocutores se deparam com a multiplicidade de direções, que surgem nas inter-relações entre os sujeitos que compõem as organizações, e também aqueles que as orbitam. Esses caminhos multidirecionais articulam em si a complexidade presente na incerteza. No momento em que são trilhados esses caminhos pelos sujeitos nas organizações, é possível observar parte das suas correlações existentes, entre as atividades realizadas por esses sujeitos, durante a ocorrência do fenômeno. A incerteza é algo inerente do mundo concreto, cabendo à comunicação dialógica descortiná-la e propor soluções exequíveis para as organizações. A incerteza é mais amplamente identificável quanto maior for a chance de ela impactar amplamente as rotinas produtivas das organizações. Por outro lado, quando a incerteza é pontual, apresentando um caráter isolado ao fenômeno, o administrador pode encontrar dificuldade para correlacioná-lo ao sistema como um todo. O papel da comunicação nas organizações seria o de identificar e traduzir os sentidos e significados dos seus conteúdos, bem como as suas interações presentes nas informações, nos mais diversos níveis organizacionais, a fim de prever o impacto das incertezas em suas rotinas produtivas, garantindo assim a sua sobrevivência. Entretanto, a comunicação nem sempre cumpre esse papel, do ponto de vista da complexidade dos fenômenos e dos inúmeros riscos existentes. Muitas vezes a comunicação, quando assume um caráter monológico, pode desorganizar os caminhos, levando o administrador a tomar decisões equivocadas, comprometendo a segurança do empreendimento na organização. As indefinições presentes nos fenômenos assumem um papel mais relevante quando fazem parte de um contexto inovador. Entretanto, elas também podem estar presentes também nas rotinas produtivas das empresas, pois apesar da palavra *rotina* o ambiente produtivo é plástico e não finalizado.[18,12]

Como observado, a comunicação monológica no contexto da inovação nas empresas pode apresentar um grau agudo de indefinições, comprometendo a eficiência dos processos produtivos, pois a comunicação monológica é limitada a expressão de somente ponto de vista. Mas o que seria a inovação?

A inovação pode ser definida como sendo:[14]

> "criação e implementação de uma nova ideia, que pode estar relacionada a uma inovação tecnológica (artefatos técnicos novos, mecanismos ou produtos), de processos (novos serviços, programas ou procedimentos de produção) ou administrativa (novas políticas institucionais, estruturas ou sistemas)".

Durante o processo de inovação, a nova ideia, advinda de um sentido, busca provocar nos sujeitos nas organizações alteração no significado até então existente e predominante, procurando surpreender positivamente o consumidor por meio de uma originalidade nos produtos, processos e serviços. Nesse caminho, as inovações possuem um grau de variedade que se encontra relacionado a quatro dimensões produtivas, como: novidade, abrangência, duração e tamanho da empresa. Independentemente do conteúdo, ineditismo e impacto da inovação nos consumidores, esta sempre irá proporcionar nos administradores algum grau de incerteza, durante o ciclo de vida do produto da inovação. Nesse caso, a falta da completa certeza do sucesso do desenvolvimento de um novo produto, processo ou serviço pode advir de alguns fatores, como:[18,14]

- o estágio de maturidade da nova tecnologia;
- organização das atividades na empresa; e
- informações mercadológicas.

Outro ponto levantado em muitas organizações é que muitas das ideias de novos produtos, processos e serviços não se apresentam claramente como úteis para os gestores, sendo percebidas por esses sujeitos como erro. Somente aquelas ideias em que fica clara para os administradores a sua vantagem competitiva, para a empresa, são consideradas um acerto. Entretanto, os sujeitos envolvidos nos processos de inovação relatam, em muitas ocasiões, que a utilidade de uma nova ideia apenas é totalmente percebida ao final da realização do projeto. Considerar previamente que uma ideia será ou não bem-sucedida, gerando um produto no mundo concreto, depende de alguns pressupostos que estão relacionados a um ambiente de trabalho que fomente a inovação. Quando desdobramos essa informação, observamos dois pressupostos, os quais estão diretamente relacionados à comunicação e às interações entre os sujeitos nas organizações, os quais são pautados pelo diálogo, sendo:[16,17,18,14]

- o desenvolvimento de canais de comunicações sólidos e permanentes entre os mais distintos níveis hierárquicos e funcionais da empresa, divulgando os mais variados sentidos e significados, que são observados nos processos de tomada de decisão dos sujeitos; e

- o emprego de formas claras de fomento e resolução de embates não apenas entre os sujeitos que participam dos projetos, mas também entre pessoas envolvidas nas rotinas produtivas de outras áreas da empresa, como, por exemplo, funcionários linha de produção que receberão em alguma etapa o projeto para ser testado. O embate significa que por meio do diálogo os falantes determinam quais os sentidos e significados que serão mesclados e incorporados nas rotinas produtivas da empresa.[16,17]

Pode ser observado que esses pressupostos quando aplicados nas empresas possuem em seu bojo uma abordagem dialógica, onde várias vozes e seus sentidos são levados em conta no desenvolvimentos de uma nova ideia.[16,17,1,2] A seguir, iremos explorar algumas propostas de modelos e seus encaminhamentos metodológicos, encontrados na literatura clássica da administração de empresas, os quais tentam explicar os processos de tomada de decisão nas organizações.

Um olhar sobre os modelos tradicionais de tomada de decisão

Nas organizações que empregam metodologias de tomadas de decisões de abordagem mecanicista-positivista clássica, pode ser observado que esse processo não é constituído de forma idealista pelos seus gestores, mas por parte de variáveis presentes na realidade do mundo concreto do seu empreendimento. Apesar disso, observamos uma constante construção, pela academia, de modelos monológicos-mecanicistas-positivistas, os quais visam explicar de forma hierarquizada e unidirecional a produção de sentidos para o processo de tomada de decisão nas suas rotinas de trabalho. Nesses modelos, as soluções nas organizações podem ser desdobradas de várias formas, sendo direcionadas de acordo com o efeito desejado que elas buscam possuir em cada setor.[1,2,7]

As atividades que levam ao processo decisório não estão envoltas num ambiente neutro, elas exigem das pessoas envolvidas uma tomada de valor, um posicionamento, ou seja, a concretização de um ato. No processo decisório que levará a uma solução, quando empregada a abordagem monológica, são analisadas por um sujeito de forma naturalmente enviesadas as variáveis, as quais cercam o contexto e o objeto problemático. Comumente, uma pessoa ou grupo consegue impor aos outros sujeitos da organização o seu sentido para ser empregada na solução do problema, ou seja, apenas uma voz tende a determinar todo o resultado do processo decisório.[1,2,7] Dos sujeitos são retiradas a opção de compreender a totalidade da situação e suas nuances, as que se encontram inseridas. Nesse contexto comunicativo, cabe ao ouvinte (outro administrador ou funcionário) implementar em sua organização a repetição de soluções, contidas nos modelos clássicos gerenciais, que muitas vezes foram pensadas e desenvolvidas para um ambiente produtivo, o qual se encontra distante de sua realidade. Para esse viés, o processo decisório tende a surgir apenas por meio da análise e do desenvolvimento das variáveis que cercam uma solução. Outros componentes presentes na esfera comunicacional verbal dos interlocutores não são levados em consideração para a construção de uma solução.[11,3] A esfera comunicacional verbal, também chamada de horizonte comunicativo compartilhado, é o local e contexto que os falantes vivenciam no diálogo, sendo fundamental entendê-lo para a compreensão das enunciações entre os falantes.[1,2]

Nas últimas décadas foi observada nas organizações a predominância de quatro modelos de tomada de decisão, onde se buscou categorizar e reunir em grupos os fatores ambientais, contextuais e comportamentais que envolvem as decisões, sendo:[16,17,18,1,2,7]

Modelo neorracional

Esse modelo apresenta o predomínio de ambientes de trabalho em que a decisão é centralizada em poucas pessoas, ocorrendo de forma pouco dialógica o processo e o embate de sentidos. Nessa forma de pensar os gestores buscam um nível particular e restrito de uma solução, em contraponto ao desenvolvimento de uma atividade que procura uma resposta consensual e ampla para a situação problema. Poucas vozes são ouvidas nesse contexto decisório.

Modelo burocrático

Para essa forma e conteúdo de tomada de decisão, as palavras são apresentadas como padrões e/ou regras rígidas. Nesse contexto monológico, as organizações contam com procedimentos já preestabelecidos, para cada situação problema que pode surgir. As soluções são engessadas e finais, bem como previsíveis. O discurso é realizado em base em um padrão preestabelecido de sentidos. Nesse caso, uma única voz é observada, a da norma.

Modelo de final aberto

Comum de ser empregado quando ocorrem situações imprevisíveis ou eventos casuais. Para a solução nesse contexto produtivo de pouca previsibilidade emprega-se de forma temporária um conjunto de sujeitos de várias áreas do conhecimento (multidisciplinar), os quais são geralmente agrupados em uma equipe de solução de crise. A palavra-chave desse modelo é *flexibilidade*, em que o seu ambiente de trabalho é complexo e dinâmico. Esse modelo tende a ser mais dialógico, onde várias vozes são responsáveis pela produção do sentido, que levará a uma solução e sua aplicação. Porém, essa forma de tomada de decisão é empregada apenas em momentos de crise nas organizações.

Modelo arena

No modelo arena o poder de decisão é distribuído. Pode ser observado que os níveis hierárquicos são em menor número, não apresentando um mecanismo central que imponha unicamente uma solução. Nesse modelo, o processo de significação das suas atividades passa por um longo caminho, para que todos os sujeitos cheguem a um entendimento e solução de um problema. Podemos ainda destacar que a falta de cooperação e conflitos internos afetam negativamente a qualidade das soluções e a sua implementação. Essa forma de os sujeitos se posicionarem é a mais dialógica dos modelos apresentados. Entretanto, nesse caminho de conduzir o processo de tomada de decisão, questões agudas e controversas podem ser de difícil solução nesse modelo, como, por exemplo, um processo de reestruturação produtiva e organizacional de uma empresa.

Na maioria desses modelos de tomada de decisão, a comunicação obedece a um caráter unidirecional e hierárquico, ou seja, de propagar para toda a organização um único sentido predeterminado em forma de significado. Poucas são as vozes, que são levadas em conta na confecção dos sentidos que levam a uma solução. O único modelo mais democrático e aberto aos sentidos do outro é o de Arena, sendo descrito negativamente pela literatura,[7] levando a crer que essa forma plural de chegar a uma solução seria muito custosa, demorada e confusa para as organizações. De forma ampla, outro aspecto pouco abordado nesses modelos é a presença das emoções dos falantes durante a produção de sentidos relativos a uma determinada situação,[4] a qual é identificada no momento em que os sujeitos se posicionam. Não levar em conta as emoções dos falantes dificulta sensivelmente o entendimento do enunciado, constituindo uma produção de novos sentidos para contextos distantes e distintos dos inicialmente propostos no diálogo. Esse movimento unidirecional de tomada de decisão pode levar a mais incertezas, pois as soluções não são construídas de forma conjunta entre os sujeitos; ao contrário, muitas vezes as novas tecnologias ofertadas aos administradores foram desenvolvidas para outros tipos de empresas de outras cadeias produtivas, sendo de difícil adaptação nos contextos produtivos de sua organização.[16,17,18,1,2]

Comunicação organizacional monológica voltada para a tomada de decisão

Na visão clássica da comunicação organizacional de viés monológico e mecanicista, os sentidos e conhecimentos produzidos pelos sujeitos em suas rotinas produtivas estariam inseridos apenas na dimensão individual das competências e habilidades produtivistas do saber-fazer. Esse contexto de exigência de um aprendizado é muito comum nas atividades mecânicas, onde não é cobrado do funcionário um pensamento crítico sobre seus caminhos nas suas rotinas produtivas. Em várias organizações ainda pode ser encontrado o reflexo dessa forma de pensar e atuar do saber-fazer, podendo ser desdobrado em quatro vertentes,[5] sendo:

- saber-fazer pode ser revelado como uma competência originada de suas vivências e experiências;
- saber-não fazer caracterizado como um conhecimento individual;
- não saber-não fazer seria expressado em uma atividade realizada de forma inábil; e
- não saber-fazer sendo observada no sujeito a sua incompetência em uma tarefa.

Nas rotinas produtivas nas empresas, as ações dos sujeitos são determinadas de forma instrumental pelo saber-fazer, onde é compartimentalizado e individualizado o seu conteúdo constitutivo, valorizando a sua acriticidade. Nesse contexto produtivo, a comunicação organizacional vai se preocupar em garantir que os sujeitos decodifiquem corretamente o conceito da mensagem, relativa a um sentido predeterminado. As demais variáveis, como por exemplo o componente valorativo, responsivo e sua criticidade, geralmente são tratadas como um ruído, não sendo desejadas nesse processo comunicativo.[16,17,18,1,2,5]

Para os gestores, a comunicação no contexto monológico apresenta a possibilidade de uma análise precisa do seu conteúdo, em que o aspecto qualitativo do seu enunciado seria de fácil mensuração pelo outro, buscando um padrão de repetição de palavras e os seus conceitos. Em teoria, esse processo poderia diminuir as incertezas presentes nas atividades de decodificar os signos que contêm as mensagens. A principal crítica a essa abordagem reducionista da comunicação transforma os dados e informações qualitativos em quantitativos (números e porcentagens) presentes nos conjuntos de pontos de vista, ideias e sentidos, os quais estão presentes nos sujeitos e em suas interações e contextos, que se apresentam durante a fala de uma enunciação. Interpretar o conteúdo de uma mensagem é um processo contínuo de revisões e qualificações, realizadas tanto pelo locutor como pelo interlocutor.[16,17,18,1,2,9]

Podemos observar a seguir uma definição de comunicação[10] que apresenta forte abordagem monológica na tomada de decisão, sendo:

> "Comunicação envolve a transferência de significado de uma pessoa a outra. Assim, se não houve nenhuma transmissão de informação ou ideia, a comunicação não ocorreu. [...] Portanto, a comunicação, a transferência de significado, envolve um emissor, que transmite a mensagem, e também um receptor, que a compreende."

Nessa definição monológica e mecanicista, o objetivo da comunicação é a transmissão de uma mensagem entre emissor e receptor, onde é verificada pelo emissor no receptor a correta realização de uma atividade, proposta em seu conteúdo,[16,17,18,15,1,2,13] sem levar em conta em muitas situações os seus desdobramentos presentes na esfera comunicacional verbal dos sujeitos. A comunicação nesse sentido é um subprocesso que auxilia outros processos dentro das organizações.[19] Entretanto, para a dialogia, toda comunicação possui como finalidade a constituição responsiva de um sentido entre os falantes, ou seja, uma construção de posicionamentos críticos.[5] Na dialogia, a comunicação é o principal processo, a protagonista, aquela que conduz os demais.[9]

A comunicação dialógica e as decisões nas organizações

Os caminhos que perpassam a comunicação dialógica voltados para os processos de tomada de decisão nos sujeitos, nas suas organizações, possuem como principal objetivo gerar (sempre que possível) de forma compartilhada e participativa os novos sentidos, que serão empregados nas soluções. Entretanto, durante o surgimento dos sentidos nos sujeitos, que envolve o processo de tomada de decisão em uma organização, essa atividade pode gerar em cada um entendimento diferente da situação problema, dificultando a compreensão de todas as variáveis e suas possíveis interações presentes no contexto. Cabe ao ambiente produtivo dialógico não aproximar esses sentidos,[16,17,18,15,1,2] mas fazer que o resultado do processo de significação entre os sujeitos determine a melhor solução a ser empregada pela organização, por meio da geração de um novo sentido de forma compartilhada e conjunta. Nesse contexto, o administrador visa não a aproximação dos sentidos, mas o acordo e entendimento entre os sentidos ofertados pelos sujeitos durante a fala, os quais são gerados na esfera comunicacional verbal compartilhada. Mas como ocorre a comunicação no contexto da dialogia?

A comunicação dialógica ocorre por meio da interação dos componentes presentes na esfera comunicacional verbal, que envolvem os enunciados dos falantes. São os componentes:[15,11,3]

Os interlocutores

Os sujeitos que interagem de forma presencial ou virtual por meio da comunicação, escrita ou falada, pertencentes ou orbitando o ambiente das organizações.

As condições das produções das enunciações

São conjunto de fatores relacionados aos contextos ofertados para os sujeitos, pelas circunstâncias sócio-históricas e ideológicas, em que os falantes vivenciaram ou estão vivenciando, em suas rotinas produtivas.

O estilo composicional

Cada sujeito emprega na construção da sua enunciação sentidos que são oriundos de recursos sintáticos e gramaticais, os quais estruturam e identificam de forma individual o seu texto.

O escopo intencional

Corresponde a intencionalidade e responsividade do enunciado determinado pelo locutor e complementado pelo interlocutor, esse elemento encontra-se dependente da história e intensidade das relações vivenciadas pelos falantes.

A funcionalidade do tema

Apresentada no conteúdo do diálogo, reflete no contexto dos falantes. Nas organizações, essa funcionalidade é expressa na execução de uma tarefa ou atividade pelos sujeitos.

Para a comunicação dialógica, a situação na qual se encontram os falantes, bem como o conteúdo do enunciado, são indissociáveis para que ocorra o entendimento dos conteúdos dos diálogos, pois o *outro* é condição principal para existência do *eu*. A fala no contexto dialógico não pode ser passiva, sempre exigindo dos falantes um posicionamento. Todo ato da compreensão é um processo o qual tende a ser tenso, pois todo enunciado busca naturalmente interpretações e respostas.[8,11] Pensar em uma comunicação dialógica que propicie um ambiente produtivo, que solucione os seus mais variados problemas, por meio da geração de novos sentidos entre os funcionários, é a grande provocação que esse encaminhamento teórico pode fazer aos administradores monológicos e mecanicistas. Certamente, a dialogia não é o caminho mais rápido para propor e implementar uma solução para um problema, mas possui a forma e o conteúdo que vão mobilizar grande parte dos funcionários a desenvolver as atividades que irão compor a solução.

Os processos de comunicação nas organizações podem ser vistos como um conjunto de interações, onde os sujeitos em diálogo relacionam-se com outros sujeitos e objetos, construindo uma realidade social, por meio da definição e redefinição dos atos ante os outros sujeitos e objetos, os quais estão presentes no mundo concreto. Esse conceito representa uma unidade relacional, em que os sujeitos exercem uma influência conjunta na troca de informações e construção dos significados das palavras comum a todos. Esse contexto comunicacional de interconexão e interdependência entre os sujeitos constitui o principal suporte das ações nas organizações.[4] Logo, uma das principais tarefas das organizações é disponibilizar e distribuir informações com clareza, necessárias, imprescindíveis, indispensáveis, precisas e adequadas para cada funcionário. Quando o conteúdo da comunicação não é apresentado de forma ambígua ao interlocutor, propicia nos falantes uma produção de sentidos, onde o interlocutor tende a identificar os conteúdos presentes na fala do locutor no seu texto; o inverso também ocorre frequentemente. Não é incomum que os funcionários das empresas recebam as informações importantes, as decisões dos administradores, primeiramente por um meio informal, um rumor. Um dos grandes desafios dos gestores nas organizações é garantir no funcionário a percepção de estar bem informado, sendo que a informação pode ser confiável. A significação desse sentido o qual busca a segurança no ambiente no trabalho não depende da quantidade de temas presentes nos conteúdos das informações, às quais os funcionários podem possuir acesso. O sentido de segurança é constituído principalmente quando o sujeito percebe que a empresa é transparente e acessível na ação de disponibilizar as informações. Outro aspecto importante relacionado às rotinas de trabalho são as decisões que afetam diretamente a forma de trabalhar do funcionário: que essas cheguem primeiro a ele por meio do seu superior imediato. As interações historicamente constituídas entre esses dois sujeitos poderá propiciar um entendimento melhor do conteúdo dos enunciados por parte do funcionário, evitando o seu não entendimento.[11]

As organizações que empregam a dialogia buscam promover a compreensão dos sujeitos envoltos em uma ampla gama de discursos positivos e negativos que são produzidos, tanto no ambiente interno quanto externo das organizações. Os embates de sentidos que naturalmente ocorrem no ambiente de trabalho são parte da sua constituição, possuindo origem na diversidade das vivências e experiências dos sujeitos que a compõem. Frequentemente, é a passividade o comportamento predominante em equipes desanimadas. Nesse contexto produtivo, os sujeitos não reclamam e não produzem. Equipes e gerentes que aceitam um ambiente de trabalho onde o embate de sentidos é uma atividade natural podem apresentar resultados positivos nos processos de tomada de decisão, relacionados tanto para a inovação como para a melhoria dos processos produtivos. Nas empresas onde os sujeitos são dialógicos, trabalhar os enunciados pressupõe a presença da tolerância, permitindo a convivência de diálogos complementares e contraditórios. Para o ambiente de trabalho dialógico, há um equilíbrio entre *o que se deseja fazer* e *o que deve ser feito*, sendo empregada essa forma de pensar para a construção diária dos caminhos da comunicação nas organizações, e premente a participação de todos os seus integrantes na construção desses caminhos e suas decisões.[11]

Conclusão

Neste capítulo, observamos que os administradores deparam-se com um novo contexto interacional produtivo, ao percorrerem os caminhos da comunicação dialógica durante as atividades que compõem o seu processo de tomada de decisão, e envolvem tanto as rotinas produtivas, como os trabalhos de inovação dos processos, produtos e serviços das organizações. A dialogia nas organizações passa a ser uma solução para que os sujeitos envolvidos durante a comunicação diminuam as incertezas que permeiam todos esses caminhos produtivos. Para tanto, é fundamental que o administrador conheça os funcionários (suas vivências e experiências) e seus contextos técnico-produtivos, envolvidos nos vários departamentos e cargos da organização, a fim de que seja possível a constituição de relações dialógicas sólidas.

Como visto no decorrer deste texto, a constituição de uma alteridade dialógica entre os sujeitos permite a troca de experiências e vivências, fazendo com que sejam compartilhadas as variáveis contidas no mesmo contexto produtivo, por meio do entendimento e da internalização dos novos sentidos gerados durante as falas. É por meio dessa relação que cada um saberá de forma clara quais são os objetivos da empresa, bem como as várias atividades que deverão ser realizadas para atingi-los. O envolvimento dos funcionários a partir de uma postura dialógica faz com que seja fomentado um ambiente facilitador para o desenvolvimento e crescimento da própria empresa, uma vez que a tomada de decisão participativa e em conjunto corresponsabiliza a todos pelo processo. A dialogia necessariamente impõe o ato responsável a cada uma das partes que se envolvem nas enunciações, pois cada locutor e interlocutor se preocupa com os sentidos gerados a partir dos enunciados proferidos. Dessa maneira, a dialogia impõe um pensar ético, fundamental na cultura empresarial, cujas demandas de responsabilidade social, sustentabilidade, entre outros conceitos socioeconômicos e ambientais, são fortemente veiculadas na atualidade. A dialogia colabora para que tenhamos cada vez mais atos responsáveis nas tomadas de decisões, durante os processos de inovações sustentáveis. Atos que visam à constituição das tomadas de decisões através de uma alteridade dialógica, ou seja, com e pelo outro. Por fim, a inovação e suas decisões tanto no produto, como no processo e serviço, encontram-se mais ligadas a um ambiente dialógico que a um monológico. As incontáveis vozes, que perpassaram os sujeitos por toda a sua vida, vão proporcionar um ambiente produtivo holístico, contemplando o ato da criatividade. Os administradores na contemporaneidade concluem que esses componentes são fundamentais para serem empregados nos seus processos de tomadas de decisões pois esses processos decisórios buscam estar alinhados tanto com as necessidades dos consumidores, como com os interesses das organizações.

Agradecimentos

Agradecemos o apoio financeiro da Fundação de Amparo à Pesquisa do Estado de São Paulo (FAPESP), processo n$^{\circ}$ 2011/12912-9. Os resultados dessa pesquisa ajudaram no desenvolvimento deste capítulo de livro. À Coordenadoria de Assistência Técnica Integral (CATI-SP), bem como a todos os sujeitos entrevistados em nossas pesquisas. As opiniões, hipóteses e conclusões ou recomendações expressas neste material são de responsabilidade dos autores e não necessariamente refletem a visão da FAPESP.

Referências

[1] BAKHTIN, M. *Marxismo e filosofia da linguagem*. São Paulo: Hucitec, 2010.

[2] _____. *Problemas da poética de Dostoiévski*. Rio de Janeiro: Forense Universitária, 2010.

[3] _____. *Estética da criação verbal*. São Paulo: Martins Fontes, 2003.

[4] CASALI, A. M. Um modelo do processo de comunicação organizacional na perspectiva da Escola de Montreal. In: KUNSCH, Margarida Maria Krohling (Org.). *Comunicação organizacional*: histórico, fundamentos e processos. São Paulo: Saraiva, 2009. v. 1, p. 107-134.

[5] GUERRA, M. J. A. formação dos gestores em cultura e comunicação organizacional: o ponto de vista da semiótica discursiva. In: KUNSCH, Margarida Maria Krohling (Org.). *Comunicação organizacional*: histórico, fundamentos e processos. São Paulo: Saraiva, 2009. v. 2, p. 105-124.

[6] LUHMANN, N. *Social systems*. Stanford: Stanford University Press, 1995.

[7] KOOPMAN, P. Tomada de decisão. In: COOPER, C. L.; ARGYRIS, C. (Org.). *Dicionário enciclopédico de administração*. São Paulo: Atlas, 2003.

[8] PIRES, V. L. Dialogismo e alteridade ou a teoria da enunciação em Bakhtin. *Revista Organon*, v. 29, nº 56, 2014.

[9] POOLE, M. S. Comunicação. In: COOPER, C. L.; ARGYRIS, C. (Org.). *Dicionário enciclopédico de administração*. São Paulo: Atlas, 2003.

[10] ROOBINS, S. P. *Administração*: mudanças e perspectivas. São Paulo: Saraiva, 2007. p. 423.

[11] ROMAN, A. Organizações: um universo de discursos bem-ditos, mal-ditos e não ditos. In: KUNSCH, Margarida Maria Krohling (Org.). *Comunicação organizacional*: histórico, fundamentos e processos. São Paulo: Saraiva, 2009. v. 2, p. 125-157.

[12] SOARES, A. T. N. Comunicação e organizações sob a influência da complexidade e do risco: uma análise conceitual. In: JESUS, E.; SALOMÃO, M. (Org.). *Interações plurais*: a comunicação e o contemporâneo. São Paulo: Annablume, 2008.

[13] VANOYE, F. *Usos da linguagem*: problemas e técnicas na produção oral e escrita. São Paulo: Martins Fontes, 2007.

[14] VEN, A. H. V. Inovação. In: COOPER, C. L.; ARGYRIS, C. (Org.). *Dicionário enciclopédico de administração*. São Paulo: Atlas, 2003. p. 739.

[15] ZUIN, L. F. S.; ZUIN, P. B. Comunicação dialógica na gestão ambiental: novos caminhos metodológicos para a extensão rural. In: PALHARES, J. C. P.; GEBLER, L. (Org.). *Gestão ambiental na agropecuária*. Brasília: Embrapa Informação Tecnológica, 2014. v. II, p. 13-48.

[16] _____; _____; QUEIROZ, T. R. *Inovação*: gestão, inovação e sustentabilidade nos agronegócios. In: ZUIN, L. F. S.; QUEIROZ, T. R. (Org.). *Agronegócios*: gestão, inovação e sustentabilidade. São Paulo: Saraiva, p. 3-15, 2015. p. 3-15.

[17] _____; _____; PARANHOS DA COSTA, J. R. Comunicação organizacional na dialogia contemporânea dos agronegócios. In: ZUIN, L. F. S.; Queiroz, T. R. (Org.). *Agronegócios*: gestão, inovação e sustentabilidade. São Paulo: Saraiva, 2015. p. 17-29.

[18] _____; _____; Desenvolvimento de produtos agroalimentares sustentáveis. In: ZUIN, L. F. S.; QUEIROZ, T. R. (Org.). *Agronegócios*: gestão, inovação e sustentabilidade. São Paulo: Saraiva, 2015. p. 185-198.

A Organização e Seu Público Externo: o Marketing Social

18

Paulo Sérgio Miranda Mendonça
José Alberto de Camargo

As organizações e o marketing social

Este capítulo tem por objetivo apresentar a origem e evolução do conceito de marketing social, bem como apresentar as atividades desenvolvidas pelos profissionais ligados a essa área, trazendo ao leitor uma visão ampla sobre gestão de marketing social nas organizações. Esse objetivo é desenvolvido a partir da apresentação da evolução do conceito de marketing, com a possibilidade de aplicar a disciplina para contribuir na geração de valor para os diversos públicos envolvidos com as organizações mediante as inter-relações entre o marketing e os *stakeholders* (públicos que influenciam as decisões dos gestores de marketing e da organização).

Por fim, a partir da apresentação dos conceitos relacionados a marketing social, busca-se ao final deste capítulo refletir sobre o desafio das organizações ao se preparar para tornar-se o mais duradoura possível a relação de valor entre elas e suas partes interessadas. O objetivo dessa reflexão é compreender o recente papel das organizações ao buscarem, através do envolvimento desses públicos, uma efetiva participação deles em suas ações de marketing social, avaliando continuamente a sua eficácia.

O conceito de marketing, marketing ampliado e holístico

A definição de marketing, dada pela Associação Americana de Marketing (AMA), tem passado por constantes atualizações, atendendo à evolução do pensamento na área.[2] De acordo com a AMA, a definição de marketing de 1985 expunha que: "O marketing definia-se como o processo de planejar e executar a concepção, preço, promoção e distribuição de ideias, bens e serviços para criar trocas que satisfaçam objetivos individuais e da organização."[2] Mas a definição da AMA, de 1985, parecia não ser suficiente para abarcar a evolução do pensamento na área de marketing.[2] E, a partir do conceito criado para ser aplicado ao marketing de serviços de Gummenson, é o conceito de marketing ampliado.[12] O marketing ampliado aumenta o escopo da análise de marketing do conceito de 4 Ps (**preço, produto, praça e promoção**), acrescentando a esses mais 3 Ps (**pessoas** – que envolvidas nos processos passam a ser relevantes para a gestão de marketing; **processos** – que envolvem a avaliação do fluxo de atividades pelo qual o serviço é ofertado ; e **evidências físicas** – *physical evidence* – que analisam o ambiente em que o serviço é prestado).[12]

A abordagem do marketing ampliado foi uma abordagem criada e utilizada, a princípio, para o marketing de serviços e não para o marketing de produtos manufaturados, mas recebeu grande contribuição que viabilizou sua utilização na gestão de marketing para diversos tipos de organizações. Essa contribuição se deu a partir do artigo de Vargo e Lusch, que, em tradução livre, poderia intitular-se "Envolvendo uma nova lógica dominante para o marketing", publicado no *Journal of Marketing*.[40]

Nesse artigo, os autores expõem que a troca de bens não obedece apenas à lógica econômica focada em geração de valor e transações, apenas quando recursos tangíveis eram transacionados, já que, ao longo das últimas décadas, novas perspectivas surgiram e a lógica de gestão das organizações passou a ser centrada nos recursos intangíveis, levando-se em consideração a cocriação de valor e relações intangíveis entre pessoas e processos na construção da geração de valor. Vargo e Lusch acreditam que as novas perspectivas estão convergindo para formar uma nova lógica dominante no marketing e que a prestação de serviços, em vez de apenas a comercialização de bens, é fundamental para a troca econômica. Os autores exploram essa lógica na perspectiva de estudiosos de marketing, profissionais de marketing e educadores de marketing.[40]

A partir das contribuições de Gummenson,[12] Vargo e Lusch,[40] de outros autores e da mudança ocorrida em toda a realidade organizacional, Freeman et al. colocam que o mundo dos negócios do século XXI sofreu com o aumento da globalização, com o domínio da tecnologia da informação, com a liberalização dos Estados, especialmente do desaparecimento do planejamento centralizado do Estado e da propriedade da indústria, e aumentou a conscientização da sociedade sobre o impacto dos negócios nas comunidades e nações, o que tem sido sugerido como razão para rever a compreensão dos negócios e organizações.[10]

A partir dessas mudanças no ambiente de negócios, especificamente na economia, na tecnologia e nos consumidores, o conceito de marketing, adotado pela *American Marketing Association*, foi modificado, passando do conceito estabelecido em 2004, onde "O marketing é uma função organizacional e um conjunto de processos para criar, comunicar e entregar valor aos clientes e para o gerenciamento de relacionamento com o cliente de forma a beneficiar a organização e seus *stakeholders*", para o novo conceito estabelecido em 2007, em que o "Marketing é a atividade, conjunto de instituições e processos para criar, comunicar, entregar e trocar ofertas que tenham valor para os clientes, consumidores, parceiros e sociedade em geral".[2]

Ainda segundo a AMA, a definição de 2007 leva em conta as contribuições de uma ampla parcela da sociedade e de associações para as quais o marketing é considerado uma "atividade" em vez de uma "função", e o departamento de marketing como a "maior atividade em uma empresa ou organização, e não apenas um departamento". A nova definição também posiciona a formação de valor em longo prazo em vez de estritamente valor como troca de dinheiro, visando o curto prazo para o benefício do acionista ou da organização.[2]

Nota-se, assim, que a nova definição apresentada pela AMA está de acordo com a ideia de Kotler e Lee sobre qual conceito de marketing tem o foco centrado no cliente, sendo o objetivo do profissional de marketing buscar a percepção e a satisfação dos desejos e necessidades do mercado alvo e resolver seus problemas melhor do que a concorrência.[21]

Assim, segundo Kotler e Lee, o foco no cliente é resultado de uma evolução gradual e não surge, inicialmente, como conceito relevante, podendo coexistir até hoje com filosofias alternativas.[21] Essas diferentes filosofias podem ser observadas na Figura 1.

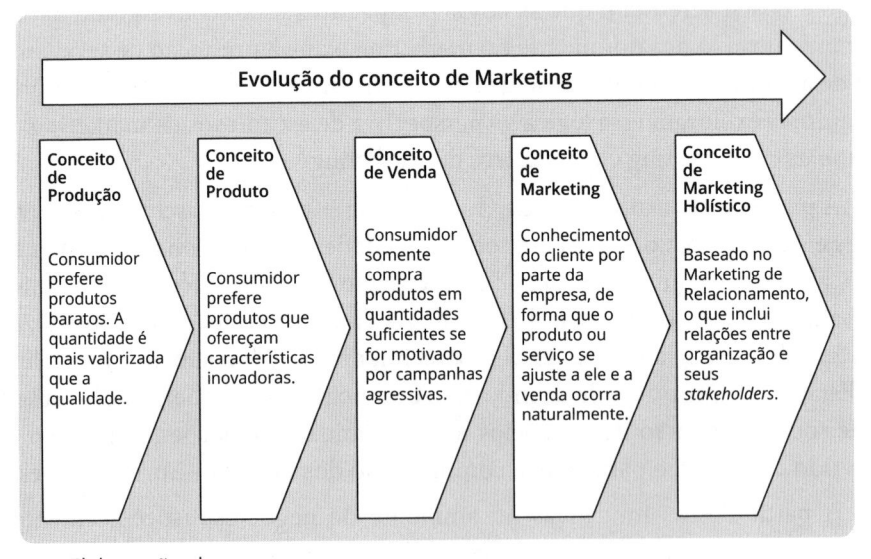

Fonte: Elaboração dos autores.

Figura 1 Evolução do conceito de marketing

A partir da Figura 1, é possível constatar mudanças filosóficas na administração de marketing, destacando os valores percebidos pelos clientes e partes interessadas ligadas à organização, sendo esses os atributos que se tornam relevantes nos processos de planejamento da organização. Para Kotler e Lee,[21] tal planejamento passa a se comprometer com a prestação de contas e com os programas ou ações gerenciados pelo departamento de marketing da empresa.

Essas mudanças filosóficas na administração de marketing e a evolução do conceito de marketing para marketing holístico possibilitaram constatar que os mercados deixam de ser caracterizados por propostas de oferta e demanda e a troca de produtos ou serviços por um valor financeiro passa a ser substituída por valores mútuos e por prestação de serviços, regidos por instituições socialmente construídas.[21]

O marketing holístico envolve a perspectiva da responsabilidade social no conceito de proposta de geração de valor e pode ser visto a partir do contexto do sistema mais amplo, ao invés de um sistema dual onde oferta e demanda determinam as relações de mercado dadas por um equilíbrio de preços, proporcionando, assim, uma nova visão sobre a criação de valor dentro de uma rede que envolve fornecedores, compradores e outras partes interessadas.[21]

Partindo do conceito de marketing ampliado, Vargo explica que há uma rede de relações intangíveis na organização.[41] O autor desenvolveu um processo de cinco etapas para identificar as principais partes interessadas na cocriação de propostas de valor para desenvolvimento de um sistema de marketing que compreende a geração intangível de valor com a participação de diversos públicos envolvidos com a empresa. Visando à ampliação dessas redes, destaca a necessidade da organização de: a) identificar as partes interessadas; b) determinar os valores essenciais para as partes interessadas; c) facilitar o diálogo e a divisão de conhecimentos; d) identificar o valor de cocriação de oportunidades; e) cocriar com os interessados proposições de valor.[41]

Assim, Vargo expõe que a lógica dominante em serviços é essencialmente um modelo de valor de cocriação, que vê todos os atores como recursos integradores, amarrados em sistemas comuns de troca – os ecossistemas de serviço ou mercados. Dessa forma, os mercados são caracterizados por propostas de valores mútuos e a prestação de serviços deve ser regida por instituições socialmente construídas, o que está de acordo tanto com o conceito de marketing ampliado quanto com o conceito de marketing holístico, vistos nesta seção.[41]

Conforme expõem Kotler e Lee, tanto o conceito de marketing holístico quanto o de marketing de serviços possibilitaram às organizações perceberem que os mercados deixaram de ser caracterizados por propostas financeiras, passando a substituir as relações de consumo por valores mútuos e prestação de serviços.[21] Isso fez com que as organizações passassem a se relacionar com seus clientes e com as partes interessadas de maneira muito mais abrangente, ao se preocuparem com a percepção de valor e relacionamento comercial de longo prazo, fidelizando, assim, seus clientes, conforme já exposto nesta seção.[21]

Muitos anos antes de os conceitos de marketing holístico e marketing de serviços se consolidarem como amplamente aceitos e operacionais, a preocupação das organizações com os valores percebidos pelas partes interessadas e a necessidade das organizações de agir por uma causa, mudando comportamentos ou hábitos de consumo considerados nocivos ao indivíduo ou à sociedade, já existiam.[9]

No início da década de 1970, o propósito da organização de buscar alterar os comportamentos ou hábitos de consumo considerados nocivos ao indivíduo ou à sociedade ficou conhecido por marketing social e tinha por objetivo justamente utilizar as ferramentas do marketing comercial para alterar ou influenciar comportamentos.[9] A princípio, o conceito de marketing social foi desenvolvido para ser utilizado em organizações sem fins lucrativos para, depois, difundir-se também para as organizações privadas, conforme veremos na seção a seguir.[9]

Definição e função do marketing social

Para Kotler e Keller, o marketing social pode ser definido como uma disciplina de marketing distinta, que foi rotulada como tal desde o início da década de 1970, e refere-se a esforços focados em influenciar comportamentos que têm por objetivo melhorar atitudes de pessoas e da sociedade. Para Kotler e Lee, tais esforços se relacionam ao conceito de influenciar positivamente um mercado alvo a fim de gerar um benefício para a sociedade com ações planejadas a partir do conhecimento desenvolvido pelo marketing comercial ou ortodoxo.[19] Os autores também argumentam que essas ações planejadas envolvem um processo de planejamento sistemático e aplicam os princípios e técnicas tradicionais do marketing, que evoluíram do conceito de marketing de produção até o conceito de marketing holístico, como observado na Figura 1 deste capítulo.[19]

Para Kia, a disseminação de ideias sociais ocorre há muito tempo mediante a veiculação de campanhas públicas. Na Grécia e Roma antigas, as mesmas eram lançadas com o intuito de libertar os escravos. Na Inglaterra, na época da Revolução Industrial, elas eram utilizadas para abolição das prisões por dívidas, para extensão do direito de voto às mulheres e para acabar com o trabalho na infância.

No final do século XIX, ocorreram notáveis campanhas nos EUA, tais como abolição da escravatura, abstinência e proibição de bebidas alcoólicas, movimento das sufragistas e regulamentação da qualidade dos alimentos e remédios.[18]

Kia expõe que, até o final da década de 1960, o marketing era considerado aplicável apenas em empresas privadas com caráter lucrativo, visando à comercialização de produtos tangíveis e serviços[18] até que, no ano de 1969, Kotler e Levy publicaram um trabalho no qual argumentam que o marketing poderia ter os seus limites ampliados, proporcionando, também, orientação teórica para a comercialização de produtos, tais como ideias, indivíduos e lugares.[22] O argumento de Kotler e Levy é de que, como o marketing se caracteriza por buscar o estabelecimento de relacionamentos lucrativos (lucro tanto em termos de valores econômicos como não econômicos), ele deve, então, atingir todos os tipos de organizações que mantenham relacionamentos comercializando produtos, do mais tangível ao mais subjetivo.[22]

Segundo Kotler e Lee,[21] alguns dos exemplos dessas mudanças de comportamentos que se espera influenciar através de ações de marketing social são: as campanhas para prevenir a obesidade infantil; a prevenção de quedas de idosos com mais de 75 anos; ou a economia de água, conscientizando a população a utilizar esse recurso com moderação. Ou até mesmo as campanhas de redução de consumo de cigarro entre jovens, como a realizada na Flórida, na década de 2000, descrita em um estudo por Peattie e Peattie, e que visou mudar o comportamento desses em relação ao consumo de cigarros no longo prazo, o que traria impacto positivo sobre a saúde futura desse público.[33]

Assim, de acordo com Kotler e Lee, é possível perceber uma série de diferenças entre o marketing social e o marketing utilizado para fins comerciais. Entre essas diferenças apontadas por Kotler e Lee, destaca-se a de que, enquanto o marketing comercial é utilizado para vender um produto ou um serviço tangível, o marketing social é utilizado para vender uma ideia que provoque mudança de comportamento na sociedade.[20] Também, enquanto o marketing comercial tem por fim promover o lucro privado para a organização que o utiliza para vender um produto ou serviço, o resultado do marketing social é o de atender os interesses da sociedade através da promoção de ideias que gerem novas atitudes e comportamentos.[20]

Marketing social: surgimento e sua evolução

Foi a partir de 1971 que, pela primeira vez, apareceu o conceito de marketing social em um artigo, que se tornou referência para a área, publicado por Kotler e Zaltman na revista científica *Journal of Marketing,* uma das mais importantes publicações da área de marketing. Em 1971, Kotler e Zaltman fazem menção pela primeira vez ao termo *marketing social,* que foi utilizado na ocasião para descrever ações de marketing em instituições sem fins lucrativos.[26] Os autores criticam a possibilidade de as empresas explorarem ações de marketing social como padronizadas, ou seja, sem efetivas contribuições à sociedade, argumentando que bons profissionais de marketing conseguiriam vender qualquer produto, desde sabonetes até um candidato a presidente para uma nação.[26]

Kotler e Zaltman também expõem que havia à época um forte crescimento de instituições e associações sem fins lucrativos e que essas também precisam da comunicação de marketing com o propósito de atrair patrocinadores para suas causas. Assim, a gestão do marketing social passou a ser definida como a necessidade de se utilizar adaptação das habilidades e ferramentas de marketing desenvolvidas para as empresas com fins comerciais, adaptadas às necessidades que empresas sem fins lucrativos têm de comunicar o resultado de suas ações aos patrocinadores de suas causas.[26] O artigo sugere uma abordagem para promover mudanças sociais a partir da adoção de marketing social nessas empresas.[26]

A Figura 2, organizada pelos autores a partir de Meira e Santos, apresenta uma síntese dos principais acontecimentos e publicações relacionados à área de marketing social, em ordem cronológica, o que permite perceber a evolução do conceito e dos eventos da área de marketing social em perspectiva histórica.[31]

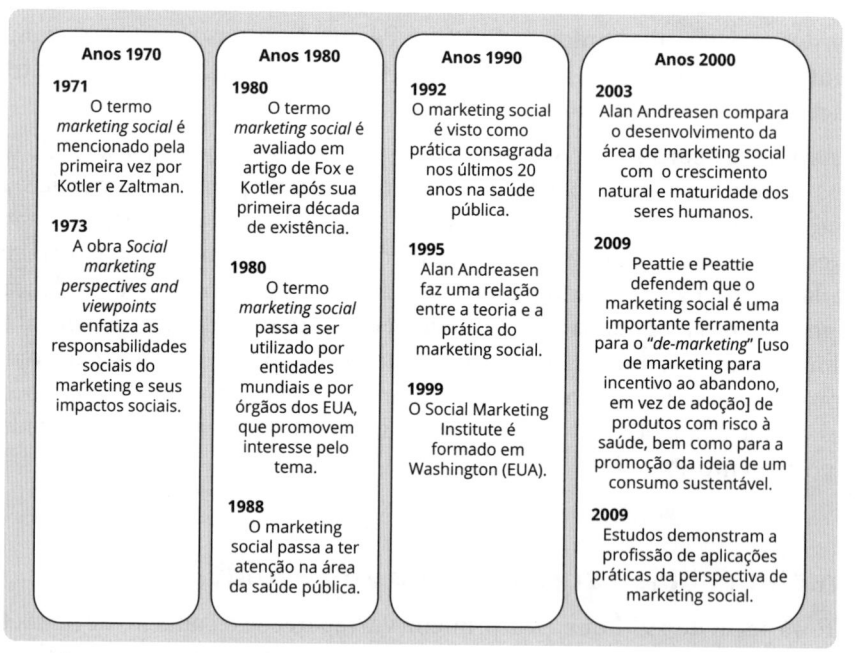

Anos 1970	Anos 1980	Anos 1990	Anos 2000
1971 O termo *marketing social* é mencionado pela primeira vez por Kotler e Zaltman. **1973** A obra *Social marketing perspectives and viewpoints* enfatiza as responsabilidades sociais do marketing e seus impactos sociais.	**1980** O termo *marketing social* é avaliado em artigo de Fox e Kotler após sua primeira década de existência. **1980** O termo *marketing social* passa a ser utilizado por entidades mundiais e por órgãos dos EUA, que promovem interesse pelo tema. **1988** O marketing social passa a ter atenção na área da saúde pública.	**1992** O marketing social é visto como prática consagrada nos últimos 20 anos na saúde pública. **1995** Alan Andreasen faz uma relação entre a teoria e a prática do marketing social. **1999** O Social Marketing Institute é formado em Washington (EUA).	**2003** Alan Andreasen compara o desenvolvimento da área de marketing social com o crescimento natural e maturidade dos seres humanos. **2009** Peattie e Peattie defendem que o marketing social é uma importante ferramenta para o *"de-marketing"* [uso de marketing para incentivo ao abandono, em vez de adoção] de produtos com risco à saúde, bem como para a promoção da ideia de um consumo sustentável. **2009** Estudos demonstram a profissão de aplicações práticas da perspectiva de marketing social.

Fonte: Elaboração dos autores.

Figura 2 Principais eventos e publicações da área de marketing social

A partir da Figura 2, é possível perceber como evoluíram as ideias e os conceitos a respeito de marketing social. Na década de 1970, o conceito de marketing social surgiu a partir do artigo pioneiro de Kotler e Zaltman, sendo o termo empregado inicialmente para organizações sem fins lucrativos.[26] É também na década de 1970 que surgem conceitos ligados ao marketing social, tais como responsabilidade social do marketing e impactos do marketing social, expostos por Lazer e Kelley.[27] É a partir de 1973 que os profissionais da área executiva e da área acadêmica começam a relevar o potencial do marketing social nos Estados Unidos. Em 1975, Levy e Zaltman sugerem uma classificação de tipos de mudanças desejadas no marketing social, incorporando dimensões de tempo (curto e longo prazo) e dimensões de nível na sociedade (micro, grupal e macro), possibilitando aos gestores de marketing social atuar além da mudança individual.[29]

O início da década de 1980 destaca-se pela publicação de dois artigos de Fox e Kotler, de 1980, e de Bloom e Noveli, de 1981, que realizam uma avaliação dos primeiros dez anos de existência da área de marketing social e apontam as dificuldades de avaliação de resultados na área e a falta de rigor ao aplicar princípios de marketing social em áreas críticas, incluindo pesquisa, segmentação e canais de distribuição.[14] Também na década de 1980, o termo *marketing social* passa a ser utilizado pela área de saúde, pelo Banco Mundial e pela Organização Mundial de Saúde, sendo essa temática explorada por Manoff[30] e Lefebvre e Flora,[28] que dão ampla exposição ao marketing social no campo da saúde pública. Por fim, em 1989, Kotler e Roberto publicam o livro-texto *Social marketing: strategies for changing public behavior*, que aborda a aplicação das técnicas e os princípios de marketing para influenciar a mudança social.

A década de 1990 é marcada por eventos relevantes na área de marketing social que envolvem a consolidação do uso das técnicas do marketing social no setor de saúde e sua difusão através de eventos e programas acadêmicos multidisciplinares, tanto na área de marketing social quanto na área de saúde. Além disso, é no final da década de 1990 que é fundado o *Social Marketing Institute*.[37]

Dessa maneira, no ano de 1990 são estabelecidos programas acadêmicos que contemplam o estudo do marketing social, no *Center for Social Marketing*, na Universidade de Strathclyde, na Escócia, e no *Department of Community and Family Health*, na Universidade do Sul da Flórida. Também ocorre a primeira conferência nacional anual "Social Marketing and Public Health", patrocinada pelo College of Public Health, da Universidade do Sul da Flórida.

Ainda na década de 1990, Ling, Franklin, Lindsteadt e Gearon demonstram em artigo, na *Annual Review of Public Health*, em 1992, como, em 20 anos, o marketing social se tornou uma prática consagrada na área de saúde pública. Também no mesmo ano, um artigo publicado na *American Psychologist,* por Prochaska, DiClemente e Norcross, apresenta uma estrutura conceitual para a realização de mudanças sociais,[34] e é considerado por Kotler, Roberto e Lee como o mais útil modelo desenvolvido até então.[24]

Já em 1994, tem início a revista científica *Social Marketing Quarterly,* pelo *Department of Public Health, University of South Florida,* que demonstra a importância do marketing social para a gestão na área de saúde pública. Nesse mesmo ano, foi realizada a primeira conferência anual "*Innovations in Social Marketing Conference".*

No ano seguinte, o texto *Marketing social change: changing behavior to promote health, social development, and the environment,* escrito por Alan Andreasen, faz uma relação entre a teoria e a prática do marketing social.

Em 1997, são realizadas três conferências anuais de marketing social. Nesse mesmo ano, é lançada a obra *Social marketing: theoretical and practical perpectives,* organizada por Goldberg, Fishbein e Middlestadt, com 22 artigos de diferentes autores, cobrindo reflexões sobre teoria e prática na área. Também Albrecht sustenta que, passadas pouco mais de duas décadas, começa a haver consenso nas diferentes definições de "marketing social" por parte dos diversos pesquisadores e autores.[1]

Em 1998, o livro *Marketing public health: strategies to promote social change,* de Michael Siegel e Lynne Doner, apresenta exemplos, princípios e teoria prática para executivos de saúde pública.[36] Nesse ano, é apresentado por Rothschild e Andreasen o 25º volume de *Advances in consumer research,* trazendo diversas contribuições de diferentes autores a respeito da análise de marketing social a partir dos paradigmas da pesquisa do consumidor.

Por fim, em 1999, o *Social Marketing Institute* é formado em Washington, com Alan Andreasen, da Georgetown University, como diretor executivo. Nesse ano, Andreasen enfatiza o aspecto "comportamental" da finalidade do marketing social como

> "a aplicação de tecnologias do marketing comercial para a análise, planejamento, execução e avaliação de programas desenhados para influenciar o comportamento voluntário de públicos-alvo de forma a melhorar seu-bem estar pessoal e a sociedade da qual fazem parte".

Na década de 2000, percebem-se o amadurecimento e a consolidação da área de marketing social e sua consolidação.

Em 2001, é publicado o *Handbook of marketing and society,* que encorajou futuros trabalhos para possíveis áreas de desenvolvimento do conhecimento. Também Andreasen reúne oito artigos na obra *Ethics in social marketing,* trazendo uma discussão teórica sobre fundamentos de ética e sua relação com marketing social.[3]

Em 2002, Kotler, Roberto e Lee têm o livro *Social marketing: improving the quality of life* atualizado, pois da obra anterior constavam somente Philip Kotler e Ned Roberto como autores.[24] Andreasen tem mais um artigo publicado, onde argumenta que, apesar de o marketing social estar se desenvolvendo, nem sempre esse é percebido como melhor opção para divulgar ações para a mudança social.[4]

Já em 2003, Andreasen, em artigo na *Marketing theory,* apresenta a evolução da área de marketing social, comparando o desenvolvimento da área com o crescimento e maturidade de seres humanos, apontando que, de uma "infância" nos anos 60 e longos períodos de indefinições nos anos 90, viu seu foco – na conceituação e na prática – voltar-se à mudança comportamental. Também nesse ano, uma sessão da *Innovations in Social Marketing* discute as abordagens para a avaliação de programas de marketing social,[5] enquanto Hastings apresenta um artigo no *Journal of Macromarketing* em que utiliza o paradigma de marketing de relacionamento para o êxito nas práticas de marketing social.[14] Ainda em 2003, Thurman e colaboradores ampliam o foco individual para o coletivo e apresentam os resultados de seu "Community readiness model", pelo qual é evidenciado o estágio de prontidão e engajamento de uma dada comunidade e seus líderes em relação à ideia social.[17]

No ano de 2004, Deshpandé, Rothschild e Brooks, em artigo na *Social Marketing Quarterly,* demonstram como um bom desenvolvimento de "novo produto" em marketing social é fator-chave para o êxito nos programas de mudança social planejada.[8] Em 2005, o foco da *Déciam Innovations in Social Marketing Conference* é o estabelecimento de parcerias para a consecução de programas de marketing social.

Em 2006, a obra *Social marketing in the 21st century,* de Alan Andreasen, defende que os programas de marketing social terão mais êxito se realizarem ações *downstream,* voltadas ao público final, mas devem se ocupar, também, de ações *upstream,* que envolvam a *advocacy,* ou influência das leis e outras regulamentações públicas,[6] reforçando a proposição de Hastings, MacFadyen e Anderson[19] na *Social Marketing Quarterly.*

O ano de 2007 foi relevante para o marketing social, já que foi marcado pelo reconhecimento da relação entre "marketing e sociedade" pela academia, sendo esse aspecto finalmente integrado à definição de marketing da American

Marketing Association,[2] onde o "Marketing é a atividade, conjunto de institui-ções e processos para a criação, comunicação, entrega e troca de ofertas que tenham valor para clientes, parceiros e para a sociedade em geral".

No mesmo ano, Stead et al. sugerem que o marketing social tem potencial de provocar mudanças comportamentais em diferentes contextos e níveis (indi-víduo, prática profissional, ambiental e políticas públicas).[38] Também ocorre a 11ª conferência *Annual Innovations in Social Marketing*, com ênfase na centrali-zação das estratégias, com o foco no cliente, *vis-à-vis* com o marketing comercial, e ocorre o lançamento da obra *The potential of social marketing: why should the Devil have all the best tunes?*, por Gerard Hastings, na qual examinam-se tópicos como o marketing crítico, táticas e questões éticas do marketing social.[15]

No ano de 2008, Evans e Hastings (2008) editam *Public health branding: applying marketing for social change*, pela Oxford University Press, um livro--texto que enfatiza os benefícios de se utilizar estratégias de *branding* para o marketing social.

Já em 2009, Peattie e Peattie advogam que o marketing social é uma im-portante ferramenta para o *"de-marketing"* [uso de marketing para incentivo ao abandono, em vez de adoção] de produtos com risco à saúde, bem como para a promoção da ideia de um consumo sustentável.[33] Ainda em 2009, uma vertente de artigos demonstra a profusão de aplicações práticas da perspectiva do mar-keting social, tal como o controle de boatos ("fofoca") no ambiente escolar de Cross e Peisner,[7] campanhas de vacinação de Opel,[32] problemas de embriaguez ao volante de Cismaru, Lavack e Markewich,[13] entre outros exemplos de diferen-tes aplicações presentes neste artigo e disponíveis na literatura, embora Green et al. apontem, ainda, lacunas entre a construção científica acadêmica e a aplicação prática desse conhecimento.[11]

Por fim, em 2010, um artigo de Uhrig et al., publicado na *Social Marketing Quarterly*, comenta a crescente aceitação de internautas de *websites* de redes sociais para receber informações acerca de saúde e programas sociais por essas redes.[39]

Concluindo a apresentação dos conceitos e da evolução do marketing social, pode-se apresentar como definição recente de marketing social a definição de Kotler e Lee, para quem o marketing social são esforços focados em influenciar comportamentos que vão melhorar a saúde, evitar acidentes e proteger o meio ambiente, além de outras causas sociais.[21] Esses esforços são realizados através de um processo que aplica princípios e técnicas de marketing para criar, comunicar e proporcionar valor, a fim de interferir em comportamentos que influenciam tanto a sociedade como o próprio público-alvo como, por exemplo, campanhas antitabagistas.[21]

Assim, apesar da evolução e dos grandes avanços do marketing social, apresentados na Figura 2 e comentados a seguir, é relevante dizer que o marketing social também sofre muitas críticas, conforme expõe Kotler.[25] Shiraishi e Campomar destacam entre essas críticas as de que o marketing social não é um conceito real de marketing, já que o conceito de marketing só valeria para transações comerciais.[35] Para os autores, o marketing social é manipulativo e autointeressado e algumas organizações podem lucrar com os programas implementados, como por exemplo firmas de camisinhas, companhias de seguro etc.[35] Por fim, o marketing social recebe o preconceito do público em geral por relacionar a palavra *marketing*, que é vista como atendendo a interesses privados, ao termo social.[35]

Atividades do marketing social

De acordo com Kotler e Roberto, o especialista em marketing social participa das fases de planejamento, organização e controle de uma campanha.[23] Também aconselha sobre que produtos serão aceitáveis pelos públicos-alvo, que incentivos funcionarão melhor, que estruturas de distribuição são ótimas e que programa de comunicação será eficaz.[23] Já para Ikeda, Campomar e Mendonça, esse especialista pensa em termos de troca ao invés de influenciar em único sentido uma causa.[16]

Para Kotler e Lee, as atividades do marketing social são basicamente as mesmas das do marketing comercial.[20] Assim, para esses autores o profissional deve seguir os 10 passos a seguir para programar uma campanha de marketing social.[20]

1. Descrição do propósito e foco do plano – Deve-se resumir qual o problema a ser resolvido e em que área ele se encontra na saúde pública ou na segurança, por exemplo.

2. Condução da análise da situação – Deve-se realizar uma auditoria rápida dos fatores e forças no ambiente interno e externo que influenciam a causa ou ideia a qual se deseja promover.

3. Escolha dos mercados-alvo nos quais se deseja divulgar a causa – Deve-se segmentar esse mercado, ou população, em grupos comparáveis para, depois, escolher um deles como ponto focal de posicionamento e aplicação das estratégias de *mix* de marketing.

4. Estabelecimento dos objetivos e metas – No caso do marketing social, significa trabalhar em um objetivo comportamental, ou seja, o que se deseja influenciar no consumidor, mudando a atitude do mercado.

5. Identificação da concorrência e motivadores do mercado alvo – A fim de identificar que fatores, comportamentos ou produtos poderiam impedir o sucesso da campanha de marketing social.

6. Projeção do posicionamento – A fim de mostrar ao público-alvo o que se quer que ele veja e como a causa promovida é diferente do comportamento realizado pela maioria do público e por que ele deve comprar o novo comportamento proposto.

7. Desenvolvimento de um *mix* de marketing estratégico – A partir do conceito dos 4 Ps, que comporta produto (produto básico, produto real e produto ampliado), preço, praça e promoção. No caso das definições de produto, o produto básico apresenta os benefícios que o público-alvo valoriza e que acredita que vai experimentar ao mudar seu comportamento. O produto real descreve o comportamento desejado em termos mais específicos. E o produto ampliado refere-se a produtos tangíveis e serviços adicionais que serão incluídos na oferta e promovidos junto ao público-alvo, devendo-se acrescentar nessa análise o conceito de 3 Ps dos serviços de Gummesson, já comentado neste capítulo, que inclui pessoas envolvidas na gestão de marketing social, processos (que é o fluxo de atividades pelo qual o serviço é ofertado) e evidências físicas que analisam o ambiente em que o serviço é prestado.[12] No caso do preço, é necessário mencionar ao público quaisquer custos monetários que este terá ao aderir à ideia ou à causa. Definir a praça no marketing social significa estabelecer onde e quando o público-alvo vai desempenhar o comportamento desejado. Já definir as promoções significa descrever as estratégias de comunicação persuasivas e mensagens-chave que se pretende divulgar e suas fontes que são os patrocinadores, os parceiros ou os atores que irão participar da campanha.

8. Projeção do plano de monitoramento e avaliação – Deve-se escolher que medidas serão usadas para avaliar o desempenho da campanha de marketing social realizada para avaliar o sucesso dos esforços realizados.

9. Estabelecimento e encontro das fontes de financiamento – Deve-se resumir através de um esquema de benefícios as características do produto, incentivo de preços, canais de distribuição, promoções propostas e um plano de avaliação. Assim, as exigências de financiamento serão apresentadas e comparadas com as fontes disponíveis e potenciais.

10. Conclusão do plano de implementação – O plano deve ser finalizado com um documento que especifica quem vai fazer o quê, quando e por quanto. O plano tem por objetivo transformar as estratégias de marketing em ações específicas, fornecendo um quadro claro das atividades de marketing ao longo de uma campanha.

Entre as atividades do marketing social, podem-se destacar também as atividades a seguir, expostas por Weinreich[42] e apontadas como atividades do marketing social pelo Social Marketing Institute.[37]

1. Dialogar e ouvir os *stakeholders* ligados à organização – A chave para o marketing social eficaz é falar e ouvir. O marketing social é um processo voltado para o cliente e para as partes interessadas. Todos os aspectos de seu programa devem ser desenvolvidos com os desejos e necessidades do público-alvo como o foco central. A fim de saber o que os clientes querem, o departamento de marketing deve perguntar a eles.

2. Segmentar o seu público em grupos semelhantes entre si – O foco é o de criar mensagens específicas para cada segmento. O posicionamento de sua causa determina como as pessoas do público-alvo pensam sobre ela em comparação com a concorrência e quais os benefícios dessa causa; o que aquela causa vai fazer por mim? Ou na remoção de barreiras, como é difícil para que eu realize uma mudança de atitude.

3. Posicionar a causa – No marketing social, as causas são, muitas vezes, difíceis de serem promovidas por causa de seu alto "preço". Causas que envolvem mudanças de comportamentos e de atitudes exigem compromissos de longo prazo e não são vendidas facilmente como, por exemplo, uma barra de sabão ou um carro.

4. Conhecer a sua concorrência – No setor comercial, as empresas estão atentas a cada mudança estratégica de seus concorrentes. Elas sabem que seu ambiente de vendas é dinâmico e estão prontas a reagir assim que as condições mudem. No marketing social também é necessário estar ciente sobre quais mensagens estão influenciando seu público-alvo. A competição de uma causa pode ser outra causa e, muitas vezes, um produto comercial (como batatas fritas contra fruta), ou pode ser mau desempenho do comportamento que está sendo promovido, como o hábito de fumar. A inação é quase sempre mais fácil do que adotar um novo comportamento. A causa promovida pelo marketing social deve ser mais atraente do que as alternativas a serem aceitas.

5. Determinar e ir para onde seu público está – É necessário determinar como o público pode ter acesso à mensagem da causa promovida por uma organização. A organização e seu departamento de marketing terão que colocar sua mensagem em lugares onde o público-alvo terá acesso. Quando a organização tiver acesso a seus clientes, deve perguntar-lhes quais as mídias que costumam utilizar para se informar e que local eles frequentam no seu tempo livre, a fim de procurar atingir esse público de forma mais eficiente possível.

6. Utilizar abordagens variadas para atingir o público-alvo – Os programas de divulgação mais eficazes de marketing social usam uma combinação de meios de comunicação, comunidade, pequenos grupos de interesses e atividades individuais. Quando uma mensagem simples e clara se repete em muitos lugares e em muitos formatos em toda a comunidade, é mais provável de ser vista e lembrada. Um programa de marketing social pode conter, além de rádio e televisão, anúncios impressos, um evento da comunidade local, um concurso, cartazes, brindes ou cupons, ou mesmo a sua divulgação em redes sociais. A variedade de abordagens utilizadas dependerá do orçamento da campanha de divulgação e da eficiência de cada meio.

7. Utilizar modelos de monitoramento que sejam eficazes – Deve-se utilizar um modelo de gestão e monitoramento que incorpore elementos de várias teorias bem estabelecidas nas áreas de mudanças de comportamentos indesejados ou de promoção de saúde, já que as pessoas se deslocam em várias etapas antes de adotar um novo comportamento. Na primeira etapa, uma pessoa não pode se sentir em risco para alterar seu comportamento ou auxiliar uma causa e deve acreditar que essa mudança, ou esse auxílio, é relevante. Pessoas nessa fase devem primeiro estar cientes de problemas e possíveis fatores de risco para passarem do interesse inicial, ou contemplação da causa, para a ação. Para passar de contemplação para a ação, as mensagens devem promover os benefícios da realização do comportamento e minimizar os custos percebidos.

8. Testar a eficácia das campanhas de comunicação – Todos os produtos, materiais promocionais e serviços desenvolvidos para um programa de marketing social devem ser testados com o seu público-alvo para avaliar a sua eficácia potencial. O marketing social reconhece que os clientes são os especialistas sobre o que funciona melhor para eles. Um dos métodos associados com o marketing social é o grupo de foco, que envolve a reunião de 8 a 12 pessoas com características específicas para o programa, levando-as a uma discussão focada em um determinado tópico. Os grupos de foco podem ser usados para aprender como as pessoas no público-alvo pensam sobre o assunto. As pesquisas são um método mais generalizável para descobrir o conhecimento das pessoas, atitudes e comportamentos a respeito de um tema específico. Entrevistas também podem ser utilizadas para captar as percepções do público sobre uma causa e sobre suas formas de divulgação.

9. Estabelecer parcerias com aliados estratégicos – Uma mensagem bem divulgada exige que os grupos em toda uma comunidade se unam em um esforço coordenado. Ao reunir recursos com outras organizações que trabalham para o mesmo objetivo, uma organização pode ter um impacto maior e acesso a novos públicos para divulgar sua causa. Ao reunir recursos com outras organizações que trabalham para o mesmo objetivo, uma organização pode ter um impacto maior, bem como ter acesso a novos públicos que passem a aderir à causa.

10. Avaliação contínua do processo – A questão fundamental do marketing social é a avaliação, ou seja, determinar o que foi realizado pela organização e seu departamento de marketing para que se possa usar essa informação a fim de melhorar o programa. A avaliação ocorre durante todo o processo de marketing social. À medida que se desenvolve um programa, é necessário testar e aperfeiçoar as suas mensagens, ou produtos, com os membros do público-alvo. Quando o programa é executado, é necessário monitorar as atividades para avaliar se essas ocorrem como o planejado.

Por fim, vale expor que, para Kotler e Roberto,[23] a grande questão que se apresenta para o marketing social é: **A ação de marketing social promovida por uma organização faz ou fez a diferença para as pessoas que delas participaram como voluntários ou para as pessoas que dela se beneficiaram?**

Para Weinreich, isso pode ser respondido verificando se os membros do público-alvo conseguiram se envolver na causa ou alterar seu comportamento para o comportamento desejado, conforme divulgado pela campanha de comunicação de marketing social, e pode ser determinado por meio de pesquisa quantitativa e qualitativa com as pessoas que participaram do programa ou que foram expostas à mensagem.[42]

Referências

[1] ALBRECHT, T. L. Defining social marketing: 25 years later. *Social Marketing Quarterly*, v. 3, nº 3, p. 21-23, 1997.

[2] AMERICAN Marketing Association, 2007. Disponível em: <http://www.marketingpower. com/Community/ARC/Pages/Additional/Definition/default.aspx>. Acesso em: 20 mar. 2013.

[3] ANDREASEN, A. *Ethics in social marketing*. Washington, D.C: Georgetown University Press, 2001.

[4] _____. Marketing social marketing in the social change marketplace. *Journal of Public Policy & Marketing*, Chicago, v. 21, nº 1, p. 3-13, 2002.

[5] _____. The life trajectory of social marketing: some implications. *Marketing Theory*, Sage, v. 3, p. 293-303, 2003.

[6] _____. *Social marketing in the 21st century*. Thousand Oaks, California: Sage, 2006.

[7] CROSS, J. E.; PEISNER, William R. A social norms campaign to reduce rumor spreading in a Junior High School. *Professional School Counseling*. Alexandria, v. 12, nº 5, p. 365-378, June 2009.

[8] DESHPANDÉ, S.; ROTHSCHILD, M. L.; BROOKS, R. S. Development in social marketing. *Social Marketing Quarterly*, v. 10, nºs 3 e 4, p. 39-49, 2004.

[9] FOX, K.; KOTLER, P. The marketing of social causes: the first 10 years. *Journal of Marketing*, New York, v. 44, p. 24-33, Fall 1980.

[10] FREEMAN, R. E.; HARRISON S. J.; WICKS A. C.; BHIDAN, P; COLLE, S. *Stakeholders theory*: art state. Cambridge University Press, 2010.

[11] GREEN, L. W.; OTTOSON, J. M.; GARCÍA, C.; HIATT, R. A. Diffusion theory and knowledge dissemination, utilization, and integration in public health. *Annual Review of Public Health*, v. 30: 151-174, Apr. 2009. Disponível em <doi:10.1146/annurev.publhealth.031308.100049>. Acesso em: 23 jan. 2015.

[12] GUMMENSON, E. The new marketing: developing the long-term interactive relationships. *Long Range Planning*, [S], v. 20, nº 4, p. 10-20, 1987.

[13] HASTINGS, G. B.; MacFADYEN, L.; ANDERSON, S. Whose behaviour is it anyway? The broader potential of social marketing. *Social Marketing Quarterly*, v. 6, nº 2, p. 46-58, 2000.

[14] _____. Relational paradigms in social marketing. *Journal of Macromarketing*. v. 23, nº 1, p. 6-15, June 2003.

[15] _____. *The potential of social marketing*: why should the devil have all the best tunes? Butterworth-Heinemann, 2007.

[16] IKEDA, A. A.; CAMPOMAR, M. C.; MENDONÇA, P. S. M. Marketing sem fins lucrativos e o marketing de ideias: o caso de uma empresa governamental. *Cadernos de Pesquisa em Administração*, São Paulo, v. 1, nº 4, p. 37-50, 1º sem. 1997.

[17] KELLY, K. J.; EDWARDS, R. W.; COMELLO, M. L. G.; PLESTED, B.A.; THURMAN, Pamela Jumper; SLATER, Michael D. The community readiness model: a complementary approach to social marketing. *Marketing Theory*, Sage, v. 3. p. 411-426, 2003.

[18] KIA C. T. *Análise da utilização das ferramentas de marketing social no hemocentro do* campus *da Universidade de São Paulo de Ribeirão Preto*. 2012. (Trabalho de Conclusão de Curso de Administração de Empresas) – Faculdade de Economia, Administração e Contabilidade de Ribeirão Preto, Universidade de São Paulo, Ribeirão Preto.

[19] KOTLER, P.; KELLER, K. L. *Administração de marketing*: a Bíblia do marketing. 12. ed. São Paulo: Prentice Hall, 2006.

[20] _____; LEE, N. R. *Marketing contra a pobreza*. Porto Alegre: Bookman, 2009.

[21] _____; _____. *Marketing social*: influenciando comportamentos para o bem. 3. ed. Porto Alegre: Bookman, 2011.

[22] _____; LEVY, S. J. Broadening the concept of marketing. *Journal of Marketing*, v. 33, nº 1, p. 10-15, July 1969.

[23] _____; ROBERTO, E. L. *Marketing social*: estratégias para alterar o comportamento público. Rio de Janeiro: Campus, 1992.

[24] _____; _____.; LEE, N. R. *Social marketing*: improving the quality of life. 3. ed. Thousand Oaks: Sage, 2002.

[25] KOTLER, P. Strategies for introducing marketing into nonprofit organizations. *Journal of Marketing*, New York, v. 43, nº 1, p. 37-44, Jan. 1979.

[26] _____; ZALTMAN, G. Social marketing: an approach to planned social change. *Jounal of Marketing*, v. 35, nº 3, p. 3-12, July 1971.

[27] LAZER, W.; KELLEY, E. J. *Social marketing:* perspectives and viewpoints. Homewood, Ill.: Richard D. Irwin, 1973.

[28] LEFEBVRE, R. C.; FLORA, J. A. Social marketing and public health intervention. *Health Education Quarterly*, v. 15, nº 3, p. 299-315, 1988.

[29] LEVY S. J.; ZALTMAN, G. *Marketing, society and conflict.* Englewood Cliffs, New Jersey: Prentice Hall, 1975.

[30] MANOFF, R. *Social marketing:* new imperative for public health. New York: Praeger, 1985.

[31] MEIRA P. R. S.; SANTOS, C. P. Marketing social: das origens a atualidade. *Colóquio – Revista Científica da Faccat*, v. 8, nº 1-2, jan./dez. 2011.

[32] OPEL, D. J.; DIEKMA, D. S.; LEE, N. R.; MARCUSE, E. K. Social marketing as a strategy to increase immunization rates. *Archives of Pediatrics & Adolescent Medicine*, Chicago, v. 163, nº 5, p. 432, May 2009.

[33] PEATTIE, K.; PEATTIE, S. Social marketing: a pathway to consumption reduction? *Journal of Business Research*, New York, v. 62, nº 2, p. 260-268, Feb. 2009.

[34] PROCHASKA, J.; DiCLEMENTE, C.; NORCROSS, J. In search of how people change: applications to addictive behaviors. *American Psychologist*, v. 47, p. 1102-1114, 1992.

[35] SHIRAISHI, G. F.; CAMPOMAR, M. C. Atividades de marketing em organizações sem fins lucrativos: um estudo exploratório em entidades ambientalistas. In: X SEMINÁRIOS EM ADMINISTRAÇÃO, 10., 2013, São Paulo. *Anais eletrônicos...* São Paulo: SEMEAD, 2013. Disponível em: <http://www.ead.fea.usp.br/semead/10semead/sistema/resultado/trabalhosPDF/573.pdf>. Acesso em: 17 fev. 2014.

[36] SIEGEL, M.; DONER, L. *Marketing public health:* strategies to promote social change. Ontário: Jones & Bartlett's. 1998.

[37] SOCIAL Marketing Institute, 2013. Disponível em: <http://www.social-marketing.org/sm.html>. Acesso em: 25 mar. 2013.

[38] STEAD, M.; GORDON, R.; ANGUS, K.; MCDERMOTT, L. A systematic review of social marketing effectiveness. *Health Education*, 107(2), p. 126, 2007.

[39] UHRIG, J. et al. social networking websites as a platform for disseminating social marketing interventions: an exploratory pilot study. *Social Marketing Quarterly*, v. 16, nº 1, p. 2-20, Mar. 2010.

[40] VARGO, S. L.; LUSCH R. F. Envolving to a new dominant logic for marketing. *The Journal of Marketing*, v. 68, nº 1, p. 1-17, 2004.

[41] _____. Market systems, stakeholders and value propositions: toward a service-dominant logic-based theory of the market. *European Journal of Marketing*, v. 45, nº 1/2, p. 217-222, 2011.

[42] WEINREICH, N. K. Building a social marketing to your program. *Social Marketing Quarterly*, July 1995.

Impressão e Acabamento:

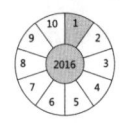